LITERATURSTUDIUM

# Gotthold Ephraim Lessing

LITERATURSTUDIUM

Peter J. Brenner

# Gotthold Ephraim Lessing

Philipp Reclam jun. Stuttgart

Mit 10 Abbildungen

Die Deutsche Bibliothek – CIP-Einheitsaufnahme

**Brenner, Peter J.:**
Gotthold Ephraim Lessing / Peter J. Brenner. –
Stuttgart : Reclam, 2000
(Universal-Bibliothek ; 17622 : Literaturstudium)
ISBN 3-15-017622-0

Universal-Bibliothek Nr. 17622
Alle Rechte vorbehalten
© 2000 Philipp Reclam jun. GmbH & Co., Stuttgart
Gesamtherstellung: Reclam, Ditzingen. Printed in Germany 2000
RECLAM und UNIVERSAL-BIBLIOTHEK sind eingetragene Marken
der Philipp Reclam jun. GmbH & Co., Stuttgart
ISBN 3-15-017622-0

# Inhalt

# Vorbemerkung

In der noch ungeschriebenen Literaturgeschichte der Missverständnisse müsste Lessing einen prominenten Platz einnehmen. Denn die Lessing-Forschung der letzten Jahrzehnte hat ihre Gewichte sehr ungleich verteilt und damit populären Fehlurteilen den Boden bereitet. Sie hat sich auf die Dramen und die Dramentheorie konzentriert, während weite Teile von Lessings Werk Sache von wenigen Spezialisten geblieben sind. Gerade in diesen Bereichen, besonders in der Literaturkritik und der Religionspolemik, wurde aber in etlichen Einzeluntersuchungen das allzu helle Bild Lessings korrigiert. Die zuständige Fachwissenschaft und ihre akademische Lehre sind an diesen Befunden weitgehend vorübergegangen.

Dieses Buch versucht deshalb, den ganzen Lessing auf der Grundlage des tatsächlichen Forschungsstands vorzustellen. Einer Wissenschaft, die immer nur nach Innovation drängt und der der ruhige Fortschritt des Wissens wenig bedeutet, wird das nicht genug sein; aber dennoch soll zunächst gesichertes Wissen der Lessing-Forschung vermittelt werden.

Deshalb werden gerade die Teile seines Werkes ausführlicher betrachtet, über die zwar gerne geredet, aber wenig gewusst wird: Die literaturkritischen Schriften (6. Kapitel) und die Religionspolemik (9. Kapitel) nehmen – neben einer gründlichen Betrachtung von Lessings Leben auf der Grundlage einer systematischen Sichtung der Korrespondenz (Kapitel 1) – einen wichtigen Platz in der Darstellung ein, da das populäre Urteil darüber am stärksten revisionsbedürftig ist. Dabei ist allerdings die Mahnung von Moses Mendelssohn zu berücksichtigen, die dieser an seinen Freund Lessing gerichtet hat: »Wir sollten uns der

Neigung nicht überlassen, gewisse Dinge zu sehr herunter zu setzen, weil sie andre zu sehr erhoben haben« (Ba 11.2,99 f.).

\*\*\*

An der Fertigstellung des Buches haben meine Kölner Hilfskräfte mitgewirkt: in der Anfangsphase Alice Voßen und Thomas Suppes; später Anna Grubba – die auch das Namenregister angefertigt hat – und Joana Konova. Die »Lauterbacher Mühle« am Ostersee hat im Winter 1998 drei Wochen lang ein Ambiente geboten, das konzeptionelle Entscheidungen erleichterte; der Abschluss des Manuskripts wurde erheblich gefördert durch das Forschungssemester, das mir der Rektor der Universität zu Köln gewährte.

# 1

## Lessings Leben

Lessing war ein schwieriger Mensch. In seinem Leben ist ihm, entgegen dem Anschein, nichts geglückt, und erst die Nachwelt hat ihn zum Klassiker gemacht, der er Zeit seines Lebens nicht geworden ist.

Gotthold Ephraim Lessing entstammt einem protestantischen Pfarrhaus in Kamenz, wo er am 22. Januar 1729 geboren wurde – knapp dreißig Jahre nach Gottsched und zwanzig Jahre vor Goethe. Der kleine Ort Kamenz in der Oberlausitz liegt auf sächsischem Gebiet, abgelegen zwar, aber doch im Einflussbereich der Residenzstadt Dresden und der Universitätsstädte Halle und Leipzig. Mit seiner Herkunft aus einer Pfarrerfamilie steht Lessing in einer Tradition, die ihn zur Gelehrsamkeit prädestinierte, zumal der Vater und der Großvater sich bereits einen bescheidenen Namen durch theologische und philosophische Publikationen erworben hatten. Sein Leben wird bestimmt sein durch Bücher; so ist es schon in der Kindheit, wenn man der berühmten Anekdote Glauben schenken will: »Mit einem großen, großen Haufen Bücher, müssen sie mich malen, oder ich mag lieber gar nicht gemalt sein« (K. Lessing, B 3: 1793, 29). Das Bild wurde dann auch so gemalt.

Lessing hat das Glück, in seinem Talent früh erkannt zu werden und nach seiner Schulzeit an der Kamenzer Lateinschule 1741, im Alter von zwölf Jahren, an die renommierte Fürstenschule St. Afra in der Nähe Meißens übersiedeln zu dürfen. Neben Schulpforta und St. Augustin ist St. Afra eine der drei sächsischen Gründungen aus der Mitte des 16. Jahrhunderts, die zu den berühmtesten Ausbildungsstätten der deutschen Schulgeschichte gehören (van Dülmen, B 5: 1994,

3,180–188). Die Ausbildung an dieser Eliteschule ist gründlich und solide – Lessing wird sein Leben lang davon profitieren. Im Kern ist sie humanistisch angelegt. Latein und Griechisch stehen im Zentrum des Lehrplans; Deutsch kommt nur am Rande vor. Wichtig für Lessing ist der Mathematik- und Astronomieunterricht, der als eine Art Reformprojekt von Johann Albert Klimm versuchsweise eingeführt worden war (Döring, B 3: 1998, 13–19; 23; 28 f.; Rilla, B 3: 1958, 23–25). Das Regiment ist sehr streng, das Essen schlecht und die Lebensform insgesamt sehr ärmlich – das sind die häufigsten Klagen der Schüler (Döring, B 3: 1998, 6–8). Lessing weiß über die Fürstenschule wenig Erfreuliches zu berichten; auch im späteren Leben gibt es keine nennenswerten Zeugnisse der Erinnerung an diese Schulzeit.

In St. Afra wird Lessing mit den Auswirkungen des Zweiten Schlesischen Krieges konfrontiert – ein Erlebnis, das ihn geprägt und sein Weltbild bestimmt haben dürfte. In einem Brief an den Vater vom 1. Februar 1746 schreibt er: »Sie betauern mit Recht das arme Meisen, welches jetzo mehr einer Toden Grube als der vorigen Stadt ähnlich siehet. Alles ist voller Gestank und Unflat, und wer nicht herein kommen muß, bleibt gerne so weit entfernt als er nur kann. Es liegen in den meisten Häusern immer noch 30 bis 40 Verwundete«. Es mutet wie eine Parodie an, ist aber wohl ernst gemeint, wenn der St.-Afra-Schüler fortfährt: »Es ist eine weise Vorsicht Gottes, daß diese fatalen Umstände die Stadt gleich in Winter getroffen, weil, wenn es Sommer wäre, gewiß in ihr die völlige Pest schon grassieren würde« (Ba 11.1, 8 f.). Diese Kriegserfahrung hat Lessing später in einem Gelegenheitsgedicht *An den Oberstlieutenant Karl Leonhard von Carlowitz* thematisiert (Gö 1,189–193). Die jugendliche Erfahrung der Kriegsfolgen, von denen Meißen und die Schule monatelang betroffen waren (Schmidt, B 3: 1899, 1,31 f.), hat Spuren in Lessing hinterlassen, die ihm jeden Optimismus raubten. Lessings Leben ist, so lässt sich überspitzt sagen, eingerahmt von solchen Erfahrungen. Dem frühen Briefzeugnis stehen die späten Briefe zur Seite, in denen er über den Tod von Sohn und Frau klagen muss. Ausdrücklich wird er nicht wieder darauf zurückkommen, aber der frühe Pessimismus wird sich nicht verlieren und in seinen späteren Dramen wieder erkennbar werden: Für Lessing ist die Welt nicht gut.

Nach der Schulzeit bricht Lessing 1746 nach Leipzig auf, um dort, dem Willen des Vaters entsprechend, Theologie zu studieren, später versucht er sich kurz in Medizin und philologischen Fächern. Aber diese Studien sind wenig ertragreich, und er kehrt ihnen bald wieder den Rücken. Umso prägender war seine Begegnung mit der Theaterwelt. Leipzig war hierfür der geeignete Ort, denn unter dem maßgeblichen Einfluss Gottscheds begann sich eine Theaterkultur zu entwickeln, welche die Verächtlichmachung nicht verdient, die sich in der Literaturgeschichtsschreibung, wesentlich durch Lessing inspiriert, durchgesetzt hat (Münz, B 5: 1990, 176 f.). Ausgerechnet im Zentrum der deutschen Büchergelehrsamkeit wendet er sich von den Büchern ab, die im Elternhaus wie in St. Afra der Inhalt seines Lebens gewesen waren. Im Brief an die Mutter, in dem er den Entschluss mitteilt, Leipzig zu verlassen, beschreibt er den Wandel: »Ich lernte einsehen, die Bücher würden mich wohl gelehrt, aber nimmermehr zu einen Menschen machen« (Ba 11.1,15). Er unternimmt seine ersten Versuche, sich im Literatur- und Theaterbetrieb zu etablieren.

Lessing hat die Begegnung mit der Theaterwelt ebenso wie das Studentenleben überhaupt als Befreiung erfahren. Sie kommt seinem ungebärdigen Temperament entgegen, das er bereits in St. Afra nur schwer zügeln konnte. Ein Befehl des Oberkonsistoriums an den Rektor von 1741 enthält die Order, der »Leichtsinnigkeit« des Schülers Lessing zu steuern (Peter, B 3: 1881/82, 288). Nach den Erfahrungen dieser ersten Leipziger Jahre wird er nicht wieder in ein geordnetes bürgerliches Leben zurückfinden. Kurz vor seinem Tod schildert er sein Leben, nicht ohne Bitterkeit, der einzigen Vertrauten der letzten Jahre, Elise Reimarus: »so daß ich mein Leben beschlösse, wie ich es angefangen habe; als ein Landstreicher, und als ein weit ärgerer, als ehedem, indem mich die Lust zum Studieren auch nicht einmal so lange mehr an einem Orte halten würde, als sie in meiner Jugend, in der Neugierde und Ehrgeiz alles über mich vermochten, getan hat« (Ba 12,326).

Der entfernte Kamenzer Verwandte und Altersgenosse Christlob Mylius, der bei der älteren Kamenzer Generation einen schlechten Ruf hatte, ist ihm dabei behilflich, in Leipzig Fuß zu fassen. In Mylius' Zeitschrift »Der Naturforscher« publiziert Lessing seine ersten Gedichte; das Lustspiel *Der junge Gelehrte* erscheint und erringt einen Achtungserfolg in Leipzig. Es ist aber bezeichnend, dass Lessing dem beginnenden lokalen Ruhm gleich wieder den Rücken kehrt. Nicht zuletzt auf der Flucht vor Schulden geht er 1748 erstmals nach Wittenberg. Im gleichen Jahr siedelt er nach Berlin über. Der Umzug entspringt kühler Kalkulation: Lessing sucht in der aufstrebenden Preußenstadt die literarische Karriere, die ihm in Leipzig, mit seinen vielen etablierten Geistesgrößen, schwerer gefallen wäre. Dies ist eine Schlüsselzeit in seiner Biographie: Seine Mitarbeit als Rezensent an der »Berlinischen privilegierten Zeitung« ab 1749 macht ihn bekannt, später übernimmt er von Mylius eine Redakteursstelle an dieser Zeitung. Bereits 1753 beginnt eine erste, sechsteilige Sammlung von *Schriften* zu erscheinen. Aus dieser Zeit stammt seine Charakteristik des verstorbenen Freundes Mylius, die sich ohne weiteres als Selbstcharakteristik lesen lässt:

Man denke sich einen Menschen von unbegrenzter Neugierde, ohne Hang zu einer bestimmten Wissenschaft. Unfähig, seinem Geiste eine feste Richtung zu geben, wird er, jene zu sättigen, durch alle Felder der Gelehrsamkeit herumschweifen, alles anstaunen, alles erkennen wollen, und alles überdrüssig werden. Ist er nicht ganz ohne Genie, so wird er viel bemerken; aber wenig ergründen; auf mancherlei Spuren geraten, aber keine verfolgen; mehr seltsame als nützliche Entdeckungen machen; Aussichten zeigen, aber in Gegenden, die oft des Anblickes kaum wert sind. (Gö 5,705)

Lessing bleibt ein Außenseiter. Das wird daran am deutlichsten, dass er keinen Zugang zum Hofe Friedrichs II. und dem in dieser Zeit dort lebenden Voltaire findet. Lessings Bruder Karl hatte in seiner Biographie behauptet: »Voltaire lud ihn alle Tage zu sich zu Tische« (K. Lessing, B 3: 1793, 117), was Nicolai in seinem Exemplar der Biographie mit der Randbemerkung lapidar kommentierte: »Ist gewiß nicht wahr« (Werner, B 3: 1883/84, 536). Tatsächlich endet Lessings halbherziger Versuch, Kontakte zu knüpfen, in einem Fiasko. Ende 1751 hatte Voltaire in Sanssouci das Manuskript seines *Siècle de Louis XIV* fertiggestellt. Über Voltaires Privatsekretär Richier hatte Lessing den Aushängebogen des Werkes gegen Voltaires Verbot aus- und sogar weitergeliehen, es schließlich mit nach Wittenberg genommen und gegenüber Bekannten den Plan einer Übersetzung angedeutet. Voltaire reagiert empfindlich auf dieses Vorgehen und fordert die sofortige Rückgabe des Manuskripts (Schmidt, B 3: 1899, 1,217–220). Diese Episode hatte Auswirkungen. Obwohl Voltaire selbst im März 1753 Potsdam unter schmählichen Umständen verlassen musste, hat Friedrich II. Lessing für immer die Gunst entzogen, wie sich anlässlich einer anstehenden Bibliothekarsberufung später zeigen sollte. Mylius schreibt Lessing darüber nach Wittenberg: »Ihre Sache mit Voltairen hat hier viel Aufsehns gemacht. Sie sind nach Ihrer Abreise bekannter geworden, als Sie es bei Ihrem Dasein waren« (Ba 11.1,38).

Voltaire, der sich in dieser Angelegenheit übrigens recht vornehm verhielt, hat Lessing auch später kaum zur Kenntnis genommen. Er soll einem Deutschen, der ihn auf Les-

sings Voltaire-Kritik in der *Hamburgischen Dramaturgie*
aufmerksam machte, geschrieben haben: »Ich bin zu alt,
noch Deutsch zu lernen, um meine Gegner zu verstehen. Sie
melden mir, daß Herrn Lessings Blätter gut geschrieben
sind. In der That, wenn er so gut Deutsch schreibt, wie Sie
Französisch, so müssen sie ganz vortrefflich seyn« (K. Lessing, B 3: 1793, 278). Lessing ist andererseits von Voltaire
nicht losgekommen. Er hat die Demütigung in dieser Angelegenheit wohl nie verwunden und Voltaire bekämpft, wo
immer sich eine Gelegenheit bot. Diese Gegnerschaft hat
eine gewisse Tragik, denn in der Sache stand Lessing Voltaire sehr nahe; und die Feststellung ist wohl nicht übertrieben, dass unter allen ausländischen Einflüssen auf Lessing
der Voltaires der wichtigste war (Robertson, B 11: 1939,
204 f.).

Die Berliner Jahre sind auch in einem äußerlichen Sinne
unruhig. Lessing geht 1751 für kurze Zeit wieder nach Wittenberg. Er studiert dort etwas Medizin, nutzt aber vor
allem die Bibliothek, um seine ersten philologisch-historischen Arbeiten zu schreiben. Hier wird er auch mit
einer Arbeit über Juan Huarte, einen spanischen Arzt und
Schriftsteller des 16. Jahrhunderts, zum Magister der freien
Künste promoviert. Im gleichen Jahr erscheint seine erste
selbständige Publikation – die Gedichtsammlung *Kleinigkeiten*. Ende 1752 kehrt er nach Berlin zurück. Er besucht
Potsdam, Frankfurt an der Oder und Dresden, und er beginnt als Reisebegleiter des Kaufmannssohns Johann Gottfried Winkler eine klassische Bildungsreise. Sie endet 1756
in Amsterdam, weil der Siebenjährige Krieg ausbricht, aber
dass das Unternehmen dieser Reise scheitern würde, war
abzusehen. Lessing führt noch jahrelang einen Prozess wegen ausstehender Gelder, den er 1763 gewinnt (Ba 11.1,216;
397).

Lessing geht trotz des publizistischen Erfolges und trotz
der Freundesbeziehungen seine eigenen Wege. In Berlin
allerdings bildet sich ein Freundeskreis um Lessing, wie es

in späteren Lebensphasen nicht wieder der Fall sein wird. Hannah Arendt, die zu den wenigen gehört, welche sich den konventionalisierten Standardauffassungen über Lessing haben entziehen können, hat die selektive Komponente an Lessings Freundschaftsfähigkeit hervorgehoben: Sie steht dem egalitären »Mitleid«, das die Nachwelt weit stärker mit Lessings Namen verbindet, diametral entgegen (B 3: 1960, 20). Zum kleinen Freundeskreis gehören seit der Mitte der fünfziger Jahre die zukunftsweisenden Autoren Friedrich Nicolai und Moses Mendelssohn, mit denen ihn zeitlebens eine Freundes- und Arbeitsgemeinschaft verbindet. Dazu kommen Karl Wilhelm Ramler und der früh verstorbene Ewald von Kleist. Auch ist Lessing Mitglied des »Montagsclubs«, einer elitären Vereinigung, in der sich die soziale und geistige Elite Berlins, beschränkt auf 24 Mitglieder, versammelt (Holzboog, B 5: 1994, 232–241; Möller, B 5: 1974, 23–26; 160; 229).

Die Zeit in Berlin war in jeder Hinsicht eine einschneidende Epoche in Lessings Lebenslauf. Charakteristisch ist aber, wie er sich 1760 dem Sog entzieht, der von der Stadt, ihrem literarischen Leben und dem Freundeskreis ausgeht: Er reist ohne Abschied ab. Die Freunde sind ratlos und verblüfft, und auch Lessing selbst weiß seinen Entschluss nicht recht zu begründen. Jedenfalls begibt er sich nach Breslau in die Dienste des preußischen Generals Bogislaw Friedrich von Tauentzien. An Mendelssohn schreibt er: »Die Reue wird ohnedem nicht außenbleiben, eine so gänzliche Veränderung meiner Lebensart in der bloßen Absicht, mein sogenanntes Glück zu machen, vorgenommen zu haben« (Ba 11.1,356). Sein Glück hat er in Breslau nicht gemacht, aber geändert haben sich seine Lebensumstände radikal. Auf der einen Seite steht die Sicherheit einer festen Anstellung als Gouvernementssekretär. Auf der anderen Seite war die Erfüllung beamtenhafter Dienstpflichten Lessings Sache nicht. Er zeigt, auch hierin seiner Zeit voraus, Neigungen zum Boheme-Leben. Der Breslauer Rektor Samuel Benjamin

Klose, der zu Lessings engstem Umgang in diesen Jahren gehört, berichtet über seinen Lebenswandel: »Fast täglich ging er nach sechs gegen sieben Uhr in das Theater, und von da mehrentheils, ohne das Stück ausgehört zu haben, in die Spielgesellschaft, von wo er spät nach Hause zurückkehrte, und den andern Tag nicht vor acht oder neun Uhr aufstand. Ich habe ihn sogar noch gegen zehn Uhr im Bette gefunden« (K. Lessing, B 3: 1793, 248).

1765 endet Lessings Dienstverhältnis in Breslau. Für zwei Jahre geht er zurück nach Berlin. 1767 wird er zum »Dramaturgen« der in Hamburg neu gegründeten »Nationalbühne« bestellt (Robertson, B 11: 1939, 13–39). Die Berufung zeugt von dem literarischen Ruhm, den sich der inzwischen 37-jährige erworben hat. Seine Aufgabe bestand in der Beratung der Unternehmensgründer, in der Lieferung eigener Stücke nach Belieben und in der kontinuierlichen Besprechung der aufgeführten Stücke in einem eigenen Periodikum. Das neue Amt tritt er mit skeptischen Hoffnungen an. Sein erster Brief aus Hamburg datiert vom 22. Dezember 1766. Die »Sache«, so schreibt er an Karl, nimmt »einen sehr guten Gang«: »Allein Du kennst mich, daß der klingende Vorteil bei mir eben nicht der vornehmste ist; und solchemnach äußern sich andere Bedenklichkeiten« (Ba 11.1,454 f.). Lessing schreibt in diesen Jahren von 1767 bis 1769 seine *Hamburgische Dramaturgie*; die *Briefe, antiquarischen Inhalts* erscheinen nebenbei, und er arbeitet am *Laokoon* weiter. Zugleich gewinnt er Freunde, die ihm bis ans Lebensende erhalten bleiben: Er lernt die Familie Reimarus kennen, aus deren Besitz er später die berühmten *Fragmente eines Ungenannten* herausgibt, und er lernt seine spätere Frau Eva König kennen. Auch verkehrt er im Hause des Pastors Goeze, der sein berühmtester Gegner werden wird. Daneben gründet Lessing eine Druckerei, die er gemeinsam mit Johann Joachim Bode betreibt, bleibt jedoch als Geschäftsmann erfolglos. Der Freimaurer und Aufklärer Bode wird die Druckerei weiterführen und später einige der Schriften Goezes drucken (Boehart, B 13: 1988, 234).

Damit ist ein Punkt berührt, der Lessing gerade in diesen beiden Hamburger Jahren maßgeblich beschäftigt: die Frage nach dem Verhältnis des Schriftstellers zum Geld. Nach der Episode als Angestellter in Breslau macht sich Lessing ernsthaft, und biographisch gesehen nicht zu früh, Gedanken über den Erwerb seines Lebensunterhalts. Die Schlussbemerkung, mit der er die *Hamburgische Dramaturgie* abbricht, ist berühmt geworden. Er klagt über den Nachdruck des Textes, der ihm großen ökonomischen Schaden zugefügt habe, und schließt mit den Worten: »Sonst wäre es Zeit, daß die Gelehrten mit Ernst darauf dächten, das bekannte Leibnizische Projekt auszuführen« (Gö 4,707) – nämlich eine Vereinigung der Gelehrten zum Selbstverlag ihrer Bücher zu gründen. Lessing hat Ambitionen in dieser Richtung gehabt. Sein Nachlassfragment *Leben und leben lassen. Ein Projekt für Schriftsteller und Buchhändler* (Gö 5,781–787), das aus der Zeit nach 1772 stammen muss, begibt sich mitten in eine aktuelle und lebhafte Diskussion, die durch den Subskriptionsaufruf für Klopstocks *Gelehrtenrepublik* ausgelöst worden war (Ungern-Sternberg, B 3: 1982, 60–71). Über seine eigenen Verleger darf Lessing sich allerdings nicht beschweren. Insbesondere sein Hauptverleger Christian Friedrich Voß in Berlin hat seine Schriften sorgfältig betreut und gut bezahlt.

1773 schreibt Lessing an Karl: »Ich bin in meinem Leben schon in sehr elenden Umständen gewesen, aber doch nie in solchen, wo ich im eigentlichen Verstande um Brot geschrieben hätte« (Ba 11.2,538). Ganz richtig ist das nicht; im Vorjahr hatte es noch anders geklungen: »Also, Geld für die Fische! [...] Es wäre auch närrisch, wenn ich den einzigen Weg, Geld zu verdienen, mir wenigstens nicht offen halten, und das Publicum erst mit meinen Stücken sättigen wollte« (Ba 11.2,484). Hin und wieder finden sich Äußerungen, die auf die Notwendigkeit von Honorarzahlungen zur Begleichung von Schulden verweisen (Ba 11.2,89).

Zweimal wird ihm sogar, sicher zu Unrecht, vorgeworfen, er habe sich seine Gelehrsamkeit für Geld abkaufen lassen wollen: Im Streit mit dem Pastor Lange muss er sich gegen den Vorwurf verwahren, »daß mir alle Arten, Geld zu erlangen, gleichgültig sein würden« (Gö 3,587). Zuvor war bereits ein ähnlicher Vorwurf im Zusammenhang seiner Durchsicht der ersten Bände von Christian Gottlieb Jöchers *Gelehrtenlexikon* erhoben worden. In einem Brief an Jöchers Verleger hat er wohl angekündigt, Supplemente und Korrigenda zu publizieren. Aufgrund dieses Schreibens ist das Gerücht entstanden, Lessing habe dem Verleger Geld abpressen wollen (Ba 11.2,42–46; Schmidt, B 3: 1899, 1,224 f.). Ein letztes Mal wird das Thema, eher beiläufig, im *Fragmenten*-Streit erörtert. Lessing hatte Goeze sein »einträgliches Pastorat« vorgeworfen (Gö 8,125), und der Vorwurf kommt postwendend zurück, dass Lessing die *Fragmente* nur wegen der Publikationshonorare publiziert habe (Gö 8,263). Und schließlich wirft eine anonyme Mitteilung im »Wiener Diarium« Lessing vor, er habe für seine Publikationen des *Fragmenten*-Streits 1000 Gulden von der »Judenschaft zu Amsterdam« erhalten (Gö 8,665).

Es handelt sich bei diesen, teils infamen, Vorwürfen um biographische Marginalien. In ihrer Gesamtheit aber lassen sie den Umbruch im literarischen Leben erkennen: Sie zeigen die konkreten Schwierigkeiten nicht nur des Schriftstellers Lessing, sondern ebenso seiner Umgebung, sich in einer neuen ökonomischen Situation zu orientieren und das Verhältnis von »Geld« und »Geist« neu zu definieren. Lessing selbst hat in Geldangelegenheiten jedenfalls immer eine unglückliche Hand gehabt. Das hat er selbst am besten gewusst: »kurz ich bin kein Wirt. Die Wahrheit zu sagen, ich mag es auch nicht sein« (Ba 11.1,374).

Während seines Hamburger Aufenthaltes erreicht Lessing die Berufung zum Bibliothekar in Wolfenbüttel. Damit beginnt die letzte Phase seines Lebens. Zunächst sieht er die Vorteile seiner neuen Existenz, die er dem Vater in leuchtenderen Farben geschildert hat, als er es selbst gesehen haben mag: »es war die höchste Zeit, daß ich durch die hiesige Versorgung, wiederum eine gewisse Einnahme erhielt. [...] Eigentliche Amtsgeschäfte habe ich dabei keine andere, als die ich mir selbst machen will. Ich darf mich rühmen, daß der Erbprinz mehr darauf gesehen, daß ich die Bibliothek, als daß die Bibliothek mich nutzen soll« (Ba 11.2,31 f.). Das ist wohl richtig. Der Herzog Karl I. von Braunschweig und der Erbprinz Karl Wilhelm Ferdinand – der die Berufung betrieben hatte – erhofften sich von Lessings Berufung, ganz im zeitüblichen Sinne barocker Repräsentation, eine Steigerung des Ansehens des Hofes (Reifenberg, B 3: 1995, 21 f.).

Der Herzog ist viel geschmäht worden; und Lessings eigene Klagen haben der Nachwelt Material dazu geliefert. Nüchtern betrachtet sind diese Klagen nicht gerechtfertigt. Die Bibliothekarsstelle hat Lessing mit dem nötigen Lebensunterhalt versorgt, und seine Amtspflichten haben ihn nicht aufgerieben. Seine Lebenssituation stellte sich bei weitem nicht so schlecht dar, wie seine Klagen vermuten lassen. Hier sind gerechtere Würdigungen angebracht. Lessing hat das »ansehnliche Gehalt« von zunächst 600, später 800 Reichstalern Gold jährlich verdient (Schmidt, B 3: 1899, 2,66). Zudem wurden ihm ein eigenes, großzügiges Haus – das spätere »Lessing-Haus« – und Brennholz zur Verfügung gestellt (Ba 11.2,32). Lessing klagt jedoch regelmäßig darüber, dass sein Gehalt kaum ausreiche – so gegenüber dem Bruder Karl: »Da ich mit meinem ordentlichen Gehalte nur eben auskommen kann; so habe ich schlechterdings kein andres Mittel, mich nach und nach aus meinen Schulden zu setzen, als zu schreiben« (Ba 11.2,89). Diese Klagen haben in der Lessing-Forschung viel Resonanz gefunden und einiges zum schlechten Renommee seines Dienstherrn beigetragen. Zu Unrecht. In einem Brief an den Bruder Theophilus von 1774 wird Lessing deutlicher: »Ich habe längst alles, bis auf den letzten Heller, verloren, was

ich besaß« (Ba 11.2,678). Diese Bemerkung dürfte wörtlich
zu nehmen sein. Tatsächlich hat Lessing sein Geld wohl
überwiegend verspielt. Der Schriftsteller und braunschwei-
gische Hofrat Carl Friedrich Pockels hat darüber Genaue-
res berichtet: »oft verspielte er seinen vierteljährlichen Gehalt an ein paar Abenden wieder, und er mußte borgen,
wenn er nicht darben wollte« (Daunicht, B 3: 1971, 851).
Die im Januar 1774 »untertänigst« ausgesprochene Bitte an
den Herzog, ihm drei Quartale seiner Besoldung im Voraus auszuzahlen, ist wohl in diesem Zusammenhang zu sehen (Ba 11.2,611). Lessings Spielleidenschaft ist schon früh
belegt; am liebsten spielte er Pharao (Ba 11.1,385; K. Lessing, B 3: 1793, 220–224). Sein Braunschweiger Freund Johann Arnold, der Lessing aus Hamburg kannte und der
maßgeblich an der Wolfenbütteler Berufung beteiligt war,
scheint der Einzige gewesen zu sein, der Lessing regelmäßig darauf angesprochen und ihn freundschaftlich gemahnt
hat. Im Vorfeld der Wolfenbütteler Berufung finden sich
eine ganze Reihe Äußerungen im Briefwechsel, in denen er
mehr oder weniger direkt darauf anspielt (Ba 11.1,640; 648;
661; 678). Karl S. Guthke hat Lessings Leben unter dieser
Perspektive gedeutet – der »Glücksspieler als Autor« gibt
ein anderes Bild als das überlieferte des rational kalkulie-
renden und reflektierenden Aufklärers. In der Tat finden
sich gehäufte Beschwörungen des Spiels und des Zufalls
nicht nur in seinen Werken, von Riccaut bis zur Orsina
(Guthke, B 3: 1977, 365). So heißt es anlässlich der Wolfenbütteler Berufung: »Das Rad ist lange gedrehet worden;
und siehe, endlich kömmt eine Zahl heraus, von der ich
mir nie etwas versprochen hatte« (Ba 11.1,664). Zuvor
hatte er sein Leben indirekt ähnlich charakterisiert: »Niemals an ihrem rechten Orte, immer das Spiel des Zufalls«
(Ba 11.1,393).

Außer ins Spiel scheint er einiges Geld in Wein investiert
zu haben. In einem Brief an den Kellermeister »Wilke« –
richtig wohl Wilckens – ist von der Abzahlung einer Teil-

schuld von »70 Rtl.« die Rede – also immerhin einem runden Zehntel seines Jahresgehalts (Ba 11.2,757); bei seinem Tod war eine Schuld beim Weinhändler Michael Jacob Wilckens von 62 Reichsthalern offen. Auch seinem Diener Pförtner schuldete er beim Tod 50 Taler (Raabe, B 3: 1997, 120; 50). Anlässlich der Gehaltserhöhung von 1776 erhielt Lessing einen Vorschuss von 1000 Talern, der gerade zur Deckung seiner aktuellen Schulden hinreichte (Boehart, B 13: 1988, 357; Ba 11.2,792).

Diese Details mögen marginal anmuten angesichts der Bedeutung Lessings; aber sie gehören nicht nur zu seinem Leben, sondern mehr noch zu seiner Rezeptionsgeschichte. Denn bis in die jüngste Zeit wurde Lessing als ein Opfer der Herrschenden dargestellt, die das Genie in ihrem Lande verkannt und unterdrückt hätten.

Dieses Bild ist falsch. Es gehört zum Charakterbild Lessings, dass er selbst sich mehr im Wege gestanden hat, als dass er durch äußere Mächte an seiner Entfaltung gehindert worden wäre. Eine verspätete Feudalismuskritik ist im Blick auf die Wolfenbütteler Zeit wenig angebracht. Wenn Lessing in diesen Jahren erhebliche finanzielle Probleme hatte, ist dies nicht die Schuld des Herzogs. Seine und des Erbprinzen Geduld wurde vielmehr von Anfang an auf eine harte Probe gestellt: Lessing hat seinen Amtsantritt um mehrere Monate immer wieder neu verschoben und musste von Johann Arnold Ebert, der die Anstellung in die Wege geleitet hatte, ernstlich daran erinnert werden, »daß Sie ein Amt haben, so gut wie wir andern« (Ba 11.1,672). Lessings Bestallung war bereits Mitte Dezember 1769 erfolgt, das Gehalt wurde seit Januar 1770 gezahlt, aber Lessing traf erst am 4. Mai nach einer Vielzahl freundlicher Ermahnungen Eberts in Wolfenbüttel ein (Schmidt, B 3: 1899, 2,66). Für die Verzögerung der Abreise war offensichtlich, darauf lassen Andeutungen schließen, wiederum Lessings Spielsucht verantwortlich (Ba 11.1,649; 661). Trotz dieses unglücklichen Einstandes

haben der Herzog und der Erbprinz jahrelang gute Miene
zu diesem Spiel gemacht und offensichtlich keine Verstimmung gezeigt.

Für Rilla sind dennoch die elf Jahre, die Lessing in Diensten des Herzogs verbrachte, verlorene Jahre der politischen
und geistigen Unterdrückung, und Mehring versah in seiner
*Lessing-Legende* das entsprechende Kapitel mit der Überschrift: »Die Leidensjahre in Wolfenbüttel« (Rilla, B 3:
1958, 294; 302; Mehring, B 3: 1963, 311). Mehring behauptet, was seitdem in moderaterer Form gerne kolportiert
wird, dass der Erbprinz sich darin gefallen habe, »den
freiesten Geist von Deutschland zu martern« (B 3: 1963,
312). Dagegen darf nüchtern der Befund von Rudolf Vierhaus festgehalten werden: »Noch fanden die Schriftsteller
an Höfen und in der Aristokratie mehr ›Welt‹, mehr Vorur-
teilslosigkeit als in einer städtischen Gesellschaft, wo Stan-
desschranken und Besitzstandsdenken sich aufdringlich bemerkbar machten« (B 5: 1968, 21).

In der Tat gibt eine Bestandsaufnahme der in diesem Jahrzehnt verfassten Werke ein anderes Bild, als Lessing es
selbst zeichnete: Zwei seiner wichtigsten Dramen, *Emilia
Galotti* und *Nathan der Weise*, sind dort entstanden; *Emilia
Galotti*, das gesellschaftskritischste Stück Lessings, wurde
am Hof des Herzogs uraufgeführt. Lessing hat, ohne Exi-
stenzsorgen und unter wohlwollender Obhut seines Herzogs, lange seinen Streit mit Goeze ausfechten können, der
ihn neben dem *Nathan* bei der Nachwelt am berühmtesten
gemacht hat; er hat die kaum minder berühmte *Erziehung
des Menschengeschlechts* und schließlich die *Freimäurer-
briefe* dort geschrieben, ganz zu geschweigen der kleineren
philologisch-historischen Arbeiten. Lessing wurde zudem
1775 ermöglicht, nach Italien zu reisen. Das war ein lange
gehegter Wunsch, den er sich schon 1770 in angenehmen
Farben ausgemalt hatte (Ba 11.1,655). Die Reise verläuft
fünf Jahre später allerdings wenig ertragreich; er muss sie
halb gegen seinen Willen als Reisebegleiter des Prinzen

Leopold von Braunschweig antreten, und er hat kaum Gelegenheit, die Kunstschätze zu würdigen, woran ihm allerdings auch nicht viel lag.

In die Wolfenbütteler Zeit fallen kleinere Ehrungen, um
die sich Lessing, da wird man ihm Glauben schenken dürfen, nicht besonders gekümmert hat. Er wird 1776 Mitglied
der Mannheimer Akademie der Wissenschaften und führt
zunächst aussichtsreiche Verhandlungen um die Leitung des
dann 1779 ohne ihn gegründeten Mannheimer Hof- und
Nationaltheaters, in dem ein knappes Jahr nach Lessings
Tod Schillers Erstling *Die Räuber* aufgeführt wird. Über
die Möglichkeit einer ehrenvollen Berufung nach Wien wird
lange, aber nur indirekt verhandelt; auch sie zerschlägt sich.
1776 erhält Lessing den Hofrattitel und schreibt darüber:
»Daß ich ihn nicht gesucht, sind Sie wohl von mir überzeugt; daß ich es sehr deutsch herausgesagt, wie wenig ich
mir daraus mache, können Sie mir auch glauben. Aber ich
mußte endlich besorgen, den Alten zu beleidigen« (Ba
11.2,793). Das alles ist keine schlechte Bilanz des Wolfenbütteler Jahrzehnts, und sie widerlegt die gängige Behauptung, dass Lessing in feudaler Knechtschaft und Unterdrückung dahinvegetiert habe.

Dass er sich in Wolfenbüttel ausgesprochen unwohl gefühlt hat, steht auf einem anderen Blatt. Wolfenbüttel hat
Lessing die Sicherheit und Muße zum Arbeiten gegeben, die
er nie gesucht hat. Im 6. *Anti-Goeze* hat er selbst es noch
anders gesehen: »Ich bin sehr glücklich, daß ich hier Bibliothekar bin, und an keinem andern Orte. Ich bin sehr glücklich, daß ich dieses Herrn Bibliothekar bin und keines anderen« (Gö 8,240). Das freilich ist eine für die Öffentlichkeit
bestimmte Äußerung; der eigenen Auffassung näher kommt
wohl die Klage gegenüber dem Bruder von 1774: »Es ist nie
mein Wille gewesen, an einem Orte, wie Wolfenbüttel, von
allem Umgange, wie ich ihn brauche, entfernt, Zeit meines
Lebens Bücher zu hüten. Morgen tue ich das schon vier
Jahre« (Ba 11.2,641; auch 673).

Über Lessings Amtsführung als Bibliothekar ist bald nach seinem Tod viel diskutiert worden. Es wurde deutliche Kritik an dem Zustand der Bibliothek laut (Reifenberg, B 3: 1995, 5–15). Karl August Böttiger, der renommierte Göttinger Altphilologe und Bibliothekar Christian Gottlob Heyne und Lessings Nachfolger Ernst Theodor Langer haben sich in diesem Sinne, freilich nicht immer ohne Eigeninteresse, geäußert (Daunicht, B 3: 1971, 628–632). Dass Lessing, sicher mit Billigung des Herzogs, die klassischen Pflichten eines Bibliothekars eher saumselig erfüllt hat und allenfalls – wie Erich Schmidt hübsch formulierte –, »als Bibliothekar höheren Ranges« gelten darf (B 3: 1899, 2,74), ist einerseits unbestritten. In neuerer Zeit finden sich allerdings differenziertere Würdigungen von Lessings Arbeit als Bibliothekar. Er hat aus den Beständen der Bibliothek publiziert und dafür eigens das Organ »Zur Geschichte und Literatur. Aus den Schätzen der herzoglichen Bibliothek zu Wolfenbüttel« gegründet, das zur Keimzelle des *Fragmenten*-Streits wurde. Weiterhin hat sich Lessing recht gewissenhaft, wenn auch einseitig seinen Interessen folgend, um Neuanschaffungen gekümmert, und er ging mit großer Gründlichkeit Anfragen von Gelehrten nach (Reifenberg, B 3: 1995, 54–91). Und wie jeder Bibliothekar hat er ungern Bücher weggegeben; dazu bedurfte es oft dezidierter Anweisungen des Herzogs, die er nur zögernd erfüllte (Ba 11.2,34; 95; 117), während er andererseits im weiteren Bekanntenkreis sehr großzügig und ungeordnet aus den Beständen verliehen hat.

Neben den beruflichen Erfahrungen stehen die persönlichen Kontakte. Lessing klagt über seine Vereinsamung im Wolfenbütteler Jahrzehnt. Aber auf der anderen Seite pflegt er einen intensiven Briefverkehr (Kiesel, Ba 12,393 f.) und gewinnt in Braunschweig neue Freunde. Die Beziehungen zu Nicolai schlafen langsam ein, obwohl der Kontakt nie ganz abgebrochen wird; mit Mendelssohn bleibt der Brief- und der Besuchskontakt etwas intensiver erhalten, und der

Briefwechsel mit dem Bruder Karl, einem nicht unwichtigen Vertreter der Berliner Aufklärung, nimmt zu (Kiesel, Ba 11.2,855 f.). Mit ihm erörtert Lessing am intensivsten seine eigenen Pläne und Arbeiten. In Braunschweig gewinnt er den Professor Johann Joachim Eschenburg – der in diesen Jahren Shakespeare übersetzte – und das Philologen-Ehepaar Ernestine Christine und Johann Jakob Reiske als neue Freunde, mit denen er aber kaum intellektuelle Angelegenheiten diskutiert. Seit 1778 tritt Elise Reimarus, die Tochter des »ungenannten« *Fragmente*-Verfassers Reimarus, stärker in seinen Horizont; sie wird die wichtigste Korrespondentin der beiden letzten Lebensjahre.

In diese Jahre fällt eines der dunkelsten Kapitel von Lessings Biographie. Sein Verhältnis zu seiner Familie wie zur Institution »Familie« überhaupt war stets gebrochen (Steinmetz, B 3: 1977a, 213–217). Nur mit dem elf Jahre jüngeren und damit jüngsten Bruder Karl hält er zeitlebens freundschaftlichen Kontakt, der sich aber mehr der gemeinsamen Sache der Aufklärung als den familiären Banden verdankt. Das Verhältnis zum Vater erscheint dagegen ambivalent – die rund dreißig erhaltenen oder erschlossenen Briefe zeugen von dem Bewusstsein, den beruflichen Erwartungen des Vaters nicht entsprochen zu haben, und von einem Bedürfnis nach Rechtfertigung. Lessing schreibt in den Briefen kein Wort, das die Unbotmäßigkeit eines Sohnes anklingen ließe. Nach dem Tod des Vaters am 22. August 1770 – also bald nach des Sohnes Bestallung zum Bibliothekar – nimmt der Briefwechsel mit der Kamenzer Familie jedoch eine unschöne Wendung, die in der Lessing-Forschung unbeachtet geblieben ist. Der Briefwechsel zwischen Lessing und der Mutter Justina Salome sowie der Schwester Dorothea gehören zu den unerfreulicheren Episoden in der Geschichte der deutschen Briefkultur. Dass sie so wenig beachtet wurde, hängt sicher mit dem Bemühen zusammen, Lessings Bild für die Nachwelt nicht allzu sehr zu trüben, aber auch mit einer Editionspraxis, die den Briefpartnern

Lessings, bis zur Ausgabe Kiesels, zu wenig Aufmerksamkeit geschenkt hat.

Nach dem Tod des Vaters bleiben die Schwester und die Mutter in finanziell äußerst beengten Verhältnissen zurück und sind auf Hilfe durch die Brüder und Söhne angewiesen. Der Älteste hat sich den Hilferufen der Mutter und Schwester nicht nur weitgehend verschlossen, sondern auch einen großen Teil der Briefe unbeantwortet gelassen. Die Lessing-Forschung hat sich daran gewöhnt, den ersten erhaltenen Brief Lessings – er war an seine Schwester gerichtet – als frühes Beispiel für stilistische Einsichten des fast noch kindlichen Lessing zu lesen. Sie hat es aber versäumt, die späten Briefe der Schwester und der Mutter und die ausbleibenden Antworten des Bruders in ihre Erwägungen einzubeziehen. Dass Lessing auch nach seiner Bestallung als Bibliothekar stets in Schulden steckte, ist bekannt; seinen Möglichkeiten zur finanziellen Hilfe waren also in der Tat Grenzen gesetzt – wenn auch vielleicht nicht so enge, wie er behauptet. Vor der Berufung nach Wolfenbüttel schreibt er dem Bruder: »Das Herz blutet mir, wenn ich an unsere Eltern denke. Aber Gott ist mein Zeuge, daß es nicht an meinem Willen liegt, Ihnen ganz helfen. Ich bin in diesem Augenblicke so arm, als gewiß keiner von unserer ganzen Famile ist. Denn der Ärmste ist doch wenigstens nichts schuldig; und ich stecke bei dem Mangel des Notwendigsten oft in Schulden bis über die Ohren« (Ba 11.11,616 f.).

Dass er aber buchstäblich jahrelang Hilferufe aus Kamenz unbeantwortet lässt, ist kaum erklärlich. Die Mutter schreibt im Juli 1774, dass sie seit über zwei Jahren keine Nachricht mehr von ihm bekommen habe, und fordert ihn auf, die versprochene Hilfe nicht zu vergessen: »Ich bitte dich dahero mein Lieber Sohn, laas dich durch diesen meinen Brief bewegen denn ich binn in gröster verlegenheit und weis keinen Rath wie bezahlt soll werden und wofon ich leben soll ich hoffe alles gutte die Ehre deines Vaters und die Noht deiner Mutter und Schwester wirstu dir doch zu

Hertzen gehn laßen und nach deinen versprechen thun was
dir möglich ist« (Ba 11.2,660; auch 489 f.). Auch dieser Brief
bleibt unbeantwortet. Erst im Juli 1776 schreibt er nach den
bitteren Vorwürfen der Schwester und legt zehn Louisdor –
also 50 Taler – bei, nachdem er offensichtlich zuvor über
Dritte etwas Geld übermittelt hatte. Der Dankesbrief der
Mutter folgt auf dem Fuße.

Es ist euphemistisch, angesichts dieser Situation festzustellen, dass Lessing mit Mutter und Schwester »nur vereinzelt Briefe« wechselt und dies auf das »ungeheure (und
durchaus empörende) Bildungsgefälle« zurückzuführen, das
die beiden Frauen von Lessing trennt und es ihnen unmöglich macht, ihm »ebenbürtig« entgegenzutreten (Kiesel, Ba
12,394). Empörend sind an diesem Briefwechsel durchaus
andere Aspekte; und sie sind nicht mit dem Verdikt Erich
Schmidts abzutun, der die Mutter wegen ihrer christlichen
Geduld lobt und der Schwester vorwirft, »durch unbilliges,
liebloses Nörgeln und Schmähen die Brüder Gotthold und
Karl zu erbittern« (B 3: 1899, 2,157). Denn dabei ging es
nicht nur um Geld. Die Mutter hatte Lessing nach dem Tod
des Vaters gebeten, wie üblich einen Lebenslauf zu verfassen und drucken zu lassen, wozu er unter allen Brüdern –
da hatte sie gewiss Recht – am geeignetsten sei. Nach einigem Zögern hatte Lessing das Versprechen dazu gegeben, es
aber nie eingelöst – trotz allen Drängens der Mutter und
der Schwester, die das Andenken des Vaters beschmutzt, das
Ansehen der Familie bedroht und sich selbst dem Spott in
Kamenz ausgesetzt sahen (Ba 11.2,221; auch 61 und Kommentar 892). Obwohl und weil Lessing – anders als die
schließlich ausgesprochen zornige Schwester – in den Briefen nie den Ton höflicher Konventionalität verlassen hat,
zeigt dieser Briefwechsel das höchst problematische Verhältnis, das er zeitlebens zu seiner Familie und seinem Her-
kunftsort pflegte.

Auf der anderen Seite entwickelt sich in der gleichen Zeit
eine intensive Beziehung zu Eva König, die eine einschnei-

Eva Lessing, geb. Hahn, verw. König
Gemälde von Georges Desmarées

dende Umwälzung in Lessings persönlichen Beziehungen
bedeutet. Eva König hatte er bereits in Hamburg kennen
gelernt. Sie war die Witwe des 1769 verstorbenen Heidelberger Kaufmanns Engelbert König, um dessen Wiener Fa-
briken sich die Witwe ebenso energisch wie umsichtig küm-
merte – ein erheblicher Teil der Briefe an Lessing handelt
davon. Die Briefe an die Verlobte zeugen von einer emotionalen Zuneigung, die Lessing wohl keinem anderen Menschen je entgegengebracht hat. Freilich springt er nicht über
seinen Schatten. Er wahrt meist eine Distanz und Zurück-
haltung, die dem Verhältnis nicht angemessen ist. Auch Eva
König bekommt seine Misanthropie zu spüren, die sich in
oft monatelangem Schweigen und Missachten aller Schreiben der Partnerin ausdrückt. Ihre Klage wiederholt sich in
der Mitte der siebziger Jahre regelmäßig: »Wie ist es nur
möglich, wie ist es nur immer möglich, mein lieber, bester
Freund, daß Sie mir in so vielen Monaten auch nicht eine
Zeile schrieben. [...] Haben Sie sich vielleicht vorgenommen, gar nicht mehr an mich zu schreiben; so melden Sie
mir wenigstens das, damit ich mich nicht mit vergeblichen
Hoffnungen quäle« (Ba 11.2,682). Und an anderer Stelle
heißt es: »So habe ich den keine angenehme Nachrichten
mehr von Ihnen zu erwarten! Immer Klagen!« (Ba
11.2,644) Dennoch ist es, wegen der Geduld – und Liebe –
der Briefpartnerin, die selbst große geschäftliche, familiäre
und gesundheitliche Sorgen hatte, nie zu einer Verstimmung gekommen.

Im Oktober 1776 findet die Heirat in der Nähe Ham-
burgs statt; damit endet naturgemäß der Briefwechsel. Zur
Heirat entschließt sich Lessing, nachdem der Herzog dem
langen Drängen nachgegeben und Lessings Gehalt angeho-
ben hat, so dass er sich in der Lage sah, die recht gut situ-
ierte Kaufmannswitwe mit ihren vier halbwüchsigen Kindern aus eigenen Kräften zu ernähren. Am Weihnachtstag
1777 wird dem Paar ein Sohn geboren, der einen Tag später
stirbt; am 10. Januar 1778 stirbt Eva König. Lessing hat nur

Johann Joachim Eschenburg und dem Bruder Karl eine Mitteilung darüber gemacht. An Eschenburg schreibt er nach
dem Tod des Sohnes:

> Meine Freude war nur kurz: Und ich verlor ihn so un-
> gern, diesen Sohn! denn er hatte so viel Verstand! [...]
> War es nicht Verstand, daß man ihn mit eisern Zangen
> auf die Welt ziehen mußte? daß er sobald Unrat
> merkte? – War es nicht Verstand, daß er die erste Gele-
> genheit ergriff, sich wieder davon zu machen. [...] Ich
> wollte es auch einmal so gut haben, wie andere Men-
> schen. Aber es ist mir schlecht bekommen.    (Ba 12,116)

Und an den Bruder heißt es: »Du wirst mich, fürchte ich,
nie wieder so sehen, als unser Freund Moses mich gefunden
hat: so ruhig, so zufrieden, in meinen vier Wänden« (Ba
12,121). Die stoische Reaktion auf den Tod des Sohnes
Traugott und der Frau haben das »Lessing-Bild der Nachwelt entscheidend mitbestimmt« (Guthke, B 3: 1979, 65).
Unmittelbar darauf intensiviert sich der gerade begonnene
*Fragmenten*-Streit – nicht von ungefähr: »Diese Materien
sind itzt wahrlich die einzigen, die mich zerstreuen können« (Ba 12,119).

Der Briefschreiber Lessing, der sich gerade in diesen letzten Lebensjahren von einer neuen Seite zeigt, bedarf durchaus noch der genaueren Erforschung. Die Charakteristika
seines Briefstils sind öfters beschrieben worden; nicht zuletzt von Lessing selbst, der in den Briefen zur Selbstthema-
tisierung neigte. Richtig ist die Feststellung Werner Krafts,
dass Lessing in seiner Korrespondenz das »dramatische
Schreiben« beherrschte; und richtig ist, dass für ihn das
Briefschreiben ein nur unzureichender Ersatz für das
mündliche Gespräch war und dass er in seinen Briefen weitgehend den mündlichen Umgang abzubilden versucht hat
(Kraft, B 3: 1984, 155; Kiesel, Ba 11.1,694–791; Schmidt,
B 3: 1899, 2,564–569). Darin spiegelt sich die neue Briefkultur, wie sie 1751 von Gellert – auch er ein St.-Afra-Schüler

und zu Lessings Studienzeit Universitätsprofessor in Leipzig – in seinem Briefsteller formuliert worden war. Der private Brief soll danach der bürgerlichen Offenheit, der Redlichkeit, der Freiheit des Gedankengangs und dem unmittelbaren Gemütsausdruck entsprechen. Lessings Briefe folgen in weiten Teilen diesem Ideal. Es ist aber eine verzerrte Sicht des Briefwechsels, ihn wie Werner Kraft als Begleitung, Spiegelung und Kommentar des Werkes zu lesen. Die direkten Bezugnahmen auf die eigenen Werke und Kontroversen machen nicht den Hauptinhalt aus, und erst recht bleiben Vorformulierungen grundlegender Gedanken vereinzelt.

Lessings Briefe sind überwiegend ad hoc geschrieben. Sie taugen nur im Einzelfall zur vertieften Erschließung des Werkes; aber gerade deshalb taugen sie umso besser dazu, den Charakter Lessings, seinen Lebensweg und die Umstände seines Arbeitens zu erfassen. Lessing war, das hat er selbst oft genug betont, ein sehr nachlässiger Briefschreiber; und aus den nicht geschriebenen Briefen lassen sich manchmal deutlichere Schlüsse ziehen als aus den geschriebenen. Die langen Phasen des Schweigens verweisen auf Depression und Melancholie und auf eine Vereinsamung, die weniger sozial als konstitutionell bedingt war. Die große Zahl der Briefe und die breite Streuung der Adressaten darf darüber nicht hinwegtäuschen. Hans Erich Bödeker hat die Briefe in sozialer Hinsicht analysiert: Die Kerngruppe der Adressaten konstituierte sich aus einer bürgerlichen Bildungs- und Gelehrtenschicht, die aber in sich kaum kohärent war und die untereinander nur vereinzelt Berührungspunkte hatte (B 3: 1987, 125–135).

In den drei Jahren, die Lessing nach dem Tod von Sohn und Frau noch zu leben hat, hatte er äußerst produktive Arbeitsphasen. Den Arbeiten nach dem *Fragmenten*-Streit merkt man die Lebenssituation nicht mehr an. Es sieht so aus, als habe sich Lessing mit dem Schicksal, das ihm nun einmal beschieden war, abgefunden. In den Briefen finden

sich nur noch vereinzelt Äußerungen jener Melancholie und
Depressionen, die ihn in diesen Jahren gequält haben müssen: »So sehr ekelt mir alles«, schreibt er drei Monate vor
seinem Tod (Ba 12,355). Für diese letzten Lebensjahre trifft
sicher mehr noch als für die vorherigen Lebensphasen zu,
was Heine scharfsichtig bemerkt hat: »Ein Unglück gab es,
worüber sich Lessing nie gegen seine Freunde ausgesprochen: dieses war seine schaurige Einsamkeit, sein geistiges
Alleinstehn. Einige seiner Zeitgenossen liebten ihn, keiner
verstand ihn« (B 5: 1976, 588).

Lessing ist am 15. Februar 1781 in Braunschweig gestorben. Die Obduktion ergibt aus moderner Sicht keinen
klaren Befund; aber es darf angenommen werden, dass
Lessings Lebenswandel, geprägt durch Überarbeitung,
schlechte Ernährung und ständige unausgeheilte fieberhafte
Erkrankungen den frühen Tod im Alter von 52 Jahren
durch eine Herzerkrankung verursacht hat (Daunicht, B 3:
1971, 565–567; Ebstein, B 3: 1929, 108).

Unmittelbar nach dem Tod beginnt eine lange Wirkungsgeschichte, die sich gegenüber ihrem Gegenstand oft ver-
selbständigt hat. Friedrich Nietzsche hat Lessings Nachle-
ben in gewohnter Bosheit auf den Punkt gebracht: »im
Ganzen ist keiner der grossen deutschen Schriftsteller bei
den kleinen deutschen Schriftstellern so populär, wie Lessing« (B 3: 1980, 182). Es war allerdings kein kleiner Schriftsteller, der die ersten Wegmarken für die späteren Lessing-
Würdigungen setzte. Herder hat nach Lessings Tod im Ok-
toberheft von Wielands »Teutschem Merkur« als Erster die
Formel für Lessings Wirkung gefunden: »edler Wahrheitsu-
cher, Wahrheitkenner, Wahrheitverfechter« (B 3: 1978, 510).
Der Bruder Karl teilt dieses Urteil selbstverständlich in seiner in den neunziger Jahren entstandenen Lessing-Biographie: »Denn er hatte keinen andern Hauptzweck als die
Wahrheit« (B 3: 1795, 6). Diese Auffassung hat unangefochten Bestand gehabt – auch am Ende des 20. Jahrhunderts
wird Lessing ein »gewaltiger Drang zur Wahrheitssuche«

bescheinigt (Hofmann, B 5: 1999, 148). Die kluge Differen-
zierung von Hannah Arendt, der Trägerin des Lessing-Prei-
ses der Stadt Hamburg von 1960, ist dagegen ungehört
geblieben: Lessing habe seine eigene, unorthodoxe Auffassung von Wahrheit gehabt. Er sei gerade nicht der Wahrheitssucher um jeden Preis gewesen, sondern im Konflikt
von Wahrheit und Menschlichkeit habe er sich auf die Seite
der Freundschaft, der Menschlichkeit und der Weltoffenheit
gestellt (B 3: 1960, 44–48).

Seit dem beginnenden 19. Jahrhundert gehört Lessing zu
jenen sechs deutschen Schriftstellern, denen die Auszeich-
nung zuteil wurde, als klassische Nationalautoren gelten zu
dürfen – er teilt diese Ehre mit Klopstock, Wieland, Herder,
Goethe und Schiller. Seine eigentliche Heimat hat Lessing
aber erst später gefunden. In der Rezeption der Jungdeut-
schen und Vormärzliberalen wurde jenes Bild des kritischen
Aufklärers gemeißelt, das in der Zukunft bestimmend bleiben sollte. Heine hat die Münze geprägt, die dann immer
wieder mit leichter Hand ausgegeben wurde: »Nichts
gleicht seiner Wahrheitsliebe«, heißt es in der Nachfolge des
Herder-Nachrufes (B 5: 1976, 586). Die Vorstellung vom
über alles wahrheitsliebenden Lessing, der im Kampf gegen
Obrigkeit und Feudalismus, gegen Vorurteile und Intoleranz sich aufgerieben habe, gehört seitdem zur Folklore der
deutschen bildungsbürgerlichen Geistesgeschichte.

Neben dem Bild vom Revolutionär Lessing etabliert sich
das Bild vom Klassiker der deutschen Nationalliteratur. Die
Nationalisierung des Dichters Lessing im Zuge seiner Ver-
einnahmung durch das deutsche Bürgertum in der zweiten
Hälfte des 19. Jahrhunderts lässt sich an der Geschichte des
großen Lessing-Denkmals in Braunschweig ablesen. Im Re-
volutionsjahr 1848 beginnt der Bildhauer Ernst Rietschel
mit den ersten Entwürfen für das Denkmal, das fünf Jahre
später, mit Festvertrag und *Nathan*-Aufführung, enthüllt
wird. Rietschel versucht, das bürgerliche Lessing-Bild des
Vormärz in Stein zu hauen. Lessing erscheint im zeitgenös-

sischen Kostüm und wird damit seiner Zeit, der bürgerlichen Aufklärung, zurückgegeben. Rietschel verzichtet darauf, Lessing mit einem Mantel darzustellen, weil Lessing der Liebhaber unverhüllter Wahrheiten gewesen sei. Mit dieser etwas simplen, aber einleuchtenden Allegorik gibt er den Deutschen einen ausdrücklich so genannten »deutschen« Dichter zurück, der sich durch Redlichkeit und Klarheit – die spezifisch deutschen Tugenden – auszeichnet. Mit diesem Denkmal ist die Kanonisierung Lessings abgeschlossen (Selbmann, B 5: 1988, 86–88).

Dem in Bronze gegossenen Denkmal war das aus Papier vorangegangen. Lessing ist der erste Schriftsteller der neueren deutschen Literaturgeschichte, dem die Ehre einer historisch-kritischen Ausgabe zuteil wird. Die von Karl Lachmann unternommene Ausgabe von 1838–1840, die später von Franz Muncker in neuen Auflagen weitergeführt wurde, bleibt über hundert Jahre lang die verbindliche Lessing-Ausgabe. Ihr folgen im 20. Jahrhundert die großen Ausgaben von Julius Petersen / Waldemar von Olshausen, Paul Rilla, Herbert G. Göpfert (Guthke, B 3: 1979, 3–12) und schließlich von Wilfried Barner, der zahllosen Auswahlausgaben zu geschweigen. Damit gehört Lessing nicht nur zu den meist-, sondern auch bestedierten Autoren der deutschen Literaturgeschichte.

Neben der Ausgabe von Lachmann/Muncker steht die große Lessing-Monographie Erich Schmidts von 1884/92. Sie ist eine der Pionierleistungen dieser Wissenschaftsgattung und bis heute unentbehrlich, auch wenn sie kaum noch gelesen wird. Allem Positivismus zum Trotz ist sie einem Genie-Begriff verpflichtet, dem es – mit der Ausnahme der Würdigung des *Fragmenten*-Streites – schwer fällt, sich von der Bewunderung für sein Vorbild zu lösen.

Die in ihrer Gesamtheit wohl etwas übertriebenen editorischen Unternehmen der zweiten Hälfte des 20. Jahrhunderts haben nichts daran geändert, dass weder in der Öffentlichkeit noch in der Lessing-Forschung – die im »Les-

Lessings Denkmal in Braunschweig
Geschaffen von Ernst Rietschel 1848–53

sing Yearbook« der Lessing Society ein seit 1969 in den
USA erscheinendes Organ hat – ein neues Bild entstanden
ist. Obwohl Lessings Leben und Werk so gut dokumentiert
sind wie das kaum eines anderen deutschen Schriftstellers,
halten sich nicht nur die populären Urteile, sondern auch
die Fehlurteile hartnäckig. Das in vielen Einzelbeiträgen,
insbesondere im Umfeld der beiden großen westdeutschen
Editionen, bereitgestellte Detailwissen wurde kaum genutzt, um eine Gesamtrevision des tradierten Lessing-Bil-
des vorzunehmen. Selbst in der zuständigen Fachdisziplin
herrscht ein Kenntnis- und Forschungsstand, der als veraltet gelten darf. Das von Heinrich Schneider in den fünfziger
Jahren formulierte Urteil hat weiterhin Gültigkeit: »Sah es
doch manchmal in den Lessingveröffentlichungen der letzten Jahrzehnte so aus, als ob sich ihre Verfasser beinahe
schämten, oder Angst davor hätten, eine zuverlässige
Kenntnis biographischer Tatsachen durchblicken zu lassen«
(B 3: 1950, 9). Neuere methodische Ansätze der Literaturwissenschaft sind erst in allerjüngster Zeit in die Lessing-
Forschung eingedrungen, vor allem im Zuge feministischer
und postmodernistischer Betrachtungen, die sich allerdings
schwer damit tun, Lessing dem Diktat ihrer »Lektüren« zu
unterwerfen, und wenig zum gesicherten historischen Wissen beitragen.

An Lessings Leben und Werk, das sei zum Abschluss des
biographischen Überblicks und zur Einleitung der Werk-
interpretationen zusammenfassend gesagt, lässt sich wohl
nichts Neues mehr entdecken. Aber es ist manches wieder
aufzudecken, was vergessen wurde oder bekannt hätte sein
sollen. Wenn es nicht immer mit dem übereinstimmt, woran
sich der Lessing-Liebhaber gewöhnt hat, so sei er auf Nathan verwiesen (Gö 2,279):

Mein Rat ist aber der: ihr nehmt
Die Sache völlig wie sie liegt.

## 2
## Epigramme und Gedichte

Lessing war kein Lyriker. Dennoch betrat er sehr früh mit Gedichten die literarische Bühne. Seine ersten »Sinn-Gedichte« erschienen in der »Berlinischen privilegierten Zeitung« und in deren Beilage, und 1751 publizierte er eine erfolgreiche Liedersammlung. Zwei Jahre später erschienen seine Epigramme gesammelt im ersten Teil von Lessings *Schriften*. In der literaturgeschichtlichen wie wissenschaftlichen Lessing-Rezeption haben diese Gedichte kaum eine Rolle gespielt. Dass ihnen Lessing selbst aber einige Bedeutung beigemessen hat, geht aus der Tatsache hervor, dass er zwei Jahrzehnte später, 1771, eine erweiterte Auflage in den *Vermischten Schriften* vorgelegt hat. Die Bearbeitung hat er allerdings weitgehend seinem Berliner Freund Ramler überlassen (Ba 11.2,124). Die Sinngedichte – oder Epigramme – schließen sich mit den anakreontischen Gedichten, den Oden, den Lehrgedichten, Komödien sowie den Fabeln zu einem Frühwerk Lessings zusammen, mit dem er seinen Ort in der literarischen Situation seiner Zeit zu bestimmen suchte. In diesen frühen Versuchen findet er den Denk- und Darstellungsstil, den er Zeit seines Lebens beibehalten wird. Die etwa hundert Epigramme der ersten Publikation, die in der zweiten Auflage auf rund 150 anwachsen werden, lassen bereits erkennen, was insbesondere der Polemiker, aber auch der Dramatiker Lessing in anderer Form weiterführen wird.

Diese Kontinuität wird von der Lessing-Biographik gerne übersehen. Vielleicht aus Geringschätzung der Literaturwissenschaft gegenüber dem Epigramm heraus wird Lessings Epigrammatik meist unter dem Etikett »Jugenddichtung« abgeheftet (Becker, B 6: 1973, 12–14). Tatsächlich ist das Epigramm eine wenig geschätzte Gattung; schon Plinius hatte Martial wegen seiner Gelegenheitsdichtung einen »Bettelpoeten« gescholten. Andererseits hatte das Epigramm schon in Deutschland des 17. und frühen 18. Jahrhunderts mit Friedrich von Logau, Johannes Grob und Christian Wernicke eine Blüte erlebt. Denn so unscheinbar sich die Gattung ausnimmt, so deutlich kommt sie der zentralen poetologischen Forderung der europäischen Frühen Neuzeit entgegen: der horazischen Formel, dass Kunst nützen und ergötzen solle.

Dass Lessing sich dem Epigramm so intensiv widmete, scheint kein Zufall zu sein. Denn die Eigentümlichkeit dieser Gattung, die im Wesentlichen in der Zuspitzung eines Gedankens besteht, kommt seinem literarischen Temperament entgegen:

### An den Leser

Du dem kein Epigramm gefällt,
Es sei denn lang und reich und schwer:
Wo sahst du, daß man einen Speer,
Statt eines Pfeils, vom Bogen schnellt?

(Gö 1,28)

Lessings Epigramme folgen in Themenwahl und Gestaltung weitgehend den Gattungskonventionen. Das Themenspektrum ist nicht sehr weit gestreut. Lessing konzentriert sich auf die Charakterisierung von Menschentypen und die Bloßstellung von Eigenschaften, die als allgemein-menschlich begriffen werden. Dabei dominiert seine Lust an der Form über der am Inhalt. Eine anthropologische und philosophische Linie ist nicht erkennbar; bissige gesellschaftskritische Bemerkungen bleiben auf Einzelfälle beschränkt und finden sich vor allem in der jeweils späteren Fassung.

Es geht Lessing nicht um die großen Laster und Leidenschaften und nicht um die Aufdeckung versteckter Grund-
triebe des Menschen, wie sie die französischen Moralisten
seit Montaigne zum Gegenstand ihrer Aphorismen und Essays gemacht haben. Er unterwirft sich in der Wahl seiner
Motive vielmehr dem Willen zur Pointe. Als Stoff taugt ihm
jedes Motiv aus dem Bereich des menschlichen Alltagsle-
bens, der Gelegenheit zur Kontrastierung und zur überra-
schenden Wendung bietet. Das Verhältnis der Geschlechter
mit seinen tradierten Gegensätzen von schön – hässlich
oder klug – dumm ist deshalb ein zentraler Gegenstandbe-
reich seiner Sinngedichte. Daneben wird die Blindheit gegenüber den eigenen Schwächen und die Eitelkeit gegenüber den vermeintlichen Vorzügen ein zentrales Thema:

### Auf die feige Mumma

Wie kömmts, daß Mumma vor Gespenstern flieht,
Sie, die doch täglich eins im Spiegel sieht?

(Gö 1,33)

Das Beispiel zeigt, dass Lessing keine besonderen philosophischen Ambitionen hegte – er scheut auch vor dem Ka-
lauer nicht zurück. Das ist schon den Zeitgenossen nicht
entgangen. Gleim hat sich in einem Brief an Uz böse darüber geäußert: Lessing »geht dem Witz nach, und fält oft ins
Niedrige, oft ins Pöbelhafte, wie z. E. das Epigramm, worin
der Hosenknopf vorkommt. Dergleichen lernt man in ver-
dächtigen Häusern, und man verräth sich, daß man sie besucht hat« (Daunicht, B 3: 1971, 62).

Ein bevorzugter Gegenstand ist die spöttische Auseinandersetzung mit dem eitlen Selbstverständnis der Gelehrten
und Schriftsteller. Der gerade 22-jährige Lessing greift in
der Tradition Martials damit eine Schicht an, in der er sich
selbst einigermaßen etabliert hatte. Die Borniertheit, das
Pedantentum und die Selbstgefälligkeit der Gelehrten wer-

den aufs Korn genommen, so in jenem Epigramm, das zu
einem seiner berühmtesten werden sollte und das er an die
Spitze seiner Sammlung stellte:

> ### Die Sinngedichte an den Leser
>
> Wer wird nicht einen Klopstock loben?
> Doch wird ihn jeder lesen? – Nein.
> Wir wollen weniger erhoben,
> Und fleißiger gelesen sein.
>
> (Gö 1,9)

Dieses Epigramm ist weniger als Verteidigung von Lessings Altersgenossen Klopstock zu lesen. Es richtet sich
eher in programmatischer Absicht – die Titelzeile deutet
darauf hin – gegen die satirierte Gelehrtenwelt der Aufklärer, die Klopstock als dem Neubegründer der deutschen
Dichtung mit freundlicher Gleichgültigkeit gegenüberstand,
weil er ihren Horizont überschritt. Es richtet sich aber vielleicht ebenso sehr gegen Klopstock selbst, dessen esoterischer Gestus versteckt gerügt wird.

Solche Ausgriffe auf die zeitgenössische Literatur sind jedoch selten. Lessing siedelt seine Epigramme meist im
Raum des Unverbindlichen an. In der Vorrede zum ersten
Teil seiner *Schriften* hatte er der Gattung ausdrücklich das
Recht zugeschrieben, »frei« und »beißend« zu sein, sich
selbst aber bescheinigt, von dieser Lizenz wenig Gebrauch
gemacht zu haben (Gö 3,518). Darauf verweist das von
Martial übernommene Motto der Erstausgabe: »Ego illis
non permisi tam lascive loqui quam solent« – »Ich erlaubte
ihnen nicht, so frei zu sprechen, wie sie es gewohnt sind«.

In seinen *Briefen*, die ebenfalls 1753 als Teil seiner *Schriften* erschienen, hat Lessing eine ausführliche »Rettung« des
von den Lutheranern geächteten Simon Lemnius geschrieben. Der Zeitgenosse Luthers hatte sich in Epigrammen abfällig über diesen geäußert, was ihm nicht vergessen wurde.

In diesem Zusammenhang äußert sich Lessing ausführlicher über das satirische Epigramm als Waffe im Meinungsstreit. Zunächst hält er Lemnius zugute, dass er gerade nicht die Möglichkeiten des Epigramms genutzt habe: »Wenn Lemnius spottet, so spottet er über die allergemeinsten Laster und Torheiten; er braucht niemals andre als poetische Namen; und das Beißende ist sein Fehler so wenig, daß ich ihm gar wohl einen stärkern Vorrat davon gewünscht hätte; gesetzt auch, daß das Bißchen Ehre dieses oder jenes Toren draufgegangen wäre« (Gö 3,273). Das liest sich wie eine Selbstcharakteristik des Epigrammatikers Lessing, in der eine Selbstkritik enthalten ist. Denn Lessing stellt in der Tat neben seine vielen harmlosen Epigramme eine ganze Reihe anderer, in denen das »Beißende« in den Vordergrund tritt. Die zeitkritische Tendenz verstärkt sich dann in der zweiten Sammlung. Jetzt findet sich deutlichere Kritik an konkret benannten Zeitgenossen – ganz so, wie Lessing es als Recht des Dichters gefordert hatte: »Soll der arme Dichter nur allein seine Waffen nicht brauchen? Und sind die mit Geißeln bewaffneten Satyrs, die ihnen Apoll zur Bedeckung gegeben, nicht das einzige, was sie noch ein wenig in Ansehen erhält?« (Gö 3,284)

Eine Sonderstellung in diesem Zusammenhang nimmt das Epigramm über Voltaire ein, das Lessing in den *Schriften* veröffentlichte, aber in die spätere Epigramm-Sammlung nicht mehr aufnahm. Unter dem enigmatischen Titel *Auf – – – –* bezieht es sich auf eine Episode von Voltaires Gastspiel in Sanssouci. Voltaire hatte mit dem jüdischen Geschäftsmann Abraham Hirschel Geschäfte mit sächsischen Steuerscheinen am Rande der Legalität gemacht und war von diesem betrogen worden. Der folgende Prozess endete 1751 mit einem Vergleich, hatte aber Befremden und Spott über Voltaires bekannte Gewinnsucht hervorgerufen (Besterman, B 5: 1971, 262 f.; Schmidt, B 3: 1899, 1,194–197). Mit unverhohlener Genugtuung greift Lessing diese Episode auf, um Voltaire ins Zwielicht zu rücken. Nicht ohne antisemitischen Unterton erscheint in diesem Epigramm Voltaire als gerissener Betrüger, der dem Juden noch überlegen war:

> Warum die List
> Dem Juden nicht gelungen ist;
> So fällt die Antwort ohngefähr:
> Herr V** war ein größrer Schelm als er.

> (Gö 1,46)

Mit diesem Epigramm beginnt Lessings polemische Auseinandersetzung mit Voltaire, die zu den Konstanten seines Lebens gehören wird.

Auch einen anderen literarischen Gegner hat Lessing in einem Epigramm angegriffen. 1755 publiziert er in der »Berlinischen privilegierten Zeitung« das Gedicht *Antwort auf die Frage: Wer ist der große Duns?* (Gö 1,47 f.). Damit beteiligt er sich an den Angriffen auf Gottsched, der in diesen Jahren unter dem Namen »Magister Duns« zum Gespött der aufstrebenden Dichtergeneration geworden war (Kemper, B 6: 1991, V/2, 188). Das Epigramm wird zum Instrument der literarischen Polemik; dass es nicht mehr als Tagesaktualität beansprucht, wird schon daraus ersichtlich, dass Lessing es nicht in die *Schriften* aufgenommen hat.

Nur zur Abrundung sei darauf verwiesen, dass Lessing sich mit seinen frühesten Dichtungen nicht nur als Satiriker und Polemiker profiliert hat. Er hat eine kleine Anzahl von Oden geschrieben und sich damit in eine sehr alte und durch Klopstock neu belebte Tradition gestellt. Inhaltlich bergen sie Überraschungen: In Neujahrsoden aus den frühen fünfziger Jahren und einer Geburtstagsode auf Friedrich II. zeigt sich Lessing als Panegyriker:

> O ihr, die Friedrich liebt, weil er geliebt will sein,
> Ihr Völker jauchzt ihm zu! Der Himmel stimmet ein.

> (G 1,132)

Das klingt arg parodistisch, ist aber ernst gemeint. Sicher handelt es sich hier aber um nicht mehr als um eine Fingerübung Lessings in einem gängigen Genre (Grimm, B 6: 1987, 414–417); aber ein Körnchen Wahrheit enthält diese Panegyrik doch. Diese Oden sind freilich ohne größere literarhistorische und biographische Bedeutung. Der Spott, den Lessing 1751 über Gottsched ergoss, weil dieser sich so viel auf die ihm von Friedrich verehrte Schnupftabaksdose einbildete (Gö 1,15; Grimm, B 5: 1998, 262), hätte allerdings angesichts dieser Friedrich-Elogen leicht zurückgegeben werden können, wenn Gottsched bereit gewesen wäre, Lessing überhaupt wahrzunehmen. 16 Jahre später – lange nach Gottscheds Tod – ereilt Lessing übrigens das gleiche Schicksal: Das »Schwäbische Magazin von gelehrten Sachen« auf das Jahr 1777 berichtet: »Herr Hofrath Leßing ist vom Churfürsten in der Pfalz mit einer kostbaren Dose und Medaille von Gold, und mit der geprägten Folge aller Churfürsten in der Pfalz beschenkt worden« (Daunicht, B 3: 1971, 431).

Lessings Ausflug in das panegyrische Genre ist ein Einzelfall geblieben. Das Besingen Friedrichs ist ihm ohnehin bald vergangen. Nicht nur die Affäre mit Voltaire musste in ihm jede Hoffnung ersticken, jemals Gnade vor den Augen des Königs zu erlangen; dies wurde ihm dadurch bestätigt, dass Friedrich bei der Besetzung einer Bibliothekarsstelle in Potsdam den hoch empfohlenen Lessing überging. Spätestens da musste Lessing klar geworden sein, dass sein Platz nicht an der Seite der Mächtigen war – auch dann nicht, wenn sie Friedrich hießen und als Philosophenkönige galten. Lessings Metier blieb, nachdem er sich nach tastenden Versuchen orientiert hatte, die Polemik und die Satire.

Die Satire bleibt wie so vieles, was der junge Lessing angefangen hat, eine Konstante seines literarischen Werkes. Harmlose Anfänge satirischen Schreibens finden sich schon in den Komödien, satirischen Biss bekommen Lessings Schriften aber erst dann, als er es als Waffe einsetzt. In der späten Auseinandersetzung mit Goeze äußert er sich selbst, in einem höchst satirischen Kontext, dazu: »Denn ich habe die satyrische Schreibart, Gott sei Dank, gar nicht in meiner Gewalt; habe auch nie gewünscht, sie in meiner Gewalt zu haben. [...] Aber wahrlich, man hat Unrecht, wenn man Offenherzigkeit, und Wahrheit mit Wärme gesagt, als Satyre verschreiet« (Gö 8,252).

Ihre satirische Komponente verbindet Lessings Epigramme mit ähnlichen Bemühungen der Zeitgenossen. Die Wahl der Gattung jedoch verweist auf die Tradition. Lessing bedient sich aus einer eklektisch angeeigneten Antike. Er sucht seine Gewährsmänner weniger im Kanon der Überlieferung, sondern greift gerne Außenseiter und halbvergessene Autoren auf. Vor allem Martial, der, trotz einer langen griechischen Vorläufer-Tradition, aufgrund seiner europäischen Wirkung als der eigentliche Gattungsbegründer gelten darf, ist sein »Lehrmeister« (Gö 3,518). Vielleicht hat allerdings auch der renommierteste Epigrammatiker des Jahrhunderts, Voltaire, im sehr viel stärkeren Maße als Vorbild für Lessings epigrammatische Denkform gewirkt, als dessen Polemik gegen die Franzosen es erkennen lässt (Nivelle, B 10: 1977, 108 f.).

Die meisten Epigramme wurden in Lessings Wittenberger Zeit geschrieben, und es ist der Forschung schon früh gelungen, zu zeigen, in welchem Umfang sich Lessing der dortigen Bibliothek bedient hat. Ein großer Teil der Epigramme ist kaum mehr als eine bloße Übersetzung aus dem Lateinischen des Martial. Lessing vereinfacht oft die Texte der Überlieferung, aber im Stoff und in der Pointe lehnt er sich an sie an. So ist es müßig, in den meisten, besonders den frühen Epigrammen, nach zeitgenössischen Anspielungen zu suchen, so sehr sie sich aufzudrängen scheinen. Einen anderen Ideenlieferanten für seine Epigramme fand Lessing in Friedrich von Logau. Das ist noch ungewöhnlicher als die Rezeption des halbvergessenen Martial. Aber auch in Logau hat Lessing einen Außenseiter gefunden, da dieser ein untypischer Repräsentant des Barockzeitalters war. Im barocken Epigramm sind die Themen vorgegeben, die sich bei Lessing wiederfinden werden: im Vordergrund steht die Personal- und Ständesatire, die aber immer auf allgemeine Laster oder Tugenden zielt; daneben findet sich die Kritik an Kollegen.

Die doppelte, deutsche wie lateinische, Vorläuferschaft stellt Lessings Originalität einerseits ein schlechtes Zeugnis aus. Allerdings entsprach es andererseits der zeitgenössischen Literaturauffassung, sich ohne weiteres der Überlieferung zu bedienen, wobei eine ausdrückliche Benennung der Vorläufer nicht üblich war. Die unablässige Sichtung von Traditionsbeständen sowohl der antiken wie der nachantiken Literatur ebenso wie die Entdeckung und Aneignung randständiger Autoren wird eine Eigenart Lessings bleiben.

An diese Vorliebe für Sinngedichte knüpft sich eine weitere Besonderheit. Lessing wäre nicht Lessing gewesen, wenn er der Gattung des Epigramms nicht eine ziemlich ausführliche historisch-theoretische Abhandlung gewidmet hätte. 1771 erscheinen in den *Vermischten Schriften* seine *Zerstreuten Anmerkungen über das Epigramm und einige der vornehmsten Epigrammatisten*. Lessing rekonstruiert die Tradition der Gattung und hebt als herausragend seine eigenen Vorbilder Martial, Catull und beiläufig Logau hervor. Er charakterisiert, analysiert und beurteilt die Arbeiten dieser Vorgänger und schiebt philologische Forschungsergebnisse im engeren Sinne ein. Wichtiger aber als die historisch-philologischen Darlegungen sind die gattungstheoretischen Bestimmungen. Sie sind im wesentlichen Lessings Eigentum, und sie weisen mannigfaltige Querverbindungen zu Lessings bekannteren theoretischen Versuchen über andere Gattungen auf, so dass sie als ein wichtiger Bestandteil seiner Gattungstheorie begriffen werden dürfen.

Auch wenn sich diese Ausführungen in für Lessing typischer Weise nicht in allen Punkten durch besondere Klarheit auszeichnen, so lassen sich doch einige Kernaussagen

herauspräparieren. Lessing gibt eine klare Definition, die
ihre Herkunft aus dem Denken der Aufklärung nicht ver-
leugnen will. Er sieht im Epigramm wesentlich ein Medium
des Erkenntnisgewinns: »Ich sage nämlich: das Sinngedicht
ist ein Gedicht, in welchem, nach Art der eigentlichen Auf-
schrift, unsere Aufmerksamkeit und Neugierde auf irgend
einen einzeln Gegenstand erregt, und mehr oder weniger
hingehalten werden, um sie mit eins zu befriedigen« (Gö
5,424).

Diese Erkenntnisorientierung ist ebenso charakteristisch
für Lessings Literaturauffassung wie die zweite Eigenschaft,
die er dem Epigramm zuschreibt: Es verbinde seine Erkenntnis mit einem »schmeichelhaften Eindrucke des schönen sinnlichen Gegenstandes« und ruft auf diese Weise ein
»angenehmes Gefühl« hervor (Gö 5,426). Lessing bestimmt
die Gattung also durch ihre dualistische Form. Sie ist ge-
kennzeichnet durch das Nacheinander des Sinnlichen und
des Abstrakten. Auf die knappe Darlegung einer in der
wirklichen Welt situierten Gegebenheit folge eine noch
knappere abstrakte Wendung. Ein tieferer Sinngehalt aber
wird von Lessing ausgeschlossen. Ein Epigramm muss sich
nicht durch Tiefsinn auszeichnen, und eine moralische
Lehre muss ihm nicht unbedingt abgefordert werden – er
konstatiert ausdrücklich, dass sein großes Vorbild Martial
das »Moralisieren« nicht gepflegt habe (Gö 5,429). Entscheidend ist für Lessing die Wendung vom Sinnlichen zum
Abstrakten als solche. In ihr beweist sich der »Witz« des
Epigrammatikers – wobei der Begriff des »Witzes« noch im
frühaufklärerischen Sinne verstanden wird: Er bezeichnet
die Fähigkeit, Entlegenes auf geistvolle Weise miteinander
in Verbindung zu bringen oder mit Neuem zu überraschen
(Gö 5,451–453).

In seinen gattungstheoretischen Reflexionen stellt Lessing eindeutig die Form über den Inhalt, auch wenn er dies
nicht ohne Vorbehalte formuliert. Deutlich wird dies besonders in seiner Verteidigung Martials. Lessing setzt sich mit

dem alten Vorwurf auseinander, Martial sei ein unzüchtiger Autor. Für die frühaufklärerische Literaturtheorie bedeutet dies einen wichtigen Einwand, den Lessing, zumindest nach außen hin, anerkennt: »Nicht zwar, als ob man leugnen wollen, daß etwas ästhetisch schön sein könne, wenn es nicht auch moralisch gut ist. Aber es ist doch auch so gar unbillig nicht, daß man jenes Schöne verachtet, wo man dieses Gute nicht zugleich erkennet« (G 5,472). Lessing bleibt seiner Zeit treu, wenn er Martial gegen diesen Vorwurf verteidigt: Er habe das Laster beschrieben, nicht gepriesen, und damit seiner Zeit den Spiegel vorgehalten.

Aber das ist für Lessing nicht mehr das eigentliche Problem. Es geht ihm kaum um die moralischen Inhalte der Epigramme, sondern um ihre intellektuelle Form. Die Forderungen, die er an ein Epigramm richtet, dienen ebenso sehr der Demonstration der geistigen Wendigkeit ihres Autors wie der psychischen Ökonomie des Lesers, an den es sich richtet. Durch die sinnliche Komponente des Epigramms wird die Einbildungskraft des Lesers gereizt; durch die reflektierende Komponente wird es in Zusammenhang mit dem Verstand gebracht. Die Epigramme erweisen sich im Nachhinein als Teil jenes Programms, mit dem Lessing eine Rehabilitierung der Sinnlichkeit versuchte.

Die frühen Epigramme sind ein nicht besonders origineller Versuch Lessings, eine eigene Stellung in der Literatur der ausgehenden Frühaufklärung zu finden. Dass Lessing die Frühaufklärung hinter sich zu lassen beginnt, belegen einige jener Gedichte, in denen er sich an der frühaufklärerischen Gattung par excellence versucht: an der Lehrdichtung. Die Ausgabe der *Schriften* aus dem Jahre 1753 enthält eine kleine Abteilung *Fragmente*, in der er sechs meist unvollendet gebliebene Lehrgedichte veröffentlicht; sechs weitere sind an anderer Stelle oder aus dem Nachlass veröffentlicht worden.

Mit der Wahl dieser Gattung bewegt er sich auf vertrautem Terrain. Das Lehrgedicht hatte um die Jahrhundert-

mitte einen festen Platz in der literarischen Produktion. Die
Aufklärung hat Lehrdichtung nicht nur im großen Umfang
praktiziert, sondern sie auch gattungstheoretisch begründet,
was nicht ganz einfach war, denn der poetologische Überva-
ter der Aufklärung, Aristoteles, hatte die Gattung für nicht
poesiefähig erklärt (Siegrist, B 6: 1974, 26–29). Mit der
theoretischen Neufundierung der Naturwissenschaften im
17. Jahrhundert änderte sich jedoch die Einschätzung der
Gattung – Bacon, einer der Begründer der modernen Na-
turwissenschaftstheorie, wertet einerseits die dichterische
Einsicht gegenüber der naturwissenschaftlichen Erkenntnis
ab, aber er rehabilitiert das un-mimetische Lehrgedicht, so-
fern es anderweitig gefundene Wahrheiten poetisch-rheto-
risch verkleidet darbietet (Fabian, B 6: 1968, 84 f.). Das ist
die Position, auf die sich die frühaufklärerische Poetik des
Lehrgedichts beziehen kann. In der Rezension eines längst
vergessenen Lehrgedicht-Autors trifft Lessing entsprechend
eine Feststellung, die vom Geist der Frühaufklärung bestimmt ist: »Unsers Wissens hat sich die Epoche des gerei-
nigten Geschmacks unter den Deutschen mit vortrefflichen
Lehrgedichten angefangen« (Gö 3,70).

Die Lehrdichtung ist jedenfalls die populärste Gattung
der vierziger und fünfziger Jahre des 18. Jahrhunderts, wie
die großen Erfolge der Gedichtsammlungen von Haller und
dem frühen Hagedorn beweisen (Siegrist, B 6: 1974, 238). In
diesem Rahmen bewegen sich Lessings Lehrgedichte. Ihn
interessiert allerdings weniger die Natur als die Kultur, und
hier besonders seine eigene Profession; denn die Gattung
des Lehrgedichts war ein wichtiges Medium in der zeitgenössischen Auseinandersetzung und Selbstverständigung
über Literatur.

Besonders bewegt Lessing eine Frage, die nunmehr seit
einem halben Jahrhundert auf der Tagesordnung stand.
1687 wurde in Frankreich eine Diskussion mit epochema-
chender Wirkung eröffnet: Vor der Académie Française
hatte Charles Perrault seine Rede über *Le Siècle de Louis le*

*Grand* vorgetragen und später zu einem voluminösen Werk *Parallèle des anciens et des modernes* ausgearbeitet. Mit einer Fülle von Belegen stellt er die Überlegenheit der Antike über die Gegenwart in Frage und erschüttert eine der kulturellen Selbstverständlichkeiten der frühen westeuropäischen Neuzeit. Er eröffnet einem Fortschrittsdenken den Raum, das das Signum der folgenden Epoche sein wird.

Ein halbes Jahrhundert später folgt ihm der Schüler Lessing. Die *Glückwünschungsrede auf das Jahr 1743*, die er als dreizehnjähriger Schüler in St. Afra geschrieben hat, thematisiert bereits diese Frage (Gö 3,673). Die Rede propagiert den Optimismus der Zeit, und gegen die These von Lessings Vater – an ihn ist die Rede gerichtet –, dass die Zeiten schlechter werden, wendet er die göttliche Vorsehung. Sie sorge dafür, dass jedes Jahr dem anderen gleich bleibe und dass deshalb auch die jetzige Zeit Merkmale der »goldenen Zeiten« aufweise. Obwohl dieses Jugend-, fast Kinderwerk nicht übermäßig ernst genommen werden sollte, verrät es doch etwas über das geistige Klima, in dem Lessing aufwuchs, und über seine Fertigkeiten, die er sich erhalten wird. Die Rede zeichnet sich aus durch ordentliche Kenntnisse traditioneller Argumente, durch die dualistische Argumentation, die das Für und Wider schulmäßig abwägt, und durch eine ebenso scharfsinnige wie sophistische Detailverliebtheit. Den Tenor dieser frühen Auseinandersetzung mit einer Grundfrage der Epoche wird Lessing in späteren Schriften beibehalten. Seit 1748 publiziert er dann vereinzelt Lehrgedichte in verschiedenen Zeitschriften. Gleich zweimal beschäftigt er sich mit der Frage, ob die »Neuern oder die Alten höher zu schätzen« seien. Uneingeschränkt bejaht er die Gleichwertigkeit, und in vielen Bereichen die Überlegenheit der Gegenwart über die Antike:

> Ich kenne ihren Wert, ich schätz auch ihren Ruhm,
> Doch schätz ich uns noch mehr, als alles Altertum.

(Gö 1,182)

Das ist eine Auffassung, die Lessing in dem Gedicht *Poetische Anmerkungen zu den poetischen Einwürfen eines Freundes der Neuern*, aus dem diese Zeilen sind und das zum Jahresende 1748 im »Naturforscher« erschien, mit einer Fülle von Belegen aus dem Bereich der Wissenschaften und der Philosophie untermauert. Lessings Stellung gegenüber der Literatur der Antike bleibt aber zwiespältig. Auf der einen Seite, in den *Poetischen Anmerkungen*, äußert er sich despektierlich über Homer und andere – ein »Lied voll Torheit und von sehr gemeiner Kunst« – und stellt ihnen Hagedorn und Haller rühmend entgegen (Gö 1,186). In dem später in die *Schriften* aufgenommenen Gedicht *An den Herrn M\*\** hingegen zollt er der herrschenden Meinung seiner Zeit stärkeren Tribut: »Das Alter wird uns stets mit dem Homer beschämen« (G 1,159). Lessings Haltung bleibt also ambivalent. Er kommt einerseits immer wieder auf die antiken Vorbilder zurück, und so weit er sich auch inhaltlich von ihnen entfernen wird, so bleiben sie doch der formale Bezugspunkt seiner gesamten Literaturtheorie. Andererseits ist Lessing vom Fortschrittsbewusstsein seiner Zeit affiziert. Gerade in der Verbindung dieser beiden Positionen wird sich seine eigenartige Stellung in der Geistesgeschichte der Zeit erweisen.

In anderen Texten dieses kleinen Zyklus von Lehrgedichten wirft er aktuellere Fragen auf. Die literarischen Diskussionen der Zeit waren beherrscht von der Kontroverse zwischen Gottsched und den Schweizern, die durch das Auftreten Klopstocks einen frischen Impuls erhalten hatte. In mehreren seiner Lehrgedichte nimmt Lessing gattungskonform – denn die Thematisierung der Poetik war ein charakteristisches Merkmal der Gattung – direkt oder indirekt Stellung. In langen Ausführungen, besonders in dem Gedicht *An den Herrn Marpurg über die Regeln der Wissenschaften zum Vergnügen; besonders der Poesie und Tonkunst* und mit häufigen direkten Bezugnahmen auf zeitgenössische Autoren setzt er sich mit der Forderung nach der

Regelhaftigkeit der Dichtung auseinander, wie sie von Gottsched und seinen Schülern verfochten wurde (Grimm, B 5:
1998, 303–307). Lessing bezieht dabei eine unscharfe Position zwischen den Fronten. Aber er formuliert in aller
Schärfe das Problem, um das es in Zukunft gehen wird und
das den Hauptkontrahenten wegen ihrer Verstrickung in ältere Zwistigkeiten nicht recht bewusst geworden war. Ihm
geht es um den Gegensatz von Regelhaftigkeit und Originalität, der ihm zugleich als Gegensatz zwischen Vernunft und
Gefühl gilt.

Es ist schwer zu erkennen, welche poetologische Auffassung Lessing selbst hat, da er in den frühen Lehrgedichten
die Positionen, auch die eigene, immer wieder ironisiert.
Die Quintessenz von Lessings Auffassung wird wohl in folgenden Versen gegeben:

> Ein Geist, den die Natur zum Mustergeist beschloß,
> Ist, was er ist, durch sich; wird ohne Regeln groß.

Doch solche Geister sind selten, und so ergänzt Lessing:

> Drum wird dem Mittelgeist vielleicht die Regel nützen?

> (Gö 1,168)

Lessing gehört zu den ersten deutschen Autoren, die erkannt haben, dass die alten Kontroversen der frühaufklärerischen Dichtungstheoretiker nicht zukunftsweisend sein
werden. Auch wenn er Bodmer und Breitinger wohl näher
steht als Gottsched, so weist doch seine Verteidigung des
Genies über die Schweizer hinaus. Deutlicher als den meisten Zeitgenossen ist ihm bewusst, dass auch die Schweizer
sich letztendlich im Rahmen einer Regelpoetik bewegen.
Lessing bezieht sich deshalb nicht verbindlich auf sie. Seine
poetologischen Lehrgedichte finden ihren Fluchtpunkt in
der teilweise euphorischen Eloge auf den »Adler«, der sich
von selbst zur Sonne erhebt (Gö 1,167) – womit Klopstock
gemeint ist.

Dennoch lassen diese poetologischen Lehrgedichte unschwer erkennen, dass Klopstocks Lyrik nicht Geist von
Lessings Geist ist. Er kann sich nicht entschließen, zugunsten des Genies alle Rationalität und Intellektualität aus der
Dichtkunst zu verbannen. Diese unentschiedene Position,
die das Neue bevorzugt, ohne das Alte zu verwerfen, wird
Lessing auch später einnehmen.

Es ist kein Zufall, dass die Lehrgedichte Fragmente geblieben sind. Denn Lessing steht dieser Gattung insgesamt
skeptisch gegenüber. Auch damit deutet er seinen Neubeginn an: Lessing ist nicht nur »Ueberwinder des Lehrgedichts« (Albertsen, B 6: 1967, 290), sondern mehr noch
Überwinder frühaufklärerischer Dichtungslehre. 1755 wendet er sich in seiner gemeinsam mit Mendelssohn verfassten
Preisschrift *Pope ein Metaphysiker!* auf eine wiederum
recht unentschiedene Weise gegen die didaktische Dichtung. Unter dem Einfluss der neuen Ästhetik Baumgartens
definiert er Dichtung als »vollkommene sinnliche Rede«
(Gö 3,636) und schließt damit die abstrakte, philoso-
phisch-lehrhafte Dimension ausdrücklich aus der Dichtkunst aus. Allerdings darf der Einfluss dieser Schrift nicht
überschätzt werden – tatsächlich hat die Lehrdichtung
als gern genutzte und gelesene Gattung den »tödlichen
Stoß« (Albertsen, B 6: 1967, 347), den ihr Mendelssohn und
Lessing gegeben haben sollen, um hundert Jahre überlebt
(Jäger, B 6: 1970, 564).

Die deutliche Trennung von eigentlicher, systematischer
Philosophie und Dichtung gehörte zu den poetologischen
Überzeugungen dieser Zeit. Lessing hat seine Versuche in
der Gattung der Lehrdichtung deshalb bald aufgegeben.
Dichtung ist bald auch für Lessing etwas anderes als die
bloße literarische Umsetzung philosophischer oder gar
theologischer Theorien in Verse. Bereits in der selbstver-
fassten Ankündigung seiner *Schriften*, in denen die Lehrgedichte enthalten sind, äußert er sich überkritisch: Diese
Lehrgedichte »hat der Verfasser seinen Lesern nicht ganz

mitteilen wollen, vielleicht ihnen den Ekel zu ersparen, den er selbst empfunden hat« (Gö 3,188).

Lessings Abwendung von der Lehrdichtung ist jedoch nicht nur in der sich anbahnenden neuen Dichtungsauffassung begründet, sondern vielleicht mehr noch in seinem eigenem Denkstil, der sich in den Studienjahren prägnant zu entwickeln beginnt. Die Lehrdichtung der Frühaufklärung lehnte sich in ihren Inhalten ebenso wie in ihren Argumentationsformen an philosophische Systematiken an (Siegrist, B 6: 1974, 58–62), die man in eine literarisch-rhetorische Form zu überführen versuchte. Aus diesem Systemanspruch resultiert wohl Lessings späteres Unbehagen. In *Pope ein Metaphysiker!* formuliert er seinen antisystematischen Anspruch (Gö 3,636 f.). Der Widerspruch gegen Pope ist nicht nur dichtungstheoretisch, sondern vor allem philosophisch begründet. Wie schon die Epigramme zeigten, kommt es Lessing weniger auf die stringente und kohärente Ausführung von Gedankengängen an als vielmehr auf die Sprunghaftigkeit des assoziativen »Witzes«, die ihre Argumente dort sucht, wo sie sie gerade findet (Böckmann, B 10: 1968, 177). Die Beweglichkeit des Geistes, die überraschende Verbindung des scheinbar Weitentlegenen ist das Medium, in dem sich Lessings Gedankenführung bewegt. Lessing vollzieht diese Wendung von der Systematik zum »Witz« mit gutem Gespür für die philosophische Entwicklung. Er orientiert sich weniger an der deutschen Philosophie, sondern schaut eher auf die philosophische Entwicklung in den westlichen Nachbarländern England und Frankreich. Damit steht er nicht allein. In der Jahrhundertmitte hat die englische und französische Philosophie das nach Wolff und Gottsched entstandene philosophische Vakuum gefüllt und einen enormen Einfluss in Deutschland ausgeübt. Das gilt nicht nur für Locke, Hume, Voltaire oder Rousseau; eine Auflistung der deutschen Übersetzungen westeuropäischer Philosophen aus diesen Jahrzehnten reicht von Bayle über Maupertuis, Shaftesbury und Hut-

Lessing
Ölgemälde von Johann Heinrich Tischbein, um 1760

cheson bis zu Helvétius (Wundt, B 5: 1964, 270 f.). So unterschiedlich sie im Einzelnen auch sind, so befruchtend haben sie auf die deutsche Philosophie eingewirkt. Unter ihrem Einfluss wurde ein neuer Stil des Philosophierens entwickelt, der bis ins 20. Jahrhundert hinein nachwirken sollte. Die Eigenarten dieses Denkstils sind der weitgehende Verzicht auf gedankliche und inhaltliche Systematik, die Aufhebung der Trennung zwischen Philosophie und Literatur und, nicht zuletzt, die Aufhebung der Trennung zwischen Denken und Leben. Epochemachend wirkte Rousseau. Lessing gehörte zu den Ersten, die Rousseau wahrgenommen und gelobt haben (Gö 3,252). Auch wenn er zu Rousseaus philosophischen Positionen deutliche Distanz hält, so beeinflusst ihn doch die antisystematische, affektive und assoziative Art seines Philosophierens.

Die Abwendung von der Frühaufklärung zeigt sich nicht nur in Lessings Experimentieren mit neuen Denkformen. Die Lehrgedichte zeugen zugleich von einer inhaltlichen Befragung bislang unangefochtener philosophischer Grundpositionen. Sein wiederum nur Fragment gebliebenes, wenige Seiten langes Lehrgedicht *Die Religion* ist ein bemerkenswertes Zeugnis dieser Entwicklung, und zwar nicht nur in Lessings Biographie, sondern ebenso im Denken der deutschen Aufklärung.

Mit seiner Thematisierung der Religion findet Lessing einen Stoff, der ihn fortan nicht mehr loslassen wird. Lessing wird einer der wenigen deutschen Denker sein, die die Religion als das unbefragte Fundament allen aufklärerischen Denkens vorsichtig zur Disposition stellen. Das Lehrgedichtfragment deutet die Konsequenzen an, die sich daraus ergeben. Noch bevor das Erdbeben von Lissabon dem frühaufklärerischen Optimismus seinen entscheidenden Stoß versetzte – seine verborgenen Wirkungen sind in den späteren Dramen Lessings erkennbar –, distanziert sich Lessing andeutungsweise von den Grundlagen des Optimismus. Das Lehrgedicht hat ein klares Programm, das Lessing in

einer Vorrede erläutert: »Mein Plan ist groß. [...] Der erste
Gesang ist besonders den Zweifeln bestimmt, welche wider
alles Göttliche aus dem innern und äußern Elende der Menschen gemacht werden können.« Die Zusammenfassung
dieser Zweifel kommt zu einem zwiespältigen Ergebnis:
Der Mensch ist ihm einerseits ein »Zusammenhang mecha-
nischer Wunder«, andererseits ein »Zusammenhang ab-
scheulicher Krankheiten, in seinem Bau gegründeter Krankheiten, welche die Hand eines Stümpers verraten« (Gö
1,171). Es versteht sich von selbst, dass dieser Zweifel am
göttlichen Bauplan der Welt und des Menschen nicht Lessings abschließendes Urteil bleiben sollte. Der Plan des
Lehrgedichts lief darauf hinaus, im Sinne von Leibniz'
*Theodicée* die Übel der Welt darzustellen und dennoch
Gott zu rechtfertigen. Nur: Lessings Gedicht bleibt bei der
Darstellung des Übels stehen. Da es Fragment geblieben ist,
fehlt die Rechtfertigung Gottes und der Welt (Albertsen,
B 6: 1967, 325 f.). Und es ist immerhin bemerkenswert, dass
Lessing sein rein negative Aussagen enthaltendes Fragment,
das um 1750 entstanden sein dürfte, in seinen *Schriften* ver-
öffentlichte.

Dass das Lehrgedicht genau am Übergang zur entscheidenden Umkehr der Gedankenführung abbricht, kann Zufall sein; aber es bleibt festzuhalten, dass Lessing mit seinen
skeptischen Einwänden gegen eine allzu optimistische Weltsicht eine Auffassung vorbereitet, die sich in seinem späteren Werk wiederfinden wird. Die Frühaufklärung hatte sich
darauf verständigt, die Welt als gut oder zumindest als ver-
besserungsfähig anzusehen. Charakteristisch für diese Auffassung ist Wielands Diktum in seinem frühen Lehrgedicht
*Die Natur der Dinge* von 1752:

> So schwindet nach und nach das Uebel aus der Welt
> Das jetzt die Ordnung stört und unser Glück vergällt.

(B 5: 1856, 25,136)

Den Lehrgedichten und den Epigrammen stellt Lessing mit seinen Liedern eine dritte Form der Lyrik zur Seite, die kontrastierender kaum gedacht werden kann. 1751 veröffentlichte er unter dem Titel *Kleinigkeiten* eine Gedichtsammlung, die das Bild, das sich seine Zeitgenossen von ihm machten, einige Zeit bestimmt hat. Wenn er sich in den Epigrammen der Satire und in den Lehrgedichten der gedankenschweren Reflexion verschrieben hatte, so sind die Lieder dem heiteren Lebensgenuss verpflichtet. Mehr noch als mit seinen Lehrgedichten wählt Lessing damit eine gegenwartskonforme Gattung der Lyrik. Sie blühte nur kurz, eröffnete aber dennoch der deutschen Literatur eine neue Richtung. Hagedorn gehörte zu jenem lockeren Verbund deutscher Lyriker, die in den vierziger Jahren eine Wiederbelebung der »anakreontischen« Dichtung versuchten. Es bildet sich ein Kreis von Dichtern in Halle und Leipzig heraus, an dessen Rand Lessing stand. Uz, Gleim und Götz sind seine wichtigsten Vertreter; und die anakreontische Lyrik ist nicht nur Ausdruck eines neuen Dichtungs- und vielleicht auch Lebensverständnisses, sondern ebenso Ausdruck der Überwindung rationalistischer Poetik: Nicht mehr Gottsched steht Pate, sondern die Hallenser Philosophen Baumgarten und Georg Friedrich Meier, die sich um die Rehabilitation der »Sinnlichkeit« in der Philosophie und Ästhetik verdient gemacht hatten.

Der eng umrissene Themenbestand der Gedichte widmet sich ausschließlich den Freuden des diesseitigen Lebens. Die Themen lassen sich auf die klassische Formel von Wein, Weib und Gesang – er steht für die Geselligkeit –, ergänzt um die Motivkomplexe der Natur und des Dichtens selbst, reduzieren. In diesem Sinne enthält das erste Lied der Sammlung, *An die Leier*, Lessings Programm:

> Töne, frohe Leier,
> Töne Lust und Wein!
> Töne, sanfte Leier,
> Töne Liebe drein.

(Gö 1,67)

Der zweite Komplex dieser Gedichte ist der anakreontischen Liebe gewidmet. Auch hier versucht Lessing gar nicht erst, eigene Akzente zu setzen. Bis in die Namengebung, die mit Phyllis und Damon Topoi der antiken Idylle aufgreift, bleiben seine Beschwörungen der Liebe schematisch, wenn nicht klischeehaft.

Das gilt auch für die Formen. Lessing entwickelt keinerlei Ehrgeiz, über den Bestand der zeitgenössischen Anakreontiker hinauszugehen. Die Vielheit der Formen ist nicht als lyrische Experimentierlust zu verstehen, sondern als launiges Spiel. Vereinzelt lassen sie jedoch Lessing'sche Eigenarten erkennen. Dazu gehört die nachahmende Aneignung antiker Vorbilder. Wie in den Epigrammen und Fabeln, so greift Lessing in den Liedern auf seinen enormen Wissensschatz zurück. Manche der Lieder sind nur Übersetzungen, die aber einen so originalen Lessing-Ton erhalten, dass sie wie Neuschöpfungen wirken (Zeman, B 6: 1972, 237–243).

Untypisch ist Lessings gelegentliche satirische Zuspitzung der Gedichte, von der er in seinen Epigrammen hinreichende Proben gegeben hatte. Das Gedicht *Die Schöne von hinten* hätte mit seiner pointierten Schlusswendung auch seinen Platz in der Epigrammsammlung finden können:

> Was wars, das mich entzückt gemacht?
> Ein altes Weib in junger Tracht.

> (Gö 1,74)

Lessing schreibt die Gedichte aus einer spielerischen Distanz heraus – sie sind, im Sinne der späteren Schiller'schen Kategorien, nicht naiv, sondern sentimentalisch. Ein Blick auf Lessings Lebenssituation lässt leicht erkennen, dass sie keine biographische Verankerung haben. Von »Erlebnislyrik« lässt sich keinesfalls sprechen; diese ohnehin problematische Kategorie gewinnt erst zwanzig Jahre später mit den Sturm-und-Drang-Gedichten Goethes ihren Sinn, wenn sie überhaupt einen hat. Tatsächlich fehlt Lessings Gedichten der biographische Erfahrungshintergrund. Darauf hat er wenige Jahre später in seinen *Rettungen des Horaz* aufmerksam gemacht: Diese Lieder seien »Wesen der Einbildung, wofür ich beiläufig auch meine Phyllis und Laura und Corinna erklären will« (Gö 3,606); während er sich in der Vorrede zum ersten und zweiten Band seiner *Schriften* gleichgültig gegenüber dem Verdacht des Publikums erklärt, er habe seine »Ausschweifungen darinne verewigen« wollen (Gö 3,516). Modernere, medientheoretisch orientierte Überlegungen haben Lessings Erotik in diesen Gedichten gedeutet als Resultat einer aus unmittelbarer Oralität übersetzten sekundären Mündlichkeit, die »Effekt von Texten« ist; sie »verschiebt das Sinnliche ins Imaginäre« (Koschorke, B 6: 1994, 259) – womit wohl gemeint ist, dass Lessing die Lieder nicht erlebt, sondern erfunden hat.

Über die Verankerung dieser Lieder in Lessings Biographie wurde viel diskutiert. Wer sich daran gewöhnt hat, die Entwicklung der Lyrik am Maßstab Goethes oder Klopstocks zu messen, muss sich schwer damit tun, den Gedichten eines bedeutenden Autors ihren Erlebnisgehalt abzusprechen: »Aber man muß es ihm zum Lobe anrechnen, daß er den Wein, den er besang, wirklich getrunken hat, und daß die Mädchen nicht nur in der poetischen Abstraktion einer Phyllis oder Lesbia, einer Doris oder Laura für ihn existierten« (Rilla, B 3: 1958, 33; Pelters, B 6: 1972, 105). Tatsächlich gibt es für eine solche biographische Affinität zu den eigenen Liedern nicht nur keine stichhaltigen Anhaltspunkte (Schmidt, B 3: 1899, 1,89 f.; Oehlke, B 3: [1929], 1,130–132) – allenfalls dem Wein scheint Lessing im Rahmen seiner finanziellen Möglichkeiten zugesprochen zu haben –, sondern sie widerspräche sowohl dem Selbstverständnis einer formelhaften Gattung wie dem Charakter Lessings.

Lessing hat sich aus anderen Gründen dieser Gattung zugewandt. Sicherlich deshalb, weil sie in diesen Jahren eine der populärsten war und er sich den Publikumserfolg versprechen konnte, den er dann tatsächlich erzielte. Interessant dürfte für ihn aber besonders die breite Palette an Artikulationsmöglichkeiten gewesen sein, die diese Gattung bot. Denn anakreontische Lyrik ist Rollenlyrik, die ihre Autoren nicht auf bestimmte persönliche Empfindungen festlegt; und Lessing hat diese Offenheit mehr als die anderen Anakreontiker genutzt.

Gattungstypisch, aber Lessings Neigungen im besonderen Maße entgegenkommend, ist die poetologische Selbstreflexion. Programmatischen Charakter hat das Gedicht *An den Kunstrichter*. Im anakreontischen Gewand wird das große Thema der zeitgenössischen Literaturdiskussion aufgegriffen. Im Namen des Anakreon verwahrt sich Lessing gegen jede Reglementierung der Dichtung und fordert nicht nur von Dichtern, sondern auch vom Kunstrichter den Rausch als Grundstimmung – gemeint ist hier, der Gattung gemäß, nicht der genialische Rausch des Sängers, sondern der des Weines. An anderer Stelle, in dem Gedicht *An den Anakreon*, wird er deutlicher, wenn er gegen jede Regel das Gefühl stellt.

Auch das ist freilich nicht mehr als eine Formel, Lessing schlägt sich nicht ernsthaft auf die Seite der »Gefühlskultur«. Die Geselligkeitskultur, die sein unmittelbarer Freundes- und Bekanntenkreis entfaltete, hat ihn nie mit einbezogen, und er hat sich nie zu ihr hingezogen gefühlt. Der heute schwer fassbare Freundschafts- und Tränenkult dieser Jahre, den spätere Biographen und Historiker nur noch mit Kopfschütteln registrieren konnten, ist auch Lessing vollkommen fremd geblieben. Lessing stand dem Gefühlskult seiner unmittelbaren Umgebung weniger mit sympathetischem als mit theoretischem Interesse gegenüber. Bezeichnend ist, dass er nicht nur keine Briefe in dieser Rührseligkeitsmanier geschrieben hat, sondern dass seine rührseligen Freunde auch den Ton wechselten, wenn sie an ihn schrieben (Oehlke, B 3: [1929], 1,80 f.).

Lessing setzt die thematischen Konventionen der Anakreontik und überhaupt die Gefühlskultur sehr gezielt funktional ein. Bei ihm wird sehr viel deutlicher als bei den anderen Anakreontikern, woher der große Erfolg dieser neuen Strömung bei Dichtern und Publikum wirklich rührt: Sie ist eine Reaktion auf den Rationalismus der Aufklärung. Das betrifft nicht nur die Literatur und ihre Regeln; es betrifft vielmehr die gesamte Lebensform des bürgerlichen Zeitalters vor der Jahrhundertmitte. Der Impuls dieser Strömung lässt sich auf eine einfache Formel bringen: Sie ist als »Ganzes ein Ruf nach Freiheit« (Schmidt, B 3: 1899, 1,88). Gemeint ist zunächst eine poetologische Befreiung vom Diktat der aufklärerischen Poetik, denn die anakreontische Lyrik erkennt die Prämisse der Lehrhaftigkeit nicht mehr an; sie fordert auf eine eigene Weise die Autonomie der Dichtung, indem sie an die Stelle des frühaufklärerischen, verstandesbestimmten »Witzes« den »Scherz« stellt (Kimmich, B 6: 1955, 160 f.).

In den anakreontischen Gedichten bahnt sich eine doppelte Befreiung an. Auf der einen Seite stehen sie in der bukolischen Tradition, die in diesen Jahren wieder neu belebt und einige Jahre später mit Geßners Idyllen europaweite Resonanz finden wird. Der in dieser Tradition propagierte und im geselligen Freundschaftsbund der Anakreontiker dichterisch formulierte Rückzug in die Natur meint eine Abwendung von der höfischen und ständischen Öffentlichkeit (Proß, B 6: 1980, 568). Er bedeutet aber nicht zugleich eine Hinwendung zu den neuen Idealen des Bürgertums – diese werden gerade von der anakreontischen Liebes- und Rauschkultur desavouiert. Die anakreontischen Lieder verkünden eine neue Geselligkeitskultur, die gleich weit entfernt ist von der Steifheit höfischer Sitten wie von der burlesken Lachkultur des Volkes – zur Theorie des »Scherzes« als einer Einübung bürgerlicher Umgangsformen haben sich gerade in den Jahren um die Jahrhundertmitte gewichtige Stimmen geäußert (Promies, B 5: 1966, 70 f.). Aber die Haltung gegenüber diesen bürgerlichen Lebensformen bleibt ambivalent. Denn die Kritik an ihnen macht einen wichti-

gen Themenkreis von Lessings Liedern aus. Sie lassen sich
wirklich als »Gebrauchslyrik« ante datum (Pelters, B 6:
1972, 107 f.) auffassen – der Begriff wird bekanntlich erst
von Kästner und Tucholsky in die Diskussion eingeführt –,
die einen spielerischen Protest gegen borniertе Lebenshaltungen formuliert. In dem Lied *Für wen ich singe* benennt
Lessing seine Adressaten und vor allem die, an die er sich
nicht richtet:

> Ich singe nur für euch, ihr Brüder,
> Die ihr den Wein erhebt, wie ich.
> Für euch, für euch sind meine Lieder.
> Singt ihr sie nach: o Glück für mich.

> (Gö 1,84)

In einem halben Dutzend seiner Lieder entwirft Lessing
einen Gegenkanon zu den bürgerlichen Tugenden seiner
Zeit, wie er sie gerade in der Bürger- und Handelsstadt
Leipzig, einem der Zentren der deutschen Aufklärung, kennen lernen konnte (Rilla, B 3: 1958, 25–31; Krauss, B 5:
1963, 360). Auch die asketische Arbeitsethik des in Halle –
der Wiege der deutschen Anakreontik – besonders stark repräsentierten Pietismus ist ein »Normenhorizont«, auf den
sich die anakreontische Lyrik in emanzipatorischer Absicht
abgrenzend bezieht (Verweyen, B 6: 1989, 230).

Wenn Lessing sich gegen *Die Sparsamkeit* ausspricht,
schwingen wohl biographische Erfahrungen mit, und das
Gedicht über die Faulheit ist, anders als das große Vorbild
des Erasmus, in diesem Rahmen durchaus ernst gemeint,
denn es ist kein verstecktes Lob des Fleißes, sondern ein
witziger Versuch, Fleiß und Arbeit als zentrale Säulen bürgerlicher Ideologie spielerisch in Frage zu stellen:

> Laß uns faul in allen Sachen,
> Nur nicht faul zu Lieb' und Wein,
> Nur nicht faul zur Faulheit sein.

> (Gö 1,78)

Die mentalitätsgeschichtliche Übergangsphase, in der sich das bürgerliche Selbstverständnis dieser Zeit befindet, lässt sich gut daran ermessen, dass einerseits Lessings Lieder großen Publikumserfolg erzielten, dass aber Gellert mit seinen *Geistlichen Oden und Liedern*, die das genaue Gegenprogramm propagieren, wenige Jahre später ebenfalls höchst erfolgreich wurde. In der *Warnung vor der Wollust* tadelt er die Faulheit, die Lessing propagiert:

> Der Mensch, zu Fleiß und Arbeit träge.
> Fällt auf des Müßigganges Wege
> Leicht in das Netz des Bösewichts.
> Der Unschuld Schutzwehr sind Geschäfte.
> Entzieh der Wollust ihre Kräfte
> Im Schweiße deines Angesichts.

> (Gellert, B 5: 1979, 245)

Die Herauslösung des Dichtens aus solchen theologischen Zusammenhängen und die Zurückgewinnung der Diesseitigkeit ist ein zentrales Element von Lessings Liedern. Sein Lob des Tabaks von 1747 macht es in anderer Weise deutlich. Das Tabakrauchen erschien dem Zeitalter als Modernitäts- und Diesseitigkeitssignum. In seiner Neubewertung durch das frühe 18. Jahrhundert wird es seiner allegorischen Konnotationen entkleidet. Lessing spielt direkt darauf an:

> Dich lobet der Theologus
> Durch einen homiletschen Schluß
> Wenn er in deinem Rauch entzücket
> Ein Bild der Eitelkeit erblicket.

> (Gö 1,115)

Die allegorisch-erbauliche Wendung wird ironisiert; aus der alten Tradition allegorischer Auslegung des Tabakrauchens wird ein einfacher Scherz (Martens, B 6: 1989, 220–224; Erismann, B 5: 1917, 4 f.).

Die Lieder Lessings sind trotz ihres zeitgenössischen Erfolges literarhistorisch nicht sonderlich bedeutend. Aber in der Entwicklung Lessings spielen sie ihre Rolle. Sie dürfen wohl verstanden werden als Versuch der persönlichen Befreiung und der literarischen Selbstfindung, in der auf charakteristische Weise Lessings Hang zur Philosophie durchschlägt: Eines der spätesten dieser Lieder, das 1751 datiert ist, aber erst lange nach Lessings Tod erschien, trägt den Titel *Ich*. Darin heißt es abschließend (Gö 1,127):

> Weiß ich nur wer ich bin.

Nach den Gedichten, Epigrammen und Liedern des Frühwerks hat er es wohl gewusst.

# 3
## Die Fabeln

Im Gegensatz zu Lessings Epigrammen und Gedichten haben seine Fabeln bis heute ihren bescheidenen Platz in der Literaturgeschichte und im Schulunterricht behaupten können. Seine Bemühungen um diese Gattung sind recht intensiv, und sie verraten mehr als ein nur flüchtiges Interesse: »Ich hatte mich bei keiner Gattung von Gedichten länger verweilet, als bei der Fabel« (Gö 5,353). Er setzte sich schon früh mit den Fabeln Holbergs (Gö 3,57–59) und des befreundeten Gleim auseinander – allerdings ist die Rezension von Gleims Fabeln in der »Bibliothek der schönen Wissenschaften« überwiegend das Werk Mendelssohns (Gö 5,18–26; Ba 11.1, 288; 301). 1753 erscheint im ersten Teil der *Schriften* eine Sammlung von Fabeln. 1759 publiziert er die Ausgabe *Fabeln. Drei Bücher. Nebst Abhandlungen mit dieser Dichtungsart verwandten Inhalts.* Sie enthält etwa 90 Fabeln, darunter sieben bereits in der ersten Sammlung veröffentlichte. Außerdem fügt Lessing, wie es nicht anders sein kann, eine ausführliche theoretische Überlegung hinzu. 1771 erscheinen die Fabeln in einer umgearbeiteten Ausgabe unter dem von Gellert entlehnten Titel *Fabeln und Erzählungen.*

Lessing bezieht sich ausdrücklich auf den antiken Archetypus der Gattung. Die literarhistorische Überlieferung sah und sieht deren Ursprünge bei Aesop angelegt, der griechischer Sklave gewesen sein soll. Durch diesen Ursprungsmythos erscheint die Gattung als Ausdruck einer Volkskultur, die der Repräsentationskultur der französischen Klassik und des deutschen Barock entgegengestellt werden kann. Mit Jean de La Fontaines Fabeln aus dem späten 17. Jahr-

hundert setzt die moderne Gattungsgeschichte ein und wird
bis zum Ende des 20. Jahrhunderts nicht mehr abreißen. La
Fontaine versieht die Gattung mit ornamentalem Prunk; die
lehrhafte Aussage wird aufs Allgemein-Menschliche konzentriert. Wie seine Zeitgenossen La Bruyère und Molière
sucht La Fontaine Verhaltensformen und Charakterzüge,
die die Zeiten überdauern. Das ist ein Charakteristikum
der französischen Klassik, deren Gesellschaft und Kultur
auf das Beharrende fixiert war. Aber auch die Aufklärung
hat sich darin noch wiedererkennen können – Moses Mendelssohn hatte in einem Brief von 1758 an Lessing unter
Berufung auf die französischen Moralisten ausdrücklich
eine »allgemeine Theorie« des Charakters gefordert (Ba
11.1,274).

La Fontaine sucht nicht den schnellen Weg zu lehrhaften
Pointen, sondern er legt es ebenso sehr darauf an, rhetorischen Glanz zu entfalten. Seine Fabeln haben damit mehr
Teil an der höfischen Repräsentationskultur als an der Volkskultur. Lessing hat das Ornamentale – die »lustige Schwatz-
haftigkeit« – an den Fabeln La Fontaines kritisiert und ihm
gegenüber auf der puritanischen Kargheit der Gattung beharrt (Gö 5,407 f.). Allerdings hat seine Kritik übersehen,
dass La Fontaines Fabeln trotz aller Repräsentation im sozialen Leben ihrer Zeit verankert sind und einen kritischen
Kern haben – tatsächlich ist La Fontaine deshalb ein »Chro-
nist seiner Zeit« (Grimm, B 7: 1976, 92–95). In der Tradition
der französischen Moralisten betrachtet er die Hofkultur
Ludwig XIV. mit Skepsis bis offener Kritik. So sehr die Fabeln auf das Allgemeine im Charakter und im Verhalten zielen, so oft sind die Nutzanwendungen doch eine direkte
Wendung gegen die höfische Kultur, die gelegentlich ausdrücklich ausgesprochen wird, wie in der Fabel *Un fou et un
sage* (B 5: 1975, 311 f.). So beweist die Fabel, was in ihr steckt:
Sie kann ebenso Abglanz einer adelig-höfischen Repräsentationskultur sein wie deren inhaltliche Kritik. Das erste
wurde von Lessing kritisiert, das zweite übersehen.

Lessing sucht den Anschluss an diese Traditionen und erprobt, wie weit sich die Konventionen dehnen lassen. Seit dem Ende der dreißiger Jahre, beginnend mit Daniel Stoppes *Neuen Fabeln*, wird die Gattung schnell zum bevorzugten Medium frühaufklärerischer Selbstverständigung. Zur Popularität der Gattung hat wesentlich Christian Fürchtegott Gellert mit seinen *Fabeln und Erzählungen* von 1746 und 1748 beigetragen. Die Blüte der Gattung in der Zeit um die Jahrhundertmitte, in der über fünfzig Fabelautoren in Deutschland tätig waren (Goedeke, B 4: 1916, 92–98), verdankt sich ihrer Affinität zum rationalistischen und optimistischen Selbstverständnis der Aufklärung. Die Nähe der Gattung zur Philosophie macht ihren Reiz für die Aufklärer aus. Christian Wolff, auf dessen Fabel-Theorie sich Lessing ausdrücklich beruft (Gö 5,371), hat die Fabel in diesem Sinne definiert und zugleich philosophisch geadelt: Die Fabel sei auf die moralische Wahrheit bezogen; ihre Aufgabe sei es, den Menschen ihre Dummheit zu zeigen und sie einsichtiger zu machen (Wolff, B 5: 1739, 287 f.). Lessing übernimmt diese Bestimmung: »Der Fabuliste hingegen hat mit unsern Leidenschaften nichts zu tun, sondern allein mit unserer Erkenntnis. Er will uns von irgend einer einzeln moralischen Wahrheit lebendig überzeugen« (Gö 5,376; auch 5,393). Für ihn wie für die Zeitgenossen war die Gattung gerade deshalb interessant, weil sie an der Grenze zwischen Poesie und Moral stand. Das gilt für alle aufklärerischen Fabeltheorien, die sämtlich, von Wolff bis Herder, darauf zielen, im Medium der Fabel Wahrheit und Erkenntnis zu verbreiten (Alt, B 5: 1996, 251–258). Die Popularität und leichte Fasslichkeit der Aussage ist deshalb ein wichtiges Kriterium, auch für Lessing: In der Fabel *Die Nachtigall und die Lerche* heißt es: »Was soll man zu den Dichtern sagen, die so gern ihren Flug weit über alle Fassung des größten Teiles ihrer Leser nehmen?« (Gö 1,259)

Dass die Fabel eine Lehre – Breitinger spricht geradezu von einer »moralischen Absicht« (B 5: 1740, 171) – haben

müsse, ist also Gemeingut der Aufklärung. Schwerer zu
klären ist indes, worauf diese Lehre sich beziehen und
worin sie bestehen solle. Bei Gellert ist diese Frage entscheidbar: Er verkündet eine Moral, welche die des Bürgertums ist. Wie in seinen anderen Schriften propagiert Gellert
eine Tugend der Mäßigung, des Ausgleichs und der Harmonie mit sich selbst und seiner Umgebung. Die mittlere Ge-
mütslage des Bürgers lehnt alle Extravaganzen ab. Dazu gehören als charakteristisch empfundene weibliche Schwächen
ebenso wie der Hochmut des Adels oder der Dünkel des
Gelehrten – eine der Fabeln trägt den Titel *Der junge Gelehrte* und nimmt in Kurzform vorweg, was Lessing bald
darauf zu einer Komödie ausbauen wird (Eichner, B 7: 1974,
350–352).

Die Fabel kann am besten leisten, was die aufklärerische
Poetik von der Dichtung forderte: an einem konkreten Fall
einen allgemeinen moralischen Satz auf populäre Weise dem
einfachen Volk plausibel machen. Gellert hat es ganz unbe-
fangen in seiner Fabel *Die Biene und die Henne* ausgesprochen:

> Du siehst an ihr, wozu sie nützt:
> Dem, der nicht viel Verstand besitzt,
> Die Wahrheit durch ein Bild zu sagen.
>
> (Gellert, B 7: 1979, 73)

Diese Forderung setzte klare Verhältnisse voraus. Weder
darf ein Zweifel daran bestehen, was denn als moralischer
Satz Gültigkeit haben konnte, noch darf der Schluss vom
Besonderen des Bildes zum Allgemeinen der Wahrheit unsicher sein.

Genau in diesem Punkt weicht Lessing von den Konventionen seiner Zeit ab und nimmt eine eigenartige Stellung in
der Fabeldiskussion und -praxis der Zeit ein. Wenn er sich
mit seinen Zeitgenossen darüber einig war, dass die Fabel
lehrhaft wirken sollte, so unterscheidet er sich in der Umsetzung dieser Forderung doch deutlich von den anderen

erfolgreichen Fabeldichtern der Jahrhundertmitte. In seinen Fabeln ist der Inhalt der Lehre nicht so eindeutig auszumachen. Ansätze zu einem bürgerlichen Tugendkanon, wie er Gellerts Fabeln grundiert, finden sich allenfalls in *Der Hamster und die Ameise*, worin der Geiz kritisiert wird, und in der Fabel von dem Dornstrauch, der grundlos die Kleider der Menschen zerreißt (Gö 1,231 f.; 256). Die Doppelfabel *Die Wohltaten* (Gö 1,264) zeigt den kühlen Utilitarismus des rational denkenden Menschen, der seine Umgebung nach dem eigenen Nutzen beurteilt – wobei aber nicht zu sehen ist, dass Lessing dieses Verhalten etwa kritisieren möchte (Bauer, B 7: 1973a, 13–15). Lessing bezieht sich offenkundig in diesen Fabeln auf die bürgerliche Morallehre seiner zeitgenössischen Fabel-Kollegen; aber ebenso offenkundig folgt er ihr nicht.

In anderen Fabeln scheinen gesellschaftskritische Elemente auf der Hand zu liegen und sich als »Widerspruch gegen die Ideologie der Oberen« (Bauer, B 7: 1973b, 32) ganz im Sinne der Gattungstradition zu artikulieren, in der die Fabel seit je als »Kampfmittel« genutzt wurde (Dithmar, B 7: 1974, 136; auch 130–139). Dolf Sternberger hat Lessings Fabel *Der Esel mit dem Löwen* interpretiert als moderaten Vorschein der Französischen Revolution (B 7: 1968, 255 f.). Am beliebtesten unter neueren Interpreten wurde die Fabel von der *Wasserschlange*: Die Wasserschlange, die von Zeus als Regierung über die Frösche gesetzt wurde, verschlingt diese – gleichgültig, ob sie nun um diese Regierung gebeten hatten oder nicht. Das lässt sich vielleicht als Obrigkeitskritik verstehen. Ob die Fabel aber sich wirklich so »klassenbewußt« die Sache der Unterdrückten gegen die Obrigkeit zu eigen macht, wie es nach 1968 vermutet wurde (Bauer, B 7: 1973a, 6), darf bezweifelt werden. Je nach Sichtweise kann aus dem kurzen Text eine Kritik an den Untertanen herausgelesen werden, die nicht wissen, was sie wollen, oder sie kann verstanden werden als die Veranschaulichung einer »Metaphysik des Bösen« jenseits aller

konkreten politischen Umstände (Eichner, B 7: 1974, 338).
Eine der wenigen Fabeln Lessings, die eine direkte politische Aussage zu haben scheint, bleibt also ausgesprochen
unscharf.

Noch interessanter ist die Fabel von der Eiche: Der Baum
stürzt um, und der Fuchs stellt fest: »Hätte ich doch nimmermehr gedacht, daß er so groß gewesen wäre« (Gö
1,264). Das lässt sich kaum als politische Kritik deuten;
denn die Eiche erweist sich nach dem Sturz sogar als noch
größer, als sie vorher erschienen ist. Lessing hat die Un-
deutlichkeit der Aussage bewusst hergestellt – in der ersten
Fassung von 1753 folgte dem kurzen Prosatext ein gereim-
ter Vierzeiler:

> Ihr die ihr vom Geschick erhöht,
> Weit über uns erhaben steht,
> Wie groß ihr wirklich seid, zu wissen,
> Wird euch das Glück erst stürzen müssen.

> (Gö 2,629)

Auch das ist keine eindeutige politische Aussage, aber immerhin eine Vereindeutigung der moralischen Absicht der
Fabel, die in der zweiten Fassung von 1759 sehr viel unkla-
rer bleibt. In der Fabel von der *Eiche und dem Schwein*
trägt das Schwein im rhetorischen Duell den Sieg davon,
aber dennoch ist keine klare Moral erkennbar – nur die
Lehre, dass das »Leben voll von unberechtigtem Stolz und
anderseits von zügelloser Wollust beherrscht« ist (Doderer,
B 7: 1970, 30).

Mit solchen allgemeinen moralischen Sätzen käme Lessing den Fabeln La Fontaines sehr nahe, wenn sie sich wirklich in dieser Eindeutigkeit aus den Texten ablesen ließen,
wie es die interpretierende Germanistik eine Zeit lang versucht hat. Vielleicht lässt sich eine Zwischenstellung Lessings zwischen moralisierender und politischer Aussage der
Fabel feststellen (Siegrist, B 7: 1984, 253); aber beide Pole
bleiben immer sehr unscharf, und eine politische Seite ist in

den meisten Fabeln kaum erkennbar. Eine konkretere Politisierung der Fabel findet sich erst nach Lessing, bei Gottlieb Conrad Pfeffel und bei Christian August Fischer.

Lessing hat sich intensiv mit der Gattung befasst. In der Summe führt diese Beschäftigung dazu, dass er sich von dem Gattungskonsens der Frühaufklärung verabschiedet. So kommentiert er 1759 eine Übersendung seiner Fabeln an Gleim: »Ich habe, wie Sie sehen werden, lieber einen andern und schlechtern Weg nehmen, als mich der Gefahr einer nachteiligen Parallele mit den Gleims und La Fontainen aussetzen wollen« (Ba 11.1,336). Sein anderer Weg scheint zunächst nicht besonders aussichtsreich zu sein. Denn in der Auseinandersetzung mit der Tradition besteht Lessing mit einer Hartnäckigkeit, die er später auch in anderen poetologischen Fragen zeigen wird, auf einem scheinbar marginalen Detail. Die »Kürze« wird ihm zum zentralen Moment der Fabel: »Die Erzählung der Fabel soll noch planer sein, sie soll zusammengepreßt, so viel als möglich ohne alle Zieraten und Figuren, mit der einzigen Deutlichkeit zufrieden sein« (Gö 5,409). Die Fabel vom *Besitzer des Bogens* setzt diese Forderung in eine kleine Geschichte um: Der stolze Besitzer eines Bogens versieht diesen so lange mit kunstreichen Schnitzereien, bis dieser seiner Aufgabe nicht mehr gewachsen ist und zerbricht – eine deutliche Anspielung auf die kunstvollen Fabeln La Fontaines, denen Lessing damit das Urteil sprechen will (Gö 1,259; Eichner, B 7: 1974, 310–316). Lessings Hauptargument für die Kürze ist zunächst ein philologisches. Er beruft sich auf das Vorbild der antiken Tradition, erliegt dabei allerdings einem Irrtum. Die Grundlage für Lessings eigene Beschäftigung mit der antiken Gattungstradition war die Ausgabe des Gymnasialdirektors Gottfried Hauptmann von 1741. Lessing konnte nicht wissen, was später nachgewiesen wurde: die auf diese Weise erfolgte Überlieferung der aesopischen Fabeln gibt nicht die Originaltexte, sondern nur Bearbeitungen, die den Charakter von Zusam-

menfassungen haben – eben das erklärt ihre apodiktische
Kürze (Grimm, Ba 4,971).

Von ebenso großer Bedeutung wie Lessings Fabeln sind
die fünf Abhandlungen zur Fabeltheorie. Im Rückblick erweisen sie sich als ein wichtiges Ereignis in Lessings intellektueller Biographie, denn die Abhandlungen zur Fabel
sind die ersten in einer langen Reihe von literaturtheoreti-
schen Schriften, die ganz wesentlich dazu beigetragen haben, Lessings Ruf als Aufklärer zu festigen. Bereits in diesen frühen Abhandlungen geht es Lessing, der Angriff auf
den dominierenden La Fontaine macht es deutlich, um eine
Abwehr des allzu großen französischen Einflusses zugunsten einer Wiederbelebung antiker Traditionen, die das Fundament für eine eigene Nationalliteratur bilden sollen. Zugleich greift er bereits das Problem der Gattungsabgren-
zung auf, das ihn später, vor allem im *Laokoon*, erneut beschäftigen wird (Grimm, Ba 4,975–979).

Die Fabelabhandlungen lassen also bereits den eigenen
Stil erkennen, in dem Lessing sich künftig mit den großen
Fragen der Kunst und Literatur auseinandersetzen wird. In
ihnen werden aber auch die Bindungen Lessings an die Poetik der Frühaufklärung sichtbar. In seinen Ausführungen
zur Fabel verliert Lessing sich oft in dogmatischen Defini-
tionsversuchen, wie sie Gottsched nicht haarspalterischer
hätte formulieren können. Mit einer Fülle abgrenzender
Definitionen versucht er, verschiedene Typen von Fabeln zu
bestimmen und aus diesen Definitionsmerkmalen zugleich
Kriterien für die Bewertung der literarischen Qualität abzu-
leiten. Die Behauptung, Lessing liefere mit seiner »Fabel-
lehre einen herausragenden Beitrag zur aufgeklärten Literaturtheorie« ist eher euphemistisch. Denn gerade die ge-
priesene Konsequenz der »Schlußfolgerungen aus der Bestandsaufnahme des poetologischen Kanons« (Alt, B 5:
1996, 258) fehlt Lessing. Deshalb ist es nicht überraschend,
dass er weder bei den Zeitgenossen noch bei der Nachwelt
mit diesen Versuchen Resonanz gefunden hat. Die Zeit der

normativen Poetik, in deren Tradition sich Lessing hier stellt und die er nie ganz überwinden wird, ist in den späten fünfziger Jahren des 18. Jahrhunderts vorbei.

In den Abhandlungen erörtert Lessing erneut das zentrale frühaufklärerische Problem der Lehrhaftigkeit. Es ergibt sich sowohl aus der Gattungstradition wie aus der zeitgenössischen Poetik. Dass die Fabeln eine »moralische Lehre« (Gö 5,365) vortragen sollen, bleibt ihm unstrittig. Lessing versucht aber genauer zu bestimmen, welche Form denn diese moralische Lehre haben müsse, damit sie tatsächlich nützlich werden könne. Und hier wirft er Probleme auf, die in dieser Form zuvor noch nicht behandelt worden sind, indem er die Frage nach dem Verhältnis von Literatur und Wirklichkeit stellt. Für die Frühaufklärung war es selbstverständlich, dass die Dichtung die Natur nachzuahmen habe, und damit war für sie das Problem erledigt. Lessing hingegen stellt sich die aus dem Geist der rationalistischen Aufklärung herrührende Frage, in welchem Verhältnis der allgemeine moralische Satz zum besonderen empirischen Fall stehe, und wendet das logische Problem zunächst zum poetologischen. Aus seiner Lösung dieses philosophischen Problems zieht er seine abschließende Definition der Fabel: »Wenn wir einen allgemeinen moralischen Satz auf einen besondern Falle zurückführen, diesem besondern Fall die Wirklichkeit erteilen, und eine Geschichte daraus dichten, in welcher man den allgemeinen Satz anschauend erkennt: so heißt diese Erdichtung eine Fabel« (Gö 5,385).

Lessings Fabeltheorie bewegt sich mit dieser Definition im Spannungsfeld von allgemeiner Abstraktion und konkretem Einzelfall. Dabei stellen sich ihm philosophische und poetologische Schwierigkeiten, die meist ungelöst bleiben. Die Eigenart der Fabel gegenüber anderen literarischen Gattungen besteht einerseits darin, dass ihr ein gewisser Abstraktions- und Allgemeinheitsgrad zugestanden werden soll. Wenn Lessing von der Fabel gleichermaßen

Lehrhaftigkeit wie Kürze verlangt, lässt er damit gewisse
Stereotypisierungen zu. Ausdrücklich konzediert er dem
Fabeldichter, dass er sich konventionalisierter Abkürzungen
bedienen darf, insbesondere wenn er mit typenhaft vorgegebenen Tieren arbeitet, die traditionsgemäß mit bestimmten, nicht notwendigerweise zu explizierenden Eigenschaften behaftet sind (Gö 5,392 f.; 410 f.). Diese Technik hat zunächst eine didaktische Funktion: in den Tier-Stereotypen
finden der Fabel-Produzent und die Rezipienten einen –
den kleinsten – gemeinsamen Nenner (Gebhard, B 7: 1974,
150–152).

Dieses scheinbar marginale Detail birgt einige poetische
Untiefen, die Lessing wohl nicht ganz bewusst waren. Für
ihn sind die Tiere bloß Gleichnis menschlichen Verhaltens;
die Frage, wie nahe der Fabeldichter die Tiere an die Menschen heranrücken dürfe, wird nicht moralisch, sondern
pragmatisch beantwortet (Gö 5,403). Diese Antwort lässt
sich als eine rationalistische Verengung des Problems deuten. Bei La Fontaine hingegen dienen die Tiere nicht nur
zur Verkürzung und Erleichterung des Denkvorgangs. Sie
werden auch in ihrer inhaltlichen Dimension gewürdigt:
Wenn La Fontaine menschliches Verhalten in Tieren abbil-
det, dann wird diese Abbildung poetisch so ausgestaltet,
dass sie zugleich als eine Kritik eines Zustandes erscheint, in
dem eine solche Abbildung überhaupt möglich ist: die Tier-
gleichnisse werden zum Signum für das »Unmenschliche im
menschlichen Leben« (Ott, B 7: 1959, 265; auch 241–243).

Dass den Tierfabeln des 17. und 18. Jahrhunderts in diesem Sinne per se, unabhängig von den Intentionen des Autors, ein politisches Potential innewohnte, zeigt sich in der
anthropologischen Diskussion der Frühen Neuzeit. Die seit
Hobbes grundsätzlich aufgeworfene Frage nach dem Na-
turzustand, in dem die Menschen böse sind, weil sie ihren
Trieben folgen, kehrt in den Fabeln wieder – in den Tierfi-
guren tritt das Böse, in Form eben dieser Begierden, unver-
hüllt nach außen (Schmitt, B 5: 1996, 59).

Auf der anderen Seite steht das Anschaulichkeitspostulat – das Allgemeine soll im Besonderen gezeigt werden. Lessing beruft sich direkt auf die »Lehre von der anschauenden Erkenntnis« Christian Wolffs (Gö 5,382). Diese Lehre wird zwar ausdrücklich als Maßstab erwähnt, zugleich aber überschritten. Denn Lessing geht es um eine »intellektuelle Anschauung«, keine bloß empirische; also »eine Erkenntnis, keine bloße Wahrnehmung« (Eichner, B 7: 1974, 78). Seine Fabeltheorie löst sich offenkundig vom strengen, rationalistischen Modell der Tradition Wolffs und Gottscheds, aber es ist nicht ganz klar, was an dessen Stelle tritt. Tendenziell verweist er auf die neue, gerade entstehende Auffassung von Dichtung, die sich an die Philosophie Baumgartens anlehnt und nicht mehr ohne weiteres den Primat der Vernunft anerkennt, sondern alle geistigen und seelischen Fertigkeiten des Menschen umfassen will (Eichner, B 7: 1974, 66). Lessings Wendung zum Besonderen in der Fabel ist zwar auch poetologisch, aber mehr noch moralisch bedingt: Es geht ihm nicht mehr um eine allgemeine Moral, sondern um eine besondere moralische Wirkung (Schröder, B 3: 1972, 63).

Das Anschauungspostulat, so unscharf es bei Lessing bleibt, war doch immerhin so neu, dass es die Kritik der älteren und Verteidiger in der jüngeren Generation gefunden hat. Johann Jakob Bodmer veröffentlichte 1760 eine satirische Fabelsammlung unter dem Titel *Lessingische unaesopische Fabeln*, in denen er Lessings Anschaulichkeitsforderungen parodiert (Bender, B 5: 1973, 75–77). Im 127. *Literaturbrief* vom September 1760 setzt sich dann Lessing in gewohnter polemischer Manier mit seinem Kritiker auseinander. Dieser öffentliche Streit scheint die einzige größere Resonanz gewesen zu sein, die Lessings Fabeln bei den Zeitgenossen gefunden haben. Erst der eine halbe Generation jüngere Herder hat sich zwanzig Jahre lang, von 1767 bis 1787, produktiv mit Lessings Fabeltheorie auseinandergesetzt. In seiner eigenen Fabeltheorie führt er Lessings Begriff der Anschauung weiter und unterwirft ihn seiner »poetisch-sinnlichen Weltsicht« (Eichner, B 7: 1974, 130). Er entzieht die Fabel der Verpflichtung auf den »moralischen Lehrsatz« und gesteht ihr größere poetische Freiheiten zu; die Fabel soll über »überredende Kraft, sinnliches Leben« verfügen und nicht als bloß rationale Lehre erscheinen (Herder, B 7: 1978, 2,197; Schrader, B 7: 1991, 112 f.); er fordert von ihr, dass sie die Seele nicht nur überrede, »*sondern Kraft der vorgestellten Wahrheit selbst sinnlich überzeugt werde*« (Herder, B 7: 1978, XV, 561). Die überwindende Weiterführung von Lessings Fabeltheorie durch Herder zeigt Lessings Zwischenstellung. Lessing hat wohl bemerkt, dass die rationalistischen Voraussetzungen der Frühaufklärung nicht mehr gegeben sind, und nähert sich jener poetischen Auffassung, die in diesen Jahren durch Baumgarten und seine Schüler entwickelt wurde und die ihrerseits noch sehr weit von der klassischen Ästhetik entfernt war. Aber seine Trennung von der Fabeltheorie der Frühaufklärung ist deutlich. Er will das Poetische und Singuläre stärker betont sehen, auch wenn dieser Befund nicht ganz so eindeutig ist, wie neuere Interpretationen suggerieren (Eichner, B 7: 1974, 151). Grundsätzlich gilt aber sicher die Feststellung, dass Lessing im Zweifelsfall die ästhetische Leistung über den didaktischen Gehalt stellt (Grimm, Ba 4,939).

In seinen eigenen Fabeln entfernt sich Lessing oft weit von der Theorie, die er mit so großem Aufwand entwirft (Doderer, B 7: 1970, 242–244); er selbst stellt fest, dass Regeln und Praxis »nicht allezeit übereinstimmen«. Lessing hat die Fabel wohl eher als Versuchsfeld für seinen epigrammatischen Witz und seine dialektische Diskutierkunst genutzt. Der Experimentcharakter ist unübersehbar; er manifestiert sich besonders im Umgang mit den antiken Vorlagen. Dass Lessing die antiken Vorbilder benannte, aufgriff und oft nur leicht variierte, war zeittypisch. Lessing aber treibt diese Variationskunst manchmal weiter als seine Zeitgenossen, und er lässt dabei erkennen, dass es es ihm mehr auf das intellektuelle Vergnügen als auf die Lehre ankam. Für Lessing typisch ist das Verfahren, neue Fabeln durch Vermischung alter Motive zu konstruieren – wie in *Der Wolf und das Schaf*, wo in der Fabel selbst die antike Vorlage ausdrücklich benannt und dann umgestaltet wird. Charakteristisch in diesem Sinne ist die Fabel *Der Fuchs und der Rabe*. Sie variiert die traditionelle Vorlage dramatisch – der Schmeichler wird mit dem Tode bestraft (Ott, B 7: 1959, 248).

Lessing hat sich in seinen theoretischen Überlegungen weit von der lehrhaften Bindung der Gattung gelöst; aber er gibt sie nicht preis, sondern gestaltet sie um. Von besonderem Interesse ist die kurze fünfte seiner Abhandlungen über die Fabel. Sie stellt die Frage nach dem »besonderen Nutzen der Fabeln in den Schulen«. In einem Brief an seinen Onkel, den Schulrektor Johann Gotthelf Lindner, hat Lessing – adressatenspezifisch – diesen Aspekt seiner Fabeln besonders hervorgehoben: »Sie werden finden, daß ich mein vornehmstes Augenmerk dabei mit auf die Schulen gerichtet habe« (Ba 11.1,338). Das ist gattungstypisch. Seit der Reformation waren die Fabeln in den protestantischen wie den Jesuitenschulen ein beliebtes Medium der Morallehre (Kayser, B 7: 1931, 26 f.), aber dennoch ist Lessings pädagogisches Interesse unvermutet.

Mit der pädagogischen Funktionalisierung der Fabel für die Moralerziehung hat er in der Tat wenig im Sinn. Seine Überlegungen in der fünften Abhandlung weisen in eine andere Richtung. Es geht weniger um Pädagogik als um sein grundsätzliches Verständnis von Aufklärung. Im Zentrum steht die Idee der Erziehung zum eigenständigen Denken – eine Auffassung von Aufklärung, die sich erst deutlich später, mit Kants berühmtem Aufsatz *Was ist Aufklärung?* von 1784, durchsetzen wird, der eine neue Auffassung von Aufklärung propagiert: Kant begreift sie als Selbstemanzipation des Individuums und nicht als Aufklärung anderer (Schneiders, B 5: 1974, 55 f.; Schneiders, B 5: 1997, 115).

Im Kontext der nur wenige Seiten umfassenden Überlegungen formuliert Lessing die Idee, die hinter seinem ganzen Denken stehen wird: »Warum fehlt es in allen Wissenschaften und Künsten so sehr an Erfindern und selbstdenkenden Köpfen?« (Gö V, 416; Löwisch, B 7: 1969, 156 f.) Diese Leitfrage seines Denkens ist biographisch fundiert durch die Erfahrungen an der Fürstenschule. Ein Brief an den Vater von 1751 spricht es im Blick auf den Konrektor seiner Schule aus: »Ich weiß wohl, daß es seine geringste Sorge ist, aus seinen Untergebnen vernünftige Leute zu machen, wenn er nur wackre Fürstenschüler aus ihnen machen kann, das ist, Leute, die ihren Lehrern blindlings glauben« (Ba 11.1,34).

Einige Jahre später verteidigt Lessing eine Erziehung, die sich an den Verstand richtet und ihn zur Selbsttätigkeit erziehen will, gegenüber dem Erziehungsplan des vier Jahre jüngeren Wieland. Wieland hatte 1756 seinen *Plan einer Akademie zur Bildung des Verstandes und Herzens junger Leute* entworfen. Unter Berufung auf antike Autoren und unter dem Einfluss Shaftesburys entwickelt er die Idee einer ganzheitlichen Erziehung des Menschen. Die Betonung der emotionalen Momente bei der Erziehung ruft Lessings Zorn hervor: Er plädiert für eine scharfe Trennung von Denken und Empfinden. Auch wenn Lessing historisch damit eine Position gegenüber Wieland einnimmt, die sich um die folgende Jahrhundertwende, mit dem Siegeszug des Neuhumanismus in Deutschland, als überholt erweisen wird, so ist er doch seinen aufklärerischen Zeitgenossen um einen Schritt voraus. Die Eigenart und Zwischenstellung lässt sich prägnant im Vergleich mit Mendelssohn einerseits und Kant andererseits auf eine Formel bringen: Mendelssohn – und die Aufklärung seiner Zeit – fordert »Richtigdenken, nicht Freidenken« (Schneiders, B 5: 1974, 51); Lessing hingegen bewegt sich mit seiner von ihm selbst exzessiv praktizierten Form des Selbstdenkens auf Kant zu.

Gegen das von Shaftesbury inspirierte *kalokagathie*-Ideal der Griechen und Wielands wendet Lessing philologische wie philosophische Argumente. Zunächst hält er Wieland Unkenntnis der griechischen Schriften vor, auf die dieser sich beruft; das ist ein Argumentationsmodus, den Lessing bis ans Lebensende beibehalten wird. Zum anderen greift er Wielands Erziehungsideale als verfehlt an. Gegen die ganzheitlich orientierte Auffassung Wielands setzt er eine rationalistische Konzeption. Sein Erziehungskonzept führt ihn schnell wieder zu seiner allgegenwärtigen Grundidee: »Der größte Fehler, den man bei der Erziehung zu begehen pflegt, ist dieser, daß man die Jugend nicht zum eigenen Nachdenken gewöhnet« (Gö 5,52). Sein Ideal ist ihm Sokrates, auf den er sich mehrfach beruft – womit er sich wieder in Übereinstimmung mit pädagogischen Theorien des 20. Jahrhunderts befindet. Der richtige pädagogische Weg sei es, »durch eignes Nachdenken Wahrheiten zu finden« (Gö 5,53). Die Fabel sei nun die Gattung, die wegen ihrer Anschaulichkeit das Selbstdenken des Lesers am stärksten anregt. So geht seine Fabeltheorie den Weg von der Poetik über die Pädagogik zur Philosophie.

Es liegt nahe, in diese Idee des Selbstdenkens die spätere Formel Kants und die noch spätere Adornos zu projizieren und Lessings Pädagogik eine »Erziehung zur Mündigkeit« zu attestieren (Dreßler, B 12: 1996, 344 f.). Aber ganz so einfach ist es nicht; denn so nahe sich Lessing auch historisch und sachlich an diese Idee heranbewegt, so deutlich bleibt er von ihr getrennt. Die moderne Idee der Mündigkeit meint eben nicht nur Selbstdenken, sondern auch eine geschichtsphilosophisch gedachte praktische Emanzipation – und dieser Gedanke ist Lessing, allen Beschwörungen späterer Interpreten zum Trotz, fremd geblieben; selbst in der *Erziehung des Menschengeschlechts*. Dass Lessing »das Nachvollziehen der Erkenntnis allgemeiner Sittengesetze und die Festschreibung des Wahren und Guten auf alle Zeit« angestrebt habe und deshalb »zugleich der mo-

dernste unserer Schriftsteller« sei, ist eine ebenso emphatische wie verfehlte Interpretation (Dreßler, B 12: 1996, 356;
369).

Dass Lessing diese pädagogischen Überlegungen im Zusammenhang mit der Fabel aufwirft, ergibt sich zunächst
aus der Gattungstradition; denn seit Luther und seit dem
16. Jahrhundert wird der besondere pädagogische Nutzen
der Fabel diskutiert. Dabei ist es stets strittig geblieben, ob
den Fabeln wirklich ein nennenswerter pädagogischer Nutzen zukomme, was schon Rousseau im *Emile* bezweifelt
hatte. Bis in die Gegenwart aber genießen die Fabeln – darunter gerade die Lessings – hohes Ansehen in der Deutsch-
didaktik und der Praxis des Deutschunterrichts, auch wenn
die unterschiedlichsten Auffassungen darüber herrschen, ab
welcher Jahrgangsstufe, mit welchem Lernziel und mit welcher Methodik die Fabel im Unterricht eingesetzt werden
kann. In der hohen Zeit dieser Diskussion, in den siebziger
Jahren, dominierte eindeutig die positive didaktische Einschätzung, auch wenn speziell Lessings Auffassung, dass die
Fabel dem Erfindungsgeist junger Genies aufhelfen könne,
kaum moderne Anhänger gefunden hat (Dithmar, B 7: 1974,
193; 162–204).

Lessings Konzeption bedeutete jedenfalls eine radikale
Abwendung von der alten Auffassung des pädagogischen
Nutzens der Fabel – denn deren neuzeitlicher Ahnherr Luther sah sich als Repräsentant einer »Autoritätskultur«, der
es gerade darauf ankam, die Fabel in den Dienst der Vermittlung bibelkonformer Regeln für die weltliche Lebensführung zu stellen. Vielleicht lässt sich die Wendung, die
Lessing mit seinen Fabeln – der Absicht nach – vollzieht,
mit einem alten Gegensatz der christlichen Tugendlehre bezeichnen: Während die frühneuzeitliche Fabeltradition die
*virtutes morales* lehrte, bezieht sich Lessing auf die *virtutes
intellectuales* – die einen vermitteln materiale Werte, die anderen geistige Fähigkeiten des Urteilens und Unterschei-
dens (Kayser, B 7: 1931, 20 f.).

Der pädagogische Laie Lessing hat eine merkwürdig moderne Vorstellung nicht nur vom allgemeinen Nutzen der Fabel im Schulunterricht, sondern auch von der didaktischen Vermittlung dieses Nutzens entwickelt. Er fordert die Pädagogen seiner Zeit auf, die Schüler mit dem Vorbild der aesopischen Fabeln – modern gesprochen – kreativ umgehen zu lassen. Damit deutet er eine frühe Konzeption dessen an, was am Ende des 20. Jahrhunderts »handlungsorientiertes Lernen« heißen wird: Die Schüler sollen die vorgegebenen Fabeln umschreiben oder nach dem Modell der Tradition eigene Fabeln erfinden. Damit kommt das zweite von Lessings pädagogischen Grundprinzipien – soweit sich davon sprechen lässt – zur Geltung: Neben die Reflexivität tritt die Spontaneität. Lessing gibt einige Beispiele dafür, wie er sich dieses pädagogische Verfahren denkt; im Grunde ist dies nichts anderes als das, was er selbst bei seiner eigenen Umgestaltung der Fabeltradition gemacht hat.

Lessings pädagogische Ideen sind folgenlos geblieben. Für eine breitere Wirkung fehlte ihnen die systematische Fundierung, und grundsätzlich standen sie den Tendenzen der Zeit entgegen. Denn unter dem Einfluss Rousseaus geht die Pädagogik in Deutschland zunächst einen gänzlich anderen Weg: Sie stellt weniger die Idee des Selbstdenkens in den Vordergrund als vielmehr die der Erfahrung. Aber für Lessings eigene Fabelpraxis haben die pädagogischen Überlegungen einen erhellenden Wert. Sie lassen erkennen, warum seine Fabeln nicht mehr jene moralische Eindeutigkeit haben, wie sie die frühaufklärerische Lehre forderte: Es geht ihnen eben nicht um die Vermittlung inhaltlicher Lehren, sondern um die Anregung des Denkens. Sie zielen auf eine Schulung des Geistes und geben keine praktischen Handlungsanweisungen. Der moralische Satz darf deshalb nicht mehr in apodiktischer Eindeutigkeit verstanden werden können, sondern muss auf dem Weg des Selbstdenkens gefunden werden.

Die pädagogischen Darlegungen, die Lessing in der fünf-
ten Fabel-Abhandlung – und in den *Literaturbriefen* – am
Ende der fünfziger Jahre dem Publikum bietet, bleiben eine
Ausnahme in seinem Werk. In der Geschichte der Pädagogik werden sie keine große Rolle spielen, da die Klassik und
das neuhumanistische Bildungsideal sich eher an dem von
Lessing bekämpften Wieland als dem Rationalismus der
Aufklärung orientieren werden. Denn rationalistisch ist das
Konzept noch, das Lessing hier vorschlägt. In einem späteren *Literaturbrief* bringt Lessing im Zusammenhang einer
Auseinandersetzung über theologische Fragen die rationalistische Tönung dieses Konzepts auf den Begriff: Er
plädiert für eine scharfe Trennung von Denken und Empfinden und fordert, auch in theologischen Fragen die
»Deutlichkeit der Begriffe« als einziges Argument zuzulas-
sen (Ritzel, B 3: 1966, 91–95). Später wird er seine Auffassung dazu ändern.

Es ist leicht zu sehen, wie sich in diesen ersten Jahren von
Lessings literarischer und kritischer Tätigkeit eine Idee von
Aufklärung herausbildet, an der er fast bis zu seinem Tode
festhalten wird. Der Gedanke, dass die Selbsttätigkeit des
Denkens den aufgeklärten Menschen definiere, wird er
nicht wieder preisgeben.

Lessings Beschäftigungen mit der Fabel haben noch ein
Nachspiel, in dem ein anderes Feld seiner Interessen berührt wird: Nachdem er sein Amt in Wolfenbüttel angetre-
ten hatte, findet er in der dortigen Bibliothek Texte, die seinen philologischen Ehrgeiz wachrütteln und ihn erneut in
eine Kontroverse verstricken. In einem frühneuzeitlichen
Druck erkennt er die 1757 von Bodmer und Breitinger herausgegebenen *Fabeln aus den Zeiten der Minnesänger* wieder. Sein Aufsatz von 1773 *Über die sogenannten Fabeln
aus den Zeiten der Minnesinger* wertet diese Entdeckung
philologisch und polemisch aus, indem er nachweist, dass
die Fabeln aus dem 15. Jahrhundert und der Druck der Züricher identisch waren. Sieben Jahre später greift Lessing das

Thema nochmals auf, indem er sich nun der Frage der Verfasserschaft und der genauen Datierung widmet. Mit großer philologischer Akribie, wenn auch nicht mit gültigen Ergebnissen, will er den Nachweis führen, dass die Fabeln aus der zweiten Hälfte des 14. Jahrhunderts stammen – tatsächlich stammen sie aus der ersten –; und zugleich gelingt es ihm, den Autor, nämlich den Predigermönch Ulrich Bonarius, nachzuweisen – es zeigt sich, dass die Fabel für Lessing noch gegen Ende seines Lebens einen wichtigen Kristallisationspunkt seiner verschiedenen philologischen, literaturkritischen und polemischen Interessen darstellt.

Rückblickend gesehen erscheint die Gattung der Fabel als wichtiger Bestandteil von Lessings Werk, in dem er erstmals seine eigenen Ideen von Aufklärung entwickelt (Eichner, B 7: 1974, 361–400). Seine eigenen Fabeln bilden ein Übergangsstadium und, wichtiger noch, ein Medium der Selbstdefinition. Tatsächlich sind alle Momente, die sein späteres Werk auszeichnen, schon in dieser Beschäftigung mit der Fabel enthalten. Der zentrale Gedanke des Selbstdenkens – durchaus nicht selbstverständlich für die deutsche Frühaufklärung – wird in diesem Kontext entwickelt; zugleich entwirft Lessing experimentierend seine Form von Literaturkritik, die ihn später zu einem Meister dieses Genres werden lässt. Charakteristisch ist die kritische Auseinandersetzung mit der Tradition, der Rückgriff über die Franzosen hinaus auf die Antike, das Aufgreifen und zugleich die Überwindung frühaufklärerischer Gattungsdefinitionen – aber auch ein gewisser Dogmatismus der Festlegungen und der sophistischen Definitionen.

So sind die Fabeln in Lessings eigenem Entwicklungsgang und damit in der Entwicklung der deutschen Aufklärung eine wichtige Gelenkstelle, aber noch keine Plattform, auf der sich das weitere Werk etablieren könnte.

# 4

# Die Lustspiele

Mit seinen frühen Komödien wendet sich Lessing wiederum einer bevorzugten Gattung der frühaufklärerischen Literatur zu. Den End- und Höhepunkt seiner Beschäftigung mit dieser Gattung wird *Minna von Barnhelm* im Jahre 1767 bilden; in den zwei Jahrzehnten zuvor legt er vier abgeschlossene und einige fragmentarische Versuche vor. Die erste dieser Komödien, *Der junge Gelehrte*, wird – so verzeichnet es das Titelblatt – im Jahre 1748 in Leipzig aufgeführt, als Lessing also gerade 19 Jahre alt war.

Lessing folgt den Konventionen, die die frühaufklärerische Gattungsdiskussion festgelegt hatte, aber er zeigt doch stets Bestrebungen, die Grenzen dieser Konventionen auszuloten. In seiner *Critischen Dichtkunst* von 1729 hatte Gottsched die Leitlinien formuliert, mit denen die Neubewertung des Lustspiels eingeleitet wurde. Notwendig war diese Neubewertung, weil es bis dahin in der deutschen Literatur kaum eine Komödientradition gegeben hat. Im Großen und Ganzen genoss die Gattung in Deutschland wenig Ansehen, auch wenn sie auf den Wanderbühnen, oft in der Form der Verballhornung von überlieferten Tragödien, ihren festen Platz als Volksbelustigung gefunden hatte.

Gottsched unternimmt eine Neubewertung im Geist der Aufklärung. Wie das Drama überhaupt, so hat das Lustspiel für ihn darin seinen Reiz, dass es breitere Publikumsschichten anspricht. Gottscheds Grundgedanke ist wie immer einfach: Der Komödie kommt die Aufgabe zu, abweichendes Verhalten darzustellen und in eins damit zu entlarven: »Die Komödie ist nichts anders, als eine Nachahmung einer lasterhaften Handlung, die durch ihr lächerliches Wesen den

Zuschauer belustigen, aber auch zugleich erbauen kann«
(Gottsched, B 5: 1962, 643). Als lasterhaft gilt, was sich der
Vernunft nicht fügt, und erkennbar wird die Abweichung
im Verfehlen sozialer Norm. Dem Publikum soll, ohne dass
es zu größeren gedanklichen Anstrengungen aufgefordert
wäre, auf der Bühne durch übertreibende Darstellung des
falschen Verhaltens das richtige nahegelegt werden.

Gottscheds Rehabilitierung der Komödie hat neben dem
philosophischen einen sozialhistorischen Ausgangspunkt.
Wie in der ganzen Frühen Neuzeit, so spielt auch in der
Frühaufklärung das aus der Antike abgeleitete und in der
Renaissance sowie in der französischen Klassik neuformu-
lierte Gattungssystem eine kaum zu überschätzende Rolle.
Die Dichtung wird nach Gattungen definiert; und diese
wiederum entsprechen in ihren Grundzügen dem Sozial-
system der Frühen Neuzeit: im Gattungssystem wiederholt
sich das Ständesystem. Gottsched formuliert in seiner *Criti-
schen Dichtkunst* ausdrücklich diese Zusammenhänge. Die
Tragödie mit ihren erhabenen Gegenständen duldet nur
Könige, Fürsten und Adel als Personal. Mit der Komödie
hingegen öffnet sich das Theater dem Bürgertum; es treten
»Edelleute, Bürger und geringe Personen, Knechte und
Mägde« auf (Gottsched, B 5: 1962, 651). Was sich wie eine
Abwertung liest, ist tatsächlich eine Aufwertung. Die Reglementierung der Komödie und ihre Unterwerfung unter
die Ständeklausel dienen dem Zweck, »die deutsche Komödie auf europäisches Niveau« zu heben (Steinmetz, B 8:
1978, 26) – und das war hoch. Wenn Gottsched die Komödie verteidigt, dann verteidigt er die Würde seines eigenen
sozialen Standes.

Gottsched hat aber nicht nur die traditionelle Ständeklausel in ihrer sozialen Funktion für das Gattungssystem
noch einmal fixiert, er hat sie zugleich auch gelockert. Die
rigide Ständepoetik der antiken Drei-Stile-Lehre, die in
der französischen Klassik als *doctrine classique* kodifiziert
wurde, hat in der Frühaufklärung zwar noch dogmatische

Gültigkeit, aber es zeigen sich erste Auflösungserscheinungen, die sich in Deutschland bereits zu Ende des Barockzeitalters beobachten lassen (Brenner, B 5: 1999, 573 f.). Erich Auerbach hat den äußerst langwierigen Prozess beschrieben, in dem sich gegen das klassisch-antike Prinzip der Stiltrennung in der Herausbildung des abendländischen literarischen Realismus eine christliche Stilmischung durchsetzte. (Auerbach, B 5: 1971, 376) Gottsched weicht in seiner *Critischen Dichtkunst* sehr vorsichtig das Standesprivileg der Tragödie auf: »Die Leute, die zur Komödie gehören, sind ordentliche Bürger, oder doch Leute von mäßigem Stande, dergleichen auch wohl zur Noth Baronen, Marquis und Grafen sind« (B 5: 1962, 647). Die Bedeutung dieser Klausel »zur Noth« noch im 18. Jahrhundert kann gar nicht überschätzt werden. In ihr verbirgt sich zu einem guten Teil der soziale Gehalt des Dramas. Gottsched scheut aber davor zurück, die höheren Stände jenen Respektlosigkeiten auszusetzen, die nun einmal komödientypisch sind – das wäre nicht nur ein Verstoß gegen die literarische Konvention, sondern ebenso gegen die gesellschaftliche Ordnung. Mit heimlicher Bewunderung aber beschreibt er, wie beim antiken Komödienautor Aristophanes dieser den König Xerxes in einer »königlichen Pracht« niedrige Geschäfte verrichten lässt, und gibt ein politisches Urteil über den Autor ab: »Allein, das war ein republikanischer Kopf« (B 5: 1962, 647). Lessing profitiert von Gottscheds Auflockerungen der Dramenpoetik, und er führt sie weiter.

Gottscheds Rehabilitation der Komödie ist sehr erfolgreich gewesen. Auf seine unmittelbare Anregung hin entsteht eine ganze Anzahl von Komödien, die von der älteren germanistischen Forschung mit dem durchaus nicht ganz unzutreffenden Etikett der »sächsischen Typenkomödie« bezeichnet wurde (Steinmetz, B 8: 1978, 19–48). Richtig an dieser Bezeichnung ist der sächsische Ursprung im Leipziger Umfeld Gottscheds und die Tatsache, dass es in den Texten um die Darstellung von »Typen« und nicht von

»Charakteren« ging. Nicht die psychologische Vertiefung – deren Zeit wird ohnehin erst später kommen – ist das Ziel, sondern die eindimensionale Zeichnung charakterlicher Deformationen. Soweit mit der Bezeichnung »sächsische Typenkomödie« aber ein abschätziger Unterton verbunden ist, ist er nicht berechtigt. In den dreißiger bis fünfziger Jahren entsteht eine ganze Reihe von Komödien auf durchaus hohem Niveau, die begleitet werden von Übersetzungen aus andereren europäischen Sprachen. Gottscheds besondere Gunst genoss dabei sein dänischer Zeitgenosse Ludvig Holberg, der in der Übersetzungshäufigkeit Molière den Rang ablief (Hinck, B 8: 1965, 199–202). In der *Critischen Dichtkunst* wird Molière ausdrücklich getadelt, weil er nicht immer der Regel gefolgt sei, die »guten« Handlungen »als gut«, die »bösen aber böse« zu schildern (Gottsched, B 5: 1962, 110).

In diesem Umfeld stehen Lessings frühe Komödien. Seine erste Komödie *Der junge Gelehrte* ist insofern erfolgreich, als sich die renommierte Theatertruppe der Neuberin sich ihrer annimmt und sie in Leipzig aufführt. Das ist mehr als nur ein Achtungserfolg für den theaterbegeisterten jungen Lessing.

Mit dem *Jungen Gelehrten* greift Lessing einen Stoff aus seinem eigenen aktuellen Erfahrungshorizont auf (Stenzel, Ba 1,1054 f.). Seine freilich nicht besonders intensive Bekanntschaft mit der Leipziger Universität und dem Gelehrtenwesen seiner Zeit gibt die Vorlage für sein Lustspiel, aber Lessing gießt diese aus seiner Erfahrungswirklichkeit übernommene Handlung fast ganz in ein überliefertes Modell um, wie überhaupt der Erlebnischarakter der Lustspiele genauso wenig überbetont werden darf wie der der anakreontischen Lieder (Hinck, B 8: 1965, 278; Lappert, B 8: 1968, 29 f.). Die Handlung ist nach einem einfachen Muster gestrickt: Der junge Gelehrte Damis, dessen französischer Name auf die literarische Konvention verweist, hat an einem Preisausschreiben der Akademie teilgenommen und

wartet stündlich nicht nur auf eine Antwort, sondern auch
auf die Zuerteilung des ersten Preises.

Die überzogene Eingenommenheit ist der »Fehler«, der in dem Stück nach dem
Modell der sächsischen Typenkomödie gebrandmarkt wer-
den soll. Dem Protagonisten steht dabei kein eigentlicher
Gegenspieler gegenüber. Am ehesten kommt ganz gemäß
der Tradition noch die Bedienstete Lisette für diesen Part in
Frage, die ihrem Herrn mit ihrer Schlagfertigkeit Paroli zu
bieten vermag und die damit die komödientypische Entlar-
vungsfunktion erfüllt: »Hören Sie recht zu, Herr Damis: Sie
sind noch nicht klug, und sind schon zwanzig Jahre alt!«
(Gö 1,343)

Das fügt sich gut in den Kontext der zeitgenössischen
bürgerlichen Wissenschaftskritik, wie sie in den »Moralischen Wochenschriften« vorgetragen wurde. Lessings Kritik
an der lebensfremden, »unklugen« Büchergelehrsamkeit ist
ein Topos der Zeit; von den Wissenschaften wird Lebens-
tauglichkeit verlangt (Martens, B 5: 1971, 418–423; Grimm,
B 5: 1983, 734–737; Grimm, B 5: 1998, 225 f.). Die Stoffwahl
ist insofern nicht originell, denn die Gelehrtensatire ist ein
wichtiges Moment der frühaufklärerischen Selbstverständigungsdiskussion, in der sie einen festen Platz hatte: Die Gelehrten mussten sich dem Maßstab der aufklärerischen Idee
der »Nützlichkeit« unterwerfen (Grimm, B 5: 1998, 162–
181; Martens, B 8: 1978, 20 f.). Aus späterer Sicht erweist
sich aber doch, dass eine tiefere Schicht in dem Text angelegt
ist, in der sich der Wandel nicht nur einer Gelehrsamkeits-,
sondern einer Lebensform ankündigt. Denn weniger der
mangelnde Nutzen von Damis' Gelehrsamkeit steht im Vordergrund als seine verfehlte Lebensweise, der die Verbindung von Theorie und Praxis nicht gelingt (Durzak, B 8:
1970, 20–23).

Originell ist Lessings Einfall, dem misslungenen Leben
des jungen Gelehrten die Idealform bürgerlichen Lebens
entgegenzustellen, eine auf Liebe gegründete Gemeinschaft,

die ihren Halt im vernünftigen Mittelmaß sucht. Valer ist sicher der Mustermensch in dieser Komödie, der dem Ideal der Aufklärung entspricht, aber auch er ist nicht ohne Tadel, da er sich an Intrigen beteiligt. Es sind die sozialhistorisch sich gerade herausbildenden neuen bürgerlichen Lebensverhältnisse, die von Lessing als Modell eingesetzt werden. Die Liebe zwischen Valer und Juliane, die zielstrebig auf eine gutbürgerliche Ehe hinausläuft, repräsentiert das neue Ideal: eine, allerdings sehr blasse, »Synthese von Bürgerlichkeit, Gelehrtheit und Moral« (Jörgensen, B 8: 1998, 41).

Lessing vergisst nicht hinzuzufügen, was er auch in seinen folgenden Dramen kaum einmal vergessen hat: Im *Jungen Gelehrten* geht es ums Geld. Die Möglichkeit, dass Juliane durch einen Prozess reich werden könnte, ist das geheime *agens*, das die recht dünne äußere Handlung in Bewegung hält. Damis' Vater Chrysander strebt die Verheiratung seines Sohnes mit der Adoptivtochter Juliane an, um auf diesem Umweg das zu erwartende Geld in der Familie zu halten. Am Ende verzichtet zwar Juliane zugunsten ihrer Heirat mit Valer auf das Geld, aber Lisette hat doch recht – im Blick auf Lessings folgende Komödien bestätigt sich das –, wenn sie feststellt: »Meine vornehmste Absicht war, Ihnen beizubringen, wie viel überall das Geld tun könne« (Gö 1,310). Und sie weiß auch, dass sie für die angestrebte Heirat mit Anton »tausend Taler« braucht, was sofort das Interesse Antons weckt (Gö 1,339).

Durch eine Intrige Lisettes, die Chrysander einen gefälschten Brief zukommen lässt, und den Edelmut Julianes, die auf das Geld verzichtet, so dass er seine Widerstände gegen deren Heirat mit Valer aufgibt, wird dieser Teil der Handlung zu einem problemlosen Ende geführt. Die Rührung und Sentimentalität, die ein tragendes Element von Gellerts *comédie larmoyante* war, ist bei Lessing ganz zurückgedrängt zugunsten kühler Kalkulation, die dadurch die Personenkonstellation aufrechterhält. Allerdings hatte auch Gellert nie vergessen, dass der bürgerliche Familien-

verband nicht nur auf Gefühl, sondern ebenso auf Geld
aufbaut – in manchem Detail der geldzentrierten Handlungsführung folgt Lessing dem Vorbild, das Gellert in seinem *Loos in der Lotterie* gegeben hatte. Grundsätzlich aber
zeigt sich Lessing – abgesehen von seinem ersten Lustspiel-
versuch *Damon oder die wahre Freundschaft*, in dem er unmittelbar auf Gellerts *Zärtliche Schwestern* zurückgreift
(Stenzel, Ba 1,1008 f.) – wenig beeinflusst von der zeitgenössischen Komödienentwicklung, die eher zum »rührenden Lustspiel« tendierte. Lessing bleibt dem Typus der satirischen Komödie verhaftet, der seinem Temperament am
genauesten entsprach, und stützt sich entsprechend auf die
französische und die italienische Tradition der Commedia
dell'arte (Steinmetz, B 8: 1978, 62–67).

Die Überspanntheiten von Damis werden vor der gut-
mütigen Alltagsvernunft Julianes und Valers, der jede Ent-
larvungs-Aggressivität fehlt, als solche deutlich, ohne dass
sie allzu sehr karikiert werden müssten (Lappert, B 8: 1968,
15 f.). In einem Vergleich zwischen seiner eigenen Auffassung und der Valers findet Damis die treffenden Worte: »Er
hat seit einigen Jahren die Bücher bei Seite gelegt; er hat sich
das Vorurteil in den Kopf setzen lassen, daß man sich voll-
ends durch den Umgang, und durch die Kenntnis der Welt,
geschickt machen müsse, dem Staat nützliche Dienste zu leisten. Was kann ich mehr tun, als ihn zu bedauern?« (Gö
1,332) Damit ist der männliche Part in der bürgerlichen Gesellschaft benannt, dessen Aufgabe nicht in Gelehrsamkeit,
sondern im tätigen und gemeinnützigen Handeln besteht.
Zugleich wird der alte Gegensatz zwischen Lesen und Leben, hier mit Blick auf Juliane, von Lisette ausgesprochen:
»Die Bücher, die toten Gesellschafter! Nein, ich lobe mir
das Lebendige; und das ist auch Mamsell Julianens Geschmack« (Gö 1,291 f.).

Lessings Anlage des Stücks lässt keinen Zweifel daran,
dass die Kritiker Damis' Recht haben. Im Kontrast zu
den wohlgeordneten bürgerlichen Lebensverhältnissen er-

scheint die philologische Besessenheit des jungen Gelehrten, unabhängig von ihrer Qualität, die so schlecht gar nicht zu sein scheint, verschroben. Sie verdammt ihn zum Schlimmsten, was die aufklärerisch-bürgerliche Geselligkeitskultur sich denken konnte: zum Außenseitertum.

Dennoch verdiente der junge Gelehrte Damis eine genauere Betrachtung, als sie ihm bisher zuteil geworden ist. Sicherlich ist die Figur satirisch gemeint, und sie trägt auch karikierende Züge. Dass Lessing im Sinne der sächsischen Typenkomödie ein Laster brandmarken wollte, das in Selbstüberschätzung und daraus resultierendem sozialen Außenseitertum mündet, darf wohl angenommen werden. Aber Damis ist nicht nur eine komische Figur: Er hat weder betrügerische Absichten, noch betreibt er seine Wissenschaft nur scheinhaft; er verfehlt jedoch die Lebenszugewandtheit, welche die Aufklärer von der Wissenschaft verlangt hatten. Die Kritik richtet sich also weniger gegen das Individuum Damis als gegen den Sozialtypus des Gelehrten. Der Polyhistor als barocke Gelehrtengestalt feiert noch einmal seine komödienhafte Auferstehung. Lessing demonstriert an seinem jungen Gelehrten ein langsam veraltendes Bildungsideal, das durch die neue aufklärerische Idee des kritischen Gelehrten abgelöst werden wird, den Lessing dann repräsentieren wird (Wiedemann, B 8: 1967, 216 f.; 234 f.; Grimm, B 5: 1998, 202–205).

Allerdings trägt Lessings geistige Physiognomie selbst Züge des alten Gelehrtenideals – die barocke Idee der universalen Gelehrsamkeit, die das 18. Jahrhundert gerade überwand, ist ihm nicht fremd; sein Bruder bescheinigt ihm zu Recht, dass er Zeit seines Lebens »Polyhistorie« getrieben habe (K. Lessing, B 3: 1795, 2,5; Reifenberg, B 3: 1995, 48). Wenn ihm der Zeitgenosse Christoph August Heumann als »würdiger Veteran unter unsern jetzt lebenden Gelehrten« erschien (Gö 8,529), dann bezeugt er damit seine Reverenz vor diesem Ideal, das zwar unzeitgemäß erscheinen musste, ihm aber weiterhin respektabel erschien.

Damis ist als Gelehrter nicht eigentlich eine lächerliche Figur. Tatsächlich entspricht er dem barocken polyhistorischen Gelehrsamkeitsideal durchaus: »Kurz, ich bin ein Philolog, ein Geschichtskundiger, ein Weltweiser, ein Redner, ein Dichter« (Gö 1,343). Sein Wissen scheint groß zu sein, seine Kenntnisse, auf die er sich stets beruft, sind offensichtlich solide. Es lässt sich also nicht ausschließen, dass Lessing mit dieser Figur nicht nur seine Leipziger Umgebung, sondern auch sich selbst karikiert. Immerhin findet sich in dem Stück eine kleine Anspielung auf seine eigene St. Afraner Glückwünschungsrede, wenn er Damis, genau wie den Schüler Lessing, sagen lässt: »Die Zeiten ändern sich nicht« (Gö 1,287).

Ein genauer Vergleich mit einem der Vorbilder seiner Komödie, Ludvig Holbergs Gelehrten-Komödie *Erasmus Montanus*, würde deutlich machen, dass Lessing seinen Helden Damis sehr viel ernster nimmt als Holberg seinen Rasmus Berg, alias Erasmus Montanus. Holbergs Stück war 1744 auf Deutsch erschienen und ist Lessing, der sich schon sehr früh mit dem Dänen befasst hatte, nicht entgangen (Stenzel, Ba 1,1055 f.). Erasmus Montanus ist der gelehrte Brarmarbas, der sich in unsinnige Diskussionen über die Kugelgestalt der Erde verstrickt, während sich über die Gelehrsamkeit Damis' nicht so einfach ein negatives Urteil sprechen lässt. Damis' Vater Chrysander entspricht eher der Idee der sächsischen Typenkomödie, nach der es auf Entlarvung unberechtigter Ansprüche ankäme – sein Wissen ist erborgt, falsch und oberflächlich, wie sein Sohn zu Recht kritisiert: »Hast du ihm die alberne Gewohnheit nicht angemerkt, daß er bei aller Gelegenheit ein lateinisches Sprüchelein mit einflickt?« (Gö 1,283) Damis hingegen ist und bleibt während des ganzen Stückes eine ambivalente Figur. Noch sein Abgang hat etwas von sanfter Tragik an sich.

Lessing verweigert der Komödie den glücklichen Ausgang. An die Stelle der gattungsüblichen Auflösung aller Probleme tritt zwar die notorische Doppelhochzeit; aber

Damis wird nicht mehr in das Schlusstableau der Komödie integriert. Er wird sein Vaterland verlassen, in dem er keine Zukunft für sich sieht: »Ich bin es längst überdrüssig gewesen, länger in Deutschland zu bleiben; in diesem nordischen Sitze der Grobheit und Dummheit« (Gö 1,371). Das negativ gemeinte Urteil von Karl Holl – 1923 formuliert – lässt am Ende des 20. Jahrhunderts den jungen Gelehrten Damis in einem anderen Licht erscheinen: Lessing habe »bereits hier die antinationale, kosmopolitische Neigung des Afterge-lehrten« gegeißelt (B 8: 1964, 171). Gewiss ist es in einem Drama der Aufklärung immer kritisch gemeint, wenn eine Figur Außenseiter bleibt. Grundsätzlich gilt das sicher auch für Lessings Komödien; aber umso signifikanter sind die Ausnahmen. Sie finden sich nicht nur in den frühen Komö-dien, auch in seinem letzten Drama lässt Lessing eine seiner Dramenpersonen auswandern: Der etwas skurrile Derwisch Al-Hafi, Freund Nathans wie des Sultans, verlässt die Thea-terbühne lange vor dem Schluss des Dramas, um nach In-dien auszuwandern: »Am Ganges nur gibts Menschen« (Gö 2,260). Der Schluss des *Jungen Gelehrten* bleibt ambivalent. Dem Drama fehlt die eindeutige Norm, an der sich die Laster-Kritik ausrichten könnte.

Die Sprache und die Komödienform des *Jungen Gelehr-ten* sind bei aller Konventionalität nicht ohne Widerhaken. Lessing bedient sich der überkommenen Form der Sprach-komik, wenn er in der stichomythischen Wechselrede etwa Lisette oder Anton gegen Damis antreten lässt. Diese Wechselreden zwischen zwei oder gar drei Bühnenfiguren haben ihre eigene Komik; sie wird wesentlich durch mecha-nische Wiederholungen hervorgerufen, die auf komische Pointen hinauslaufen (Hinck, B 8: 1965, 275–277; Lappert, B 8: 1968, 20–24). Charakteristischer für Lessing ist eine Eigenart, die in seinen späteren Dramen erhalten bleiben wird: Er bringt Emotionen auf die Bühne, indem er über sie sprechen lässt. Im Streit mit seinem Diener Anton entwi-ckelt Damis eine Theorie der Aggression, die sich aus der

neuzeitlichen Rechtstheorie ableitet und in der Damis seinen »Unwillen« über seinen Vater in theoretische Begriffe
fasst. In der stichomythischen Auseinandersetzung mit dem
Diener gewinnt das hochgestochene und abstrakte Vokabu-
lar seinen komischen Reiz aus der Diskrepanz zur Alltagssprache, in die Anton die Theorie übersetzt – die »Aggression« wird für ihn ganz simpel zu einer »Tracht Schläge«,
über die aber wiederum nur geredet wird (Gö 1,319). Das
mag hier nur das Auskosten einer aus dem Stoff sich erge-
benden komödiantischen Situationskomik sein. In den späteren Trauerspielen aber kehrt dieses Modell wieder. Die
Versprachlichung der Emotion bedeutet hier wie dort ihre
Rationalisierung; denn die Sprache des *Jungen Gelehrten* ist
– wie überhaupt die der frühen Komödien – rational durch-
organisiert; sie kennt keine Geheimnisse und keine symbolischen Verweisungen. Sie unterliegt vielmehr durchschau-
baren Regeln und Normen, die für die klare Erkennbarkeit
des Sinnes bürgen (Lappert, B 8: 1968, 26–29).

Im Blick auf die populäre Komödie seiner Zeit leistet
Lessing etwas Zukunftweisendes. Er unternimmt eine Literarisierung der Komödie – Literarisierung im Sinne von
Verbalisierung. Das Theatralische, das in der Tradition der
Commedia dell'arte seinen festen Platz auf der Volksbühne
gefunden hatte, wird zurückgedrängt und in Sprache gefasst. Darin folgt er Gottsched und überbietet ihn: Gottsched hatte für die Komödie die »Herrschaft des ›Textes‹
über die Aktionen der Körper« durchgesetzt (Greiner, B 8:
1992, 145). Lessing nun setzt alles Körperhafte in Sprache
um, indem er darüber reden lässt. Damit ist ein weiterer
Schritt des Theaters im »Prozeß der Zivilisation« geschehen
(Fischer-Lichte, B 5: 1993, 77–80). Signifikant ist dafür
selbst die einzige Ausnahme im *Jungen Gelehrten*. Während in dem Stück über »Aggressionen« und die »Tracht
Prügel« nur gesprochen wird, wird in der letzten Szene
daran erinnert, wie das Körperhafte der Tradition ausgesehen hat. Damis verliert die Contenance: »Geh, sag ich,

oder! – – (*er wirft ihm sein Buch nach, und das Theater fällt zu*).« Damis ist mit seinem Konzept einer rationalistischen, und das heißt sprachorientierten, Lebensführung gescheitert. In seiner drastischen Schlussaktion drückt sich die Niederlage des jungen Gelehrten aus – und die Belesenheit des jungen Komödienautors Lessing; denn dieser kräftige Schlussakkord, in dem die Wanderbühnentradition Lessing einzuholen scheint, ist literarisch erborgt: Das Buch als Wurfgeschoss des Gelehrten entstammt Holbergs *Erasmus Montanus* (B 5: o. J., 305). Dem Autor, und vielleicht auch dem beleseneren Zuschauer, ist das geworfene Buch eben nicht mehr emotionsgeladene Aktion, sondern literarisches Zitat. Die Bändigung des Theatralischen, und das heißt Körperhaften, ist der Sieg einer rationalistischen Frühaufklärung (Greiner, B 8: 1992, 144 f.). Wie Gottsched es wollte, erscheint jetzt das »Lachen« als Resultat einer Verstandesoperation, nicht mehr als unmittelbarer Reflex auf eine Sprach- oder Situationskomik. Das Wort siegt über die Gestik.

In jüngster Zeit besteht, im Zuge einer allgemeinen Aufwertung der »Volkskultur«, ein gewisser Konsens darüber, dass das »Komische« emanzipatorische Funktion habe gegenüber der sozialen Ordnung und der gedanklichen Vernunft (Greiner, B 8: 1992, 111 f.). Das Lachen in der Frühaufklärung und auch in den Komödien Lessings aber hat keine entgrenzenden, sondern ordnungstiftende Funktionen. Lessings Komödien fügen sich vorbildlich in den »Prozess der Zivilisation« ein, der sich an der Geschichte der Komödie ablesen lässt: Sie leisten ihren Beitrag zu diesem Prozess, indem sie der Affektbeherrschung und Körperkontrolle das Wort reden.

Lessing steht ebenso wie sein Zeitalter dem Lachen mit Misstrauen gegenüber. In der Vorrede zu den *Schriften* spricht er seine eigene Distanz aus: »wenn es wahr ist, daß der Pöbel ohne Geschmack am lautesten lacht, daß er oft da lacht, wo Kenner weinen möchten: so will ich gerne nichts aus einem Erfolge schließen, aus welchem sich nichts schließen läßt« (Gö 3,523). Seine Rechtfertigung des Lachens im frühen Brief an den Vater steht dieser Skepsis nicht entgegen; auch hier wird das Lachen nur in seiner Funktion gewürdigt, zur Besserung der Sitten beizutragen: »Ein Comoedienschreiber ist ein Mensch der die Laster auf ihrer lächerlichen Seite schildert. Darf denn ein Christ über die Laster nicht lachen?« (Ba 11.1,24) Lessings sporadische Versuche zu einer Theorie der Tragödie stehen dem zumindest nicht entgegen (Robertson, B 11: 1939, 389–392). In einer Schlüsselszene von *Minna von Barnhelm* lacht Minna Tellheim aus; ganz in dieser älteren Komödientradition:

TELLHEIM. Ich beklage nur, daß ich nicht mit lachen kann.

DAS FRÄULEIN. Was haben Sie denn gegen das Lachen? Kann man denn auch nicht lachend sehr ernsthaft sein? Lieber Major, das Lachen erhält uns vernünftiger, als der Verdruß.

(Gö 1,676)

Die moralische Qualität des Lachens hatte Lessing schon lange zuvor thematisiert, in seiner frühen Schrift über Plautus, die allerdings nicht besonders originell ist, sondern auf ältere Arbeiten über den lateinischen Komödiendichter zurückgreift (Robertson, B 11: 1939, 98 f.). Er kommentiert die Legende, dass der heilige Hieronymus Gefallen an den Komödien des Plautus gefunden habe, und schickt sich zur Verteidigung des Heiligen an:

Darf denn ein Christ keine Erholung genießen? Ist es denn ein so großer Widerspruch das Laster verlachen, und das Laster beweinen? Ich sollte vielmehr glauben, daß man beides zugleich sehr gut wohl tun könne. Entweder man betrachtet das Laster als etwas das unsrer unanständig ist, das uns geringer macht, das uns in unzählige widersinnische Vergehungen fallen läßt:

oder man betrachtet es, als etwas, das wider unsre
Pflicht ist, das den Zorn Gottes erregt; und uns also
notwendig unglücklich machen muß. Im ersten Falle
muß man darüber lachen, in dem andren wird man sich
darüber betrüben. Zu jenem gibt ein Lustspiel, zu diesem die heilige Schrift die beste Gelegenheit.

(Gö 3,376)

Vor diesem theoretischen Hintergrund sind Lessings
frühe Lustspiele wohl zu sehen, aber sie gehen nicht ganz
darin auf – schon hier emanzipiert sich Lessing gelegentlich
vom Diktat der puren Lehrhaftigkeit. Es besteht einerseits
kein Anlass, die Bedeutung von Lessings ersten Komödien
überzubetonen. *Der junge Gelehrte* ist und bleibt ein Ju-
gendwerk, das alle Schwächen eines solchen trägt, wozu insbesondere die starke Bindung an die gängigen Gottsched-
ischen Konventionen gehört. Aber hier schon ist zu sehen,
dass sich Lessing langsam – langsamer, als seine Polemik es
vermuten lässt – von der von Gottsched vorgezeichneten
Bahn entfernt und seiner eigenen Wege geht.

1754 erscheint das Lustspiel *Die Juden* im vierten Teil
von Lessings *Schriften* mit dem Vermerk »verfertigt 1749«.
Die erste der rund 60 Aufführungen bis 1789 fand 1766 in
Nürnberg statt (Schulz, B 8: 1977, 181 f.; Och, B 8: 1992,
48–51; auch 63). Die im Untertitel benutzte Gattungsbezeichnung »Lustspiel« ist nur insofern gerechtfertigt, als
Lessing bestimmte formale Komponenten dieser Tradition
nutzt. Die durch den Plural des Titels geweckte Erwartung,
»die Juden« würden als Gegenstand des Verlachens vorgeführt, wird nicht nur enttäuscht, sondern ins Gegenteil verkehrt: Soweit überhaupt jemand verlacht wird, sind es die
vorurteilsbehafteten Christen (Stenzel, Ba 1,1153 f.; Barner,
B 8: 1985, 68 f.).

Die Lustspielelemente in den *Juden* bestehen in den
gattungstypischen Versteck-, Verkleidungs- und Verwechs-
lungselementen. Das Lustspiel gewinnt seine Bewegung

und seinen komödiantischen Reiz aus der traditionellen
Vermengung von »Sein« und »Schein«. Das ist zunächst
wörtlich zu nehmen: Die Straßenräuber treten als Christen
auf – die sie auch sind –, die sich aber für ihre verbrecheri-
schen Zwecke als Juden verkleiden. Umgekehrt ist der Jude,
der als Retter des überfallenen Barons herbeieilt, zunächst
nicht als Jude zu erkennen – er hat den Habitus eines christlichen Herrn von Stande, was ihn für den geretteten Baron
erst gesellschaftsfähig macht. Im Wechselspiel von Sein und
Schein entwickelt sich das komödiantische Moment des
Lustspiels; zugleich besteht darin die Botschaft: Nicht auf
den Schein, sondern auf das Wesen kommt es an.

In mehreren Variationen trägt Lessing diese Einsicht vor.
Er lässt die Figuren ihre Auffassung vertreten, dass der
Charakter und die Moral der Menschen ohne weiteres an
ihrem Gesicht und ihrem äußeren Erscheinungsbild ablesbar sei: »Und ist es nicht wahr, ihre Gesichtsbildung hat
gleich etwas, das uns wider sie einnimmt? Das Tückische,
das Ungewissenhafte, das Eigennützige, Betrug und Mein-
eid, sollte man sehr deutlich aus ihren Augen zu lesen
glauben« (Gö 1,388). Das ist eine Auffassung, die im
18. Jahrhundert durchaus nicht abwegig war. Die Physiognomik enthält einen harten rationalistischen Kern. Sie ist
der Versuch, eine direkte, kausale Verbindung zwischen Innen und Außen zu schaffen. Lessing war, wie ihm neuere
Forschung bescheinigt, »einer der kompetentesten Kenner
der Geschichte der Physiognomik« (Ohage, B 8: 1989, 55).
Das gilt bereits für den jungen Lessing, dessen Übersetzung des Huarte ihn mit dieser Tradition in Kontakt
brachte (Kiesel, Ba 12,441 f.). Später versucht er, in seinen
kunst- und dramentheoretischen Schriften eine »verbindliche Grammatik der Körpersprache und des seelischen
Ausdrucks« zu finden (Blankenburg, B 8: 1989, 957). Genau diese Verbindlichkeit aber bestreitet er in seinem Lustspiel. Hier können das äußere Erscheinungsbild – und dazu
gehört die genealogische Herkunft ebenso wie der soziale

Stand – und der innere Charakter des Menschen weit auseinanderfallen.

Hinter dieser Auffassung verbirgt sich die vage Ankündigung einer neuen Anthropologie. Sie wird in der Dramentheorie Lessings – weniger in seinen Dramen – deutlicher umrissen werden und die weitere Entwicklung des Menschenbildes der Aufklärung bis hin zur Klassik bestimmen. Die Vorstellung, dass der Mensch in seinem Handeln zunächst als Individuum und nicht als Repräsentant eines Standes zu fassen ist, ist die revolutionäre anthropologische Errungenschaft dieser Zeit. In der Rezension eines Lustspiels in der »Berlinischen privilegierten Zeitung« von 1754 hat Lessing diese Position ohne theoretische Ambitionen ausgesprochen: »Nichts kann unbilliger sein, als die Verspottung eines ganzen Standes in der Person eines einzigen, in welcher man die Laster aller Mitglieder zusammenhäuft« (Gö 3,200).

Natürlich ist diese Auffassung nicht Lessings alleiniges Eigentum. Seit der Jahrhundertmitte entsteht eine neue »Lehre vom Menschen«, an deren Entwicklung maßgeblich Lessing, Wieland, Herder mit Ausstrahlung auf Schiller und die Romantiker beteiligt sind: Sie alle sind darum bemüht, den »Menschen in seinem einzelnen und in seinem geschichtlichen Dasein zu verstehen« (Wundt, B 5: 1964, 265). Es bleibt erstaunlich, dass der junge Lessing diese Auffassung auf der Bühne mit so großer Selbstverständlichkeit aussprechen lässt: »Zu aller Vergeltung bitte ich nichts, als daß Sie künftig von meinem Volke etwas gelinder und weniger allgemein urteilen. [...] Und die Freundschaft eines Menschen, er sei wer er wolle, ist mir allezeit unschätzbar gewesen« (Gö 1,413). Die Komödie enthält eine recht massive Kritik nicht nur am Standesdünkel als einer individuellen Eigenschaft, sondern an der Institution der Stände selbst, welche unüberwindliche Schranken in den persönlichen Beziehungen setzt – ein Thema, das in den *Freimäurergesprächen* wieder aufgegriffen werden wird. Freilich

hütet sich Lessing noch, in seinem Stück die Konsequenz
daraus zu ziehen. Die sich anbahnende Liebesbeziehung
zwischen dem Reisenden und der Tochter des Barons verläuft ohne große Diskussion im Sande, nachdem sich herausgestellt hat, dass der Reisende als Jude nicht standesge-
mäß ist – so weit geht die Standeskritik nicht.

Das Lustspiel greift mit seiner Juden-Thematik ein politisches Problem auf, das bei den Zeitgenossen kaum auf der
Tagesordnung stand. Es ist verblüffend, dass der 20-jährige
Lessing bereits ein Problem sieht, das erst lange danach in
der Diskussion ernsthaft erörtert wurde. Er hat sein Interesse an dieser Thematik erneut 1753 mit der Rezension einer Schrift zum Judenproblem bekundet (Gö 3,175 f.). Allerdings kann Lessing auf einen unspezifischen Erfahrungshintergrund der Leipziger Jahre zurückgreifen, in dem die
Unterdrückung der Juden augenfällig war; die sächsische
»Judenordnung« erlaubte Juden die Ansiedlung nur in
Leipzig und Dresden (Adler, B 5: 1960, 31; Barner, B 8:
1985, 63 f.). Es erscheint im gegebenen Kontext sowohl der
zeitgenössischen Literaturgeschichte wie auch Lessings eigener Schriften jedoch problematisch, der Komödie bereits
eine Emanzipations- und Toleranzprogrammatik zuzuspre-
chen. Die hochabstrakte Konstruktion der Komödie legt
vielmehr den Gedanken nah, dass sie in der Fortsetzung seiner Fabeln und Epigramme gelesen werden könnte. Dann
wäre sie weniger auf ihren emanzipatorischen und gesellschaftskritischen Gehalt zu befragen als vielmehr im Blick
auf einen allgemeinen Reflexionsanstoß.

Es ist eine Eigenart von Lessings Fabeln, seiner Fabeltheorie und der daraus abgeleiteten pädagogischen Theorie,
dass sie das Denken um seiner selbst willen propagierten.
Zumindest beim jungen Lessing ist fast nie von sachlichen
Inhalten des Denkens die Rede. Das abstrakte Wagnis des
Selbstdenkens ist das anvisierte Ziel, und ihm gegenüber
treten alle Inhalte zurück. Lessing hat sich im *Briefwechsel
über das Trauerspiel* 1756 in einem Brief an Nicolai zum

Nutzen der Komödie in diesem Sinne geäußert: Die Komödie »soll uns zur Fertigkeit verhelfen, alle Arten des Lächerlichen leicht wahrzunehmen« (Ba 11.1,120). Am Ende dieses Briefwechsels hat Nicolai den Konsens der drei Briefpartner über die Komödie festgehalten: »*die Fähigkeit, Anderer Handlungen zu beurteilen, insofern sie Lob oder Tadel verdienen*; so haben wir die Absicht der Komödie« (Ba 11.1,201). Es geht zunächst und vor allem um die Schärfung des Erkenntnisvermögens.

*Die Juden* vor dem Hintergrund dieser Absicht zu deuten würde das Problem lösen, dass die Komödie so merkwürdig unentschieden endet. Weder findet sich ein komödienkonformer positiver Abschluss – der nur durch die Heirat zu gewährleisten gewesen wäre – noch die Belehrung und die Bekehrung des vorurteilsbehafteten Christen. Denn der Baron besinnt sich nur für den akuten Einzelfall neu; dass er generell den Unsinn stereotyper Vorurteile eingesehen habe, lässt er nicht erkennen. Lessing hat es im Übrigen dem Baron – und sich selbst – einfach gemacht. Die Toleranz gilt nur dem »Idealmenschen« (Guthke, B 8: 1976, 131); dem ersten gebildeten Juden der deutschen Literatur, wie Erich Schmidt vermerkt (B 3: 1899, 1,147).

In Bezug auf die Toleranz- und Emanzipationsthematik bleibt diese Komödie also recht zurückhaltend; aber immerhin hat Lessing später ausdrücklich die »schimpfliche Unterdrückung« der Juden als das Thema dieses Stückes benannt (Gö 3,524 f.). Jedenfalls bleibt der Schluss bemerkenswert. Nur der elementare Lehrsatz – Gottscheds »moralischer Satz« – des frühen Lessing wird drastisch vermittelt: Man darf sich im Umgang mit anderen nicht von Schein und Vorurteilen leiten lassen, sondern muss stets bemüht sein, durch den Gebrauch des eigenen Verstandes hinter den Schein zum Wesen der Menschen vorzudringen. Diese Auffassung führt zu einer bemerkenswerten Entwertung der Erfahrung (Barner, B 8: 1982, 199). Denn ähnlich wie im *Misogyn* und im *Freigeist* können sich die Vorurteile auf Er-

fahrungen berufen: »Die Juden haben mir sonst schon nicht
wenig Schaden und Verdruß gemacht«. (Gö 1,388) Lessing
hat sich später in der Vorrede zu den *Schriften* ähnlich geäußert und die Juden als ein Experiment in Sachen Vorurteils-
haftigkeit vorgestellt: »Ich bekam also gar bald den Einfall,
zu versuchen, was es für eine Wirkung auf der Bühne haben
werde, wenn man dem Volke die Tugend da zeigte, wo es
sie ganz und gar nicht vermutet« (Gö 3,525).

Wie gering die intellektuelle und soziale Akzeptanz des
reinen Selbstdenkens in dieser Zeit ist, belegt Lessing mit
einer ungefähr zur gleichen Zeit entstandenen und 1755 erschienenen Komödie: *Der Freigeist*. Sie hält in keiner Beziehung, was der Titel verspricht; mehr noch als die anderen
bleibt sie trotz des aufrührerisch klingenden Titels der sächsischen Typenkomödie verpflichtet. Der Titelheld Adrast
bekundet sein Freigeisttum vor allem in der Leugnung Gottes und der Hölle. Der heimliche Held der Komödie ist Ad-
rasts Widerpart Theophan, ein protestantischer Pfarrer. Er
investiert viel Ehrgeiz in das Unternehmen, Adrast dadurch
zu bekehren, dass er ihn zum Freunde gewinnt – Molières
Modell des *Misanthrope* ist unverkennbar. Damit ist der
Hauptstrang der Komödienhandlung bezeichnet. Das Stück
geht im konventionellen Sinne gut aus. Der Freigeist wird
am Ende durch die persönliche Großmut Theophans be-
kehrt. Es handelt sich ganz ausdrücklich nicht um eine intellektuelle, sondern um eine gesellige Bekehrung; Adrast
findet zurück zu den Normen der Gesellschaft. Dazu ist
keine intellektuelle Reflexion erforderlich; die atheistisch-
aufklärerischen Gedanken werden nicht widerlegt, sondern
ad absurdum geführt; denn dem Stück liegt die Unterstellung zugrunde, dass ein Atheist kein guter Mensch sein
könne. Im Entwurf einer frühen Fassung hat Lessing bereits im Personenverzeichnis dieses Ende des Stücks angelegt: Hier heißt es, Adrast sei eine Figur ohne Religion, aber
voller Tugend (Gö 2,651; Pons, B 13: 1964, 63). Der Freigeist Adrast ist jedenfalls keineswegs als lasterhaft und

heuchlerisch geschildert, wie es die Konvention des zeitgenössischen Lustspiels erfordern würde (Holl, B 8: 1964, 171). Dieser Part bleibt seinem Diener Johann vorbehalten. Er spricht die Gefahr als eine Karikatur seines Herrn selbst aus: »Weil ich selbst ein Atheist bin; das ist, ein starker Geist, wie es jetzt jeder ehrliche Kerl nach der Mode sein muß« (Gö 1,500). Darin erschöpft sich aber schon Lessings Kritik an der Freigeisterei, denn sein Lustspiel hält sich weitgehend frei von moralisierenden Sentenzen zugunsten der protestantischen Religion.

Lessing gesteht dem »Freigeist« von vornherein den guten Willen zu, das Richtige zu denken. Einerseits heißt es zwar: »Wenn meine Meinungen zu gemein würden, so würde ich der erste sein, der sie verließe, und die gegenseitigen annähme«. Zugleich beteuert er aber, nicht das »Sonderbare« mutwillig zu suchen, »sondern bloß das Wahre; und ich kann nicht dafür, wenn jenes, leider! eine Folge von diesem ist« (Gö 1,527). Mit dem Begriff des »Sonderbaren« wird das eigentliche Thema des Lustspiels bezeichnet. Lessing geht es darum, den »Freigeist« Adrast wieder aus seiner Außenseiterposition in die Gemeinschaft zurückzuführen, was am Ende gelingt, ohne dass Adrast seine philosophischen Überzeugungen aufgeben müsste. Aufgeben muss er nur seinen rationalistischen Dogmatismus, der ihn lebensfern hat werden lassen. »Ich weiß, was ich weiß« (Gö 1,477), lässt Lessing ihn gleich zu Beginn postulieren, und an dieser selbstgewissen Hartnäckigkeit scheitern zunächst alle Versuche Theophans, ihn als Freund zu gewinnen. Theophan hingegen sucht die »Freundschaft« nicht im deduzierbaren Begriff, sondern im nachvollziehbaren Verhalten, und damit überzeugt er schließlich seinen Gegenspieler.

Neben die durch den Titel bezeichnete Haupthandlung hat Lessing zwei komödientypische Nebenhandlungen gestellt. Zum einen handelt die Komödie von Liebesverwicklungen: Adrast und Theophan sind in zwei Schwestern ver-

liebt, die jeweils ihrem eigenem Charakterideal entsprechen.
Lessing leistet sich die Pointe, am Ende einen Tausch vorzunehmen und zumindest insofern allzu geläufigen Erwartungen zu widersprechen. Es werden jeweils die Paare gegenteiligen Charakters zusammengeführt – in der Hoffnung,
dass eine wechselseitige Korrektur der Ehepartner erfolgen
werde.

Die Konstellation der Protagonistenebene wiederholt
sich auf der Ebene der beiden Diener. Auch hier stehen sich
Freigeist und protestantischer Christ gegenüber und liefern
sich ähnliche Wortgefechte wie ihre Herren. Sie sind »die
wahren Bilder ihrer Herren, von der häßlichen Seite! Aus
Freigeisterei ist jener ein Spitzbube; und aus Frömmigkeit
dieser ein Dummkopf« (Gö 1,499). Damit wird die Komö-
dienkonstellation klassisch abgerundet. Die Unentschiedenheit der Handlungsführung macht schon deutlich, dass
Lessing mit diesem Lustspiel nicht unbedingt in eigener
Sache schreibt.

*Der Freigeist* ist auf den ersten Blick ein Lehrstück reins-
ten Wassers. Das Lustspiel wurde von Lessing wohl auch
als Demonstrationsstück geschrieben: Er wollte seinem Vater vorführen, dass auch das verpönte Komödiendichten sit-
tigende Wirkung im Sinne der protestantischen Religion haben könne (so jedenfalls argumentiert er in seinem Brief
vom 28. April 1749). Das Stück ist kaum mehr als eine Fingerübung, die zu einem Ergebnis führt, über das Lessing zu
dieser Zeit eigentlich schon hinausgelangt war. Allerdings
verweist der *Freigeist* bereits auf Lessings spätere Tragödien. Die beiden Protagonisten heiraten am Ende ein
Schwesternpaar und werden dadurch miteinander verwandt
– ein frühes Vorspiel zu Lessings dramatischer Praxis, ideo-
logische und persönliche Probleme durch die Einbindung in
die »Familie« aufzulösen. (Barner [u. a.], B 3: 1987, 130–
134). Eine bemerkenswerte Ausnahme von dieser Praxis
stellen nur *Die Juden* dar, in denen Lessing dieses Muster
umkehrt: Hier werden Probleme nicht durch eine Heirat

gelöst, sondern die verweigerte Heirat lässt umgekehrt deutlich werden, dass die Probleme tatsächlich ungelöst geblieben sind.

Weitgehend auf konventionellen Bahnen bewegen sich die beiden anderen Jugendlustspiele Lessings. Am wenigsten innovativ erscheint *Der Misogyne*, wie das Stück in der ersten, 1755 im Druck erschienenen einaktigen Fassung heißt (später, in der dreiaktigen Fassung von 1767, *Der Misogyn*). Wiederum entsprechend der über Molière und La Bruyère bis zu Theophrast zurückreichenden Tradition stellt Lessing einen einzigen Charakterzug dar. Der Weiberfeind, der auch noch den Namen Whumshäter trägt, ist nichts anderes als eine vollkommen verzerrte Karikatur. Das Thema bleibt das gleiche. Soziales Fehlverhalten wird bis ins Groteske karikiert, der Betroffene bleibt über den Schluss des Dramas hinaus unbelehrt und hält an seinen Vorurteilen fest. Auch der Handlungsverlauf ist konventionell, zeigt aber wieder Lessings inzwischen auffällig werdende Vorliebe für Verwechslungen und Verkleidungen – die selbstverständlich ihren Ursprung in der Commedia dell'arte hat (Hinck, B 8: 1965, 270 f.). Gewiss ist das ein Motiv, ohne das die europäische Komödie nicht auskommen könnte; aber bei Lessing erscheint es in auffälliger Weise übersteigert und gewinnt vielleicht dadurch doch spezifische Züge: Das forcierte Moment der »Umkehrung« ist eben nicht nur einfache Reprise abendländischer Komödienkonventionen; in seiner Übersteigerung bezeugt es vielmehr eine Affinität zu aufklärerischem Denken. Mit diesem teilt es die kritische Neigung, Konventionen des Denkens, des Theaters und potentiell auch der Wirklichkeit zu befragen (Pütz, B 12: 1986, 57–67).

Auch hier geht es um Vorurteile und die Frage nach der Verlässlichkeit des Augenscheins. Das Vorurteil führt nicht nur zu falschen Urteilen, sondern auch zum falschen Sehen. Markant und einigermaßen komisch ist die Textstelle, in der der Misogyn die vermeintlich deutlich sichtbaren kör-

perlichen Unterschiede ein und derselben Person, die ihm
in verschiedener Verkleidung entgegentritt, hervorhebt:
Whumshäter zeigt sich überzeugt, »daß in einem Körper,
der von dem Körper des Bruders so gar sehr unterschieden
ist, auch eine ganz verschiedene Seele wohnen werde« (Gö
1,464 f.). Auch wenn der Text als handwerklich misslungen
betrachtet werden darf, weil er allzu plumpe Komödien-
effekte sucht, so ist er doch typisch für Lessings Fragestellungen in diesen Jahren. Hartnäckig untersuchte er, was
sich hinter dem Schein verbirgt, unter dem die Menschen
auftreten; und ebenso hartnäckig stellt er die Frage, wie sich
Vorurteile – gemeint sind nicht die großen philosophischen, sondern die kleinen des Alltags – beseitigen lassen
könnten.

Lessing zeigt sich vornehmlich an den erkenntnistheore-
tischen Implikationen dieses Themas interessiert. Es geht
ihm nicht um etwaige soziale Ungerechtigkeiten, die mit
Vorurteilen einhergehen könnten – das war bei den *Juden*
nicht so und ist es beim *Misogyn* erst recht nicht. Lessing
ordnet sich eher in die alte Tradition der Sein-Schein-Problematik ein, wie sie von Descartes in die Philosophie der
Neuzeit eingeführt worden war. Die Frage, was die Sinne
erkennen können und was sich hinter dem Schein verbirgt,
ist sein Thema in diesen Komödien, das sich zwanglos mit
allgemeinen Merkmalen der europäischen Komödientradition verbinden kann. Allerdings hat Lessing im *Freigeist*
auch die andere Seite dieser aufklärerischen Entlarvungs-
strategie geschildert: Adrast stellt alle Äußerungen seiner
Mitmenschen zunächst einmal unter den Verdacht der
Scheinhaftigkeit, und diese Skepsis macht ihn bis zur Heilung unfähig zum normalen sozialen Umgang (Lappert,
B 8: 1968, 33 f.).

Die Sein-Schein-Problematik hat neben der philosophischen eine poetologische Komponente: Sie wirft die Frage
nach der Illusion auf dem Theater auf. Das Barocktheater
hatte sich in seiner ausgereiften Bühnentechnik große Mühe

gegeben, die Illusion der Wirklichkeit auf der Bühne zu er-
zielen; den Wanderbühnen, die eher auf grobe Effekte zielten, war dieser Ehrgeiz dagegen fremd. Lessing hebt in seinen Komödien das Problem auf eine etwas reflektiertere
Basis. So endet der *Misogyn* mit einer einschlägigen Äußerung der Dienerin Lisette: »*(Gegen die Zuschauer)* Lachen
Sie doch, meine Herren, diese Komödie schließt sich wie ein
Hochzeitkarmen!« (Gö 1,472) Die direkte Wendung an die
Zuschauer und die implizit enthaltene gattungstheoretische
Reflexion muten modern an; es ist in der Tat nicht erst Ber-
tolt Brecht vorbehalten gewesen, sich von der Bühne aus an
das Publikum zu wenden. Bei Lessing sind solche Äußerungen ein Indiz vielleicht für das Bewusstsein der eigenen Un-
zulänglichkeit als Komödienautor, aber jedenfalls bezeugen
sie den Stand der Reflexion des Autors über das Verhältnis
von Theater und Publikum.

Lessing hat sich rund ein Jahrzehnt später in der *Hamburgischen Dramaturgie* indirekt, aber deutlich von seinen
eigenen Jugendkomödien distanziert: »Wer nichts hat, der
kann nichts geben. Ein junger Mensch, der erst selbst in die
Welt tritt, kann unmöglich die Welt kennen und sie schildern« (Gö 4,672). Auch die aus der Gottsched-Tradition
stammende Vorstellung, dass durch Verlachen das Laster
bekämpft und die Tugend gefördert werden könne, wird in
diesen späteren Jahren von Lessing ausdrücklich kritisiert.
Die Korrektur-Funktion der Komödie bezieht sich nicht
mehr auf die Außenseiter, die sich aus der Gemeinschaft
ausgeschlossen haben oder aus ihr ausgeschlossen wurden,
sondern auf den Menschen überhaupt – den auf der Bühne
ebenso wie den im Publikum. In den frühen Komödien
bleibt Lessing der zeitgenössischen Auffassung über den
Zweck des Theaters verpflichtet. Später allerdings setzt er
sich davon ab.

1769 formuliert er seine neue Auffassung eindeutig gegenüber Nicolai mit seiner Feststellung, dass das Theater

keine »Tugendschule« sei (Ba 11.1, 629). Die *Hamburgische Dramaturgie* wiederholt es und bezieht es ausdrücklich auf das Lustspiel: »Zugegeben, daß der Geizige des Moliere [sic] nie einen Geizigen, der Spieler des Regnard nie einen Spieler gebessert habe; eingeräumt, daß das Lachen diese Toren gar nicht bessern könne: desto schlimmer für sie, aber nicht für die Komödie« (Gö 4,363). In der *Hamburgischen Dramaturgie* thematisiert Lessing das Lachen auf einer neuen Ebene. Der Komödie »wahrer allgemeiner Nutzen liegt in dem Lachen selbst; in der Übung unserer Fähigkeit das Lächerliche zu bemerken; es unter allen Bemäntelungen der Leidenschaft und der Mode, es in allen Vermischungen mit noch schlimmern oder mit guten Eigenschaften, sogar in den Runzeln des feierlichen Ernstes, leicht und geschwind zu bemerken« (Gö 4,363). Anders als in der Hieronymus-Stelle seiner Plautus-Arbeit und anders als in der Gottsched-Tradition wird hier das Lachen definiert als ein Vorgang, der keine moralische, sondern eine anthropologische Qualität hat. Damit formuliert Lessing eine Auffassung, die er selbst in seinen späteren dramentheoretischen und dramenpraktischen Arbeiten untermauern wird. Das erste Ergebnis dieser neuen Konzeption ist *Minna von Barnhelm.*

# 5

## Minna von Barnhelm

In *Minna von Barnhelm* ist der Mangel an Realitätsgehalt
gründlich beseitigt. Das Drama zeigt im Vergleich mit den
sächsischen Komödien ebenso wie mit Lessings eigenen
frühen Komödien grundlegend neue Züge: Der Einfluss des
rührenden Lustspiels wird sichtbar; ein psychologisches
und realistisches Interesse setzt sich durch; und schließlich
sind die Personen nicht als Typen, aber auch nicht als Individuen, sondern als Repräsentanten ihres Standes gezeichnet, die durch die jeweiligen konkreten Besonderheiten ihrer historischen Lebenssituation individuelle Züge erhalten
(Hinck, B 8: 1965, 299; Sanna, B 9: 1994, 229–233).

Lessing hatte sich schon seit langem mit der Komödientradition und ihrer Theorie befasst. 1754, im ersten Band
der gemeinsam mit Mylius herausgegebenen »Theatralischen Bibliothek«, wurden unter dem Titel *Abhandlungen
von dem weinerlichen oder rührenden Lustspiele* die Übersetzungen von zwei dramentheoretischen Arbeiten publiziert und kommentiert: Es handelt sich um Chassirons *Re-
flexions sur le Comique-larmoyant* und Gellerts *Pro com-
moedia commovente*. Zuvor hatte er in seinen »Beiträgen
zur Historie und Aufnahme des Theaters« seine Abhandlung über Plautus und dessen *Gefangene* publiziert. In diesen Texten entsteht so etwas wie eine Lessing'sche Komödientheorie. Ihr Kernsatz steht in der Gellert-Abhandlung:
»Ja, ich getraue mir zu behaupten, daß nur dieses allein
wahre Komödien sind, welche so wohl Tugenden als Laster,
so wohl Anständigkeit als Ungereimtheit schildern, weil sie
eben durch diese Vermischung ihrem Originale, dem
menschlichen Leben, am nächsten kommen« (Gö 4,55; Dur-

zak, B 8: 1970, 15 f.). In dieser Formulierung wird Lessings
Nähe und gleichzeitige Ferne zu Gottsched deutlich. Wie
Gottsched hält er daran fest, dass das Lustspiel nützlich sein
müsse; darauf verweist er noch in der *Hamburgischen Dramaturgie*: »Die Komödie will durch Lachen bessern; aber
nicht eben durch Verlachen« (Gö 4,363). Anders aber als
Gottsched reduziert Lessing den Nutzen nicht mehr auf
den »moralischen Satz« und nicht mehr auf die Eindeutigkeit satirischer Lasterdarstellung. Damit öffnet er dem
realistischen Prinzip den Weg in die Komödie, macht das
»Leben« zu ihrem Gegenstand (Hinck, B 8: 1965, 256 f.;
Mann, B 9: 1975, 83).

Innerhalb der Gattungssystematik war die Komödie das
Einfallstor für den alltäglichen Realismus in die Literatur,
auch wenn dieser Zugang nur zögernd benutzt wurde.
Grundsätzlich erscheint in der Komödie die Realität nicht
in stilisierter Verklausulierung, sondern in jenem Sinne, in
dem Erich Auerbach den »europäischen Realismus« definiert hat: als »ernste Darstellung der zeitgenössischen alltäglichen gesellschaftlichen Wirklichkeit auf dem Grund der
ständigen geschichtlichen Bewegung« (Auerbach, B 5: 1971,
480).

*Minna von Barnhelm* ist Lessings einziges Drama, in
dem zeitgenössische alltägliche Wirklichkeit dargestellt
wird; und es kann als ein Musterbeispiel zum Beleg für Au-
erbachs Realismusdefinition gelesen werden, da auch in die geschichtliche Bewegung nicht fehlt. Goethe hat im Rückblick
dieses verdient Verdienst Lessings zutreffend gewürdigt: »es ist die
erste aus dem bedeutenden Leben gegriffene Theaterpro-
duktion, von spezifisch temporärem Gehalt, die deswegen
auch eine nie zu berechnende Wirkung tat: ›Minna von
Barnhelm‹« (B 5: 1976a, 305).

Die dargestellte zeitgenössische Wirklichkeit lässt sich genau bestimmen. Lessing hat bereits auf dem Titelblatt eine
Jahreszahl gegeben: »Verfertiget im Jahre 1763«. Auch
wenn diese Zahl bekanntlich nicht stimmt, zeigt sie als Teil

*Minna von Barnhelm*
Handschrift Lessings von 1763

der poetischen Fiktion, welchen Wert Lessing darauf legte,
sein Drama in der eigenen Zeit zu situieren. Die Hand-
lungszeit des Stücks ist auf den Tag genau festzulegen: Es
spielt am 22. August 1763. (Saße, B 9: 1993a, 88 f.) Der Ort
ist ein Gasthaus in Berlin, das in eine weiterreichende geographische Konstellation eingebunden ist: Der Protagonist
ist preußischer Offizier, aber gebürtiger Kurländer, die
Protagonistin kommt aus dem unterdrückten Feindesland,
aus Sachsen. Den »Zeitstückcharakter der Komödie« (Dombrowski, B 9: 1997, 7) haben inzwischen viele gründliche
historische Studien herausgearbeitet. Die Verführung ist bis
heute gelegentlich allzu groß, das Stück nach dem Modell
einer historischen Abbildästhetik zu lesen.

  *Minna von Barnhelm* ist sicher von den Erfahrungen
geprägt, die der sächsische Bürger Lessing in seiner Eigenschaft als Sekretär des preußischen Generals Bogislaw
Friedrich von Tauentzien im schlesischen Breslau machen
konnte. Lessing siedelt mit der Wahl von Schauplatz und
Zeitumständen das Stück in einer historischen Umbruchs-
situation an, die für die weitere politische und gesellschaftliche Entwicklung Europas eine zentrale Rolle spielen wird.
Im Jahre 1763, in dem der Hubertusburger Frieden ge-
schlossen worden war, befinden sich die vom Siebenjährigen Krieg betroffenen Länder in einer desolaten politischen,
wirtschaftlichen und moralischen Situation.

  Dass das Geld im Drama eine so große Rolle spielt, ist
nicht nur eine bekannte Eigenart Lessings, sondern ebenso
der Reflex eines zeitgenössischen Problems. Die politische
Entwicklung insbesondere in Sachsen war geprägt von den
Kriegskontributionen und den Versorgungs- und Finanzie-
rungsleistungen, die das Land für seine Eroberer aufbringen
musste. Die soziale Problemkonstellation des Dramas ist
handgreifliche Alltagsrealität dieser Zeit. Selbst die Ehren-
sache entpuppt sich als Geldsache (Seeba, B 12: 1973, 81).
Das Problem des Stücks ist eben auch ein finanzielles: Der
in seiner »Ehre« gekränkte Tellheim steht im Verdacht, von

den schlesischen Städten bestochen worden zu sein, während er ihnen tatsächlich nur auf eigene Kosten Stundungen gewährte, um die Last der Kriegskontributionen zu mildern. Lessing geht mit dieser – für den modernen Leser kaum noch durchsichtigen – Darstellung von finanz- und dienstrechtlichen Verhältnissen sehr präzise auf die Gegebenheiten der Kriegs- und Nachkriegszeit ein; sie bilden nicht nur den Hintergrund, sondern geradezu die Voraussetzung für die Dramenhandlung (Dyck, B 9: 1981, 69–80; Saße, B 9: 1993a, 65–81). Auch die anderen Figuren sind bestimmt von der Kriegssituation. Den abgedankten Soldaten Just und Werner fehlt die finanzielle Lebensbasis; sie sind persönlich abhängig von dem Dienstverhältnis zu Tellheim, der selbst wiederum keine finanziellen Mittel hat, um dieses Dienstverhältnis aufrechtzuerhalten.

Der Krieg dringt bis in die Sprache und poetische Struktur des Dramas ein (Pütz, B 12: 1986, 203–220). *Minna von Barnhelm* beginnt als Komödie – mit dem komischen Kampf, den der träumende Just in der ersten Szene gegen den Wirt ausführt: »Schurke von einem Wirte! Du, uns? Frisch, Bruder! – Schlag zu, Bruder! – *(Er holt aus, und erwacht durch die Bewegung)*« (Gö 1,607). Ebenso ist die Haupthandlung kriegerisch bestimmt. In der Unterhaltung zwischen Franziska und Minna ist vom »Sturm« auf die Festung Tellheim die Rede und von »Kapitulation« (Gö 1,624) – Begriffe aus der Sprache des Krieges, die angesichts der zeitgenössischen Konstellation ihre rhetorische Unschuld verloren haben. Mit solchen Anspielungen stellt Lessing einen unmittelbaren Zusammenhang zwischen der Dramenhandlung und den zeitgeschichtlichen Ereignissen her; gerade der dramaturgisch unnötige Traum der Eingangsszene wird zur Gelenkstelle zwischen Realität und Fiktion. Auch die Dramenstruktur ist agonal geprägt: Das Wirtshaus erscheint als das Gegeneinander zweier Lager. Jede Szene wird zu einer kampfähnlichen Auseinandersetzung. Das altehrwürdige Mittel der Stichomythie, der raschen Wechselrede, aus dem die klassische Tragödie ihre Spannung erhielt, wird zum dramaturgischen Hauptinstrument der Komödie.

*Minna von Barnhelm* ist geprägt von ständigen Divergenzen im Kleinen, die den großen Handlungs- und Spannungsbogen ersetzen – den Divergenzen zwischen dem Wirt und Just, zwischen Franziska und Just, zwischen Franziska und Werner und schließlich zwischen Tellheim und Minna. Auf allen Ebenen herrscht ein agonaler Antagonismus. Das gilt für Zeit und Ort, für die Personenkonstellation, die Sprache, die Handlungsstruktur und die Raumgestaltung; und es gilt fast für jedes Detail der Dramenhandlung: keine Absicht kann geäußert, kein Wunsch kann laut und keine Handlung kann durchgeführt werden, ohne dass sich im Drama widerständige Bewegungen entgegenstellten.

In der agonalen Struktur des Dramas kehrt seine historische Situierung wieder, die den Verhältnissen einen so uneindeutigen Charakter verleiht. Von Uneindeutigkeit bestimmt ist auch die soziale Position der Protagonistin. In einer leicht zu übersehenden Szene markiert Lessing die soziale Situierung und Deplatzierung seiner Protagonistin: Im »Zimmer des Fräuleins« sitzen Minna und Franziska zusammen und diskutieren über die Möglichkeit, Tellheim im »Sturm« zu erobern. Das Fräulein ist *»im Negligee, nach ihrer Uhr sehend«*; Franziska klagt über den Lärm »in den verzweifelten großen Städten« und bietet Minna eine »Tasse Tee« an; Minna lehnt ab: »Der Tee schmeckt mir nicht«; Franziska offeriert stattdessen »Schokolate«, die Minna auch ablehnt (Gö 1,624). Keine dieser Bemerkungen ist für die Handlung in irgendeiner Weise relevant, aber in diesen wenigen Zeilen wird in Regiebemerkungen und Dialog ein Informationstableau über die soziale Einbindung der Protagonistin gegeben. Zum einen werden die Insignien des bürgerlichen Alltags vorgestellt. Das geschäftige Treiben, das sich auf den Berliner Straßen auch nachts abspielt, zeugt von der Regsamkeit des Bürgertums, aber das Unverständnis, das Franziska ihm gegenüber zeigt, verweist auf die an-

dere, auf Ruhe angelegte Lebensform des Adels. Der gleiche
Dualismus kehrt in der Wahl der Getränke wieder: Der
zunächst angebotene Tee ist – neben dem Kaffee – das
bürgerliche Getränk par excellence, während umgekehrt die
»Schokolate« ideologisch als Adelsgetränk besetzt war
(Schivelbusch, B 5: 1980, 52 f.; 99–103). Minna lehnt beides
ab. Schließlich ist Minna im Negligee und bekundet damit
ihren Müßiggang; andererseits schaut sie unmotiviert auf
die Uhr und zeigt damit die Unterwerfung unter eine Zeit-
planung, die wiederum charakteristisches Merkmal des tätigen Bürgers ist. Kurz: Lessing stellt in diesem Drama einen
bürgerlichen Alltagsrealismus des mittleren Stils vor. Er
zollt damit einer Entwicklung seinen Tribut, die Brüggemann festgestellt hat: dass der Krieg eine realistischere Auffassung der Dinge, einen neuen »Wirklichkeitssinn« und
eine realistischere Gefühlshaltung hervorgebracht habe
(B 12: 1968, 94–96).

Auf den ersten Blick scheint es dann aber, als ob die
Handlungskonstellation mit dieser realistischen Stilhaltung
nicht Schritt halten könne. Denn in *Minna von Barnhelm*
geht es um einen zentralen Charakterzug: Das treibende
Handlungsmoment der Komödie ist die »Ehre«. Tellheim
stellt sich unter das Diktat eines abstrakten Ehrbegriffs. Er
tut als guter Soldat alles wegen seiner »eignen Ehre« (Gö
1,675), und er baut sein künftiges Lebensglück, nämlich die
Heirat mit Minna, ebenfalls auf die Wiederherstellung seiner Ehre auf. Es fällt ihm freilich schwer, diese Grundlage
seines Handelns zu definieren: »Die Ehre ist nicht die
Stimme unsers Gewissens, nicht das Zeugnis weniger
Rechtschaffenen« – was sie ist, bleibt offen. Erst Minna
bleibt es vorbehalten, die richtigen Begriffe zu finden: »Die
Ehre ist – die Ehre«; und an gleicher Stelle redet Minna vom
»Gespenst der Ehre« (Gö 1,680 f.). Auf der einen Seite ist
sie leerer Begriff, bloße Tautologie und »Gespenst«. Auf
der anderen Seite aber definiert die Ehre die charakterliche,
vor allem aber die soziale Existenz Tellheims. Mit der Fixie-

rung seiner Komödie auf diesen einen Punkt scheint Lessing in der Tradition der Verlachkomödie zu verharren: Tellheims »Ehre« ist Kernpunkt einer Komödie, und sie wird von Minna verlacht. Dennoch liegen die Unterschiede gegenüber der Typenkomödie auf der Hand. Die Ehre ist zwar das Problem des Stücks, aber sie ist kein Laster – im Gegenteil: »Tellheim ist ein Charakter von höchster Würde« (Staiger, B 9: 1972, 69). Sie hat in Lessings Komödie einen Doppelcharakter: Sie ist offensichtlich nichts, worauf man einfach verzichten könne, aber sie ist auch etwas, was anderen berechtigten Ansprüchen – in diesem Fall denen der Liebe – im Wege steht. Die Zweischneidigkeit des Ehrbegriffs macht seine Brisanz aus, die nicht erst von Lessing erkannt und literarisch genutzt wurde. Denn eine Komödie über die »Ehre« zu schreiben war nicht mehr unbedingt originell, und es war auch nichts spezifisch Preußisches. Wesentliche Momente von Lessings Problemstellung, einschließlich der Ehre-Problematik, finden sich schon in Nivelle de la Chaussées *Ecole des amis* von 1737 (Hinck, B 8: 1965, 290).

Lessings Auseinandersetzung mit dem Ehrbegriff erscheint im zeitgenössischen Kontext also kaum als revolutionäre politische Tat. Indem Lessing ihn in das Zentrum seines Dramas stellt, greift er auf ein wichtiges, zeitweise zentrales Thema der europäischen Literatur vom 16. bis zum 19. Jahrhundert zurück. In der Aufklärung löst sich der aristokratisch-höfische Ehrbegriff weitgehend auf; die über die Gesellschaft definierte Ehre erscheint als äußerlich und nur auf den Schein bedacht. Charakteristisch ist die einschlägige Bemerkung von Lessings Zeitgenossen Montesquieu über die Rolle der Ehre am Hofe: »Là l'honneur, se mêlant partout, entre dans toutes les façons de penser et toutes les manières de sentir, et dirige mêmes les principes. Cet honneur bizarre fait que les vertus ne sont que ce qu'il veut, et comme il le veut« (Montesquieu, B 5: 1961, 1,36).

In diesen Formulierungen von 1748 ist einiges von dem ausgesprochen, was in Lessings Ehrbegriff der Minna von Barnhelm eingehen wird. Die Ehre ist bizarr geworden, weil sie nicht der Tugend dient, sondern sie sich unterwirft (Hazard, B 5: 1939, 371–374). In der viel diskutierten Riccaut-Episode der *Minna von Barnhelm* wird das Problem der Ehre mit angesprochen. Der Spieler Riccaut ist eine Karikatur des *honnête homme*, wie er sich im Zerrspiegel der deutschen Kritik dargestellt hat. Er tritt auf als Verfallsform eines alten, aristokratisch-humanistischen Ideals, das in der neuen, bürgerlichen Umgebung lächerlich wirken muss (Giese, B 9: 1984, 111–113).

Das Ideal eines Bürgers, der sich über die Tugend und eben nicht mehr über die Ehre definiert – das wird schließlich eines der großen Themen in Lessings Trauerspielen sein –, kündigt sich an. Lessing selbst hat in einem frühen Gedicht von 1752 mit den Titel *Ich* diesen alten Ehrbegriff verabschiedet:

> Die Ehre hat mich nie gesucht;
> Sie hätte mich auch nie gefunden.
> Wählt man, in zugezählten Stunden,
> Ein prächtig Feierkleid zur Flucht?
>
> (Gö 1,127)

Es bleibt eine zentrale Frage der *Minna*-Interpretation, weshalb Lessing die Ehre wieder zum Problem wird. Seine Komödie liest sich fast wie eine höchst unzeitgemäße Ehrenrettung der Ehre. Andererseits hat Lessing ebenso offensichtlich Schwierigkeiten, diese Ehrenrettung zu begründen, da er nicht nur die adlige Tradition des *honnête homme* verspottet, sondern ebenso die bürgerliche Ehre-Definition als »Stimme unsers Gewissens« ausdrücklich ablehnt. Lessings Versuch einer Ehrenrettung der Ehre greift tiefer und weist in eine andere Richtung als die bürgerliche Rehabilitation dieser Tugend im 18. Jahrhundert. Es geht ihm wohl darum, die anthropologischen und gesellschaftlichen Momente, die im traditionellen, längst obsoleten Ehre-Begriff aufbewahrt gewesen sind, nicht einfach preiszugeben.

Während die anderen Figuren des Stücks durchgehend bürgerlich-realistisch und zeitkonform über das Geld diskutieren, lässt Lessing Tellheim an der Ehre festhalten. Die Ehre wird ihm zum Teil seines »Charakters«, in dem er seine Ich-Identität findet. Am Verhältnis von Ehre und Charakter lässt sich ablesen, dass der Major von Tellheim eine Figur des Übergangs zwischen zwei einander ablösenden Vorstellungen von »Charakter« ist. Hinter der Reduktion des Charakters auf einen einzigen Wesenszug verbirgt sich eine sozialpsychologische und anthropologische Konzeption. Minna definiert die eine Form zutreffend, indem sie Tellheim mit Othello vergleicht: »Aber Tellheim, Tellheim, Sie haben doch noch viel Ähnliches mit ihm! O, über die wilden, unbiegsamen Männer, die nur immer ihr stieres Auge auf das Gespenst der Ehre heften! für alles andere Gefühl sich verhärten!« (Gö 1,679) Damit ist die eine Seite Tellheims zutreffend charakterisiert: Er erscheint als der unbiegsame, verhärtete und gefühllose Mann, der dramenhistorisch gesehen kaum über die Charakterkonzeption in Gottscheds *Cato* hinausgelangt ist.

Walter Benjamin hat diese Erscheinungsform des Charakters, wie er sie bei Molière gefunden hat, als literarischen Ausdruck einer der Fähigkeit zur Selbstbehauptung noch nicht sicheren Individualität interpretiert (B 9: 1977, 177 f.; Brenner, B 5: 1981, 73 f.). Auf dieser Linie lässt sich die Figur des Majors von Tellheim auffassen. Tellheim ist den Widrigkeiten seiner Welt nicht gewachsen. Er wehrt sich gegen sie durch den Rückzug auf den einen Charakterzug, der gesellschaftliche Reputation verbürgt. Er ficht mit den überlieferten ständischen Kategorien für die »Autonomie des Individuums« (Lützeler, B 12: 1987, 34; Geißler, B 9: 1988, 36 f.).

Im Blick auf dieses Thema ließe sich das Drama auch als Illustration eines der zentralen Probleme der Postmoderne lesen: Lessing beschreibt nicht den »Tod«, sondern die Entstehung des Subjekts – genauer natürlich: der Subjekt-Vorstellung –, und er kennzeichnet zugleich die Fragilität, die dem modernen Subjekt von Anfang an eigen ist. Diese Fragilität ist bei Tellheim dreifach dimensioniert: Sein gewaltsam aufrechterhaltener Ehrbegriff ist äußerst labil. Die Position Tellheims in den sozialen Institutionen, die das Subjekt formieren, ist gefährdet; und – von der Forschung kaum beachtet – auch der Körper Tellheims ist lädiert: »Le corps [...] lieu de dissociation du Moi« (Foucault, B 5: 1994, 143).

Lessing interessiert sich in seinem Drama allerdings nur für den traditionellsten dieser Aspekte: für die Formierung des Subjekts in seinen sozialen Institutionen, der Gesellschaft also. Dass es gerade die »Ehre« sein muss, die als Charakterzug gewählt wird, kommt nicht von ungefähr. Lessing stellt mit sicherem Griff jenes Moment ins Zentrum, in dem Individuelles und Gesellschaftliches ineinander greifen. Die Ehre lässt sich, im Blick auf Hegel, deuten als das eigentlich Individuelle, in dem das Subjekt sich selbst definiert, indem es sich eine Vorstellung von sich macht. Zugleich ist die Ehre das schlechthin Verletzliche in den mannigfaltigen konkreten Verhältnissen, in denen der Mensch steht (Hegel, B 5: 1970, 2,180 f.). Von diesen konkreten Verhältnissen handelt das Drama. In diesem Zusammenhang darf der reale Gehalt der »Ehre« nicht unterschätzt werden, die eben doch mehr und anderes ist als ein bloßes »Gespenst«. Denn die Art der Ehrkränkung, der sich Tellheim ausgesetzt sieht, ist höchst real. Im historischen Kontext ist sie juristisch greifbar und bedeutet eine Gefährdung für den Major, die weit über bloße Empfindlichkeiten hinausgeht – es geht schließlich um den Vorwurf der Bestechlichkeit. An der Wiederherstellung der Ehre hängt die bürgerliche und juristische Reputation des Bürgers – keineswegs nur des Soldaten – Tellheim (Michelsen, B 9: 1990, 226 f.).

Lessing problematisiert die »Außensteuerung« des Menschen; das Glück, von dem im Untertitel vieldeutig die Rede ist, fällt nicht zu, sondern muss errungen – oder erarbeitet – werden (Geißler, B 9: 1988, 40). Tellheim zeigt sich dieser Herausforderung nicht gewachsen. Die bloß passiv auf der Integrität eines Charakterzugs beharrende Individualität ist dem aufklärerischen Denken nicht mehr konform; diese Auffassung muss überwunden werden durch das aktive Handeln des autonomen Subjekts. Diesen Part übernimmt in der Personenfiguration des Dramas Minna. Sie ist in komödientypischer Weise die Intrigantin, die die Handlungsfäden in der Hand hält und damit ihr Ziel erreicht. Auch Minna ist freilich als Charakter problematisch. In jener Lesart, welche das Lustspiel nur als Lustspiel liest, fällt das nicht weiter auf, da es gerade Minnas Handlungen sind, welche dem Verlauf und dem Schluss des Dramas den lustspielhaften Charakter verleihen. Aber hinter Minnas Handlungen verbergen sich weiterreichende Ansprüche.

Es ist wohl das Ziel der Komödie von Minna von Barnhelm und Major von Tellheim, die »höchst individuelle Menschlichkeit« der Figuren deutlich zu machen (Ritzel, B 3: 1966, 167), aber das gelingt nur teilweise. Denn Minna bietet kein ideales Gegenmodell zum erstarrten Tellheim. Die neuere Diskussion hat den Blick auf die Protagonistin etwas verschoben. Sie hat das erotische Begehren Minnas als *agens* der Handlung in den Blick gerückt. Minna bringt nicht mehr nur die Ansprüche der Vernunft gegen Tellheim zur Geltung (Gö 1,676 f.), sondern auch ihre eigenen Interessen ins Spiel – ihr eigenes Glück, das mit dem Tellheims verbunden ist. Ihre »Begehrenssubjektivität« steht der »Handlungssubjektivität« – dem souveränen Verfügen über den Handlungsverlauf mit dem Mittel der Intrige – gegenüber (Prutti, B 12: 1996, 6 f.; 169 f.). Unter postmodern-feministischer Perspektive wird das Ausspielen dieser »Begehrenssubjektivität« positiv gewürdigt. Minna wurde bescheinigt, dass sie nicht nur über ein besonderes Streit- und

Intrigentalent verfüge, sondern auch – im Gegensatz zu
Franziska – auf eine herausragende ethische Grundausstat-
tung verweisen könne (Sanna, B 9: 1993, 446; 456). Gemessen an den Humanitätsansprüchen ihres Autors erscheint
die ethische Qualität ihres Handelns jedoch eher fraglich.
Sie benutzt, nach einer späteren Formulierung Kants, die
Menschen nicht als Zweck, sondern als Mittel. Das »Spiel«,
das sie mit Tellheim treibt (Gö 1,689), hat einen frivolen
Charakter, der dem Ideal der Menschlichkeit nicht näher
kommt (Ritzel, B 3: 1966, 162). Wenn Minna sich durch etwas auszeichnet, ist es wohl weniger ihre moralische Quali-
fikation als die intellektuelle Fähigkeit, die grundsätzliche
Widersprüchlichkeit ihrer Lebenswirklichkeit zu durchschauen (Geißler, B 9: 1988, 37), und diese Einsicht ihren
Wünschen – oder Begehren – dienstbar zu machen. Denn
wie in fast jeder Komödie geht es auch in *Minna von Barnhelm* um Wahrheit und Lüge, um Verstellung und Wahrhaf-
tigkeit, und auch um die Instrumentalisierung der Menschen für fremde Zwecke (Roche, B 9: 1993, 440–442). In
diesem Dickicht findet sich Tellheim nicht zurecht; er bemüht sich um die Identität von Sein und Schein, ohne zu
merken, dass es nicht in seiner Macht liegt, sie zu erreichen:
»Man muß nicht reicher scheinen wollen, als man ist.« Dass
aber auch das nur Schein ist, zeigt die Replik Werners:
»Aber warum ärmer?« (Gö 1,654)

Die Komödie nimmt ein undurchsichtiges Ende. Eines
der Hauptprobleme zumindest der älteren Interpretation
war die Frage, ob Tellheim aus dem Stück als geheilt entlas-
sen wird (Steinmetz, B 8: 1978, 68 f.). Die Komödie geht
nicht so einfach auf, dass Tellheim durch die überlegene
Vernunft Minnas von seinen eigenen Vorurteilen befreit
wird. Tellheims Problem ist ernster, als dass es einfach
durch Einsicht zu korrigieren wäre; und insofern sind Minnas Versuche, die genau darauf zielen, verfehlt (Steinmetz,
B 9: 1979, XXI). Tellheim wird nicht von seinem »Fehler«
geheilt, sondern er behält Recht – seine Ehre wird wieder-

hergestellt. Er findet sich damit gerade in dem bestätigt, was während des ganzen Stückes als Laster karikiert worden war; und auch die in ihren Umgangsformen kaum minder bekehrungsbedürftige Minna bleibt bis zum Ende unbelehrt.

Angesichts der Ergebnislosigkeit des Dramas wird fraglich, ob *Minna von Barnhelm* in diesem Problemhorizont des »geheilten Lasters« interpretierbar ist, wie er sich aus der Tradition der frühaufklärerischen Typenkomödie ergibt. Es scheint eher so, als ob Lessing mit lustspielhaften Mitteln das »traditionelle Modell der Komödie« selbst in Frage stellen wolle (Steinmetz, B 9: 1976, 151): Er baut eine klassische Komödienhandlung auf; aber durch das massive Eindringen realer historischer Momente ist das Konfliktpotential nicht mehr mit den Mitteln der Komödie aufzulösen – denn die Konflikte sind in letzter Instanz nicht von den Figuren verursacht und deshalb von ihnen auch nicht zu bewältigen. Das Individuum hat nicht mehr die Macht, die Rahmenbedingungen seiner eigenen Entscheidungen selbst zu bestimmen (Steinmetz, B 9: 1976, 149; Steinmetz, B 9: 1979, XXV).

Das freilich ist das meistdiskutierte Problem der *Minna*-Interpretation – und vielleicht jeder Komödie mit gesellschaftlichen Ambitionen: ob der »Ernst des Konflikts« höher als der »Schein der Lösung« zu bewerten sei oder umgekehrt (Steinmetz, B 9: 1979, XV). Das bloße Verlachen des Lasters nützt nichts; es kann nicht heilen, weil die Verhältnisse nicht geändert werden. Um zu einem komödienhaft glücklichen Ende zu kommen, bedarf es in *Minna von Barnhelm* ganz anderer Voraussetzungen, die weder in der Hand Tellheims noch in der Minnas liegen. Die richtige Einsicht reicht nicht aus; Vernunft allein stellt die Ordnung nicht wieder her. Hergestellt wird sie durch die Macht, die in diesem Fall Friedrich II. heißt. Die viel diskutierte Deus-ex-machina-Szene am Schluss lässt in wünschenswerter Deutlichkeit erkennen, dass die Figuren nicht Herr ihres eigenen Schicksals sind: dieses liegt in der Hand des Monarchen. Minna hofft, gut aufklärerisch, auf die »Vorsicht« – also die Vorsehung –, die sich durchsetzen, und die »Wahrheit«, die an den Tag kommen muss – aber sie weiß auch, dass der König keine gute Karte im Spiel Tellheims war und er besser auf die Dame setzen sollte (Gö 1,678). Tellheim freilich sieht nicht so weit und wenn er in diesem Stück lächerlich wird, dann in seiner Reaktion auf das Schreiben des Königs, das ihm als unverdiente Gerechtigkeit erscheint, das ihn aber tatsächlich zur Marionette des Absenders macht (Gaier, B 9: 1991, 54).

Ob sich dahinter Gesellschaftskritik verbirgt oder nicht, ist Gegenstand langer Kontroversen gewesen, die zum germanistischen Richtungsstreit über die politische Einordnung Lessings geführt haben. Die klassische Position wurde von Wilhelm Scherer formuliert, der in *Minna von Barnhelm* die »Feier des großen Königs« Friedrich II. sah. (Scherer, B 5: 1885, 449) Seit Franz Mehring hat sich diese Einschätzung gründlich gewandelt; in der Regel wird die Brief-Szene jetzt gedeutet als »schneidende Satire auf das friderizianische Regiment« (Gaier, B 9: 1991, 56). Der im Stück abwesend anwesende Friedrich ist jedenfalls ein Hautproblem der Interpretationsgeschichte gewesen. Denn anhand seines indirekten Auftretens und direkten Eingreifens sollte eines der großen Probleme der älteren Lessing-Forschung entschieden werden – die Frage, wie es mit Lessing als Patrioten bestellt sei. Der »nationale« Gehalt des Stückes hat die Wertung bei den Zeitgenossen bestimmt, wie die ersten Rezeptionszeugnisse zeigen – »seine Personen sind vollkommene Deutsche«, heißt es in einer Rezension aus dem Erscheinungsjahr (Braun, B 3: 1884, 1,197; auch 177 f.). Lessing war ein so vollkommener Deutscher kaum, aber auf jeden Fall kein vollkommener Preuße. Der nationale Patriotismus seines Freundes Gleim war nicht nach seinem Geschmack, wie er ihm 1758 erläutert: »Vielleicht zwar ist auch der Patriot bei mir nicht ganz erstickt,

obgleich das Lob eines eifrigen Patrioten, nach meiner Denkungsart, das allerletzte ist, wonach ich geizen würde« (Ba
11.1,305). Lessing selbst ist an dem Streit über seine nationalen Sympathien nicht interessiert; und die extreme Diskrepanz der Urteile in der Rezeptionsgeschichte über
*Minna von Barnhelm* – wie schon über den *Philotas* – verweist auf die Unentschiedenheit des Stückes selbst; eine politische Stellungnahme lässt sich ihm nicht entnehmen.

   Dass das Stück trotzdem dicht, vielleicht zu dicht, an den
Problemen seiner Zeit war, zeigen allerdings die offiziellen
Reaktionen: Vor der Hamburger Uraufführung wurden im
September 1767, offensichtlich auf preußischen Druck,
Maßnahmen zur Verhinderung eingeleitet, auch die Berliner
Aufführung musste um ein halbes Jahr verschoben werden
(Ba 11.1,476 f.; Labus, B 9: 1936, 37 f.). Die Hamburger Se-
natsprotokolle lassen nicht erkennen, worum es eigentlich
geht (Daunicht, B 3: 1971, 230–232); die während der Sit-
zungen aufgestellte Behauptung, Lessing habe die beanstan-
deten Stellen geändert, ist aber wohl nicht richtig. Möglicherweise handelte es sich nicht um eine politische, sondern eher um moralische Anstößigkeit, so hat das Wort
»Hure« Anlass zu Reklamationen gegeben (Saße, B 9:
1993a, 92–96). Lessings Bruder Karl, mit dem Lessing im
regen Briefkontakt gestanden hat, deutet an, dass die Thematisierung der Bestechlichkeit eines Offiziers der Grund
der Beanstandungen gewesen sei: »Denn alle Einwendun-
gen gegen die Aufführung liefen dahin aus: man könne
zwar über Gott raisonniren und dramatisiren, aber nicht
über Regierung und Polizey« (K. G. Lessing, B 3: 1795,
1,240).

   Seine eigene Position hat Lessing auf charakteristische
Weise viel später beschrieben. Er amüsiert sich 1777 darüber, von den einen für einen »Erzpreußen« und den anderen für einen »Erzsachsen« gehalten zu werden – »weil ich
keines von beiden war, und keines von beiden sein mußte –
wenigstens um die Minna zu machen« (Ba 12,78). Diese po-

litische Indifferenz ist die Voraussetzung für *Minna von Barnhelm* – so paradox dies angesichts der so überaus konkreten historischen Situierung des Dramas klingen mag. Nur aufgrund dieser Indifferenz aber kann Lessing der Krieg zu einem poetischen Stoff werden, der die Grundlage für die Komödie bildet, ohne dass er ihr ausdrückliches Thema wäre. Knapp zehn Jahre zuvor hatte Lessing selbst über diese Zusammenhänge reflektiert. Bereits in den *Briefen, die neueste Literatur betreffend* tritt der Krieg als eine Art poetisches Stimulans auf. In einleitenden Bemerkungen erläutert Lessing sein Programm ausdrücklich im Blick auf den Krieg, dem er ebenso ausdrücklich sein Interesse verweigert, um sich betont den Musen zuzuwenden (Gö 5,30–32) – eine Denkfigur, die 35 Jahre später in Schillers Ankündigung der *Horen* wiederkehren wird.

Der Krieg und die undurchschaubare Ordnung des Staatswesens in *Minna von Barnhelm* sind nur die äußerlichsten Erscheinungsformen einer Erfahrung grundlegender Unordnung – jener *atrocitas*-Erfahrung, die Lessing sein Leben lang begleitet hat. *Minna von Barnhelm* thematisiert nur an der Oberfläche den Siebenjährigen Krieg oder die aktuellen politischen Zustände. In ihrer Tiefenstruktur thematisiert die Komödie den Weltzustand. Das beginnt wieder im Konkretesten – in der Thematisierung des Geldes. Nirgends spielt bei Lessing Geld eine so große Rolle wie in *Minna von Barnhelm* – Michelsen hat die zahllosen Hinweise darauf akribisch aufgelistet (B 9: 1990, 236). Nicht nur die Geldprobleme Tellheims sind unmittelbare Kriegsfolge, die sich aber beseitigen lässt; auch Geldentwertung, Wechselgeschäfte und Bankrottereignisse werden angesprochen: »bei dem oder jenem Banquier werden einige Kapitale jetzt mit schwinden« (Gö 1,677).

Lessing nimmt in einzelnen Anspielungen, vor allem aber an versteckter und dennoch exponierter Stelle in *Minna von Barnhelm* auf diese Entwicklungen Bezug: Die genaue Datierung des Dramas auf den 22. August 1763, die Lessing

gegenüber einer früheren Fassung geändert hat, bezieht sich
darauf. An diesem Tag nämlich richtet Friedrich II. eine
»Wechsel-Commission« ein, die die durch die Münzentwer-
tung bedingten Wechsel- und Spekulationsgeschäfte ein-
dämmen sollte (Saße, B 9: 1993a, 89 f.). Die finanzielle Unsi-
cherheit ist eben nicht nur eine biographische Erfahrung
Lessings, sondern eine Epochenerfahrung gewesen; und besonders die Geldentwertung durch Münzverschlechterung
war eines der wesentlichen Schreckgespenster in der Lebenswelt der Frühen Neuzeit seit dem Dreißigjährigen
Krieg. Lessing war mit diesem Aspekt der Nachkriegszeit
im Übrigen dadurch besonders vertraut, dass sein Dienst-
herr Tauentzien unter anderem auch Generalmünzdirektor
im besetzten Breslau war (K. Lessing, B 3: 1795, 1,214 f.).

Diese konkreten Zeiterfahrungen sind nur ein kleiner
Ausschnitt aus den Unsicherheitserfahrungen, die das
Drama vorführt. Es ist oft beobachtet worden, dass *Minna
von Barnhelm* auf einer Reihe von Zufällen basiert, deren
jeder notwendig zu ihrem Fortgang ist. »Ein Zufall ist
Schuld, daß ich, einen Tag früher, ohne ihn angekommen
bin«, sagt Minna und benennt damit den einen Grund der
Verwicklungen (Gö 1,674). Die ganze Dramenhandlung
baut auf einem Konflikt auf, den es bereits zu Beginn der
Handlung nicht mehr gibt. Im wohlgeordneten besetzten
Sachsen, in dem jeder Wirt als Spitzel für die Behörden fun-
giert, findet ausgerechnet ein Feldjäger des Königs den
Adressaten des königlichen Briefes nicht – die bloß zufällige Verspätung der Nachricht von der Rehabilitation Tellheims führt zu den Verwicklungen, von denen fünf Akte
lang die Rede ist.

Zufälle in dieser Weise zu häufen ist sicherlich ein Privileg
der Komödie. Im Falle der *Minna von Barnhelm* haben
diese Zufälle aber philosophische Bedeutung: Sie rühren an
ein zentrales Thema der frühen Aufklärung, indem sie die
Frage aufwerfen, in welchem Umfang die Welt wohlgeordnet ist und den Menschen einen verlässlichen Lebensrahmen

bieten kann. Die Komödie – wie auch Lessings Tragödien –
gibt die Antwort: Die Menschen sind ein Spielball der Umstände, die nicht vom Prinzip der Ordnung, sondern vom
Zufall beherrscht werden (Pütz, B 12: 1986, 230–233). Die
Welt, die Lessing in *Minna von Barnhelm* vorstellt, ent-
behrt dieser Ordnung. Sie ist für die handelnden Personen
kaum durchschaubar, und die Zufälle, von denen sie regiert
wird, lassen ein berechenbares Handeln nicht möglich erscheinen.

Was Lessing in der Komödie leichterhand vorführt, ist
ein Problem, an dem sich die gesamte Frühaufklärung seit
Leibniz abgearbeitet hatte, und Lessing selbst hatte es gemeinsam mit Moses Mendelssohn in dem Essay *Pope, ein
Metaphysiker!* andeutungsweise diskutiert. Es blieb Emil
Staiger vorbehalten, auf den Zusammenhang von Tellheims
Weltsicht mit der Erschütterung des aufklärerischen Optimismus durch das Erdbeben von Lissabon zu verweisen
(Staiger, B 9: 1972, 74). Damit wird die Krise der Aufklärung zum Thema dieser Komödie (Steinmetz, B 9: 1976,
150). Im Zweifel an der göttlichen Gerechtigkeit und der
menschlichen Humanität hat »das schreckliche Lachen des
Menschenhasses« Tellheims seine Wurzel (Gö 1,678). Eine
richtige Lösung findet Lessing nicht, obwohl er sie sicher
gerne gefunden hätte. Denn er hatte, nach dem Bericht
Mendelssohns, mit dem *Nathan* die Absicht, einen *Anti-
Candide* zu schreiben, in dem »alle die Uebel« am »Ende
dennoch zum Besten gelenkt, und zu den allerweisesten
Absichten einstimmig gefunden werden sollten« (Mendelssohn, B 5: 1974, 129 f.). Und in *Emilia Galotti* heißt es geradezu – allerdings nicht aus sehr berufenem Munde: »das
Wort Zufall ist Gotteslästerung« (Gö 2,181).

Lessing kann das Grundproblem einer pessimistischen
Welt- und Menschenauffassung in *Minna von Barnhelm*
mit den Mitteln der Komödie in nichts auflösen, aber damit
ist das Problem nicht beseitigt. In den Trauerspielen kehrt
es wieder. In *Miß Sara Sampson* und *Emilia Galotti* sieht

die Welt ähnlich aus wie in *Minna von Barnhelm*. In diesen beiden »bürgerlichen Trauerspielen« deutet aber Lessing kräftiger an, in welcher Richtung er die Lösung zu finden hofft: An die Stelle der barocken *fortuna*-Auffassung des Glücks tritt eine moderne, individualistische Vorstellung (Geißler, B 9: 1988, 36).

In *Minna von Barnhelm* jedoch ist dies – trotz aller handlungsbestimmenden Versuche Minnas, die Entwicklung nach eigenem Ermessen zu lenken – nicht das letzte Wort. In jüngerer Zeit wurde besonders hervorgehoben, dass das Konfliktpotential in *Minna von Barnhelm* wesentlich durch gestörte Sprachbeziehungen und Zeichenrelationen bestimmt ist. Neben die Unordnung der politischen Welt tritt eine solche der Zeichen – der Kommunikationsverhältnisse also. Tatsächlich wird im Drama das Problem der Verständigung virulent; besonders Tellheim ist massiven Kommunikationsstörungen unterworfen (Schröder, B 9: 1977, 57 f.). Sie hängen eng zusammen mit der Informationsverteilung und -zuteilung im Stück. Die Figuren wie die Zuschauer werden nur mit bruchstückhaften, aber unterschiedlichen Informationen versorgt. Durch diese asymmetrische Verteilung kommt die Handlung überhaupt erst in Gang und erhält durch sie ihre Brisanz. Die Informationen sind unvollständig, und die Zeichen sind zweideutig – das ist die Erfahrung, die Lessing formuliert und mit der sich die Komödie auseinandersetzt. Der Schluss vom Sprechen auf die eigentliche Gesinnung ist nicht mehr möglich; der »Scharfsinn allein findet sich nicht mehr zurecht« (Böckmann, B 10: 1968, 183). Wenn der Sinn der Zeichen oft unerkennbar bleibt, dann werden Zufälligkeit und Irrationalität des Daseins in der Sprache manifest (Meuthen, B 9: 1987, 372). Dass sein Drama von der Erfahrung einer »Stimmenvielfalt« geprägt ist und aus ihr die maßgeblichen Impulse bezieht, ist unübersehbar. Ob es Lessing aber tatsächlich darauf angelegt hat, diese »Stimmenvielfalt« herzustellen, erscheint eher fraglich. (Greiner, B 8: 1992, 180 f.) Sein Ziel ist doch wohl eher die Überwindung von Uneindeutigkeiten in den sozialen und sprachlichen Beziehungen des Dramas als ihre Forcierung.

In der langen, unmittelbar nach dem Erscheinen einsetzenden Interpretationsgeschichte des Stücks sind viele seiner Schichten freigelegt worden. Die Rezeption setzte ein mit der Frage nach dem nationalen Gehalt des Dramas, sie wurde um 1900 fortgeführt mit einer Diskussion um den politischen Standort des Dramatikers. In den siebziger Jahren kamen ideologiekritische Erwägungen hinzu, die den gesellschaftskritischen Gehalt hervorhoben; zugleich wurde, unter dem Einfluss von Habermas und Apel, über Kommunikationsverhältnisse und Kommunikationsverzerrungen diskutiert. In jüngster Zeit finden sich erste Ansätze einer postmodernen, feministisch akzentuierten Lektüre. Kaum einer dieser Ansätze ist verfehlt; sie alle haben ihre Anknüpfungspunkte im Drama gefunden. Und fast alle haben auch gesehen, dass *Minna von Barnhelm* in Lessings Entwicklung eine Schlüsselstellung einnimmt, weil hier auf eine so komplexe Weise wie in sonst keinem der Dramen Lessings eine seiner Grundfragen aufgeworfen wird – die philosophische Frage nach dem richtigen Leben.

Das ist eine Utopie jenseits des Sozialen und erst recht jenseits des Politischen. Sie setzt eine eigene Anthropologie voraus, die in *Minna von Barnhelm* ebenfalls thematisiert und im Problem der Sprache zusammengefasst wird. Fast zur gleichen Zeit, da er die Komödie schrieb, hat er im 20. Stück der *Hamburgischen Dramaturgie* das Thema umrissen:

Aber wie viel leichter ist es, eine Schnurre zu übersetzen als eine Empfindung! Das Lächerliche kann der Witzige und Unwitzige nachsagen; aber die Sprache des Herzens kann nur das Herz treffen. Sie hat ihre eigene Regeln; und es ist ganz um sie geschehen, sobald man diese verkennt, und sie dafür den Regeln der

Grammatik unterwerfen, und ihr alle die kalte Vollständigkeit, alle die langweilige Deutlichkeit geben
will, die wir an einem logischen Satze verlangen.

(Gö 4,321)

Auch Tellheim weiß das: »Ein volles Herz kann die
Worte nicht wägen« (Gö 1,686).

Damit wird gleichermaßen eine soziologische wie anthropologische Idee angesprochen – die Idee einer unmittelbaren Verständigung, an der der ganze Mensch beteiligt ist.
Das ist eine historisch neue Dimension der Aufklärung.
Deren intellektualistische Begrenzung wird überschritten;
die Aufklärung bezieht jetzt, Rousseau folgend, auch das
Innere des Menschen ein (Schröder, B 3: 1972, 239–244).
Lessing bezeichnet mit dieser Wendung einen Bruch in seiner eigenen Entwicklung. Die Passage in der *Hamburgischen Dramaturgie* benennt ausdrücklich den Gegensatz
zwischen der »Sprache des Herzens« und der des Witzes –
und damit verabschiedet er das Grundprinzip seiner früheren Arbeiten. Paul Böckmann hat in seiner nicht hoch genug einzuschätzenden Lessing-Studie den Punkt im Drama
benannt, an dem dieser Bruch festzustellen ist: in der Figur
des französischen Glücksspielers Riccaut. Mit Riccaut endet
die Herrschaft des französischen Witzes – oder des *esprit* –,
die seit Thomasius in Deutschland etabliert war und der
auch Lessing in seinen anakreontischen Liedern und seinen
Epigrammen verpflichtet gewesen war (Böckmann, B 10:
1968, 190).

Um seine anthropologische und soziale Vision poetisch
zu realisieren, entwickelt Lessing eine eigene dramaturgische Strategie. Er entledigt sich in einer eleganten Weise des
Problems, die in der historischen Zeit nicht aufgelösten
Konflikte in einer Komödie auflösen zu müssen – damit es
eine Komödie bleibt. Die dem Stück zugrunde liegende und
im Motiv der gekränkten Ehre verborgene politische Konstellation wird in Lessing'scher Manier dadurch entschärft,

dass von den äußeren Umständen abgesehen wird und die Probleme auf das rein Menschliche reduziert werden. Das Ende der politischen Auseinandersetzungen markiert Graf von Bruchsall, der Oheim Minnas, mit seiner Bemerkung: »Doch Sie sind ein ehrlicher Mann, Tellheim; und ein ehrlicher Mann mag stecken, in welchem Kleide er will, man muß ihn lieben« (Gö 1,702).

Die Reduktion der Personen auf das rein Menschliche bedeutet ihre soziale Entwurzelung. Lessing entwurzelt seine beiden Hauptfiguren, indem er sie unauffällig, aber wirkungsvoll aus ihren historischen Lebenszusammenhängen herauslöst. Minna wie Tellheim sind Außenseiter. Die ständischen Bindungen verlieren, wie in den Trauerspielen, völlig ihre Bedeutung. Auch das Soldatentum Tellheims bekundet diese Entwurzelung; er ist Kurländer in preußischen Diensten; ebenso heimat- wie familienlos. Lessing hat lange zuvor diesbezüglich eine aufschlussreiche Feststellung getroffen: »Einerlei Kriegszucht, nicht einerlei Himmelsstrich macht im Soldatenstande den Landsmann«, bemerkt er 1759 gegenüber dem »Preußischen Grenadier« Gleim (Ba 11.1,322). In dieser Situation ähnelt Tellheim übrigens bemerkenswert der nur vermeintlich komischen Figur des Riccaut (Martini, B 9: 1968, 383 f.). Ähnliches gilt für Minna: Minna ist ein »sächsisches verlaufenes Fräulein« (Gö 1,696). Auch wenn das nicht ohne Koketterie dahergesagt ist, trifft es doch den Sachverhalt. Mit dieser sozialen Isolierung schafft Lessing die Voraussetzung dafür, die beiden Figuren sich als »Menschen« begegnen und, nach langen Wirren, die »Sprache des Herzens« sprechen zu lassen.

Diese Strategie der Idealisierung durch Entwurzelung lässt sich – vielleicht – sogar bei dem leidigen Friedrich-Problem konstatieren, wie es die Interpretation Emil Staigers vorgeschlagen hat. Er nimmt weder die prussizistische Partei Scherers noch die Gegenpartei Mehrings, sondern interpretiert den König symbolisch: Friedrich erscheint im Stück als gottähnlicher »Genius der Aufklärung« der »das kleine

Schicksal« aufklärt, das Lessing in *Minna von Barnhelm* in-
szeniert hat (Staiger, B 9: 1972, 77). In dieser Deutung erscheint Friedrich nicht als despotischer König eines Skla-
venstaates, sondern als literarische Verwirklichung einer
Idee von Aufklärung – ganz ähnlich wie Oberon in Wielands späterer Verserzählung, die Lessing geschätzt haben
soll (Ba 12,329). Gerade der oft gerügte Deus-ex-machina-
Charakter von Friedrichs indirektem Auftritt verstärkt den
ideellen und poetischen Charakter seines Eingreifens. Damit nimmt Lessing dramaturgische Strategien und humane
Visionen vorweg, die im *Nathan* erneut angeboten werden.
In *Minna von Barnhelm* findet sich ein Vorklang zur Poeti-
sierungs- und Idealisierungsdramaturgie des Nathan – aber
eben nur ein Vorklang. In der Komödie scheut Lessing
noch zurück vor jener radikal idealistischen, nur im Reich
der Poesie denkbaren Lösung, die er im *Nathan* anbietet.

*Minna von Barnhelm* nimmt eine Gelenkstellung in der
Entwicklung von Lessings Dramatik ein. Denn hier ist sichtbar, was in Lessings letztem Drama und erst recht in den
Dramen der deutschen Klassik geglättet und verborgen wird.
Die Utopie in *Minna von Barnhelm* bleibt historisch und so-
ziologisch konkret situiert, auch wenn sie der Idee nach weit
über diese Situierung hinausgreift. Denn tatsächlich gelingt
es Minna gerade nicht, mit der »Sprache des Herzens« ihr
Ziel zu erreichen, Tellheims Sprache der »Vernunft« und
»Notwendigkeit« (Gö 1,640) zu durchbrechen. Sie muss
zum traditionellen »Witz«, zur spielerischen Intrige und zur
List greifen (Martini, B 9: 1968, 392 f.). Auch das Humanitätsideal wird nicht in schlackenloser Idealisierung dargebo-
ten. Die Humanität wird abgeleitet aus dem Gegensatz jener
»Liebe zu der Sache« (Gö 1,656) des Staates und des Öffentlichen, auf die sich Tellheim anfangs beruft (Seeba, B 12:
1973, 71). Die Humanität entwickelt sich aus dem Privaten;
sie ist in diesem Drama keine öffentliche Angelegenheit. Das
Drama zeigt die Unversöhnlichkeit der beiden Sphären – zumindest dann, wenn die angerissene Utopie realisiert werden

soll. Tellheims Konsequenz ist der Rückzug ins Private –
der ausdrückliche Verzicht auf »die große Welt«. (Gö
1,695). Diese Lösung wäre, wenn es dabei bliebe, sozialhistorisch konventionell – sie entspräche dem bekannten Modell, nach dem der Bürger im 18. Jahrhundert sich aus der
vom absolutistischen Staat beherrschten Sphäre in die Intimität seiner Liebes- und Familienverhältnisse zurückzieht,
um hier zu verwirklichen, was ihm dort versagt wird.

   *Minna von Barnhelm* ist jedoch komplexer angelegt. Denn
was auf der Handlungsebene, um den Preis des Verzichts auf
die Utopie, glatt aufgeht, wird auf der Strukturebene noch
einmal neu aufgegriffen. Das Drama ist als Spiel angelegt;
seine lustspielhaften Züge erhält es wesentlich dadurch, dass
dieser Spielcharakter immer wieder neu thematisiert wird.
Eine Schlüsselrolle spielt dabei die Riccaut-Szene, die der
Interpretationsgeschichte lange Zeit ein Rätsel geblieben ist,
das nur durch Verweise auf die Motivgeschichte oder auf
Lessings vermeintliche Aversion gegen alles Französische
gelöst werden konnte. Fritz Martini hat hingegen herausgearbeitet, dass in dieser Szene das zentrale »Motiv des ›Spiels‹
in seiner Mehrdeutigkeit in das Zentrum der Aufmerksamkeit gebracht« wird. Das »Spiel« ist das Grundmotiv dieses
Dramas; Minna pflegt eine »Sprache des Spiels als Maske der
Sprache des Herzens«; und schließlich wird die »Form des
Lustspiels selbst aufs Spiel« gesetzt und bis in die Nähe der
Tragödie gebracht (Martini, B 9: 1968, 395; auch 426). Peter
Michelsen hat dieses Argument weiter verfolgt. Er rekonstruiert den hochkomplizierten Verlauf des Stücks als kalkulierten Aufbau einer »Scheinwelt«, die als solche durchsich-
tig gemacht wird (B 9: 1990, 277; auch 276–280).

   Nur in dieser Scheinwelt ist Minnas und später auch Tellheims Glaube an die göttliche Gerechtigkeit noch möglich.
Die Ordnung der Welt wird wiederhergestellt, aber es wird
zugleich deutlich gemacht, dass sie gefährdet ist: dass ihre
Restauration eben nur in der Scheinwelt des Lustspiels
möglich ist.

Mit seinen Gedichten und Epigrammen, den Fabeln und den Komödien hat Lessing sich ein Fundament für seinen Standort in der zeitgenössischen Literaturszene geschaffen. Sein Profil als Neuerer der deutschen Literatur gewinnt er aber als Kritiker und als Repräsentant einer neuen Auffassung von Aufklärung.

Neu sind die Formen, in denen Lessing die Aufklärung voranzutreiben versucht. Das gilt zunächst für das Medium, in dem er sich der Öffentlichkeit vorstellt. Die Jahre um die Jahrhundertmitte sind auch in Deutschland die Zeit hektischer publizistischer Betriebsamkeit. In den zwanziger und dreißiger Jahren beherrschten die »Moralischen Wochenschriften« das publizistische Feld. Sie sind getragen vom Geist des herrschenden aufklärerischen Rationalismus, dem die Einheit von Vernunft und religiös definierter Tugend selbstverständlich war und der unmittelbar in die Lebensführung der Leser eingreifen wollte. Damit folgen sie dem philosophischen Programm der Frühaufklärung, auch wenn sie die rationalistische Systematik bereits auflockern (Martens, B 5: 1971, 168–172). Um die Jahrhundertmitte verlieren die Wochenschriften mit dem Niedergang der Frühaufklärung ihre Bedeutung. Sie werden abgelöst von einem Zeitschriftentypus neuerer Prägung.

So stellt sich die Situation dar, als Lessing im November 1748 in der erklärten Absicht nach Berlin umsiedelt, sich durch publizistische Tätigkeit seinen Lebensunterhalt zu verdienen. Die Stadt bot dafür ein einigermaßen günstiges Wirkungsfeld. Gewiss konnte sie an Ausstrahlungskraft Leipzig, dem großen Zentrum der deutschen Aufklärung, noch nicht an die Seite treten, aber dennoch fanden sich um die Jahrhundertmitte Ansätze zur raschen Entwicklung einer intellektuellen Infrastruktur. Berlin verfügte im 18. Jahrhundert zwar über keine Universität, aber es gruppierten sich intellektuelle Zirkel um Buchhandlungen und Zeitschriftenprojekte, die das »aggressive Klima« erzeugten, in dem Lessing sich wohl fühlte und in dem er sich schnell in seine ersten publizistischen Fehden verstrickte (Stenzel, Ba 1,728). In Berlin schloss sich Lessing an Christlob Mylius, den sieben Jahre älteren entfernten Verwandten, an. Mylius gehörte zum neu entstehenden Typus des umtriebigen Journalisten, dem es gelang, mit publizistischer Arbeit den eigenen Lebensunterhalt zu sichern. Er war an der Herausgabe von mindestens neun Zeitschriftenprojekten beteiligt (Krätzer, B 10: 1995, 505 f.; K. Lessing, B 3: 1793, 1,54–56). Der Einfluss Mylius' auf Lessing wie überhaupt die Umstände seines Lebens wurden von der Lessing-Forschung wenig beachtet; bekannt sind nur die besorgten Mahnungen von Lessings Eltern, die diesen Umgang höchst ungern sahen (Krätzer, B 10: 1995, 500; Ba 11.1,50 f.).

In Mylius' Umfeld findet Lessing erste Anknüpfungspunkte für seine eigene journalistische Tätigkeit. Es ist ebenso auffällig wie charakteristisch, dass er sich, im Gegensatz zu fast allen anderen namhaften Intellektuellen der Zeit, an dem großen aufklärerischen Unternehmen der »Moralischen Wochenschriften« nicht beteiligt hat – allenfalls Mylius' »Naturforscher«, in dem Lessing einige Gedichte publizierte, steht dieser Gattung konzeptionell nahe. Der Grund dafür dürfte in Lessings Abneigung gegen die Publikumsorientierung dieser Zeitschriften sein. Unterhaltsame Belehrung war Lessings Sache nicht. Die auf das praktische Leben gerichtete, auf Nützlichkeit, Anwendbarkeit und bürgerliche Wohlfahrt bedachte Aufklärungskonzeption der »Wochenschriften« hat er sich nie zu eigen gemacht (Martens, B 10: 1977, 239 f.; 245 f.) – und so offenbart sich in seiner Aversion gegen diese Schriften nicht nur eine Eigenart, sondern auch die Grenze seines aufklärerischen Denkens. Lessing war definitiv kein Anhänger der »Popularphilosophie«, wie sie sich im 18. Jahrhundert entwickelt hatte und wie sie von den Aufklärern gleichermaßen theoretisch begründet wie praktisch vorexerziert wurde.

Lessing wendet ein anderes Verfahren als die Wochenschriften an. Es geht ihm nicht um die Vermittlung positiver, gar moralischer Einsichten, sondern um die Vorführung einer Methode der Kritik, die im Unterscheiden, Klarstellen und Abgrenzen besteht, nicht jedoch in der klaren, moralisch fundierten Handlungsanweisung. Lessing nutzt dazu eine verwirrende Vielzahl von Publikationstypen, vom fingierten Brief über die Rezension und die Zeitschriftenabhandlung, die selbst herausgegebene Zeitschrift bis hin zur selbständig publizierten Einzelschrift. Mit dieser Vielfalt garantiert er Abwechslung und Resonanz bei verschiedenen Publikumstypen (Barner, B 10: 1977, 326 f.).

Mylius verschafft Lessing gleich nach dessen Ankunft in Berlin die Möglichkeit zu einer Rezensententätigkeit an der »Berlinischen privilegierten Zeitung«. 1751 wird Lessing Mylius' Nachfolger als Redakteur. Im gleichen Jahr geht die Zeitung auf Christian Friedrich Voß, den Schwiegersohn des vormaligen Inhabers Johann Andreas Rüdiger, über. Damit beginnt die Tradition der »Vossischen Zeitung«, bei der noch Fontane im 19. und Tucholsky im 20. Jahrhundert mitarbeiten werden (Oehlke, B 3: [1929], 1,184 f.; Holzboog, B 5: 1994, 230–232; Stenzel, Ba 1,1292 f.).

Lessing gründet 1751 eine Beilage zur »Berlinischen privilegierten Zeitung« mit dem Titel »Das Neueste aus dem Reiche des Witzes«. In der programmatischen Einführung zu dieser monatlich erscheinenden Beilage gibt Lessing – seine Verfasserschaft wurde allerdings in Zweifel gezogen (Consentius, B 10: 1902, 66 f.) – eine Art Panorama des geistigen Lebens in Deutschland. Diese Vorrede ist ein sehr frühes Dokument deutscher Rousseau-Rezeption – Lessing widmet mehrere Seiten einem längeren paraphrasierenden

Referat von Rousseaus erstem *Discours*, der im Jahr zuvor erschienen war. Er zeigt sich, wie schon in dem unveröffentlichten Herrnhuter-Fragment, in dem er einen neuen Sokrates gefordert hatte (Gö 3,688 f.), sehr angetan vom intellektuellen Gestus der Wissenschaftsverachtung Rousseaus: »Mit solchen Waffen bestürmet Rousseau die Wissenschaften und Künste. Ich weiß nicht, was man für eine heimliche Ehrfurcht für einen Mann empfindet, welcher der Tugend gegen alle gebilligte Vorurteile das Wort redet; auch sogar alsdann, wann er zu weit geht.« Lessing macht sich diese Kritik nicht zu eigen; die radikale Fortschritt- und Wissenschaftsskepsis Rousseaus ist seine Sache nicht: »Wir könnten verschiednes einwenden«, meint er, ohne dies weiter auszuführen (Gö 3,91; Kronauer, B 10: 1995, 26–32).

In den breiten Erläuterungen der Vorrede versucht Lessing deutlich zu machen, was er unter dem »Witz« versteht, der dem neuen Blatt den Titel gegeben hat. Das »Reich des Witzes« umfasst für ihn »die schönen Wissenschaften und freien Künste« (Gö 3,83); der »Witz« wendet sich gegen jede Form von Pedanterie – deshalb wird Rousseau als Kritiker der Wissenschaften so breit zitiert. In diesem Zusammenhang finden sich erste, noch zurückhaltende Stellungnahmen gegen Gottsched und gegen seine Schüler, denen ein allzu pedantischer Umgang mit der Literatur vorgeworfen wird (Gö 3,94 f.). Aber gerade die Berufung auf den »Witz« lässt erkennen, dass Lessing sich in dieser Phase noch nicht deutlich von Gottsched abgetrennt hat; denn der »Witz« als Grundlage des Denkens und der Dichtung stellt als »allgemeine Kombinatorik, als geordnete Verknüpfung des Ungleichartigen das eigentliche Formprinzip Gottscheds« dar (Böckmann, B 5: 1949, 516).

Lessings Programm bleibt sehr unscharf, aber es lässt eins erkennen: Wie im *Jungen Gelehrten*, so geht es hier um die Ablösung einer Wissenschaftsform durch eine andere. Gelehrsamkeit bewährt sich nicht mehr im Aufbau großer und starrer Systeme, die ihren letzten Halt in dogmatisch vorausgesetzten Vernunftgrundsätzen haben; Gelehrsamkeit bedeutet jetzt geistige Beweglichkeit, die ihren Ausdruck in der »Kritik« findet (Röttgers, B 5: 1982, 655–662). Die »Kritik« wird zum Leitwort dieser Auffassung von Aufklärung; auch der Begriff setzt sich jetzt erst durch, wie eine spätere Bemerkung Nicolais zeigt: »Jeder von uns war *dogmatisch* in seinen Principien, oder wenn ich modischer reden soll, *kritisch*, denn wahrlich, wir hatten unsere Principien ernstlich untersucht und geprüft« (Daunicht, B 3: 1971, 72).

Ein Charakteristikum von Lessings kritischen Arbeiten ist ihre Wendung zum historischen Detail, dem sie oft eine philosophisch-aufklärerische Perspektive abgewinnen wollen. In der Praxis allerdings orientiert sich diese auf das Detail gerichtete Auseinandersetzung stärker an der Tagesaktualität als an den letzten Vernunftgründen. Lessings Beiträge in diesen Zeitschriften sind unmittelbare Auseinandersetzung mit dem aktuellen geistigen und literarischen Leben. Er entfaltet in den Jahren zwischen 1748 und 1757 in Berlin eine ganz erstaunliche publizistische Aktivität. Neben seiner Mitarbeit an der »Berlinischen privilegierten Zeitung« gründet er zusammen mit Mylius die »Beiträge zur Historie und Aufnahme des Theaters« und ist ebenfalls Mitarbeiter an den »Kritischen Nachrichten aus dem Reiche der Gelehrsamkeit«, die seit 1751 von Mylius herausgegeben werden.

Lessing hat in seinem Nachruf auf den früh verstorbenen Mylius eine wichtige Selbstcharakteristik gegeben: »Ernsthafte gesetzte Männer müssen zweifeln; und wir, wir jungen Gelehrten, müssen entscheiden. Wer würde es auch sonst wagen, gebilligten Meinungen die Stirne zu bieten, wenn wir es nicht wären, die wir noch alle unser Feuer beisammen haben?« (Gö 3,532) Das charakterisiert seine Strategie. Sie ist ebenso einfach wie erfolgreich: Lessing sucht die Auseinandersetzung. So sehr der größte Teil seiner Rezensionen in der Stoffwahl von der Tagesaktualität bestimmt ist, so deutlich ist das Bemühen, im Angriff auf anerkannte Autoritäten seiner Zeit Ankerpunkte zu setzen. Lessing betreibt immer auch Politik in eigener Sache – »Literaturpolitik« statt »objektive Kritik« (Grimm, B 5: 1998, 234). Es mag ihm, wie er oft versichert, um Beförderung der Aufklärung und des Geschmackes gehen; er ist aber zugleich sehr erfolgreich darum bemüht, sich ein unverwechselbares publizistisches Profil zu geben. Erst die neuere Forschung, mit ihrem geschärften Blick für das literatursoziologische und das Medienumfeld von literarischer Tätigkeit, hat diese Implikationen der Texte genauer untersucht. Es hat sich dabei gezeigt, was den Zeitgenossen bekannt und durch das Bild des »Wahrheitsuchers« Lessing verdrängt worden war: Es geht »immer auch um die Selbstbehauptung des Polemikers auf dem literarischen Markt« (Berghahn, B 10: 1993, 178).

Lessings Rezensenten- und Publizistentätigkeit dieses knappen Jahrzehnts lässt sich nur schwer beurteilen. Erst die jüngere und jüngste Lessingforschung hat Ambitionen gezeigt, den Rezensionen auf den Grund zu gehen. Dabei hat sich herausgestellt, dass sie zunächst eher ein Fall für den Editor als für den Kommentator und Interpreten sind. Die vielgerühmte Lachmann-Muncker'sche Ausgabe der Lessing'schen Schriften hat einen Kanon von Rezensionen zusammengestellt, der sich über ein Jahrhundert lang in den Lessing-Editionen und -Interpretationen etabliert hat, der aber dennoch eher ein »Kartenhaus« darstellt. In zweierlei Hinsicht ist dieser Kanon brüchig, wie insbesondere Karl S. Guthke in einer Reihe von Arbeiten – die auch durch die neueste Edition nicht überholt sind – gezeigt hat: Zum einen stammt ganz offensichtlich ein größerer Teil der Rezensionen, die seit Lachmann und Muncker Lessing zugeschrieben wurden, nicht von ihm; bei vielen weiteren bleibt die Verfasserschaft unsicher – das gilt im Übrigen auch für einzelne andere Arbeiten, da Lachmann offensichtlich versehentlich vereinzelt Texte von der Hand Karl Lessings in seine Ausgabe aufgenommen hat (Milde, B 3: 1977, 215 f.).

Zum anderen zeigt sich Lessing als Rezensent nicht von seiner besten Seite. Guthke hat in Beispielanalysen zeigen können, dass viele, teilweise auch wichtige und von der Forschung oft zitierte Rezensionen Lessings – wenn sie überhaupt von ihm stammen – wertlos sind, denn Lessing hat sich in diesen Berliner Jahren die Praxis seiner zeitgenössischen Rezensentenkollegen zu eigen gemacht, die er gelegentlich selbst scharf gegeißelt hatte: Er hat ganz offensichtlich in erheblichem Umfang die rezensierten Bücher nicht gelesen, sondern sich darauf beschränkt, Vorreden zu paraphrasieren oder gar einfach abzuschreiben (Guthke, B 10: 1993, 7; Guthke, B 4: 1981, 136 f.). Im 54. *Antiquarischen Brief* von 1769 thematisiert Lessing die Frage ausdrücklich in der Auseinandersetzung mit Klotz. Ihm wirft er vor, sich »trefflich darauf [zu] verstehen«, den Eindruck der Belesenheit zu erwecken. Für sich selbst nimmt er dagegen in Anspruch: »ich mag auch nicht ein Blatt mehr gelesen zu haben scheinen, als ich wirklich gelesen habe« (Gö 6,385).

Diesem Ideal folgt er zumindest in seiner frühen journalistischen Arbeit nicht. Die scherzhafte Bemerkung gegenüber Gleim hat mehr als ein Körnchen Wahrheit: »O ich kann sie kritisieren, ohne sie gelesen zu haben« (Ba 11.1,301). Das war zeitgenössische Praxis und darf insofern kaum unter ein moralisches Urteil fallen. Das Bild, das die Forschung vom Lessing dieser Jahre gezeichnet hat, bedarf aber einer grundlegenden Revision: Speziell in der neu entstehenden Gattung Roman war Lessing bei weitem nicht so belesen, wie es ihm nach der Anzahl der ihm zugeschriebenen Rezensionen zugute gehalten wurde. Auch andere wichtige philosophische und theologische Äußerungen aus diesen Jahren erweisen sich bei Nachprüfung als Abschriften. Guthkes Forschungsergebnisse, die im aufwendigen Vergleich der Rezensionen mit den rezensierten Büchern herausgearbeitet wurden, zeigen, dass die Rezensionen jedenfalls kein Beleg für das sind, was Lessing von Erich Schmidt und in seinem Gefolge von vielen anderen Lessing-

Biographen allzu leichtfertig zugeschrieben wurde: dass nämlich Lessing ein »journalistisches Genie« gewesen sei (Schmidt, B 3: 1899, 1,185).

Ähnliche Probleme weist die noch grundlegendere Frage nach der Zuschreibung von Verfasserschaften auf. Wie in der zeitgenössischen Publizistik üblich, sind die Rezensionen anonym oder nur mit fingierten Siglen erschienen, so dass Verfasserzuweisungen nur nach der Auskunft anderer Quellen oder nach Stil- und Qualitätskriterien möglich sind. Nach diesem letzteren Verfahren ist die Lachmann-Muncker'sche Ausgabe vorgegangen, wodurch sie erhebliche Unsicherheiten in Kauf genommen hat. Zweifel an diesem Verfahren wurden schon früh formuliert. Der Lessing-Herausgeber Muncker hat versucht, einzelne Satzwendungen, den Ton, die Themen oder sprachliche Wendungen als charakterisierende Merkmale von Lessings Stil herauszuheben (B 10: 1889, IX). Muncker hat dabei die seitdem oft wiederholte Behauptung einer Singularität von Lessings Stil aufgestellt: »denn als er seine kritisch-journalistische Thätigkeit in Berlin begann, und noch einige Jahre darnach, war er der einzige in Deutschland, welcher so, wie er schrieb, zu schreiben verstand« (B 10: 1891, VI). Dieses nicht nur ungenaue, sondern in seiner Voraussetzung auch verfehlte Verfahren hat sicherlich zu falschen Zuschreibungen geführt. Der Einwand Consentius' ist berechtigt: »Die einzelnen Elemente, die Lessings Stil auszeichnen, waren der Zeit, in der Lessing seine schriftstellerische Thätigkeit begann, nichts Neues« (B 10: 1902, 14 f.). Die neuere Editionspraxis hat sich damit abgefunden, dass bei den frühen Rezensionen Zuschreibungsfragen ungelöst bleiben werden (Stenzel, Ba 1,1291 f.).

Die jüngere Aufklärungsforschung, die Lessings Umfeld nicht nur stärker in den Blick, sondern auch ernst genommen hat, sieht deutlicher, dass in diesen fünfziger Jahren Lessing nur einer von vielen Mitarbeitern am Projekt »Aufklärung« war. Es hat sicherlich etwas Ernüchterndes, den aufstrebenden jungen Lessing nur als einen unter vielen anderen sehen zu müssen; aber es sollte nicht überraschen. Die historische Forschung im Allgemeinen und die Erforschung der Aufklärung im Besonderen hat sich seit langem schon vom Geniekult lösen können – oder hätte es tun sollen – und daran gewöhnen müssen, dass auch die zentralen und prägenden Autoren Kinder ihrer Zeit sind. So stellt sich für diese Jahre weniger die Frage nach der geistigen Leistung Lessings als die nach seiner Zugehörigkeit zu einem bestimmten intellektuellen Milieu – einer »Gruppenidentität« (Baasner, B 10: 1993, 130) – und einer publizistischen Infrastruktur.

Die publizistische Arbeit Lessings und seiner Kollegen dieser Jahre ist getragen von dem Bewusstsein und dem Bedürfnis nach einer Erneuerung des geistigen Lebens. Es geht den jungen Aufklärern darum, die dogmatisch verhärteten Fronten der frühaufklärerischen Literatur- und Philosophiediskussion aufzubrechen. Lessing hat es ausgesprochen: »Wer vernünftig urteilen will, muß es mit keiner Partei halten« (Ba 1,704), schreibt er 1750 in einer der beiden ihm mit ziemlicher Sicherheit zuzuschreibenden Rezensionen, die er für die »Jenaischen Gelehrten Zeitungen« verfasst hat (Perels, B 10: 1971, 13; Stenzel, Ba 1,1317).

Diese Rezensionen sind von besonderem Interesse, weil sie unmittelbar auf die Kontroversen zwischen den Gottschedianern und den Schweizern eingehen – in diesem Zusammenhang wird die Aufforderung zur »Parteilosigkeit« formuliert. Denn diese alten Parteien, insbesondere die Gottschedianer und die Züricher, waren in Frontstellungen erstarrt, die nicht mehr produktiv genutzt oder aufgelöst werden konnten. Hier konnte Lessing unparteiisch bleiben, weil er nicht mehr an den alten Problemen interessiert war. Ansonsten hat Lessing sich selbst durchaus nicht an das Prinzip der Parteilosigkeit in den aktuellen Streitigkeiten gehalten. Die Feststellung wurde zu Recht getroffen, »daß Lessing nach verschiedenen Grundsätzen kritisiert hat, je nachdem das Werk eines Berliners oder das eines beliebigen anderen Dichters zu besprechen war« (Baumann, B 10: 1951, 39). Die Vorstellung, die Lessing jenseits von Cliquen- und Gruppenbildung ansiedelt und ihm die Fähigkeit und den Willen zuspricht, eine »strittige Sache objektiv betrachten zu können« (Harth, B 3: 1993, 93), ist Teil einer hartnäckig sich haltenden Lessing-Legende, die eigentlich schon der bloßen Lektüre seiner kritischen Texte nicht standhalten kann.

Lessing entwickelt, wie die Aufklärer seiner Generation überhaupt, neue Argumentationsmuster. Grundlegende Verfahren seiner »Kritik« sind der »eklektizistische Aufbau, die induktive Methode, die Neigung zum Altertum und das traditionelle moralische Vorurteil« – gemeint ist die Neigung zum Moralisieren (George, B 11: 1972, 250). Ein wesentliches Kennzeichen, das Lessing zeitlebens beibehalten wird, ist zudem die Kleinteiligkeit der Argumentation. Während die Frühaufklärer wie Wolff und Gottsched Gedankengebäude in großen Zügen aufbauten, gilt das Interesse um die Jahrhundertmitte eher dem Detail. Die Bereitstellung von Neuigkeiten aller Art, weniger ihre gedankliche Verarbeitung, die Kritik des Details, weniger die Darlegung eines Systems – das sind die Kennzeichen dieses Verfahrens. Es geht zunächst darum, dem Denken neues Material an die Hand zu geben, nachdem der Impuls der ersten aufklärerischen Strömungen, die am Ende des 17. Jahrhunderts eingesetzt hatten, erloschen war. Der Zerfall der großen Gedankengebäude in diesen mittleren Jahrzehnten des 18. Jahrhunderts zwischen den Philosophen Gottsched und Kant ist das charakteristische Kennzeichen des aufklärerischen Denkens; wie die französische Aufklärung verabschiedet auch die deutsche den Geist des cartesianischen Systems (Cassirer, B 5: 1973, 9; Schalk, B 5: 1977e, 344 f.). Eine beiläufige briefliche Bemerkung Lessings charakterisiert die Anti-Systematik nicht nur als seinen Denk-, sondern ebenso als seinen Lebensstil. In einer Antwort auf die Anfrage nach Übersendung einer Bi-

bliotheksordnung schreibt er: »Und warum bilden sich auch
die Herren Scholarchen ein, daß überall ein jedes Ding seine
niedergeschriebene Ordnung hat, wie in Hamburg? Hier
geht es in vielen Stücken, ohne dergleichen Ordnungen,
eben so ordentlich oder unordentlich zu, wie bei ihnen« (Ba
11.2,295 f.).

Ein in seiner Bedeutung gar nicht zu überschätzendes Vorbild für Lessing ist der Franzose Pierre Bayle mit seinem
1697 erstmals erschienenen *Dictionnaire historique et critique* gewesen (Schalk, B 5: 1977d, 347 f.). Hier wird das Modell einer Kritik gegeben, die nicht nur das Denken der Aufklärung wesentlich befruchtet, sondern auch politisch wirksam wird. Ursprünglich war Bayles Kritik-Begriff eher an
der philologischen Tradition der Humanisten geschult, die
auch bei Lessing noch deutlich nachklingt: Kritik meinte das
sorgfältige Vergleichen von Quellen und Überlieferungs-
zeugnissen, ohne ästhetische Urteile und ohne Vorwürfe
(Labrousse, B 5: 1985, 1,235 f.). Aber in einer Epoche, der das
Wissen zur Macht geworden war, wird das Instrument der
historischen Kritik unversehens zu einer politischen Waffe.

Bayles *Dictionnaire* gilt einer Kritik der tradierten Autoritäten mit dem Instrumentarium des positiven Wissens.
Sein Ziel sind die gesicherten historischen Fakten, nicht die
letzten Gründe des Seins. Die »Tatsache« wird zum Grund
der Gewissheit. In den zahlreichen Artikeln seines *Dictionnaire* sichtet Bayle das traditionelle Weltbild und überprüft
überkommene Glaubens- und Vorstellungsbestände. Sein
kritizistisches Verfahren zielt auf das Herausarbeiten von
Widersprüchen durch Nebeneinanderstellen von Autoritäten, die Unvereinbares gesagt haben. Das methodische Prinzip des Zweifels, das schon sechzig Jahre zuvor von René
Descartes in das Denken der Aufklärung eingeführt wurde,
wird von einem logischen Prinzip zu einem Verfahren, das
auf die philosophische, politische und gesellschaftliche Praxis zielt – und in diesen Prinzipien geht Bayle Lessings
Denkform voraus.

**PETRVS BAYLE,**
*Carla-Fuxiensis,*
*Primum Sedanensis, postea Roterodamensis Professor,*
*Criticus et Philosophus incomporabilis.*
*Nat. A. 1647 d. 18. Nov. Den. A. 1706. d. 28. Decembr.*
*Ex collectione Friderici Roth-Scholtzü Nôriberg:*
*J.F. Schmidt sculps.*

Pierre Bayle
Kupferstich von J. F. Schmidt

Von grundlegender methodischer Bedeutung ist die Wahl des »Wörterbuchs« zur Verbreitung des neuen Wissens. Durch Pierre Bayle setzt sich das Lexikonprinzip als Medium der Aufklärung durch. Es wird noch lange dauern, bis, in der Mitte des 18. Jahrhunderts, mit der *Encyclopédie* zumindest die französische Aufklärung ihr endgültiges Instrument gefunden hat, aber durch Bayle wird dieser Entwicklung einer neuen Denkform die Richtung gewiesen. Was späteren Zeiten zum selbstverständlichen Medium der Information werden sollte, bedeutet am Ende des 17. Jahrhunderts einen fast revolutionären Bruch mit Gepflogenheiten, die auch in der Folgezeit noch lange Bestand haben werden. Indem Pierre Bayle das Wissen in der künstlichen Ordnung des Alphabets aneinander reiht, sprengt er das Systembedürfnis des 17. und frühen 18. Jahrhunderts. Das Wörterbuch kennt keine Hierarchie des Wissens mehr, keine wechselseitigen Abhängigkeiten und keine deduktive Ableitung: Es versammelt das Wissen in einem reinen Nebeneinander und stellt es damit für den beliebigen Gebrauch bereit. Das Alphabet lässt zudem beliebige Erweiterungen des Wissens zu. Es ist keine abgeschlossene Ordnung, sondern repräsentiert ein offenes Universum des Wissens, das jederzeit ergänzt werden kann. Dieses Wissen zielt auf die Genauigkeit des Details, die immer eine kritische Komponente gegenüber tradierten Absolutheitsansprüchen einschließt, und nicht auf die Abgeschlossenheit eines dogmatischen Systems (Cassirer, B 5: 1973, 270 f.; Hazard, B 5: 1949, 293). Damit wird das Wissen selbst modernisiert. Die Formen der barocken Wissensrepräsentation, die das abgeschlossene System suchte, da sie eine Abgeschlossenheit der Schöpfung unterstellte, öffnet sich zu einem unendlichen Universum des Wissens, dem die Vorstellung eines erweiterungsfähigen und gestaltungsbedürftigen Universums entspricht. Diese Form der Wissensordnung wird sich durchsetzen, weil sie der Aufklärung und überhaupt den Bedürfnissen der modernen Welt adäquat ist. Es ist ein nicht geringes Verdienst Gottscheds, dass er Pierre Bayle den Deutschen zugänglich gemacht hat. Unter wesentlicher, wahrscheinlich entscheidender Beteiligung seiner Frau hat er Bayles *Dictionnaire* 1740/41 übersetzt, bearbeitet und teilweise erweitert.

Pierre Bayle hat mit seinem *Dictionnaire* philosophisch und mit seiner Zeitschrift »Nouvelle de la République des Lettres« von 1684 bis 1687 publizistisch neue Maßstäbe gesetzt (Labrousse, B 5: 1964, 2,27–29; Labrousse, B 5: 1985, 1,168–200): Er hat das »Neue« als journalistisches Prinzip eingeführt. Es handelt sich um die erste Zeitschrift, die Informationen aus dem weiten Bereich der aktuellen Wissenschaften popularisiert. Dabei hat Bayle keine Berührungsängste; zum Erreichen seines Ziels, auch den gebildeten Laien zu informieren, scheut er vor unsachlichen Abschweifungen und humoristischen Einlagen nicht zurück.

Der Einfluss Bayles auf Lessing ist nicht hoch genug einzuschätzen (Nisbet, B 10: 1978, 16 f.; Betz, B 5: 1896, 129). Für den Denkstil wie überhaupt den philosophischen Duktus Lessings ist Bayle stilprägend gewesen. Wer Bayles Denkform verstanden hat, hat auch Lessings Denkform verstanden. Wesentliche Elemente, die von Pierre Bayle entwickelt wurden und die langsam, aber nachhaltig die westeuropäische Aufklärung bestimmten, kehren bei Lessing wieder. Paul Hazard hat charakterisierende Worte für Bayles letzte Schrift gefunden, die ohne Einschränkung für Lessing passen: »Er behielt seine sprunghafte Manier bei mit ihrem Elan und ihren Ausfällen, und er behielt seine Gewohnheit bei, vom gedruckten Buchstaben auszugehen, irgendeinem historischen Bericht, einer Abhandlung, einer Dissertation und auf diese dann zu reagieren, sie zu widerlegen. Auch seine grausame Ironie verließ ihn nicht« (B 5: 1939, 141). Den Zeitgenossen war die Nähe Lessings zu Bayle sehr bewusst; noch der Pastor Lange hat in herabsetzender Absicht gegen Lessing den Vorwurf erhoben – wie Lessing referiert –, Lessings »ganze Gelehrsamkeit sei aus dem Bayle« (Gö 3,587).

Die neuere Forschung hat jedoch den Einfluss Bayles
auf Lessing, der den älteren Biographen noch präsent war
(Schmidt, B 3: 1899, 1,202–205; Oehlke, B 3: [1929],
1,346 f.; Rilla, B 3: 1958, 65–68), weitgehend ignoriert;
ebenso wie die Aufklärungsforschung Bayle seit langem
nur marginal zur Kenntnis nimmt (Alt, B 5: 1996, 15 f.).
Dass Bayles Einfluss auf Lessing marginalisiert werden
konnte, liegt freilich nicht zuletzt an Lessing selbst: Er hat
zusehends stärker die Gewohnheit entwickelt, die Spuren
der Herkunft seines Wissens zu verwischen; deshalb wird
Bayle recht selten, und mit zunehmendem Alter weniger,
die Ehre einer Erwähnung gewährt. Die ausführlichste findet sich in einer frühen Rezension – bei der freilich eine gewisse Zuschreibungsunsicherheit besteht – aus der »Berlinischen privilegierten Zeitung« vom April 1751, in der
Lessing eine Ergänzung und Erweiterung des *Dictionnaire*
aus dem Vorjahre anzeigt: »Was für Vorteile werden sie
[die Gelehrten] nicht daraus ziehen können, wenn es dem-
jenigen Werke gleich kommt, zu dessen Ergänzung es bestimmt ist. [...] Von der Ausführung können wir nicht mehr
sagen als, daß es was leichtes ist Baylen zu vermehren, was
unendlich schweres aber ihn Baylisch zu vermehren. Unter
den vielen Artikeln, welche mit großer Gelehrsamkeit,
Ordnung und Genauigkeit ausgearbeitet sind, befindet sich
auch eine gute Anzahl solcher welche kritischer abge-
fasst sein könnten« (Ba 2,45 f.). Dass Lessing nicht nur der
*Dictionnaire*, sondern auch die »Nouvelle de la Republique
des Lettres« bekannt waren, geht aus einer beiläufigen
Bemerkung in seiner Schrift *Vom Alter der Ölmalerei* hervor
(Gö 6,541). Ausdrücklich hebt schon der junge Lessing die
Bedeutung Bayles für das Denken der eigenen Zeit in der
Fabel *Der Stier und das Kalb* hervor: »Ein starker Stier
zersplitterte mit seinen Hörnern, indem er sich durch die
niedrige Stalltüre drängte, die obere Pfoste. Sieh einmal,
Hirte! schrie ein junges Kalb; solchen Schaden tu ich dir
nicht. [...] O ihr Herren, wie gern wollen wir uns är-

gern lassen, wenn jeder von euch ein *Bayle* werden kann!«
(Gö 1,246)

Dass Bayle, gemessen an den Kollegen und Zeitgenossen
Locke, Spinoza oder Leibniz – der ihn in seiner *Theodicée*
erbittert bekämpfte – so wenig im Bewusstsein der Philoso-
phiegeschichte verankert werden konnte, liegt an jener Eigenschaft seines philosophischen Denkens, welche die Anziehungskraft für Lessing ausmachte: Bayle war ein Anti-
systematiker par excellence, und seine Philosophie besteht
eher in der konsequenten Anwendung eines Verfahrens, als
dass sie sich in gedanklichen Inhalten niedergeschlagen
hätte. Es ist offensichtlich, in welchem Umfang Lessings eigenes Denken sowohl von Pierre Bayles Denkform wie von
seinem Stil mitbestimmt wurde. Die Unabgeschlossenheit
des Denkens, die Lust am Detail und das penetrante philologische Beharren auf der Genauigkeit und Richtigkeit einer
Aussage, schließlich die Unerbittlichkeit der Kritik und der
Polemik sind jene Kennzeichen, die bereits die Rezensionen
und Streitschriften des frühen Lessing auszeichnen.

Cassirer hat Bayle treffend charakterisiert und die Rolle
der Philologie für den aufklärerischen Kritiker hervorgehoben: »Bayles kritischer Fanatismus richtet sich auch auf das
inhaltlich-Geringfügigste, ja er entzündet sich gerade an
ihm immer von neuem […]. Keine Abänderung eines Be-
richts darf seiner Prüfung entgehen; kein ungenaues Zitat,
keine Anführung aus dem Gedächtnis, ohne Rückgang auf
die wirkliche Quelle, ist gestattet. Mit allen diesen Forderungen ist Bayle der eigentliche Schöpfer der historischen
›Akribie‹ geworden« (B 5: 1973, 276). Dass mit diesen Worten Lessing – der allerdings gerne aus dem Gedächtnis zitierte – genauso gut charakterisiert wird wie sein Vorläufer,
ist unübersehbar. Cassirers Bemerkungen lenken die Aufmerksamkeit darauf, dass die beckmesserische Pedanterie –
Mendelssohn hat Lessing in der Gefahr gesehen, zu einem
»Erzpedanten« zu werden (Daunicht, B 3: 1971, 289) –, die
Lessing seinen Gegnern in den philologischen, antiquari-

schen und später den theologischen Streitigkeiten angedeihen lässt, keinesfalls verschrobene Willkür ist, sondern eine Form, in der sich Aufklärung selbst zum Ausdruck verhilft. Auch in den späteren Auseinandersetzungen wird Lessing »auf die emanzipatorische Kraft der Pedanterie« vertrauen (Reifenberg, B 3: 1995, 87). In dieser Beziehung hat er selbst seine Nähe zu Bayle konstatiert. In einer Rezension lobt er Bayle wegen seiner Weigerung, seine »Citationen aus andern Citationen nehmen, ohne sie selbst nachzusehen«, womit er sich vor den neueren Gelehrten auszeichne (Ba 2,492). Der erste Herausgeber von Lessings nachgelassenen Schriften, Georg Gustav Fülleborn, hat diesen Charakterzug hervorgehoben: »Diese Aufmerksamkeit auf die unbedeutendsten Bücher oder Nachrichten, diese Sorgfalt, alles genau aufzuzeichnen, was ihm bei der Lectüre oder auf dem Wege seiner Untersuchung mehr aufstieß, dieses Bestreben, überall auf die Tiefe zu dringen, wovon die mitgetheilten rohen Materialien die Beweise geben: das war es, was Lessingen zu dem weisen Misstrauen in die gepriesensten Schriftsteller, zu der Theilnahme an jedem Zweige des menschlichen Wissens, und zu der Festigkeit seiner Anschauungen und zu seiner durchdringenden Scharfsichtigkeit verhalf« (K. Lessing, B 3: 1795, 3,XXII). In mancher Hinsicht bleibt Lessing dem Geist der barocken Gelehrsamkeit verpflichtet; und dies macht wohl die Singularität – und manchmal das Eigenbrötlerische – seiner Stellung im deutschen Geistesleben der Zeit aus. Die Besonderheit seines Denkens besteht darin, dass er diesen alten Geist polyhistorischer Gelehrsamkeit zu einer Waffe der Kritik ummünzt.

Die Frage, ob Lessing den Weg vom besonderen Detail zum allgemeinen Prinzip findet, ist in der älteren Forschung oft diskutiert worden. Lessing selbst hat diesen Denkmodus in der ersten Fabel-Abhandlung beschrieben: »Das Allgemeine existire nur in dem Besondern, und kann nur in dem Besondern anschauend erkannt werden« (Gö 5,382). Etliche Interpreten haben dieses Prinzip bei ihm selbst wiedererkennen und sich nicht damit abfinden wollen, dass Lessing tatsächlich im Wesentlichen ein polemischer »Kritiker des Details« ist, wie Michelsen es später formuliert hatte. So hat Cassirer hinter der pedantischen Detailliertheit des Lessing'schen Denkens eine Bewegung gesehen, die zu einem Allgemeinen führt, das immer im Besonderen eingebettet bleibt. Ähnlich interpretiert Bohnen Lessings Denken aus der Differenz von »Geist« und »Buchstabe«, die ebenfalls auf eine »Dialektik« – das Wort wird von Ritzel in die Diskussion eingebracht – des Allgemeinen und Besonderen hinausläuft (Cassirer, B 3: 1968, 59; Ritzel, B 3: 1966, 140–166; Bohnen, B 10: 1974, 8–31; Nivelle, B 10: 1977, 100 f.). Die subtilen Versuche, Lessings Anti-Systematik am Ende doch für eine systematische Form der Aufklärung zu retten, haben manches für sich – zumindest die Tatsache, dass Lessing mit seinen Arbeiten einer wie immer unscharf bestimmten »Vernunft« dienen wollte (Strohschneider-Kohrs, B 15: 1991, 8–11).

Aber zwischen dieser Absicht, die ihm wohl wird zugestanden werden dürfen, und seiner publizistischen Praxis klafft eine breite Lücke: »Lessings theoretische Maximen formulieren die Alibistruktur, die Kritiken selbst sind nicht unbedingt ihre Verwirklichung« (Grimm, B 5: 1998, 236). Lessings Kampf für die Vernunft wird jedenfalls nicht immer den subtilen Deutungen seiner späteren Interpreten gerecht. Denn es geht ihm in seinen Streitschriften nicht primär darum, »sich auf der Ebene gemeinsamer Vernunftvorstellungen argumentativ mit anderen zu messen, sondern darum, *seiner* Auffassung und Einschätzung von Vernunft als der einzig vertretbaren Geltung zu verschaffen« (Mauser, B 13: 1986, 276).

Lessings Profil als Aufklärer und Kritiker besteht am Ende wohl in einer anderen Qualität, die er wiederum mit Bayle teilt: Lessing ist ein begnadeter Polemiker. Das wurde von vielen Zeitgenossen wie auch Späteren gesehen. Goethe hat Lessing entsprechend charakterisiert – als einen Denker,

der »seiner polemischen Natur nach« sich am »liebsten in
der Region der Widersprüche und Zweifel« aufhalte (B 5:
1976b, 247). Lessing verteidigt seinen »polemischen Ton«:
»Er ist der Eigenliebe und dem Selbstdünkel so unbehäg-
lich! Er ist den erschlichenen Namen so gefährlich!« (Gö
6,407) Er selbst hat noch gegen Ende seines Lebens auf
seine »Irascibilität« (Gö 8,350) hingewiesen; und Thomas
Mann hat diese Eigenschaft genutzt, um die Neubestim-
mung des deutschen »Dichter«-Begriffs am Beispiel Lessings durchzuführen (B 3: 1968b, 362). Die Freunde haben
aber die Kehrseite dieser polemischen Natur gekannt, die
eben nicht immer im Dienst der Vernunft stand, sondern
auch auf Kosten der Sache gehen konnte. Lessing war zu-
weilen in einer »sonderbaren Laune, etwas Paradoxes zu
behaupten, das er in einer ernsthaften Stunde selbst wieder
verwarf. In dieser Laune war Lessing im Stande alles zu behaupten, was seine Gegner reitzen konnte, blos um den
Streit lebhafter zu machen« (Mendelssohn, B 5: 1977, 123).
Diese 1783 gemachte Bemerkung des gekränkten Mendelssohn, der nicht glauben wollte, dass Lessing tatsächlich sich
als Spinozist bekannt habe, hat wegen ihrer Kontextbezo-
genheit vielleicht wenig Gewicht. Aber Ähnliches berichten
auch andere: Christian Nicolaus Naumann, damaliger
Hauslehrer und Freund Lessings im Berliner »Montags-
club«, schreibt: »Ungemein gern disputirete er über ange-
nommene Sätze, behauptete das Gegentheil, wie Peter
Bayle, sein Liebling; und da mochte man Recht haben, oder
nicht, man war gefangen« (Daunicht, B 3: 1971, 54; Oehlke,
B 3: [1929], 1,234 f.).

Die »Polemik« Lessings darf nicht nur in jenem pejorati-
ven Sinne verstanden werden, in dem die Alltagssprache
den Begriff gebraucht. Zumindest im 18. Jahrhundert kann
sie als ein Argumentationsverfahren verstanden werden,
mit dem sich nachvollziehbare Ergebnisse, insbesondere die
Trennung von richtigen und irreführenden Argumenten,
erzielen lassen. Lessing folgt in den meisten seiner Streit-

schriften einem tradierten Modell – der »polemischen Grundform von Zitat und Widerlegung« (Feinäugle, B 10: 1969, 130; 147). In diesem Sinne richtet sich seine Polemik im Dienst der aufklärerischen Vernunft gegen die beiden Hauptgegner der Aufklärung: gegen falsche Autorität und Vorurteil. Lessings publizistische und theoretische Arbeiten der folgenden Jahrzehnte bis zu seinem Tod sind bestimmt vom Kampf gegen Autoritäten aller Art – auch gegen die der Frühaufklärung. Charakteristisch ist allerdings, dass er die zeitgenössischen Autoritäten oft so bekämpft, dass er ihnen die ältesten und traditionellsten entgegenstellt: »Corneille no, Aristotle yes« (Angress, B 10: 1977, 223 f.). Lessing glaubt eben doch daran, dass es so etwas wie eine wahre und verlässliche Autorität gibt, die man nur finden müsse.

Aber dennoch ist es das große Thema seiner Schriften, den »Vorurteilen die Stirne zu bieten« (Gö 3,592), wie es 1754 in den *Rettungen des Horaz* heißt. Diese Auffassung wird später durch die Vermittlung von Kants berühmtem Aufsatz aus dem Jahre 1784 zum Gemeingut der Aufklärung werden; in der Mitte des Jahrhunderts bedarf es noch einiger Zeit, bis sie sich durchgesetzt haben wird. Aus der Vorurteilskritik ergibt sich auf der einen Seite eine besondere Neigung zur Polemik als Stilform, auf der anderen als deren Pendant das Bemühen um »Rettungen«. In der »Polemik« entlarvt er hohle Autoritäten; und in der »Rettung« will er verkannte und zu Unrecht vergessene oder bekämpfte Figuren der Vergangenheit für die Gegenwart wieder zurückgewinnen.

Die frühesten Rezensionen, soweit sie überhaupt als eigenständige Lessing-Leistungen identifizierbar sind, bleiben im Hinblick auf diese spezifisch Lessing'schen Charakterzüge noch blass. Einen ersten Höhepunkt erreicht Lessings kritisch-publizistische Tätigkeit in seiner Auseinandersetzung mit Samuel Lange. Lessings Polemik gegen ihn steht am Beginn einer langen Reihe von persönlichen Auseinandersetzungen mit Zeitgenossen, deren berühmteste die mit dem Hamburger Hauptpastor Goeze geworden ist. Lessing ist in der Auswahl seiner Gegner ziemlich wahllos; gegen wen sich seine polemische Wut jeweils richtet, scheint oft dem Zufall überlassen geblieben zu sein, und es sind nicht immer die herausragenden Autoritäten seiner Zeit, gegen die sie sich richtet. Heinrich Heine hat später das auf Klotz gemünzte hübsche Bonmot gefunden, dass etliche von Lessings Gegnern nur deshalb im Gedächtnis der Nachwelt überlebt haben, weil die Felsbrocken, die Lessing gegen sie schleuderte, als Gedenksteine gewirkt haben (Heine, B 5: 1976, 586).

In der frühen Polemik gegen Lange sind schon wesentliche Momente der späteren Auseinandersetzungen enthalten. Der 1711 geborene, also fast zwanzig Jahre ältere Samuel Gotthold Lange hatte 1747 eine erste Übersetzung der Horazischen Oden publiziert. Es handelt sich hier um ein Werk, das lyrikgeschichtlich von einiger Bedeutung ist. Lange verficht einen reimlosen, an der Antike ausgerichteten deutschen Sprachstil; eine Forderung, die wenige Jahre später auch Klopstock umsetzen wird. 1752 erscheint Langes Übersetzung der fünf Bücher Horazischer Oden sowie der Horazischen *Ars poetica*. Diese Publikation wird zum Wetzstein, an dem der junge Lessing endgültig sein Profil als Polemiker gewinnt. Eine erste Auseinandersetzung mit dieser Übersetzung findet sich in Lessings *Briefen*, die im zweiten Teil der 1753 erschienenen *Schriften* enthalten sind. Lessing zeigt sich erstaunt über die philologische Unfähigkeit des neuen Horaz-Übersetzers. In einer dreiseitigen, gemeinsam mit dem Bruder Karl erarbeiteten Liste führt er Übersetzungsfehler auf, ohne schon allzu sehr in Polemik zu verfallen – auch wenn in der knappen Vorrede zur Fehlerliste harsche Bemerkungen nicht fehlen: »Ein gehofftes Erstaunen über unüberschwängliche Schönheiten, hat sich in ein Erstaunen über unüberschwängliche Fehler verwandelt. Gleich der erste Blick, den ich hinein tat, war entsetz-

lich, und beinahe hätt' ich meinen eignen Augen nicht ge-
trauet!« (Gö 3, 330)

Diese Publikation hat ein zunächst nicht öffentliches Vorspiel, das charakteristisch ist für die Polemik, die sich daraus
entspinnen wird. Denn es zeigt die persönlichen Komponenten, die in der öffentlichen Kontroverse enthalten waren. Nachdem Lessing bei seiner Wittenberger Lektüre von
Langes Horaz-Übersetzung deren Unzulänglichkeiten entdeckt hatte, denkt er wohl zunächst nicht an eine Publikation. Er teilt die Fehler vielmehr dem Bruder Friedrich Nicolais, Gottlob Samuel Nicolai, mit, der im Hallenser Um-
kreis Langes als Professor tätig war. Ihm stellt er die Frage,
in welcher Weise Lange die Mängel der Übersetzung mitge-
teilt werden sollten (Ba 11.1,38 f.). Nicolai rät von einer öffentlichen Kontroverse ab – auch wegen des Einflusses, den
Lange am preußischen Hofe gehabt hat –, und schlägt stattdessen vor, die Liste an Lange selbst zu schicken und dafür
Honorar zu verlangen. Damit wird ein sehr wunder Punkt
in Lessings Selbstverständnis berührt, der in der späteren
Kontroverse eine Rolle spielen sollte. Jedenfalls folgt Lessing Nicolais Rat nicht, sondern publiziert seine Fehlerliste
zunächst 1753 im zweiten Teil seiner *Schriften*, anschlie-
ßend erscheint dieser 24. Brief in der Zeitschrift »Hambur-
gischer unpartheyischer Correspondent«, wobei offen bleiben muss, ob diese zweite Publikation direkt auf Lessing
zurückging (Stenzel, Ba 2,1141–43).

Damit ist die öffentliche Kontroverse eröffnet. Lange erweist sich dabei als ebenso streitbar wie Lessing. Unmittelbar auf die Publikation im »Hamburgischen Korresponden-
ten« antwortet er, indem er die Fehler-Vorwürfe weitgehend zurückweist und sie auf Unkenntnis des Rezensenten
zurückführt. Zugleich stellt er die Behauptung auf, Lessing
habe ihn erpressen wollen und Geld für die Nichtveröffent-
lichung der kritischen Rezension verlangt. Auf diesen eh-
renrührigen Vorwurf entgegnet Lessing Ende Dezember in
der »Berlinischen privilegierten Zeitung« und kündigt eine

groß angelegte Auseinandersetzung mit Langes Horaz-Übersetzung an. In dieser ersten Antwort auf Langes Replik verwahrt er sich gegen die Vorwürfe und erklärt Lange für den »boshaftesten Verleumder«: »Er greift meinen moralischen Charakter an, auf welchen es, bei grammatikalischen Streitigkeiten, sollte ich meinen, nicht ankäme« (Ba 2,562). Später verwahrt er sich nochmals gegen die Unterstellung, »daß mir alle Arten Geld zu erlangen, gleichgültig sein würden« (Gö 3,587).

Eine ausführliche Auseinandersetzung erscheint im folgenden Jahr, 1754, unter dem Titel *Ein Vade mecum für den Hrn. Sam. Gotth. Lange, Pastor in Laublingen, in diesem Taschenformat ausgefertigt von Gotthold Ephraim Lessing.* In diesem *Vade mecum* gibt Lessing eine erste umfassende Probe seiner polemischen Kunst, die sich hier wie später aufs engste mit seinem philologischen Gelehrtentum vereinigt. Die rund 50-seitige Schrift greift die bereits vorher publizierte Fehlerliste auf, erweitert sie und versieht sie mit ausführlichen Begründungen.

Viele Elemente der späteren Lessing-Polemiken sind bereits erkennbar. An erster Stelle ist die persönliche Grobheit zu vermerken. Gewiss war das 18. Jahrhundert nicht kleinlich im Austausch von Unhöflichkeiten, und die Kontroverse, die Lessing mit Lange ausficht, ist nur eine von vielen dieser Jahrzehnte. Der Streit mit Lange hat zudem die Besonderheit, dass Lessing sich wirklich persönlich beleidigt fühlen musste, nachdem öffentlich der Vorwurf gegen ihn erhoben worden war, er benutze seinen publizistischen Status zu erpresserischen Zwecken. Am Ende des *Vade mecum* werden diese Vorwürfe aufgegriffen und polemisch zurückgewiesen. Durch diesen Vorgang ist das persönliche Verhältnis zwischen den beiden Kontrahenten erschüttert.

In der Vorrede des *Vade mecum* kündigt sich Lessings Tonart an. Er will, so verspricht er, einerseits die sachliche Unfähigkeit des Pastors nachweisen und darüber hinaus zeigen, dass der Kontrahent sich nicht nur durch »Unwis-

senheit« auszeichne, sondern auch »eine sehr nichtswürdige
Art zu denken verraten« habe und ein »Verleumder« sei
(Gö 3,548; 584). Doch diese persönliche Seite der Kontroverse ist nur eine Beigabe zum eigentlichen Streit. Der gerade 25 Jahre alte Lessing macht im reichen Maße von seiner
philologischen Überlegenheit Gebrauch und fertigt den fast
doppelt so alten und in Gelehrtenkreisen hoch angesehenen
Gegner mit herablassender Arroganz ab. Lessing lässt keine
Gelegenheit ungenutzt, das Altersverhältnis umzukehren
und aus dem alten Gelehrten einen tadelswürdigen Schul-
knaben zu machen. Damit wird ein weiterer, wiederum persönlicher Impuls dieser heftigen Polemik deutlich: Es ist ein
Kampf der Jungen gegen die Alten, nicht zuletzt also ein
Generationskonflikt, der hier ausgetragen wird; ein Konflikt, in dem es nicht darum geht, alte Positionen durch
neue abzulösen – denn auch Lange stand auf der Seite der
Neuen; als Mitglied des Halleschen Dichterkreises war er
Gegner Gottscheds und Anhänger der Schweizer –, sondern
eher darum, eine alte Generation durch eine neue zu ersetzen.

Vereinzelt bringt Lessing in der Polemik theoretische
Aspekte zur Sprache. Er stellt die Frage, auf welche Weise
sich im Meinungsstreit eine Entscheidung finden lasse; und
er sieht in Lange einen Kontrahenten, der sich gerne auf
Autoritäten stützt, statt sich durch Vernunftargumente
überzeugen zu lassen: »Doch Sie wollen keine Gründe annehmen; Sie wollen alles nur durch Zeugnisse berühmter
Ausleger beigelegt wissen. Auch mit diesen könnte ich Sie
überschütten, wenn mich die Mühe des Abschreibens nicht
verdrösse« (Gö 3,562). Hier steht eine alte Form der Gelehrsamkeit gegen eine neue. Lessing verfügt in seinem da-
mals schon enormen Gedächtnisfundus über genügend
»Autoritäten«, die er zitieren könnte und die er hier wie an-
derswo oft genug zitiert; aber als eigentlich überzeugendes
Argument lässt er eben nur Gründe und nicht Autoritäten
gelten. Die in der Sache wohl berechtigte Kritik an Lange

endet mit einem vernichtenden Urteil: »Ich sehe sie für nichts weniger, als für etwas an, welches mir Ehre machen könnte. Sie sind der Gegner nicht, an welchem man Kräfte zu zeigen Gelegenheit hat« (Gö 3,584). Langes Ruf bei den Zeitgenossen war mit dieser Kontroverse erledigt, und Lessing hatte sich als ein Autor etabliert, dessen Urteil in seiner vernichtenden Schärfe, gepaart mit sachlicher Kompetenz, Karrieren zerstören konnte.

Dass sich dieser Streit ausgerechnet an Horaz entzünden konnte, war einerseits ein Zufall – bei einem weniger hartnäckigen Gegner als Lange und bei etwas glücklicheren äußeren Umständen hätte der Streit nicht so eskalieren können. Dennoch kommt es nicht von ungefähr, dass es Horaz und damit ein antiker Autor ist, um den die Auseinandersetzung geht. Denn in der Mitte des 18. Jahrhunderts stellte sich der deutschen Gelehrtenwelt ebenso wie den dichtenden Schriftstellern grundsätzlich die Frage nach ihrem Verhältnis zur antiken Tradition. Schon Gottsched hatte Horaz als eine Autorität ins Feld geführt, an der sich die deutsche Literatur ausrichten müsse; und er hat der vierten Auflage seiner *Critischen Dichtkunst* eine Übersetzung von Horaz' *Ars poetica* beigefügt. Die Wertschätzung der Zeitgenossen erstreckt sich nicht nur auf Horaz' theoretisches Werk, sondern ebenso auf seine Oden. Die Verballhornung des Autors durch eine schlechte Übersetzung empfindet Lessing also als einen Angriff auf den guten antiken Geschmack: »Soll Herr Lange glauben, daß er eine solche Quelle des Geschmacks mit seinem Kote verunreinigen dürfe, ohne daß andre, welche so gut als er daraus schöpfen wollen, darüber murren?« (Gö 3,548) Anfang 1754 veröffentlicht Lessing in der »Berlinischen privilegierten Zeitung« eine Selbstanzeige seines *Vade mecum*, in der er diese Auffassung ausdrücklich formuliert: »Wenn es wahr ist, daß die Werke des Horaz eine Hauptquelle des Geschmacks sind, und daß man nur aus seinen Oden, was Oden sind, lernen kann; wenn es wahr ist, daß man gegen die deutschen Übersetzungen aller Klassischen Schriftsteller überhaupt, nicht scharf genug sein kann, weil sie die vornehmsten Verführer sind, [...] so wird man hoffentlich die kleine Streitigkeit, die man dem Hrn. Pastor Lange wegen seines verdeutschten Horaz erregt hat, nicht unter die allergeringschätzigsten, sondern wenigstens unter diejenigen Kleinigkeiten rechnen, die nach dem Ausspruche des Horaz ernsthafte Folgen haben« (Gö 3,197).

Es erscheint kaum glaublich, dass Lessings Auseinandersetzung mit dem Pastor Lange ein Jahr vor Winckelmanns grundlegender Schrift *Gedanken über die Nachahmung der griechischen Werke in der Mahlerey und Bildhauerkunst* von 1755 geschrieben wurde. Ein radikalerer Bruch im Antike-Verständnis lässt sich kaum vorstellen: Während Lessing ins philologische Detail verbohrt bleibt und den römischen Autor Horaz als Modell für die eigene Geschmacksbildung nutzen will, entwirft Winckelmann in großen Zügen ein neues Konzept der Antike-Aneignung, das für die deutsche Klassik und den deutschen Neuhumanismus der folgenden Jahrhundertwende bestimmend werden wird. Die berühmt gewordene Formel, dass »*edle Einfalt*, und eine *stille Größe*« (Winckelmann, B 5: 1825b, 10 f.; 30) die antiken Bildwerke auszeichne, ist weit entfernt von Lessings Bemühen um philologische Korrektheit. Das dichte Aufeinanderfolgen von Lessings Lange-Polemik und Winckelmanns *Nachahmung*-Schrift dokumentiert den Wandel, der in diesen Jahren im Denken der deutschen Aufklärung stattgefunden und der nicht nur die Antike-Auffassung betroffen hat; er wird in etwas verschleierter Form in Lessings Auseinandersetzung mit Winckelmann erneut deutlich werden. In der Aufklärung sind Auseinandersetzungen über das Antike-Verständnis immer auch Auseinandersetzungen über das Selbstverständnis; das wird lange so bleiben. Noch zu Beginn des 19. Jahrhunderts bemüht Johann Heinrich Voß, der eine knappe Generation jünger war als Lessing, erneut die Antike, um die Aufklärung zu vertei-

digen. Der Streit um die Antike ist in der ganzen zweiten
Hälfte des 18. Jahrhunderts ein Stellvertreterkrieg um das
richtige Verständnis von Aufklärung. Lessings philologische Form des Umgangs mit der Antike ist also trotz Winckelmann in dieser Zeit noch längst nicht veraltet; eher ist
Winckelmann stark verfrüht.

Die Auseinandersetzung Lessings mit Lange über Horaz
ist ein fulminanter Anfang, dem bald weitere Kontroversen
folgen werden. Unmittelbar im Anschluss an die Lange-
Kontroverse schreibt Lessing seine *Rettungen des Horaz*,
die 1754 erscheinen. Bereits im ersten Satz nimmt er auf den
vorangegangenen Streit Bezug, indem er »einen alten Schul-
knaben« (Gö 3,591) erwähnt, dem er seine Horaz-Verball-
hornung habe verweisen müssen. Der Streit mit Lange war
für Lessing Anlass, sich ausführlicher mit Horaz und der
Horaz-Rezeption zu beschäftigen. Die *Rettungen des Horaz* zielen darauf, den römischen Autor gegen Vorwürfe zu
verteidigen, die sich im Laufe seiner vierhundertjährigen
neuzeitlichen Rezeptionsgeschichte festgesetzt hatten. Zum
einen wurde Horaz' Bild durch den Vorwurf getrübt, er sei
ein Wollüstling gewesen, der sich der »Knabenliebe« ergeben habe; zum anderen wird ihm Feigheit vorgeworfen, die
im krassen Widerspruch zu seinem schriftstellerischen Werk
gestanden habe. Wiederum in intensiver philologischer
Auslegung der überlieferten Quellen weist Lessing diese
Vorwürfe zurück. Er untersucht minuziös die Überliefe-
rungstradition, um zu zeigen, dass das Bild von Horaz ein
Zerrbild gewesen sei, das teilweise böswillig, teilweise
durch Interpretations- und Übersetzungsfehler entstanden
sei. Hierin folgt er dem Vorbild Bayles – dieser hatte die
methodische Neuerung eingeführt, nicht nur die Texte, sondern auch die Überlieferung und die Gewährsmänner kritisch zu befragen (Schalk, B 5: 1977d, 299).

Lessings Aufsatz zur Rettung des Horaz verfolgt eine
klare Linie. Er scheut die Polemik gegen meist ungenannte
Gegner nicht, und sein Hauptargument ist das philologi-

sche Detail, das möglichst zahlreich angehäuft schließlich
zur Überzeugung führen soll. Lessing will die Einheit von
Werk und Charakter wiederherstellen. Die Vorstellung,
ein Dichter könne »bei aller Feinheit des Geschmacks ein
unmäßiger Wollüstling sein« (Gö 3,595), erscheint ihm
schlechterdings widersinnig, und so wird sie der Ausgangspunkt seiner Überlegungen. Die sittliche Wirkung, die Bildung des Geschmacks und des Herzens, die Leistung,
»Witz und Vernunft in ein mehr als schwesterliches Band«
gebracht zu haben, sind die Verdienste, die Lessing Horaz
zuschreibt (Gö 3,592) und die allesamt nach seinem Verständnis verloren gingen, wenn sie sich als Produkte eines
unsittlichen Lebenswandels erwiesen. Auch hier gehen also,
wie schon zuvor und später in den Dramen Lessings, die
Moral und die Poesie Hand in Hand. Dass Lessing sich dabei in den Widerspruch verwickelt, wenige Seiten später
ausdrücklich auf einer Trennung von Leben und Werk bestehen zu müssen, merkt er im Eifer seiner Rettung nicht
(Gö 3,602 f.).

In jenen Jahren hat Lessing eine Reihe anderer Arbeiten
geschrieben, die er ausdrücklich unter dem Titel der »Rettungen« in seine *Schriften* aufgenommen hat. Es geht ihm
wesentlich darum, vergessene und verkannte, teilweise zu
Unrecht verleumdete und aus der Geistesgeschichte – meist
durch konfessionellen Einfluss – verdrängte Autoren den
Zeitgenossen wieder ins Bewusstsein zu rufen. Das Unternehmen der »Rettungen« ist ganz dem Geiste Pierre Bayles
verpflichtet (Oehlke, B 3: [1929], 1,346–348). In seiner Rettung des Cardanus nimmt Lessing ausdrücklich Bezug auf
Bayle als einen Vorläufer (Gö 7,10).

Eine erste dieser »Rettungen« findet sich in Lessings
*Briefen*. Bei diesem Textkonvolut handelt es sich um eine
etwas eigenartige publizistische Konstruktion. Lessing
wählt ganz bewusst die Briefform, um sich dem Zwang zur
systematischen Ordnung seiner Gedanken zu entziehen
und sich die Möglichkeit zu verschaffen, verstreute Anmer-

kungen zu allerlei Gegenständen, die gerade auf sein Interesse gestoßen waren, zu publizieren, ohne sich dem Zwang einer stringenten Argumentation unterwerfen zu müssen (Michelsen, B 10: 1990, 71 f.). In diesem Sinne wird die Briefform als Medium zur Mitteilung von Gelehrsamkeit bald Schule machen, nachdem sie bereits in der Reformation entwickelt worden war (Feinäugle, B 10: 1969, 129 f.). Lessing gibt in der Vorrede zu diesem Band eine ausführliche Erläuterung seiner Gattungswahl. Zum einen bezieht er sich darauf, dass die Briefe in seiner Zeit ein gängiges öffentliches Kommunikationsmedium geworden seien – in der Tat hatte Gellert 1751 mit seiner Musterbriefsammlung *Briefe, nebst einer praktischen Abhandlung von dem guten Geschmacke in Briefen* den Brief als Medium geselliger Kommunikation der neu sich formierenden Bürgergesellschaft wiederentdeckt. Aber genau davon setzt sich Lessing ab. Ausdrücklich wehrt er die Vermutung ab, es könne sich hier um »galante Briefe« (Gö 3,519) handeln, wie sie dem Zeitgeschmack entsprochen hätten. Denn die fiktiven Briefe an Geliebte waren durch Klopstock zu einer Modeerscheinung geworden, der Lessing, wie dem gesamten Empfindsamkeitskult, ausgesprochen skeptisch gegenübersteht. Stattdessen reklamiert er für seine an – fingierte – Freunde geschriebenen Briefe größere Freiheiten des Ausdrucks und der Gedankenführung, als es in systematischen Abhandlungen möglich sei. Wenn er die Briefform in diesem Sinne einsetzt, so wird er nicht zuletzt seinem eigenen Bedürfnis gerecht, »unordentlich« zu denken und zu schreiben.

In diesem Medium unternimmt Lessing also die erste seiner »Rettungen«. Sie ist Simon Lemnius gewidmet – und sie bedeutet in der Tat gleichzeitig den Angriff auf eine Autorität, wie sie mächtiger im orthodox-protestantischen Deutschland des 18. Jahrhunderts nicht gedacht werden konnte: den Angriff auf Luther – auf diesem Umweg wird Luther zu einem ersten Zielpunkt Lessings (Pons, B 13: 1964, 89–91). Es ist nicht ohne Pikanterie und zeugt von seinem jugendlichen Trotz, dass Lessing diese Rettung ausgerechnet in Wittenberg geschrieben hat, dem Ursprungsort und der Hochburg des Protestantismus. Der Humanist und neulateinische Gelehrte Simon Lemnius hatte panegyrische Epigramme auf den Erzbischof Albrecht von Mainz publiziert, die ihm Angriffe und die direkte Verfolgung durch Luther einbrachten. Lemnius rächte sich durch weitere Pasquille und durch sein Drama *Monachopornomachia*, mit dem er Luther und einigen seiner Mitstreiter wegen ihrer Eheführung heftige und haltlose Vorwürfe machte. Lemnius, der übrigens auch die erste *Odyssee*-Übersetzung in gebundener Sprache publiziert hatte, war seitdem Persona non grata im deutschen Protestantismus. Es erforderte insofern in der Tat eine gewisse Kühnheit von Lessing, sich zu seinem Retter aufzuwerfen. In präziser Rekonstruktion der historischen Umstände zeigt er, dass die bösartigen Epigramme Lemnius' gegen Luther erst eine Reaktion auf dessen wütende und überzogene Angriffe wegen Lemnius' panegyrischer Epigramme waren und dass Lemnius insofern gerechtfertigt gewesen sei. In diesem Zusammenhang schreibt Lessing auch sein Epigramm

> Er hat den Papst gelobt. Und wir, zu Luthers Ehr,
> Wir sollten ihn nicht schelten?

> (Ba 11.1,39)

Diese Verse enthalten eine Wendung gegen den lutherisch-orthodoxen Parteigeist, dem Lessing schon aus reinem Widerspruchsgeist heraus die Gefolgschaft versagen musste. Lessing wendet sich in seiner Rettung des Lemnius einerseits gegen aktuelle orthodoxe Gegner, die sich noch einmal einer Verunglimpfung des Humanisten schuldig gemacht hatten, aber genereller noch, und das bleibt ein Charakteristikum seiner kritischen Arbeit, gegen die Autorität der Tradition. Das deutet er im zweiten *Brief* an: »Aber sagen Sie mir doch, geben Sie ihm diese Benennungen, weil Sie seine Aufführung untersucht haben, oder weil sie ihm von andern gegeben werden?« (Gö 3,269) Trotz des Gegenstandes handelt es sich also nicht um eine theologische Rettung im engeren Sinne, sondern um eine historisch-philologische. Lessing schreibt in der Wittenberger Studienzeit noch weitere »Rettungen«, die zusammen mit den *Rettungen des Horaz* im dritten Teil der *Schriften* 1754 erscheinen.

Bereits in diesen frühen Studienjahren lassen sich einige der Prinzipien erkennen, denen Lessings späte Auseinandersetzungen mit theologischen Grundfragen folgen werden. In der *Rettung des Hier. Cardanus* geht es um dessen Vergleich der drei großen monotheistischen Religionen, für die die Figur des Cardanus nur den äußeren Anlass gibt. In der *Rettung des Inepti religiosi, und seines ungenannten Verfassers*, einer anonymen Schrift aus der Mitte des 17. Jahrhunderts, versucht er den unbekannten Verfasser dieser Schrift gegen seine theologischen Kritiker zu rechtfertigen, indem er den Text ironisch versteht. *Die Rettung des Cochlaeus, aber nur in einer Kleinigkeit*, ist das prekärste dieser Unternehmen, denn wieder geht es an den Kern des protestantischen Luther-Verständnisses. Cochlaeus war ein profilierter katholischer Gegner Luthers und hatte ihm materielle Motive bei dessen Katholizismuskritik unterstellt. Der Protestant Lessing kann selbstverständlich diese Grundintention des Cochlaeus nicht rechtfertigen, wohl aber wendet er sich gegen die Behauptung, dass Cochlaeus als erster solche Vorwürfe gegen Luther erhoben habe. Dieses Verfahren ist charakteristisch für Lessing: Ungeachtet der inhaltlichen Thematik, mit der er sich jeweils befasst, geht es ihm in erster Linie darum, historisch-philologische Details richtigzustellen. Sodann ist er bemüht, seinen Autoren Gerechtigkeit widerfahren zu lassen, indem er die historische Situation verdeutlicht.

In der Vorrede zum dritten Teil der *Schriften* gibt Lessing einen kurzen Hinweis auf diese »Rettungen«: »Und wen glaubt man wohl, daß ich darinne gerettet habe? Lauter verstorbne Männer, die mir es nicht danken können. Und ge-

gen wen? Fast gegen lauter Lebendige, die mir vielleicht ein
sauer Gesichte dafür machen werden. Wenn das klug ist, wo
[sic] weiß ich nicht, was unbesonnen sein soll« (Gö 3,522).
Das Selbstbewusstsein, das sich in der Koketterie mit dem
eigenen Mut verbirgt, ist unübersehbar. Wiederum wird die
Strategie sichtbar, dass Lessing seine Stellung auf dem pu-
blizistisch-literarischen Markt durch den Angriff auf Autoritäten zu erwerben und zu verteidigen sucht. Damit ist er
sehr erfolgreich; er wird bemerkenswert früh als eine Instanz im publizistischen Kampf anerkannt (Barner, B 10:
1977, 333).

Bevor Lessing sich in seine späteren theologischen Auseinandersetzungen verwickelte, hat er noch einmal eine philologische Kontroverse mit dem Altphilologen Christian
Adolf Klotz – der wohl selbst eine Ehrenrettung verdient
hätte (Michelsen, B 10: 1990, 103) – geführt, der Lessings
*Laokoon* kritisiert hatte. Die *Briefe, antiquarischen Inhalts*
sind in den Jahren 1768 und 1769 in der »Kaiserlich-privi-
legierten Hamburgischen neuen Zeitung« erschienen; die
vollständige Buchausgabe erschien 1768/69. In diesen Briefen, in denen sich wieder philologisch präzise Detailaus-
einandersetzungen mit kräftiger persönlicher Polemik mischen, gibt Lessing wichtige Hinweise auf sein kritisches
wie polemisches Selbstverständnis. Er verteidigt seine Klei-
nigkeitskrämerei, weil sie nun einmal zum Fache der Altphilologen gehörte. Sodann, immer noch im Vorbericht, erläutert er den Ton seiner Polemik: »Der schleichende, süße
Komplimentierton schickte sich weder zu dem Vorwurfe,
noch zu der Einkleidung. Auch liebt ihn der Verfasser überhaupt nicht, der mehr das Lob der Bescheidenheit, als der
Höflichkeit sucht. Die Bescheidenheit richtet sich genau
nach dem Verdienste, das sie vor sich hat; sie gibt jedem,
was jedem gebührt. Aber die schlaue Höflichkeit gibt allen
alles, um von allen alles wieder zu erhalten« (Gö 6,191). In
dieser Selbstcharakteristik ist eine historische Ortsbestim-
mung verborgen. Der Komplimentierton, über den sich

Lessing verächtlich äußert, entstammt der Tradition des höfischen Absolutismus. Indem Lessing sich von ihm absetzt und dagegen seine Geradheit und Derbheit positiv ins Licht stellt, nimmt er eine doppelte Abgrenzung vor – zum einen gegen das Franzosentum, zum anderen eben gegen die höfische Gesellschaft. Er folgt damit dem »Stereotyp altdeutsch«, das sich gegen Ende des 18. Jahrhunderts als Selbstcharakteristik des deutschen Bürgers durchzusetzen beginnt (Möller, B 5: 1966, 16). Allerdings tritt bei Lessing die deutsche Komponente neben die antike: »Die Alten kannten das Ding nicht, was wir Höflichkeit nennen« (Gö 6,192). Diese Ablehnung des Komplimentiertons ist eine Konstante in der Beschreibung von Lessings Selbstverständnis. Bereits in seinem ersten Lustspiel, dem *Jungen Gelehrten*, taucht der Topos auf, heißt es doch dort: »Er ist deutsch genug, mir gerade ins Gesicht zu sagen, daß ich seinem Sohne hier nachstehen müsse« (Gö 1,309). Im Vorfeld seiner Wolfenbütteler Berufung benennt Lessing dieses Moment auch als wesentliches Charakteristikum seines Selbstverständnisses: »Ich pflege so wenig auf meiner Hut zu sein; ich bin so unbesorgt, immer nur meine gute Seite zu zeigen«; aber: »auf die Länge gewinnt man bei einem guten Manne gewiß, wenn man aufrichtig bei ihm gewinnen will« (Ba 11.1,652).

Neben der persönlichen Selbstcharakterisierung finden sich in der Vorrede zu den *Antiquarischen Briefen* Hinweise auf das methodische Verfahren und den Stil seiner kritischen Bemühungen. Lessing setzt sich ab von den »schwanken, nichts lehrenden Ausdrücken von Erhitzung der Einbildungskraft, von Begeisterung« und reklamiert für sich stattdessen, stets seine Behauptungen mit Beispielen zu belegen (Gö 6,197). Auch diese Feststellungen sind von Bedeutung, da sie sich vom grassierenden Empfindsamkeitskult deutlich distanzieren und darauf bestehen, dass ein Argument mit Verstand und historischer Sachkenntnis begründet werden müsse. Lessing hat allerdings trotz seiner

Sachkenntnis – der Ausgangspunkt der Streitigkeiten war eine Meinungsverschiedenheit über die antiken Gemmen – in diesem Streit nicht in jedem Punkt Recht gehabt; in der Deutung des borghesischen Fechters hat ihm Christian Gottlob Heyne einen Fehler nachgewiesen. Lessing hat das nicht akzeptiert, sondern, »befangen in einer gewissen kleinlichen Gelehrtenmanier« (Rilla, B 3: 1958, 236), mit einem gewaltigen Aufgebot an Argumenten aus einem Unrecht Recht machen wollen; und er hat nicht nachgelassen, bis Heyne ihm zunächst in einem Brief, dann öffentlich in einem Detail Recht gegeben hat (Ba 11.1,549 f.).

Das verweist auf den dritten Aspekt von Lessings Selbstverständnis als Kritiker. In einem der letzten der *Antiquarischen Briefe* beruft er sich ausdrücklich auf das »Publikum als Richter« (Gö 6,371). Diese Feststellung ist von herausragender Bedeutung für das Selbstverständnis des Aufklärers Lessing (Boehart, B 13: 1986, 282 f.). Er wendet sich an die Öffentlichkeit, vor der er seine Sache vorträgt und von der er seine Legitimität bezieht. Das ist ein konstituierendes Moment seiner Streitschriften – ihnen liegt die vielfach beschworene Idee der räsonierenden Bürger zugrunde, die sich zur »Öffentlichkeit« versammeln (Habermas, B 5: 1969, 29–37; 121 f.). Freilich fügt Lessing signifikante Einschränkungen hinzu. Er sieht völlig richtig, was in späteren Theoriekonstrukten übersehen wurde: Das aufklärerische Publikum, das sich für derlei kritische Auseinandersetzungen interessiert, ist klein. Es sind eben nicht »die Bürger« als solche, die ins Räsonnement hineingezogen werden, sondern vereinzelte gelehrte Individuen. Das entspricht der nüchternen Einsicht der neueren Aufklärungsforschung, dass das so oft emphatisch beschworene Publikum eben doch nur aus einer Handvoll Intellektueller bestand, deren Zahl sich im deutschsprachigen Raum vielleicht auf 20 000 belaufen haben mochte, wie Friedrich Nicolai, der beste zeitgenössische Kenner der Materie, geschätzt hat (Möller, B 5: 1986, 269 f.). Nicolai hatte in seiner Eigenschaft als Verleger Lessing darauf hingewiesen, »daß die Buchhändler von den gelehrten und vernünftigen Büchern gar nicht reich werden, so wenig als von Städten wo viel Lektüre herrscht, sondern von dummen Zeuge, das Lessing gar nicht zu Gesichte bekommt, und von dummen Provinzen, wo meines Freundes Lessings Schriften kein Mensch lesen will« (Ba 11.1,523). Tendenziell jedoch zielt die Kritik Lessings über die Gelehrtenschicht hinaus und auf das Publikum als solches. Im Streit mit Goeze hat er das später ausdrücklich formuliert: Auch »der geringste Pöbel« sei potenziell dazu fähig, an diesen Auseinandersetzungen teilzunehmen (Gö 8,235; McCarthy, B 13: 1986, 232–236). Das bedeutet eine deutliche Ausweitung des »Publikums«-Begriffs der Aufklärer (Kröger, B 13: 1979, 107–109). Die Einbeziehung des »Pöbels« in die Argumentation gegen Goeze war allerdings selbst wieder nur eine rhetorische Strategie. Lessing hat nie ernsthaft versucht, eine andere als die Gelehrtenschicht wirklich anzusprechen.

Lessings Bezugspunkt in diesem kritischen Frühwerk ist die historisch-philologische Auseinandersetzung. Der Literaturkritiker Lessing tritt erst in einem anderen Unternehmen hervor: In den *Briefen, die neueste Literatur betreffend*. Es handelt sich um ein Gemeinschaftsunternehmen, das von Lessing inspiriert wurde und in Friedrich Nicolai über einige Zeit hinweg einen tatkräftigen Organisator fand – die *Literaturbriefe* waren Nicolais erstes eigenes größeres Verlagsprojekt, und sie stehen damit am Beginn einer sehr einflussreichen Reihe weiterer, monumentaler Unternehmen. (Möller, B 5: 1974, 27; Holzboog, B 5: 1994, 236–240) Der erste Brief ist im Januar 1759 erschienen, der 332. und letzte 1765. Von diesen weit über 300 Briefen stammen nur 55 von Lessing. Er hat sie unter verschiedenen pseudonymen Siglen publiziert, die später von Herder und Nicolai aufgelöst wurden; Nicolai gab 1794 auch Lessings Anteil an den *Literaturbriefen* gesammelt heraus. Lessing hatte seine Mitarbeit an den *Literaturbriefen* 1760 weitgehend eingestellt und in den Folgejahren nur noch vereinzelt zu dem Unternehmen beigetragen. Warum Lessing das Unternehmen so abrupt verließ und ohne Abschied von den Freunden nach Breslau als Generals-Sekretär in den Krieg gezogen ist, bleibt unklar.

Die *Literaturbriefe* sind als unmittelbare Auseinandersetzung und Dokumentation der aktuellen zeitgenössischen Tendenzen in der Literatur konzipiert, sie verzichten aber ausdrücklich auf jede Systematik und auf den Anspruch von Vollständigkeit bei der Sichtung der Neuerscheinungen. Subjektivität in Auswahl und Urteil ist das Prinzip. Lessing eröffnet das Unternehmen; die ersten vierzig Briefe stammen überwiegend von ihm, und mit ihnen gibt er den Ton an, dem die anderen Beiträger folgen werden. Dieser Ton ist aggressiv. Lessing sucht sich mit einiger Beliebigkeit bekannte und unbekannte Gegner auf dem weiten Feld der zeitgenössischen Literatur: Gottsched, Bodmer, Wieland, Johann Andreas Cramer mit seinem »Nordischen Aufseher«, Basedow, Dusch sowie zeitgenössische Übersetzer.

Die Auseinandersetzung mit Übersetzungen aus dem Englischen, Französischen und natürlich dem Lateinischen ist ein bevorzugtes Thema Lessings. Seine Polemik setzt im zweiten Brief ein mit der Kritik an einer gerade erschienenen Übersetzung von Alexander Popes Werken, die von Lessing vernichtend beurteilt wird. Seine Kritik geht dabei immer wieder ins Detail, er listet oft über Seiten hinweg minuziös jeden einzelnen Fehler auf. Hier zeigt sich der gelernte Philologe Lessing, der die Richtigkeit um ihrer selbst willen zum Prinzip gemacht hat. Das ist durchaus nicht selbstverständlich in der Mitte des 18. Jahrhunderts; denn die Idee der modernen Übersetzung, die Adäquanz gegenüber dem Original verlangt, beginnt sich in dieser Zeit erst sehr zögernd durchzusetzen. Auch wenn Lessings Übersetzungskritik in weiten Teilen unnötig pedantisch anmutet, darf sie doch vor diesem Hintergrund nicht in ihrer Originalität verkannt werden.

Von größerem Interesse sind freilich seine Auseinandersetzungen mit den prominenten Vertretern der zeitgenössischen Literatur. Berühmt wurde der 17. *Literaturbrief*, weil
Lessing hier erstmals einen direkten Angriff auf Gottsched
unternahm. Während er sich in den Jahren zuvor immer nur
sehr vorsichtig, teilweise auch lobend über Gottsched geäußert hatte, formuliert er im 17. *Literaturbrief* einen Frontal-
angriff, in dem er ihm jedes Verdienst an der Entwicklung
des deutschen Theaters abspricht – übrigens gegen seine eigene vorherige und richtige Einsicht, dass Gottsched wesentlich zur Herausbildung des modernen deutschen Theaters beigetragen habe. Dieser erste Verriss von Gottsched –
ob frühere, gegen Gottsched gerichtete Rezensionen (Birke,
B 10: 1968, 394–398) tatsächlich aus Lessings Feder stammen, ist inzwischen sehr zweifelhaft (Guthke, B 4: 1981,
138) – erscheint am 27. März 1751. Es mögen persönliche
Motive eine Rolle gespielt haben. Denn in Gottscheds Zeitschrift »Das Neueste aus dem Reiche der anmuthigen Gelehrsamkeit« waren Passagen aus Lessings Voltaire-Über-
setzungen erschienen und in einer Weise kommentiert worden, die Voltaire gegen Lessing aufbringen konnten – wenn
jener sie gelesen haben sollte. Darauf reagierte Lessing empört und mit nicht abreißenden Sticheleien gegen Gottsched
in seinen Rezensionen (Guthke, B 5: 1975, 51–55; Stenzel,
Ba 2,743 f.).

Lessing argumentiert im 17. *Literaturbrief* ambivalent: Er
lehnt Gottscheds Regel- und Vorbildbeflissenheit ab, beruft
sich aber selbst auf das Vorbild Aristoteles' und dessen Regeln (Grimm, B 5: 1998, 332 f.). Die Vorwürfe sind teilweise
natürlich nicht unberechtigt; aber auch dieser Brief ist überwiegend »Literaturpolitik«. Selbstverständlich ist Lessings
Vorwurf gegen Gottsched, dieser habe keine nennenswerten
Verbesserungen, sondern eher Verschlimmerungen auf die
deutsche Bühne gebracht, nicht nur eine Ungerechtigkeit,
sondern eine grobe Unwahrheit, die mit »ungehemmter
Dreistigkeit« vorgetragen wurde und der Lessing im glei-

chen Brief auch indirekt widerspricht (Michelsen, B 10: 1990, 75 f.).

Die Literaturgeschichtsschreibung hat weitgehend übersehen, dass Lessing mit dieser Polemik seine Gegner nicht zum Schweigen gebracht hat. Die Gottschedianer haben darauf schlagfertig reagiert. Lessing hat auf diesen 17. *Literaturbrief* die »witzigste und schärfste Abfuhr« erhalten, die ihm je zuteil wurde (Schröder, B 3: 1972, 283 f.). 1759 erschienen die *Briefe, die Einführung des Englischen Geschmacks in Schauspielen betreffend wo zugleich auf den Siebzehnten der Briefe, die neue Litteratur betreffend geantwortet wird*, möglicherweise von L. A. V. Gottsched mitverfasst (Auszug in: Petsch, B 1: 1911, 51–56). Hier erfährt Lessing, und speziell seine *Faust*-Szene, die er unvorsichtigerweise dem 17. *Literaturbrief* angehängt hätte, eine witzige und kenntnisreiche Zurückweisung – ein »Herr Jemand« antwortet ausführlich auf den Herrn »Niemand« des anonymen *Literaturbriefs*, in dem die Gottschedianer offensichtlich schon Lessing als Verfasser vermuteten (Heitner, B 10: 1963, 50 und passim; Danzel/Guhrauer, B 3: 1889, 449 f.).

Der 17. *Literaturbrief* hat programmatische Bedeutung: Neben der Ablehnung Gottscheds enthält er zugleich eine Ablehnung des französischen Vorbildes in der deutschen Dramatik, eine Propagierung Shakespeares und der englischen Literatur überhaupt sowie die Rehabilitierung der alten deutschen Literatur und des *Faust*-Stoffes. (Michelsen, B 10: 1990b, 74) Aber trotz aller Kritik steht Lessing selbst im 17. *Literaturbrief* den Prinzipien von Gottscheds Literaturauffassung noch sehr nahe, und ob er gewusst hat, was er tat, als er Shakespeare empfahl, ist auch mit guten Gründen – die sich auf mangelnde Shakespare-Kenntnisse Lessings berufen – in Frage gestellt worden (Michelsen, B 10: 1990b, 76; 78 f.; Robertson, B 11: 1939, 246 f.).

Aber diese Probleme waren 1759, sieben Jahre vor Gottscheds Tod, eigentlich schon erledigt. Gottsched und seine

Schule hatten längst ihre herrschende Stellung im Literaturbetrieb verloren, und die modernen Dichtungsprinzipien, die Lessing hier andeutend vertritt, waren schon dabei, sich durchzusetzen. Angriffe gegen Gottsched waren in dieser Zeit nicht mehr originell, vielmehr unter den jungen, aufstrebenden Intellektuellen schon zu »einer Art von habitueller Demontage« geworden (Baasner, B 10: 1993, 131).

Während Gottsched unbestritten ein sinkender Stern des Literaturbetriebs war, trifft dies für die anderen wichtigen Gegner Lessings in den *Literaturbriefen* nicht zu. Bereits in den ersten Briefen setzt er sich ausführlich und polemisch mit Christoph Martin Wieland auseinander. Wieland, 1733 geboren, war ein Generationsgenosse Lessings, der aber einer gänzlich anderen literarischen Sozialisation unterworfen war und zu dieser Zeit einer anderen Schule angehörte. Mit seinen frühen Schriften, die er als Stipendiat Bodmers am Züricher See unter dem Einfluss der Züricher Literaturkritiker geschrieben hatte, hatte er einen empfindsamen Ton angeschlagen, der auf der Linie Klopstocks lag. Dass Wieland mit seinen empfindsamen Schriften an seinem eigentlichen literarischen Temperament vorbeischrieb, hat Lessing scharfsichtig erkannt. Lessings Angriff, der sich zunächst gegen eine völlig periphere Schrift Wielands, nämlich seinen *Plan einer Akademie*, richtet, geht sehr schnell ins Persönliche; das hängt wohl auch damit zusammen, dass Lessing in Wieland – zu Unrecht – einen anonymen Rezensenten vermutete, der ihn angegriffen hatte (Seiffert, B 10: 1969, 71 f.).

Die Auseinandersetzung mit Wieland lässt besonders deutlich die Prinzipien von Lessings Kritik in diesen Jahren erkennen. In den *Literaturbriefen* formuliert Lessing es geradezu als einen hermeneutischen Grundsatz der Kritik, »sich nur auf dieses Werk allein einzuschränken; an keinen Verfasser dabei zu denken« (Gö 5,280). Genau gegen dieses Prinzip verstößt er jedoch hier besonders eklatant; denn der Angriff auf Wieland enthält eine völlig aus der Luft gegriffene persönliche Insinuation: »Ich mag es nicht wieder er zählen, was Leute, die ihn in K** B** persönlich gekannt haben, von ihm zu erzählen wissen.« Und in aller Unschuld wird noch einmal die Versicherung nachgeschoben: »Was geht uns das Privatleben eines Schriftstellers an? Ich halte nichts davon, aus diesem die Erläuterungen seiner Werke herzuholen« (Gö 5,43; Grimm, B 5: 1998, 229 f.). Die Wieland-Forschung hat keinen Anhaltspunkt für die Berechtigung der ohnehin recht dunklen Unterstellung gefunden; es handelt sich um eine offenbare Verleumdung, auf die Wieland, seinem Temperament entsprechend, sehr tolerant reagiert hat. In einem Brief von 1768 – also zehn Jahre später –, schreibt er dann: »ich versichere, daß eine gewisse Anzüglichkeit in den *Literaturbriefen*, meinen Aufenthalt in *Kloster*-Bergen betreffend, eine elende und notorische Lüge ist« (Wieland, B 5: 1975, 527).

Es fällt schwer, einen sachlichen Gehalt von Lessings nicht nur persönlichem, sondern in seinen unausgesprochenen Insinuationen auch infamem Vorwurf zu erkennen; es ist jedenfalls abwegig, hinter diesem Angriff die Absicht zu vermuten, »selbständiges Denken und Handeln« beim Leser zu provozieren (Albrecht, B 10: 1993, 112; auch 104 f.). Die Lessing-Forschung wird sich hier wie in vielen anderen Punkten der Lessing'schen »Streitkultur« – die gut befreundete Elise Reimarus hat von seiner »Streit-*sucht*« gesprochen (Ba 12,337) – damit abfinden müssen, dass meist die pure Lust an der Polemik und oft die Verfolgung persönlicher literaturpolitischer Interessen Lessings Ton gegenüber seinen Gegnern bestimmte.

Überhaupt spielt das Motiv der Abrechnung mit tatsächlichen oder vermeintlichen Kritikern eigener Werke – aufgrund der üblichen Anonymität in der Literaturkritik war das nicht immer leicht zu unterscheiden – eine große Rolle (Seiffert, B 10: 1969, 76). Die Auseinandersetzung mit J. J. Dusch, dem Übersetzer von Popes Werk, fällt ebenfalls in diese Kategorie. Es handelt sich hier um eine »Vergeltungsaktion«, in der Sachliches und Persönliches vermischt

werden – Dusch wird abgestraft, weil er *Miß Sara Sampson*
kritisiert (Braun, B 3: 1884, 1,69–86) und mit einer Reihe
von Verbesserungsvorschlägen versehen hatte. Lessing benutzt hier im 41. *Literaturbrief* wie auch an anderer Stelle
die satirische Technik des absichtlichen Missverstehens, um
die Aussagen des Gegners ins Komische zu rücken (Grimm,
B 5: 1998, 231 f.; 234). Nicht immer argumentiert Lessing
mit dem Instrument der Vernunft. Bereits früh wendet Lessing die »Theaterlogik« an, die ihm später sein wichtigster
Kontrahent Goeze vorwerfen wird (Baumann, B 10: 1951,
87–89).

Wenn sich in der Auseinandersetzung mit Wieland persönliche Empfindlichkeit mit literarischer Kritik mischt, so
verweist Lessings Klopstock-Kritik auf eine andere Fassette
der *Literaturbriefe*. Mit Klopstock war Lessing persönlich
bekannt; sie haben 1746 bis 1748 die gleiche Universität in
Leipzig besucht und zeitweise in der gleichen Straße gewohnt, ohne dass in dieser Zeit nähere Kontakte zustande
gekommen wären. In Hamburg haben sie sich öfters getroffen, aber eine Bekanntschaft hat sich erst 1767 entwickelt,
ohne dass sie sich wirklich nahe gekommen wären (Oehlke,
B 3: [1929], 1, S. 82 f.). Sehr aufschlussreich für Lessings kritisches Verfahren in den *Literaturbriefen* ist seine Klop-
stock-Rezension, die sich nur auf die ersten 16 Verse des
*Meßias* bezieht. Lessing rezensiert den Text mit einem
Wohlwollen, das etwas erzwungen anmutet. Tatsächlich
verfälscht er Klopstock auf eine charakteristische Weise: In
seinem Zitat dieser ersten 16 Verse ändert er die Interpunk-
tion, die Orthographie und damit den Rhythmus der Verse
(Baumann, B 10: 1951, 92) seinem eigenen Gusto entsprechend. Er interpretiert somit einen Text, der, im strengen
philologischen Sinne, nicht mehr der Text Klopstocks ist. So
unscheinbar die Änderungen dem philologisch ungeschul-
ten Auge erscheinen mögen, so wichtig und signifikant sind
sie; denn Lessing macht tendenziell genau jene Stilmerk-
male wieder rückgängig, die Klopstock als einen Neuerer

der deutschen Sprache und Literatur auszeichnen. Er glättet den Rhythmus im aufklärerisch-klassizistischen Sinne und macht sich Klopstocks Sprache damit zueigen; teilweise auch dadurch, dass er ihr Lessing'sche Stileigentümlichkeiten aufzwingt. Gerade in der vermeintlich wohlwollenden Auseinandersetzung mit dem Neuerer Klopstock zeigt sich, dass Lessings »Kategorien zur Beurteilung literarischen Stils sehr viel konservativer sind, als man allgemein anzunehmen geneigt ist«, und dass er Gottsched ungewollt sehr nahe stand (Michelsen, B 10; 1990, 90). Unter der ausdrücklichen Beteuerung des Wohlwollens verbergen sich Insinuationen, die gegen Klopstocks *Meßias* und seine Person gerichtet sind: »Gerechtigkeit« gehört nicht zu den Tugenden von Lessings Literaturkritik (Baumann, B 10: 1951, 106 f.; 126 f.).

In dieser Auseinandersetzung mit den Zeitgenossen versucht Lessing seine Positionierung im Literaturbetrieb. Das wird besonders deutlich in den Besprechungen eigener Schriften, die er unter dem Schutz der Anonymität dem Publikum vorstellt (Michelsen, B 10: 1990b, 82 f.). So gibt er eine detaillierte Zusammenfassung seines Fabelbuches, er beschreibt mit kräftigem Selbstlob im 43. und 44. *Literaturbrief* ausführlich seine gemeinsam mit Ramler veranstaltete Ausgabe Logaus; vor allem verweist er im 17. *Literaturbrief* auf das *Faust*-Fragment eines nahen Freundes, der er selbst ist.

In den *Literaturbriefen* hat Lessing endgültig sein Profil als polemischer Aufklärer und damit seine Stellung auf dem Markt gefunden. Seine Argumentation beruht auf zwei Säulen: zum einen auf seinem ungeheuren Wissensfundus, der es ihm erlaubt, gegenüber seinen Gegnern auf der Richtigkeit eines jeden Details seiner Vorwürfe zu bestehen; zum anderen ist es eben die Polemik, mit der die Öffentlichkeit in den Streit hineingezogen und zu einer Entscheidung aufgefordert wird. Hingegen findet sich die Berufung auf die bessere Einsicht und die Vernunft nur ganz vereinzelt; sie

spielt als Argumentationsmodus keine besondere Rolle.
Hierin unterscheidet sich Lessing von der Frühaufklärung
eines Wolff und eines Gottsched ebenso wie von der Spätaufklärung eines Kant. In summa ist es Lessing in diesen
Jahren gelungen, sich eine Position auf dem Literaturmarkt
zu erringen. Auch wenn er seine eigene Autorschaft unter
einer Reihe von Akronymen und Initialen verborgen hat,
so war den Zeitgenossen doch im Großen und Ganzen klar,
dass Lessing die treibende polemische Kraft der *Literaturbriefe* gewesen sein musste. Die versteckte Bedeutung
der verschiedenen Signatur-Buchstaben – A., E., Fll., G.,
L., O. – zu entschlüsseln ist freilich dem 20. Jahrhundert
vorbehalten geblieben: Sie bedeuten nicht, wie die Zeitgenossen boshaft vermuteten, »Flegel« oder auch harmloser
»Fabullus«, sondern: »flagello« – ›ich peitsche‹ (Seiffert,
B 10: 1969, 77).

Die *Literaturbriefe* haben die Resonanz gefunden und
die Wirkung gehabt, die sich ihre Initiatoren davon versprochen hatten. Sie werden von der intellektuellen Öffentlichkeit der Zeit als neue, dritte und erfrischende Kraft auf
dem literarischen Markt aufgenommen. Nachdem sich die
Auseinandersetzungen zwischen den Gottschedianern und
den Schweizern überlebt hatten, wurde die neue Partei mit
großer Aufmerksamkeit, allerdings nicht unbedingt mit Zuneigung beobachtet. Die Gruppe um die *Literaturbriefe*
wurde unter dem Signum der »Nicolaiten« in die Öffentlichkeit eingeführt. Es ist vielleicht etwas übertrieben, aber
der Tendenz nach doch zutreffend, zu sagen, dass mit dem
Aufsehen, das die *Literaturbriefe* erregten, sich der geographische Schwerpunkt der deutschen Aufklärung verlagerte.
Nachdem in der Frühzeit des Jahrhunderts Hamburg und
Halle eine gewisse Dominanz hatten, die sich später auf Zürich und Leipzig verlagerte, beginnt jetzt langsam die Eta-
blierung einer »Berliner« Aufklärung, die sich ein halbes
Jahrhundert lang, bis zum Beginn des 19. Jahrhunderts, fest
etablieren wird. In den Auseinandersetzungen um die Jahr-

hundertwende, die insbesondere mit den Romantikern geführt wurden, hat diese Berliner Aufklärung einen schlechten Ruf erhalten, der sich im Urteil der Nachwelt festgesetzt
hat. Er findet sich noch im 20. Jahrhundert, wenn der Lessing-Biograph Paul Rilla »das selbstzufriedene und über-
hebliche Nicolaische Geschwätz, diesen wäßrigen Aufguß
der Berliner Aufklärung« tadelt (B 3: 1958, 143). Ob dieser
schlechte Ruf insgesamt gerechtfertigt gewesen ist, kann
dahingestellt bleiben; er verstellt aber den Blick auf die
Leistung, die Nicolai in den fünfziger und sechziger Jahren
erbracht hat, und auf der sein Kampf für die Aufklärung bis
zu seinem Tod 1811 basierte.

Nicolai war die treibende Kraft, als es darum ging, eine
publizistische Infrastruktur zu schaffen, in der sich die neue
Form der Aufklärung nach dem Ende der systematischen
Großwerke und der »Moralischen Wochenschriften« artikulieren konnte. Um es mit den lapidaren Worten seines
einzigen Biographen zu sagen: »Friedrich Nicolai ist für die
Geschichte der Aufklärung in Deutschland von außeror-
dentlicher Bedeutung« (Möller, B 5: 1974, 1). Er hat mit nie
erlahmender Kraft eine Reihe von Periodika geschaffen, die
durchgehend erfolgreich waren und teilweise über Jahrzehnte hinweg Bestand hatten. Es ist müßig darüber zu spe-
kulieren, was aus Lessing geworden wäre, wenn der Prag-
matiker und Organisator Nicolai ihm nicht ein erfolgreiches Medium geschaffen hätte, das ihm als Plattform für
seinen ersten großen Auftritt in der literarischen Öffentlichkeit dienen konnte.

Erst die neuere und neueste Literaturwissenschaft hat
sich wieder darauf besonnen, dass das Denken der Medien
bedarf, in denen es sich artikuliert und konkretisiert. Es ist
sicher ein Problem gerade der Aufklärungsforschung, dass
sie sich immer allzu sehr als Ideen- oder vielleicht noch als
Personengeschichte begriffen hat. Die konkreten Voraussetzungen, unter denen diese Ideen öffentlich werden und Gestalt annehmen und unter denen die Personen Wirksamkeit

entfalten konnten, wurden demgegenüber vollständig vernachlässigt – gerade die wirkungsgeschichtliche Konstellation, die Lessing als Denker ins Licht rückt und Nicolai als
Organisator in den Schatten stellt, lässt dies besonders
deutlich werden. Aber ohne die großen publizistischen Unternehmungen Nicolais, allen voran seiner »Allgemeinen
deutschen Bibliothek«, in der – ohne Lessings Mitwirkung
– zwischen 1765 und 1806 an die 80 000 Bücher rezensiert
wurden (Möller, B 5: 1974, 198 f.), hätte der deutschen Aufklärung die Infrastruktur gefehlt. Lessing fehlte in seiner
Sprunghaftigkeit die Fähigkeit, sich um die institutionelle
Seite der Aufklärung zu kümmern – das zeigen seine gescheiterten ökonomischen Unternehmungen, von der gemeinsam mit Mylius betriebenen Zeitschriftgründung bis
hin zum Druckereiprojekt in Hamburg.

Nicolais Anteil ebenso wie der Mendelssohns an der
inhaltlichen Ausgestaltung der *Literaturbriefe* ist ebenfalls
allzu sehr unterschätzt und in den Schatten Lessings gestellt
worden (Bender, B 10: 1979, 483 f.). Bei einigen Unsicherheiten der Zuschreibung, die in anderen Zählungen zu
deutlich unterschiedlichen Quantifizierungen führen kann,
ergibt sich etwa folgende Verteilung der Beiträge auf die
Beiträger: Von Mendelssohn stammen 89, von Abbt 64, von
Nicolai 63 Beiträge, von Lessing 55; weitere Beiträger waren Friedrich Gabriel Resewitz, Friedrich Grillo und Johann Georg Sulzer (Bender, B 10: 1979, 383–392).

Das Neue an den *Literaturbriefen* scheint für die Zeitgenossen der Ton gewesen zu sein. Entscheidend war die
Entwicklung der Polemik zu einem legitimen Instrument
der aufklärerischen Auseinandersetzung: Nicolai, Mendelssohn, Lessing und dessen Nachfolger nach dem Ausschei-
den aus dem Projekt, Thomas Abbt (Holzboog, B 5: 1994,
237 f.), suchen eine Schärfe der Auseinandersetzung, die bis
dato unüblich gewesen ist. Eines der Opfer einer solchen
Attacke – sie kam von Abbt –, Johann Heinrich Gottlieb
von Justi, hatte sich in einem Schreiben an den preußischen

König gegen das »ungesittete, unhöfliche und zügellose Betragen dieser Schriftsteller« verwahrt und damit eine akute Zensur-Bedrohung für die Zeitschrift hervorgerufen, die tatsächlich für einige Tage verboten wurde (Justi, B 5: 1979, 350; Holzboog, B 5: 238–240). Die Beschwerde mag heute kurios erscheinen – schließlich hat sich Lessing und nicht Justi bei der Nachwelt durchgesetzt. Aber immerhin verweisen diese und ähnliche Klagen über die *Literaturbriefe* darauf, dass die Gruppe um Nicolai den Konsens der Altaufklärer aufgekündigt hat. Sie pflegen einen bewusst unakademischen Ton – es ist sicher kein Zufall, dass sie alle keine akademischen Ämter inne hatten und sich deshalb umso leichter den akademischen Regeln einer gepflegten Disputierkunst entziehen konnten, deren erste die Vermeidung von Emotionen war (Specht, B 13: 1986, 50–53). Dass im Übrigen in diesem Literaturstreit mit harten Bandagen gefochten wurde, geht aus einem Brief Lessings vom 28. April 1756 an Nicolai hervor: »Gottsched hat mich wegen der Ankünd. e. Dunciade, zwar nicht verklagt; aber verklagen wollen. [...] Er hat *Christen* und *Platnern* wegen der Recension in den Commentariis in Dresden verklagt; ist aber mit seiner Klage abgewiesen worden« (Ba 11.1,94).

Lessings Beiträge zu den *Literaturbriefen* lassen Unzufriedenheit mit dem aktuellen Stand der zeitgenössischen Literatur erkennen, und ebenso Lessings unbändige Begierde, diesen Zustand zu ändern. Außer ganz vereinzelten Hinweisen lässt sich aber aus ihnen kein theoretisches Substrat abziehen, aus dem die Richtung zu erkennen wäre, in die die Literaturentwicklung nach Lessings Geschmack gehen sollte. Lessing bleibt stets Literaturkritiker, der sich stärker für das ins Auge stechende Detail interessiert als für die durchdringende Grundlegung. Entgegen dem Ruf, der ihm anhaftet, ist Lessing nie zu einem Literaturtheoretiker geworden – dazu fehlten ihm die Geduld und der Wille zu Systematik.

# 7

# Ästhetik und Dramentheorie

Die kritischen Arbeiten Lessings zeigen ein weitgespanntes Interesse. Stets macht sich neben dem Philologen der Polyhistor bemerkbar, der das barocke Ideal umfassender Gelehrsamkeit noch nicht aufgegeben hat. Daneben wendet sich Lessing von seinen frühesten Studienjahren an mit besonderer Begeisterung dem Theater zu, das seit den dreißiger Jahren in Deutschland unter dem Einfluss Gottscheds eine Neuorientierung erfuhr. Die Frage nach der sittenverderbenden Wirkung des Theaters war um die Jahrhundertmitte längst noch nicht ausdiskutiert. Es waren nicht nur die Repräsentanten eines untergehenden Zeitalters, die in diesem Sinne Argumente gegen die Bühne vorbrachten. Auch Rousseau, einer der modernsten und zukunftsweisendsten Denker seiner Zeit, hat eine böse Philippika gegen das Theater vorgetragen. In seiner *Lettre à d'Alembert* von 1758 wendet er sich heftig gegen den in der *Encyclopédie* gemachten Vorschlag, in Genf ein Theater zu errichten. Auch Gottsched hatte in diesen Jahren diese Frage aufgeworfen und eine klare Antwort gefunden: *Die Schauspiele, und besonders die Tragödien sind aus einer wohlbestellten Republik nicht zu verbannen*, heißt seine *Akademische Rede* von 1736. Damit ist die neue Leitlinie der aufklärerischen Theaterdiskussion in Deutschland benannt. Ein letztes Nachhutgefecht, an dem der Pastor Goeze maßgeblich beteiligt war, fand noch 1768 statt. Hier ging es allerdings nur noch um die Frage, ob ein Prediger Schauspiele verfassen dürfe (Geffcken, B 11: 1851, 61–66).

Nachdem Lessing 1749 und 1750 im Leipziger Theaterwesen Fuß gefasst hatte, setzt er mit jener Energie, die zum

Merkzeichen seines ganzen Schaffens werden wird, gleich das erste publizistische Projekt in die Tat um. Zusammen mit Mylius und sicher unter dessen Federführung begründet er die »Beiträge zur Historie und Aufnahme des Theaters« (Robertson, B 11: 1939, 94–105; Krätzer, B 10: 1995, 515). 1750 erscheint die erste Nummer dieser Vierteljahresschrift in Stuttgart. Sie wird mit einer hochgemuten programmatischen Vorrede der beiden Herausgeber eröffnet. Sie versprechen viel, eigentlich nicht weniger als eine Erneuerung des deutschen Theaters. Von den Versprechungen wird in der Zeitschrift wenig eingelöst: Sie wird mit allerlei Übernahmen aus fremden Zeitschriften angefüllt. Lessings hauptsächlicher Beitrag handelt von den Komödien des Plautus. Seine *Critik über die Gefangnen des Plautus* darf als substantieller Beitrag des Literatur- und Dramentheoretikers Lessing gelten – wenn sie tatsächlich von ihm stammt, was Robertson aus stilistischen und sachlichen Gründen in Zweifel gezogen hat (Robertson, B 11: 1939, 99 f.).

Das Projekt der »Beiträge« ist schnell aufgegeben worden. Das hing einerseits damit zusammen, dass die Herausgeber sich mit dem Programm offensichtlich übernommen hatten, und andererseits damit, dass Mylius Deutschland verlassen hatte und auf dem Weg nach Amerika am 6. Mai 1754 in England gestorben war. Unmittelbar nach dem Scheitern bereitet Lessing seine zweite Theaterzeitschrift vor, die »Theatralische Bibliothek«. Sie wurde von Lessing allein veröffentlicht und brachte es immerhin auf vier Stücke. Die »Bibliothek« verfolgte ein Gegenprogramm zu Gottsched und wollte eigentlich englische Stücke dokumentieren. Tatsächlich aber kommt es anders: Es dominieren wie bei Gottsched Übersetzungen aus dem Französischen, die von Lessing kommentiert werden. Aber auch das englische Theater spielt eine wichtige Rolle; Lessing gibt ausführlichere Beschreibungen von und Kommentare zu Stücken Shakespeares und John Drydens. Diese Überlegungen verdienen besondere Aufmerksamkeit. In der »Theatrali-

schen Bibliothek«, in den *Literaturbriefen* und schließlich
in der *Hamburgischen Dramaturgie* hat sich Lessing als wesentlicher Förderer der Shakespeare-Rezeption in Deutschland gezeigt. Dass er ihr allerdings die Bahn gebrochen
hätte, wie eine literarhistorische Legendenbildung glauben
machen will, lässt sich nicht behaupten. Tatsächlich schätzt
er unter den gepriesenen Engländern offensichtlich Thom-
son und Dryden höher, deren Dramen sehr viel regelmäßi-
ger angelegt waren als die Shakespeares (George, B 11: 1972,
252).

Lessing ist jedenfalls weit davon entfernt, die genialische
Unregelmäßigkeit Shakespeares goutieren oder gar selbst
reproduzieren zu können. Die Anerkennung und Nachahmung dieser Leistung blieb der nächsten Generation vorbehalten. Es lässt sich eher vermuten, dass Lessing Shakespeare vor allem wegen seines Provokationspotenzials in
die Diskussion eingebracht hat. Was mit Johann Elias Schlegel beginnt, von Lessing energisch fortgeführt wird und mit
Herder, Goethe und Lenz seinen Höhepunkt erreicht, ist
eine spezifische Form der Shakespeare-Rezeption: der Versuch, aus Shakespeare theoretisch Kapital zu schlagen. Erst
dadurch wurde es möglich, die Person und das Werk auch
als literaturpolitisches Argument einzusetzen.

In dieser spezifischen Form der Shakespeare-Rezeption
hat Lessing eine Schlüsselrolle gespielt. Er hat das Werk
Shakespeares zu einer Waffe im literaturpolitischen Kampf
umgeschmiedet. Im Kontext der *Hamburgischen Dramaturgie*, in dem er sich am ausführlichsten, wenn auch sehr
verstreut, über den englischen Dramatiker geäußert hat,
wird die strategische Funktion der Shakespeare-Berufungen
offenkundig. Lessing setzt Shakespeare immer dort ein, wo
es gilt, ihn gegen die Franzosen auszuspielen. Dabei muss
vermerkt werden, dass Lessing Shakespeares Werk selbst
wiederum durch einen Franzosen vermittelt wurde. Seine
erste Bekanntschaft mit dem Engländer dürfte aus Voltaires
*Lettres anglaises* datieren. Voltaire hatte einige Passagen aus

Shakespeares *Hamlet* übersetzt, die wiederum Lessing in deutscher Übersetzung in seine »Theatralische Bibliothek« aufnahm. Dieser kleine Aspekt der kontinentaleuropäischen Rezeptionsgeschichte Shakespeares zeigt, dass die Fronten nicht so eindeutig verlaufen, wie es die zeitgenössischen Kontroversen und deren spätere Rezeption nahezulegen scheinen: Dass Lessing Shakespeare erstmals durch die Vermittlung – oder den Filter – des Klassizisten Voltaire wahrgenommen hat, zeigt die Durchlässigkeit, die zwischen den vermeintlich starren Fronten der frankophilen Traditionalisten und der anglophilen Fortschrittlichen bestand.

Friedrich Gundolf hat in seiner passagenweise immer noch lesenswerten Arbeit über die Aufnahme Shakespeares in Deutschland die eigentliche Funktion des englischen Dramatikers speziell für Lessing scharfsichtig beschrieben: Lessing benutze Shakespeare als ein Ferment, mit dem der erstarrte, dogmatisch gewordene aufklärerische Rationalismus wieder aufgesprengt werden könne (Gundolf, B 5: 1959, 99–105; 114 f.). Erst die Stürmer und Dränger werden sich wieder der Mühe unterziehen, die bloß funktionelle Aneignung Shakespeares mit neuen theoretischen, wenn auch nicht unbedingt adäquateren Bestimmungen aufzufüllen.

Nachdem er sein Projekt einer »Theatralischen Bibliothek« halb gescheitert liegen ließ, unternimmt Lessing einen erneuten Anlauf zur rezeptiven Neubegründung des deutschen Theaters. Diesmal gilt sein Augenmerk Denis Diderot (Schalk, B 5: 1977e, 343 f.; 354 f.; Kafitz, B 12: 1982, 55–62; Mortier, B 5: 1967). Lessing publiziert eine Sequenz von Übersetzungen aus Diderots Schriften, die er mit eigenen Vorreden versieht. Diese Schrift, *Das Theater des Herrn Diderot*, hat wiederum eher experimentellen als explizit theoretisch-dogmatischen Charakter. Diderot gehörte der jüngeren Generation der französischen Aufklärer an. Als einer der Mitbegründer der *Encyclopédie* stand er stärker in der Tradition eines Pierre Bayle als der Systematiker Voltaire. Bei Lessing findet sich die dramaturgische Grundidee wieder, die Diderot in seinen verstreuten dramaturgischen Schriften und insbesondere in seinen beiden Hauptdramen entwickelt hat. Diderot hat dem Konzept einer *comédie larmoyante* die Konturen gegeben. Seine Dramen *Le fils naturel* und *Le père de famille* sind inhaltlich wie dramaturgisch als Gegenentwurf zur Klassik zu verstehen. Die Hervorhebung der Emotionalität der Charaktere und die Familie als sozialer Handlungsraum, schließlich auch die Aufwertung der Gestik gegenüber der Sprache sind die bleibenden Errungenschaften, die sich unter Diderots Einfluss durchgesetzt haben. In Bezug auf diese Aspekte hat Lessing von ihm profitiert. Aber insgesamt sind diese Einflüsse doch geringer geblieben, als es Lessings eigenes Diktum vermuten ließe, dass »Diderots Muster und Lehren« seinem eigenen Geschmack die Richtung gewiesen hätten (Gö 4,149). Auch hier hat sich die populäre wie die wissenschaftliche Lessing-Rezeption – in der der Einfluss Diderots immer noch umstritten ist – allzu sehr auf die Selbstaussage verlassen. Grundsätzlich nimmt Diderot für Lessing wohl die gleiche Funktion wie Shakespeare ein: Lessing versteht Diderot als Kampfgenossen, der sich »für seine antifranzösische Polemik nutzen ließ« (Mortier, B 5: 1972: 49).

Die Übersetzungen der Sammlung *Das Theater des Herrn Diderot* erschienen 1760 in einer ersten Fassung. Zuvor schon unternahm Lessing den ersten Versuch einer eigenständigen Theatertheorie: im berühmt gewordenen *Briefwechsel über das Trauerspiel*, den er 1756 und 1757 mit den beiden Berliner Freunden Nicolai und Mendelssohn führte. Es ist bezeichnend, dass Lessings eigentliche Leistung und Wirkung als Theater-Theoretiker ihren Ursprung im privaten Gedankenaustausch gehabt hat.

Der Ausgangspunkt des Briefwechsels waren Mendelssohns *Briefe über die Empfindungen* (Auszug: Lessing/ Mendelssohn/Nicolai: B 1: 1972, 126–147). Im Laufe des Briefwechsels ist Mendelssohn sein bevorzugter Ansprechpartner; Nicolai wird zusehends stärker in eine marginale

Rolle gedrängt, obwohl er selbst 1757 eine *Abhandlung vom Trauerspiele* veröffentlicht hat, in der er die Erregung der Leidenschaften – und nicht die Katharsis, die Reinigung von Leidenschaften – als Hauptzweck der Tragödie definierte (Wölfel, B 11: 1971, 107). Das eigentliche Problem aber wurde von Mendelssohn formuliert: Er warf die Frage nach der Rolle der Empfindungen auf dem Theater auf. Die Aufgabe der Tragödie sei es, mit geeigneten Mitteln die »Bewunderung« beim Zuschauer hervorzurufen. Auch Nicolai hat in seiner gerade entstandenen *Abhandlung vom Trauerspiele* noch die Bewunderung an die Spitze der Wirkungsabsichten gestellt (Lessing/Mendelssohn/Nicolai: B 1: 1972, 9–44: Meier, B 12: 1993a: 196–200).

Daraus ließen sich die weiteren Bestimmungen der klassischen Tragödie ableiten. Die Fünfaktigkeit, mit dem parabelförmigen Verlauf der Handlungskurve – in dieser Form wurde sie übrigens erst 1862 von Gustav Freytag dogmatisiert –, gehört dazu; ebenso die Forderung nach den drei Einheiten, durch die die Intensität der Handlung in ihrem Erleben beim Zuschauer gesteigert werden soll. Im Zentrum aber steht die »Fallhöhe«, die nur Personen der höchsten sozialen Stände tragikfähig werden ließ, da nur ihrem Schicksal Bewunderung zufließen könne. Mendelssohn und Nicolai sind sich im *Trauerspiel-Briefwechsel* darüber einig, dass in diesem Sinne die »Bewunderung« die dramaturgische Leitkategorie sei, von der alle anderen Zuschauerempfindungen abgeleitet werden müssen. Selbstverständlich hat die Bewunderung einen moralischen Endzweck. In ihrer Vorbildhaftigkeit tragen die tragischen Personen zur moralischen Besserung der Zuschauer bei, indem sie ein ideales Beispiel geben. Sie fordern nicht zur Identifikation auf, da diese wegen des moralischen wie sozialen wie charakterlichen Abstandes der Protagonisten zum Zuschauer ohnehin nicht möglich wäre, aber sie bringen ein Ideal der Tugend auf die Bühne, das der Zuschauer sich zum Leitfaden für sein eigenes Handeln nehmen kann.

Mendelssohn hat im Kern dieser Auffassung noch zuge-
stimmt, obwohl er in seinen Briefen über die Empfindungen und dann im *Trauerspiel-Briefwechsel* seine Erörterungen nicht auf diese Leitkategorie beschränkte, sondern sie in
höchst differenzierten Beziehungen zu den anderen, neben-
und untergeordneten Empfindungen stellte, die beim Zuschauer ebenfalls durch die Tragödie hervorgerufen werden.
Lessing jedoch hat sich von Anfang an in dieser Auseinandersetzung nicht darauf eingelassen, dem Begriff der Bewunderung eine Schlüsselrolle zuzugestehen. Er folgt damit
dem aktuellen Trend, denn die *admiratio*, die eigentlich erst
von Pierre Corneille als Erweiterung der aristotelischen
Lehre in die Dramaturgie eingebracht wurde, ist im mittleren Drittel des 18. Jahrhunderts heftig in die Diskussion geraten; insbesondere die Schweizer Bodmer und Breitinger
sowie Michael Conrad Curtius hatten diese Kategorie at-
tackiert (Meier, B 12: 1993a, 180–186). Es hat einige Zeit ge-
dauert, bis Lessing eine Gegenposition entwickeln konnte.
In der Anfangsphase des *Trauerspiel-Briefwechsels* scheint
es nur seine bekannte Lust am Widerspruch gewesen zu
sein, die ihn die »Bewunderung« verwerfen ließ. Jedenfalls
stellt er schon früh, im Brief vom 18. Dezember 1756, das
»Mitleiden« als dem Trauerspiel gemäße Empfindung gegen
die »Bewunderung«, die allein dem Heldengedicht zukomme; eine Argumentation, die im 1. Stück der *Hamburgischen Dramaturgie* wiederkehrt (Ba 11.1,144 f.; Gö
4,236 f.). Aber erst allmählich gewinnt im Verlauf der Diskussionen der Begriff des »Mitleids« die Kontur eines Ge-
genbegriffes. Bereits Mendelssohn hatte es in seiner Abhandlung aufgewertet – so dass Lessing von ihm die entscheidende Anregung für seine eigene Theorie bekommen
konnte; zudem korrespondiert »Lessings Erhebung des
Mitleids zur obersten tragischen Leidenschaft [...] einer ge-
samteuropäischen Tendenz« (Meier, B 12: 1993a, 202). Freilich hat Lessing, seinem Naturell gemäß, die Vorleistungen
der Vorgänger, besonders Mendelssohns, und die Überein-

stimmung mit ihnen nicht gewürdigt, sondern im Gegenteil den Dissens hervorgehoben. Im *Trauerspiel-Briefwechsel* unterscheidet sich Lessing von seinen beiden Briefpartnern vor allem dadurch, dass er ausschließlich das Mitleid als Ziel der Tragödie gelten lassen will, während Nicolai und Mendelssohn einen »Pluralismus der Wirkungsbegriffe« propagieren (Alt, B 12: 1994, 175).

Lessings Bevorzugung des Mitleids und die Ablehnung der Bewunderung bedeuten einen Bruch mit dramentheoretischen Konventionen, die auch in Deutschland mindestens bereits seit einem Jahrhundert Bestand gehabt hatten – nämlich eine Abkehr vom Stoizismus als einem anthropologischen Ideal, das auf die Bühne zu bringen sei. Dieses Ideal war der Ausgangspunkt der deutschen Barocktragödie (Brenner, B 5: 1999, 540); und es entspricht weiterhin der Tragödientheorie der Frühaufklärung und der französischen Klassik. Es wird in der Regel dadurch dramatisiert, dass die Märtyrer ein tragisches Schicksal in stoischer Ruhe ertragen. Lessing hat sich in verstreuten Bemerkungen damit auseinandergesetzt (Kafitz, B 12: 1982, 49–53). Er bewundert die »Halsstarrigkeit der Tugend« eines Cato oder Essex (Ba 11.1,130), als dramaturgisches Prinzip lehnt er es jedoch definitiv ab: »Alles Stoische ist untheatralisch«, heißt es im *Laokoon* (Gö 6,16).

Über Lessings Mitleidtheorie ist lange gestritten worden, da sie außerordentlich auslegungsfähig und -bedürftig ist. Als Grundlage einer Anthropologie und Dramaturgie ist sie nicht sehr präzise. Aber ihre Funktionen im Gesamtkomplex von Lessings Tragödienauffassung lassen sich recht genau beschreiben: Das Mitleid besetzt die Leerstelle, die das Verschwinden der Bewunderung hinterlassen hat. Mitleid wird für Lessing nicht mehr nur, wie bei Descartes, eine Funktion des Verstandes; es ist eine eigenständige und dominierende Kraft, die ein wesentliches Merkmal des Menschen ausmacht. Zugleich hat es moralische Qualität: »Das Mitleiden hingegen bessert unmittelbar; bessert, ohne daß

wir selbst etwas dazu beitragen dürfen; bessert den Mann
von Verstande sowohl als den Dummkopf« (Ba 11.1,133).
Lessings berühmtes Diktum aus dem *Trauerspiel-Briefwechsel* fasst dieses Moment in einem Schlagwort zusammen: »*Der mitleidigste Mensch ist der beste Mensch*« (Ba
11.1,120).

Auch Lessing wird sich in seinen dramaturgischen Schriften daran halten, dass das Theater, wie die Literatur überhaupt, eine moralische Aufgabe habe: »Bessern sollen uns
alle Gattungen der Poesie«, heißt es in der *Hamburgischen
Dramaturgie* in unmittelbarem Zusammenhang mit der
Mitleidtheorie (Gö 4,591). Allerdings hat Lessing nicht
mehr den frühaufklärerisch-rationalistischen Moralismus
im Sinn, so dass er in seinem Bemühen, sich von diesem ab-
zugrenzen, in seinen Äußerungen manchmal etwas unscharf
wird. 1769 formuliert er seine neue Auffassung eindeutig
gegenüber Nicolai: »Die elenden Verteidiger des Theaters,
die es mit aller Gewalt zu einer Tugendschule machen wollen, tun ihm mehr Schaden, als zehn Götze etc.« (Ba
11.1,629). Das bezieht sich auf die aktuelle Hamburger
Kontroverse über die Sittlichkeit des Theaters. Trotz dieser
Abgrenzung bleibt er jedoch dem traditionellen deutschen
»Moralismus« verhaftet, der nach dem Urteil Georges die
»gravierendste und vielleicht auch unglücklichste seiner tra-
ditionsgebundenen Haltungen« ist (B 11: 1972, 242). Aber
selbst dieses Kernstück seiner eigenen Dramen- und Kunsttheorie bleibt bei Lessing nicht unwidersprochen. In der
Einleitung zu einer seiner wichtigsten theoretischen Schriften, dem *Laokoon*, stellt er mit seiner Formulierung alles
auf den Kopf, was ansonsten als Standardauffassung seiner
Kunsttheorie gelten darf: »Der Endzweck der Künste hingegen ist Vergnügen; und das Vergnügen ist entbehrlich.
Also darf es allerdings von dem Gesetzgeber abhangen,
welche Art von Vergnügen, und in welchem Maße er jede
Art desselben verstatten will« (Gö 6,19). Trotz dieser späteren Formulierung – die aus dem spezifischen Kontext der

Antike-Beschäftigung im *Laokoon* heraus zu verstehen ist –
hält Lessing an der moralischen Absicht des Theaters fest.

Er überwindet den Vernunftrationalismus Gottscheds
durch eine neue Formulierung des moralischen Endzwecks:
Der Mensch versichert sich im Theater über die Zurückgewinnung und Übung seiner Mitleidsfähigkeit seiner Ge-
meinschaftsfähigkeit, und dies ist die Grundlage für Lessings spätere Visionen einer Menschheitsgemeinschaft, wie
sie in den *Freimäurergesprächen*, der *Erziehung des Menschengeschlechts* und im *Nathan* formuliert werden (Schröder, B 3: 1979, 71). Lessing teilt nicht die eher empfindsame
Auffassung – die merkwürdigerweise auch vom Rationalisten Nicolai vertreten wurde –, dass der Zweck der Tragödie
nicht genuin moralisch sei, sondern in der Erregung der
Leidenschaften bestehen solle. Gegenüber diesen beiden
zeitgenössischen Konzeptionen nimmt Lessing eine Mittel-
position ein (Wölfel, B 11: 1971, 117 f.).

Lessings Mitleid-Konzept hat viele Wurzeln, wenn auch
nicht in der Dramentheorie. Wenn er gegenüber dem intel-
lektuell geprägten Affekt der Bewunderung den sehr viel
stärker emotional besetzten Mitleid-Affekt setzt, dann verweist dies auf einen Wandel in den anthropologischen
Grundanschauungen, für den auf jeden Fall Rousseau, ungeachtet konkreter Nachweisbarkeit, maßgeblich verantwortlich ist (Kronauer, B 10: 1995, 32–39; Arendt, B 3: 1960, 20).
In diesen Jahren nach der Jahrhundertmitte ist – hier ist das
Wort einmal erlaubt – ein »Paradigmawechsel« in der Anthropologie der Zeit festzustellen. Die von Descartes ge-
prägte rationalistische Affekttheorie der Frühaufklärung
wird abgelöst von einer Emotionalisierung und Individuali-
sierung des Menschenbildes (Dilthey, B 5: 1970, 483–492;
Wundt, B 5: 1964, 265). Diese Flexibilisierung führt jedoch
nicht nur zu seiner idealistischen und neuhumanistischen
Ausformulierung, wie sie in der deutschen Tradition zu beobachten ist. Gleichzeitig wurden in Frankreich und England andere, realistischere Facetten diskutiert. Adam Smith,

der erste Theoretiker des Kapitalismus, beschreibt 1776 in seiner Theorie der moralischen Gefühle ein Charakterideal, in dem das »Mitleid« ein wesentliches Moment ist (Sennett, B 11: 1998, 39–47). Und nicht zuletzt hat sich die erste der beiden großen Revolutionen des 18. Jahrhunderts, die amerikanische, wie Hannah Arendt auch im Blick auf Lessing darlegte, wesentlich und erstmals von »der Leidenschaft des Mitleidens« ergreifen lassen (Arendt, B 5: 1986, 89; Arendt, B 3: 1960, S. 22 f.). Kurz: Mitleid wird im 18. Jahrhundert zu einer sozialen Tugend, es ist nicht nur ein emotionaler Affekt.

Lessing befindet sich auf der Höhe der zeitgenössischen Anthropologie, wenn er das Mitleid ins Zentrum seiner Dramaturgie stellt. Das Neue seiner Auffassung wird im unmittelbaren Vergleich mit Mendelssohns Rousseau-Rezeption deutlich. Mendelssohn hatte Rousseau *Discours sur l'inégalité* 1756 übersetzt und in einem Anhang Rousseaus Vorstellung vom Mitleid kritisiert. Während Rousseau Mitleid als natürliche Empfindung fasst und damit zivilisationskritisch wendet, begreift Mendelssohn es als eine wesentlich von der zivilisierten Gesellschaft geformte Eigenschaft (Mendelssohn, B 5: 1972, 86 f.; Alt, B 12: 1994, 184 f.). Überhaupt verficht Mendelssohn einen Kulturoptimismus, der von einer Perfektibilisierung des Menschen im Zuge des stetigen weiteren Fortschreitens der Kultur durch Aufklärung ausgeht (Schneiders, B 5: 1974, 44–47). Für Lessing wie für Rousseau dürften die entscheidenden Eigenschaften des Mitleids hingegen die Spontaneität und die Universalität gewesen sein (Schings, B 11: 1980, 40). Damit wird Mitleid gleichermaßen eine charakterliche wie eine moralische wie schließlich eine soziale Disposition, und diese Dimensionen verschmelzen ununterscheidbar miteinander – übrigens eine wichtige Grundlage für Rousseaus Affinität zum Totalitarismus, die er 1762 in seinem *Contrat social* so folgenreich zu erkennen gibt.

Der Mitleidbegriff in seinen anthropologischen und soziologischen Komponenten bildet das Fundament von Les-

sings Dramaturgie. Um ihn dramaturgisch wirklich brauch-
bar zu machen, versieht Lessing ihn mit weiteren stützen-
den und ergänzenden Leitbegriffen. Es wurde viel Mühe
dafür verwendet, die wie immer bei Lessing sehr verstreuten, häufig unzusammenhängenden und widersprüchlichen
dramaturgischen Äußerungen zu einem geschlossenen System und dies wiederum in Einklang mit seiner eigenen dramatischen Praxis zu bringen. Die neuere Forschung hat sich
damit abgefunden, dass beides nicht zu leisten ist. Die
Überlegungen Lessings haben ein Zentrum in den Problemen, die sie umkreisen, weniger in den Lösungen, die sie
anbieten.

Das wird noch deutlicher, wenn die zentrale Mitleidtheorie in dem größeren dramaturgischen Kontext der aristotelischen Katharsis-Lehre gesehen wird, in den Lessing sie etwas gewaltsam implantiert. Lessing findet seinen Ansatz
zur dramaturgischen Fruchtbarmachung des Mitleidkon-
zeptes im Rückgang auf Aristoteles. Aristoteles' *Poetik* war
seit ihrer Wiederentdeckung in der Renaissance das Grund-
buch der Dramentheorie. Sowohl die französische Klassik
wie auch die deutsche Frühaufklärung haben aus den wenigen und unzusammenhängenden Bemerkungen in der *Poetik* ein gewaltiges Gebäude errichtet. Spätestens seit der
Mitte des 17. Jahrhunderts bildet Aristoteles den unhinter-
gehbaren Referenzpunkt für die poetologischen Diskussionen im kontinentalen Westeuropa. Lessings Aristoteles-
Aneignung vollzieht sich im Medium der Interpretation –
wobei stets Robertsons begründete Annahme im Auge
behalten werden muss, dass sich Lessing erst 1768, während
der Arbeit an der *Hamburgischen Dramaturgie*, ernsthaft
mit Aristoteles beschäftigte. Lessings Forderung, jede Interpretation der Poetik müsse Aristoteles' *Rhetorik* und seine
*Nikomachische Ethik* heranziehen (Gö 4,579; 209), steht
wohl auf schwachen Füßen, da die Berufungen auf diese
Texte weder neu noch exakt sind – Francesco Robortello,
Daniel Heinsius, André Dacier und Louis Racine waren

Lessing hier vorausgegangen (George, B 11: 1972, 275; 365; Robertson, B 11: 1939, 343 f.).

Die Eigenart von Lessings Kunsttheorie besteht, wie treffend bemerkt wurde, in seinem rebellischen Ton und seinen konservativen Schlussfolgerungen (Angress, B 10: 1976, 226). Seine Neuinterpretation ist im Wesentlichen eine Neuübersetzung der zentralen Begriffe – und hier bewegt sich der altphilologisch geschulte Lessing auf ureigenstem Terrain. Seine frühe Aristoteles-Rezeption hatte sich zunächst auf Daciers Übersetzung und Kommentar von 1692 und Curtius' Übersetzung gestützt; letzteren hatte Lessing auch rezensiert (Gö 3,181). Von Dacier hat Lessing wichtige Prinzipien seiner Aristoteles-Interpretation bezogen, obwohl er ihn heftig angreift (Robertson, B 11: 1939, 345–348; Nivelle, B 10: 1977, 96). Robertson kommt deshalb zu dem harschen Urteil, dass Lessings Überlegungen zu Aristoteles veraltet und irreführend sind (B 11: 1939, 489). Dass aber Lessing sich auf Übersetzungen stützte, war im 17. und 18. Jahrhundert nicht ungewöhnlich, da Griechischkenntnisse auch unter den Gelehrten nicht besonders verbreitet waren.

Im *Trauerspiel-Briefwechsel* teilt Lessing seine neue und ihn selbst erstaunende Entdeckung mit: Die bisherigen Aristoteles-Übersetzer hätten die beiden zentralen Begriffe *eleos* und *phobos* falsch übersetzt. Sie bilden das Kernstück von Aristoteles' Tragödientheorie und vor allem von deren neuzeitlicher Rezeption, denn auf ihnen baut die Katharsis-Lehre auf. Lessing nähert sich der stets umstrittenen einschlägigen Passage aus dem 6. Kapitel der aristotelischen *Poetik* als Philologe. Mitten in der Arbeit an der *Hamburgischen Dramaturgie* gelangt er zu einem eigenen Übersetzungvorschlag: Während er in früheren Erwähnungen immer *eleos* und *phobos* mit »Mitleid« und »Schrecken« übersetzt, ersetzt er in der Weiße-Besprechung der *Hamburgischen Dramaturgie* den »Schrecken« durch die »Furcht« (Gö 4,574–578), wie er es allerdings schon in seinem Brief an Nicolai vom 2. April 1757 getan und offensichtlich wieder vergessen hatte (Robertson, B 11: 1939, 353 f.). Mit dieser unscheinbaren semantischen Änderung nimmt er eine gravierende Verschiebung vor. Erst jetzt wird ihm die Deutung möglich, die er braucht: »Mit einem Worte: diese Furcht ist das auf uns selbst bezogene Mitleid« (Gö 4,579). Die Furcht erscheint dem Mitleid nachgeordnet; sie lässt sich diesem subsumieren und tritt nicht mehr als eigenständiger Affekt auf – das war das Ziel von Lessings Interpretation.

Denn nur mit dieser Umdeutung gelingt es, Aristoteles zu retten und ihn der sich modernisierenden Tragödientheorie und dem neuen Menschenbild anzupassen. Lessing versieht das Mitleid mit einem sozialen Index. Es ist ein Affekt, der mit dem christlichen Ideal der Nächstenliebe von Lessing unter dem Stichwort der »Philanthropie« (Gö 4,586 f.) – wie später im *Testament Johannis* (Gö 8,15–19) – aufgefüllt und damit den moralischen Auffassungen seiner eigenen Zeit angenähert wird (Fuhrmann, B 11: 1973, 300 f.; kritisch variierend: Dreßler, B 12: 1996, 150 f.). Nur auf dieser Basis einer christlichen Moralvorstellung kann das Mitleid in ethische Kategorien gefasst werden (George, B 11: 1972, 239). Lessing zielt also nicht auf das Tragische, sondern direkt auf die Emotionen und indirekt auf die Moral der Menschen. Schadewaldt hat deshalb Lessings Übersetzung der zentralen aristotelischen Kategorien zurückgewiesen und darauf aufmerksam gemacht, dass die christlichen Konnotationen Aristoteles' naturgemäß fehlen müssen. Aristoteles habe vielmehr stattdessen der Tragödie mit »Schrecken« und »Jammer« ein Wirkungspotenzial zugewiesen, das das ursprünglich Tragische des Menschseins erfassen solle (B 11: 1968, 336–342).

Entsprechend Lessings eigenen theoretischen Vorgaben rückt der Mitleidbegriff damit an die zentrale Stelle. Sein Pendant wird vom »Schrecken« zur »Furcht« abgemildert und an die zweite Stelle gerückt – eine Auffassung, die bereits von den Mitkorrespondenten im *Trauerspiel-Brief-wechsel* nicht akzeptiert wurde. Mit dieser Änderung verschiebt sich das Gefüge der tradierten aristotelischen Poetik. Diese Verschiebung geht so weit, dass schließlich sogar der Endzweck der Tragödie betroffen ist. Nach Aristoteles oder zumindest nach der neuzeitlichen Aristoteles-Interpretation – denn Aristoteles' *Poetik* selbst gibt wenig Anhaltspunkte – ist es der Zweck der Tragödie, den Menschen von seinen Affekten zu reinigen. Diese Auffassung bietet eine ideale Anschlussstelle für die frühneuzeitliche rationalistische Anthropologie, deren Ideal der affektfreie Mensch ist. Mit einer kleinen grammatischen Verschiebung deutet Lessing die Katharsis-Lehre radikal um. Aus der Reinigung von den Affekten wird eine Reinigung der Affekte. Die Affekte behalten der modernen Anthropologie entsprechend ihre Schlüsselstellung im psychischen Haushalt des Menschen. Die Aufgabe des Theaters ist es jetzt, sie zu veredeln, indem sie von unreinen Beimengungen gesäubert werden. Übrig bleibt der reinste aller Affekte: das Mitleid. Die Reinigung besteht in nichts anderem »als in der Verwandlung der Leidenschaften in tugendhafte Fertigkeiten« (Gö 4,595). Das ist im Übrigen ein Gedanke, der direkt aus Batteux' *Principes de la littérature* entnommen sein dürfte (Robertson, B 11: 1939, 374 f.).

Aus diesen grundlegenden Postulaten ergeben sich konkrete Forderungen für den Dramatiker: Lessing lehnt die Ständeklausel ab, die ein Kernstück der traditionellen Tragödientheorie bis zu Gottsched gewesen war – nicht in der »Fallhöhe« bestehe die tragische Wirkung des Trauerspiels, sondern in der Erregung und Reinigung des Mitleids (Gö 4,587). Vor allem aber entwickelt sich aus diesen Überlegungen die Theorie des »gemischten Charakters«. Lessing hat dieses Problem schon an ganz anderer Stelle aufgeworfen. In seiner Rettung des Simon Lemnius verteidigt er sich vorab gegen den zu erwartenden Vorwurf, er schmälere das Andenken Luthers: Es sei ihm »recht lieb«, einige »kleine

Mängel an ihm entdeckt zu haben, weil ich in der Tat der Gefahr sonst nahe war, ihn zu vergöttern. Die Spuren der Menschheit, die ich an ihm finde, sind mir so kostbar, als die blendendste seiner Vollkommenheiten« (Gö 3,269; auch 8,659). Diese Idee wird dann dramaturgisch umgesetzt: Lessing findet in der *Hamburgischen Dramaturgie* die Formel von dem Charakter auf der Bühne, der »von gleichem Schrot und Korne« (Gö 4,580 f.) sein müsse wie der Zuschauer, damit die kathartische Wirkung durch Identifizierung erreicht werden könne.

Die dramaturgischen und ästhetischen Grundpositionen Lessings, inklusive seiner Aristoteles- und Katharsis-Deutung, sind in keinem Punkt originell; er hat sie alle der zeitgenössischen Literatur entnehmen können (Nivelle, B 10: 1977, 90 f.; 97). In einer Reihe vor allem älterer Forschungsbeiträge wurde seine Einbindung in eine Vorläufertradition und in das Denken der Aufklärung gezeigt. Dabei kann nicht nur der große Einfluss ausländischer Theorien, sondern auch ein kaum beachteter Strang der deutschen Dramentheorietradition seit dem 17. Jahrhundert in Einzelfragen herangezogen werden, der von Daniel Georg Morhof über Neukirch bis zu Nicolai und Johann Elias Schlegel reicht (George, B 11: 1977, 240 f.). Daneben sind die zeitgenössischen ausländischen Werke von Homes *Elements of Criticism*, die auf Deutsch 1763–66 erschienen, und Marmontels *Poétique françoise* von 1763 als wichtige Impulsgeber zu verzeichnen (Robertson, B 11: 1939, 342). Lessings Beitrag zur Modernisierung der Dramentheorie besteht also weniger in der Originalität seiner Gedanken als in ihrer originellen Verknüpfung (Cassirer, B 5: 1973, 478).

Der eklektische Charakter von Lessings Dramentheorie sollte nicht überraschen, denn ihr Kernwerk, die *Hamburgische Dramaturgie*, ist nichts weniger als ein systematisch angelegtes Werk. Es hat seine Wurzeln nicht in der Dramentheorie, sondern in der Theaterpraxis. Das Hamburger

Das Schauspielhaus am Gänsemarkt in Hamburg
Zeitgenössisches Aquarell

Nationaltheater wurde am 22. April 1767 eröffnet. Seitdem erscheinen Lessings Beiträge zur *Hamburgischen Dramaturgie*, aber Lessing hat mit den Aufführungen nicht Schritt gehalten. Die *Hamburgische Dramaturgie* beschäftigt sich nur mit den ersten 14 Wochen des Nationaltheaters und entfernt sich dann immer weiter von den Vorgängen auf der Hamburger Bühne. Das Repertoire umfasst in der Zeit vom 22. April 1767 bis zum 28. Juli 1767 nur deutsche und französische Stücke (Robertson, B 11: 1939, 51–93) und hätte schon aus diesem Grund wenig Anhaltspunkte für Lessings Erneuerung des Theaters gegeben – wie überhaupt die üblich gewordene Dichotomisierung einer französisierenden, auf Gottsched zurückgehenden und einer shakespearisierenden, durch Lessing inaugurierten Tradition mit der Aufführungspraxis des 18. Jahrhunderts nicht in Einklang zu bringen ist (Meyer, B 11: 1985, 145 f.).

Lessing hat zudem die Aufführungen nicht sehr aufmerksam verfolgt. Es ist schwer vorstellbar, dass der ungeduldige und kaum als Augenmensch disponierte Autor ruhig im Zuschauerraum gesessen habe – so jedenfalls kritisiert ihn die Schauspielerin Sophie Friederike Hensel (Oehlke, B 3: [1929], 2,20). Bald erwies sich die Untauglichkeit der Konstruktion, den geborenen Kritiker auf Besprechungen des eigenen Hauses zu verpflichten. Durch seine Kritik von Schauspielerleistungen geriet er in Konflikt mit den Mitgliedern des Ensembles; und es wurde ihm zur Auflage gemacht, sich darüber nicht mehr zu äußern. So entfernte er sich immer weiter von der Tagesaktualität seines Theaters und widmete sich allgemeinen Ausführungen über das Drama und die Schauspielkunst – was auch durchaus praktische Gründe hatte. In einem Brief an Nicolai schreibt Lessing: »Ich muß um mich greifen, um die Materie so lange zu dehnen, bis die Gesellschaft wieder nach Hamburg kömmt« (Ba 11.1,496).

Es lassen sich einige Kernfelder seines Interesses herausarbeiten. Außer den schon im *Trauerspiel-Briefwechsel* erörterten Fragen der Aristoteles-Interpretation gehört, entgegen dem Eindruck, den die spätere germanistische Diskussion der *Hamburgischen Dramaturgie* erweckt hat, keine besonders intensive Diskussion der antiken Theatertheorie dazu. Das ist deshalb bemerkenswert, weil Lessing immerhin mit dem Anspruch aufgetreten war, die Unterlegenheit der französischen Dramatik gegenüber der griechischen nachzuweisen (Robertson, B 11: 1939, 307 f.). Auch die konkrete Auseinandersetzung mit dem französischen Klassizismus sucht er kaum; es findet sich nur eine ausführliche Beschäftigung mit Voltaire, deren äußerst kritischer Tenor oft weniger durch die Sachlage als vielmehr durch Lessings eigene biographische Reminiszenzen begründet erscheint.

Den meistbeachteten Teil der dramaturgischen Grundla-
genreflexion in der *Hamburgischen Dramaturgie* bilden
neben der Katharsis-Thematik Lessings verstreute Überlegungen zum »Genie«-Problem im Drama, die in einer neu-
erlichen Shakespeare-Apotheose münden. Lessings Äußerungen über Shakespare sind auch in der *Hamburgischen
Dramaturgie* auffällig unklar. Am Genie des Engländers
lässt er keinen Zweifel; aber was er über ihn zu sagen hat, ist
sachlich wenig ergiebig (Robertson, B 11: 1939, 247–254;
George, B 11: 1972, 295). Das hängt sicher mit seiner konservativen poetologischen Grundeinstellung zusammen, die
sich bereits in seinen früheren kritischen Schriften gezeigt
hatte. Sie lässt ihn eine ambivalente Stellung zum Genie –
selbst zu dem des Engländers – einnehmen; grundsätzlich
ähnelt diese spätere Position jener, die er bereits in seinem
Lehrgedicht *An den Herrn Marpurg* eingenommen hatte: Er
lehnt gleichermaßen die klassizistische Regelhaftigkeit wie
den genialischen Überschwang ab (Grimm, B 3: 1992, 60).

Für die Dramenpraxis mündet dies in der Forderung,
dass der geniale Autor sein Drama nach den Regeln der
Kausalität zu organisieren habe: »Das Genie können nur
Begebenheiten beschäftigen, die in einander gegründet sind,
nur Ketten von Ursachen und Wirkungen« (Gö 4,368).
Hinter dieser Kausalitätsforderung verbirgt sich merkwürdigerweise ein moralisches Argument: »Wunder dulden wir
da nur in der physikalischen Welt; in der moralischen muß
alles seinen ordentlichen Lauf behalten, weil das Theater die
Schule der moralischen Welt sein soll« (Gö 4,239). Am Ende
bedeutet dies, dass das Drama des Genies logisch struktu-
riert sein und einer moralischen Absicht dienen muss – und
das ist, im modernisierten Gewand, wieder die Konzeption
Gottscheds (Gö 4,673; 36; Schmidt, B 5: 1985, 91 f.; Nivelle,
B 11: 1971, 128–134).

Unmittelbar nach dem Erscheinen der *Hamburgischen
Dramaturgie* treten in Deutschland die Stürmer und Dränger auf den Plan, die sich den Genie-Kult auf die Fahnen

schreiben. Lessing hat sich mit ihnen nicht ausdrücklich auseinandergesetzt, aber eine Episode gibt Aufschluss über sein Verhältnis zu ihnen. Die Huldigung im *Werther* – Werther stirbt bekanntlich mit der aufgeschlagenen *Emilia Galotti* auf seinem Lesepult – dürfte ihn geärgert haben (Baumann, B 10, 1951, 63 f.). Lessing gibt nach der Lektüre des Romans 1774 einige Erläuterungen in einem Brief an Eschenburg, in dem er die ungezügelte Leidenschaft des Protagonisten tadelt, da sie die wichtigste Aufgabe der Literatur vernachlässige: Sie dürfe »nicht mehr Unheil als Gutes stiften«, und deshalb fehle dem *Werther* eine kalte, den moralischen Zweck erläuternde Schlussrede (Ba 11.2,667). Er selbst hat sich an einem Drama *Werther der Bessere* versucht, das aber über die Regieanweisung zur ersten Szene nicht hinausgekommen ist (Gö 2,577). Sein Kommentar zu *Werther* ist noch ganz aus dem Geiste des Rationalismus gesprochen und zeigt, ebenso wie seine abfälligen Urteile über *Götz von Berlichingen* (Ba 11.2,642), wie fern Lessing der nachrückenden Generation geblieben ist – und wie nah er im Fall der *Werther*-Kritik seinem späteren Hauptgegner Goeze stand (Boehart, B 13: 1988, 253 f.).

Mit der Erörterung dieser Problemkreise ist der theoretische Ertrag der *Hamburgischen Dramaturgie* umrissen. Von Interesse – das sie in der Germanistik kaum gefunden haben – sind jedoch noch die recht ausführlichen Erörterungen Lessings über die Schauspielkunst. Hier nähert er sich einem Thema, das erst in diesen Jahren verstärkte Aufmerksamkeit gefunden hatte und zu dem er bei seinem Gewährsmann Diderot schon Ansätze einer Theorie finden konnte. Lessing widmet sich ausführlicher den Leistungen der Schauspieler und schließt theoretische Reflexionen daran an (Robertson, B 11: 1939, 482–486). Ihn interessieren besonders Gestik und Mimik. Sein altes physiognomisches Interesse schlägt damit wieder durch, ohne dass er allerdings die zeitgenössischen Theorien zum Thema systematisch aufgriffe. Die Gestik, so argumentiert er, beleuchtet das Innere,

Unausgesprochene des Charakters. Die Frage nach der
Rolle der Gebärden warf Lessing übrigens schon in einem
kleinen Fragment auf, das wahrscheinlich von 1754
stammt: *Der Schauspieler. Ein Werk worin die Grundsätze
der ganzen körperlichen Beredsamkeit entwickelt werden*
(Gö 4,723–733). Mit seinen verstreuten Bemerkungen in
der *Hamburgischen Dramaturgie* über die Schauspielkunst
versucht er, in diesem Bereich konsequent die neue Anthropologie durchzusetzen. Er folgt dem Gedanken, dass Gestik und Mimik einer eigenen »Grammatik des natürlichen
Ausdrucks« folgen sollten, eine Auffassung, die sich in diesen Jahrzehnten erstmals Bahn brach (Graf, B 11: 1992,
135–142). Entgegen der tradierten Auffassung einer Gebär-
denlehre, die das Kunstvolle – oder Künstliche – als eigentliche Leistung des Schauspielers betont, hatte schon Christlob Mylius die Schauspielkunst als eine »freie Kunst« hervorgehoben. Lessing führt diesen Gedanken weiter in den
Überlegungen der *Hamburgischen Dramaturgie*, die wesentlich von den schauspielerischen Leistungen Konrad Ek-
hofs inspiriert wurden. An Ekhof lobt er die Leichtigkeit,
die seine Worte »als keine mühsamen Auskramungen des
Gedächtnisses, sondern unmittelbare Eingebungen der gegenwärtigen Lage der Sachen« erscheinen lassen (Gö 4,244),
und auch seine Mimik findet Lessings höchstes Lob: »Welcher Reichtum von malenden Gesten, durch die er allgemeinen Betrachtungen gleichsam Figur und Körper gibt, und
seine innersten Empfindungen in sichtbare Gegenstände
verwandelt!« (Gö 4,309) Chodowiecki hat diese Entwicklungen durch seine Bilderserie über »natürliches« und »af-
fektiertes« Verhalten illustriert und unterstützt (B 5: 1978,
124–128).

Die *Hamburgische Dramaturgie* ist der umfangreichste
und am meisten beachtete dramentheoretische Text Lessings. Er ist weit davon entfernt, eine systematische Theorie
des Dramas oder gar der Kunst zu entwerfen. Lessing hat
sich aber an anderer Stelle mit grundsätzlichen Fragen der

Ästhetik – und nicht nur der Dramentheorie – befasst. Seine Reflexionen über das Verhältnis von Künstler und Kunstwerk sind verstreut und wenig beachtet worden; dennoch verdienen sie genauere Betrachtung, da mit ihnen ein Problemkreis aufgeworfen wird, der in der Mitte des 18. Jahrhunderts erstmals systematisch untersucht wurde und der seitdem aus der Kunsttheorie nicht mehr wegzudenken ist (Brenner, B 5: 1998, 291–294). In den *Rettungen des Horaz* wird dieser Komplex am ausführlichsten in Form von eingeflochtenen Grundsatz-Überlegungen aufgegriffen, die das Verhältnis des Dichters zu seinem Werk und zu seiner Zeit betreffen. Lessing besteht im Blick auf Horaz darauf, dass »die Spiele seines Witzes nicht zu Bekenntnissen seines Herzens« gemacht werden (Gö 3,606). Horaz habe über diese Dinge schreiben können, ohne sie selbst praktiziert zu haben. Es ist bemerkenswert, dass Lessing hier eine Auffassung verteidigen muss, die wenige Jahre zuvor niemand in Frage gestellt hätte. In der Frühaufklärung war es ebenso wie in der Barockzeit selbstverständlich, dass der Schriftsteller in Distanz zu seinen Stoffen stand. Die von Lessing bekämpfte Vorstellung, dass Dichtung Ausdruck unmittelbaren Erlebens sein solle, ist hingegen allerjüngsten Datums und wohl erst durch die Klopstock-Lyrik um die Jahrhundertmitte in die deutsche Literatur eingedrungen. Zugleich macht Lessing den Dichter zum Sprachrohr seiner Zeit: »Ist es aber nicht die Pflicht eines Dichters, den Ton seines Jahrhunderts anzunehmen? Sie ist es, und Horaz konnte unmöglich anders von der Liebe reden, als nach der Denkungsart seiner Zeitgenossen« (Gö 3,602). Damit sind wichtige dichtungstheoretische Grundpositionen markiert.

Ähnliche Überlegungen bleiben allesamt verstreut und unsystematisch. Ein einziges Mal hat Lessing den Versuch einer systematischen Grundlegung unternommen. 1766 veröffentlicht er seinen *Laokoon*. Der Text gehört zu den wichtigeren Dokumenten der deutschen Literatur- und Kunsttheoriegeschichte. Mit dem *Laokoon* reagiert Lessing auf neue Tendenzen in der Kunstdiskussion seiner Zeit – und das heißt vor allem: er reagiert auf Johann Joachim Winckelmann. Winckelmann hatte mit seinen 1755 erschienenen *Betrachtungen über die bildende Nachahmung der Griechen* und seiner seit den frühen sechziger Jahren erscheinenden *Geschichte der griechischen Kunstwerke* einen grundlegenden Wandel eingeleitet. Winckelmanns Kunsttheorie zeigt zunächst einmal, ebenso wie die Lessings, dass die Zeit der großen Systeme vorbei ist. Anders als Lessings Theorie aber ist die Winckelmanns nicht vom Geist nüchterner kritischer Skepsis geprägt, sondern von dem des Enthusiasmus. Der Verstand als Instrument der Kunstkritik wurde entmachtet – das ist die neue Botschaft Winckelmanns. Die wahre Erfassung der Kunst, so lehrt er, bedarf eines eigenen, des »inneren Sinns«, über den nicht jeder verfügt (B 5: 1825a, 249). Diese Auffassung, dass das Kunstwerk sich durch seine Irrationalität der Vernunft entziehe und dass das eigene Gefühl einen gültigen Maßstab für das Kunsturteil abgeben dürfe, hat die Kunstauffassung bis weit ins 20. Jahrhundert hinein geprägt.

Lessing sieht sich durch diese Argumentation zu einem Gegenkonzept provoziert. Sein *Laokoon* ist im Wesentlichen als ein Vergleich zwischen der Leistungsfähigkeit der bildenden Künste und der Literatur und zugleich als Rehabilitation der Literatur angelegt. Damit greift er ein altes Thema auf, das seit der Poetik des Horaz in der poetologischen Diskussion präsent gewesen ist: »ut pictura poesis« hatte Horaz gefordert – der Dichter soll schreiben, wie der Maler malt (Buch, B 11: 1972, 26–63). Diese Auffassung wird von Lessing verworfen. Er entwickelt den Gedanken von der grundsätzlichen Verschiedenheit der darstellenden und der beschreibenden Künste. Im Rückgriff auf etliche antike Beispiele, insbesondere auf die berühmte Schildbeschreibung des Achilles in der *Ilias*, legt er seine Einsicht dar: Die bildende Kunst ist immer auf Gleichzeitigkeit verwiesen, während die Literatur als die darstellende Kunst auf das Nacheinander in der Zeit angelegt sei. Das war nicht originell, obwohl in der Nachwelt der Eindruck entstanden ist. Schon Dilthey hat darauf hingewiesen, dass Lessings *Laokoon* in vielen seiner grundlegenden Bestimmungen von zeitgenössischen Vorstellungen abhängig ist. Von Shaftesbury über Dubos und James Harris bis zu Diderot wurde das Sukzessionsprinzip als Unterscheidungsmerkmal der Künste diskutiert (Dilthey, B 3: 1991, 50–55; Nivelle, B 10: 1977, 92–94). Pikanterweise gehört auch Winckelmann zu den Autoren, bei denen dieser Gedanke erörtert wurde. Pikant ist das deshalb, weil Lessing zur Wahrung seines Originalitätsanspruchs wahrheitswidrig suggeriert, er habe Winckelmanns drei Jahre zuvor erschienenes Buch noch nicht gelesen, als er den *Laokoon* schrieb. (Gö 6,166; dazu 910 f.)

Auch wenn der Grundgedanke also nicht ganz neu ist, so wird er von Lessing jedoch mit gewohnter polemischer Kraft bis zur letzten Konsequenz weitergeführt. In seiner Argumentation ist eine Folgerung angelegt, die zum zentralen Fundament der weiteren Theorientwicklung werden soll: Lessing rehabilitiert die »Einbildungskraft«, indem er die Poesie gegenüber der bildenden Kunst höher bewertet: »Dasjenige aber nur allein ist fruchtbar, was der Einbildungskraft freies Spiel läßt« (Gö 6,25; Wellbery, B 11: 1984, 168 f.). Denn die Poesie – so führt er im Anhang des *Laokoon* und in einem brieflichen Kommentar gegenüber Nicolai zur Kritik Christian Garves aus – nähert sich ihrer Vollkommenheit, wenn sie ihre »willkürlichen Zeichen« den »natürlichen« anzugleichen sucht, während die Malerei ihre Vollkommenheit im Gebrauch natürlicher Zeichen findet. In ihrer höchsten Ausgestaltung, dem Drama, besteht die Leistung der Poesie darin, dass sie ihre »willkürlichen« Zeichen zu »natürlichen« umgestaltet (Ba 11.1,608–610; Wehrli, B 12: 1983, 56–63). Daraus ergeben sich besonders Folgerungen für die dramatische Praxis: Das Drama ist auf-

gefordert, die willkürlichen Zeichen zu natürlichen umzu-
gestalten; damit löst es sich von der alten Stillehre und
gleichzeitig von der Ständeklausel: Jede Person spricht auf
der Bühne die ihr eigene Sprache (Schröder, B 3: 1979, 68 f.).
Diese »natürliche« Sprechweise ergibt sich für Lessing also
nicht aus der Nachahmung der – sozialen – Wirklichkeit; sie
ist vielmehr Folge theoretischer Überlegungen, die eine
Auf- und Ablösung der tradierten Dramenkonventionen
beabsichtigen.

   Deutlicher als an der *Laokoon*-Schrift selbst lässt sich der
Dualismus, der sich in der Ästhetik-Diskussion der Jahrhundertmitte auftut, an einer Episode aus Lessings Biographie ablesen. 1775 erhält Lessing unvermutet die Gelegenheit, nach Italien zu reisen. Die Reise hat eine Vorgeschichte:
Lessing hatte bei seinem Wolfenbütteler Dienstherrn schon
lange um die Gelegenheit nachgesucht, eine solche Reise
machen zu dürfen – ein Ansinnen, das ihm, als einem der
profiliertesten Altertumskenner seiner Zeit, nicht versagt
worden war. Im Vorfeld der Wolfenbütteler Berufung
taucht der Wunsch nach einer Romreise an vielen Stellen des
Briefwechsels auf (Ba 11.1,540; 551 f.; 558; 579; 581). Dennoch kam die Zusage überraschend. Lessing unternahm die
Reise sehr unwillig, und dies mag ein Grund dafür gewesen
sein, dass sie so wenig Ertrag gebracht hat. Tatsächlich lassen seine dürftigen Reisenotizen nichts von der Erfüllung
einer Sehnsucht erkennen (Gö 6,819–851). Es ist kein Zentrum seines Interesses zu sehen. Lustlos notiert er Begebenheiten am Rande, die er wahllos aneinander reiht. Gerade
die Kunst, mit der er sich doch so engagiert und polemisch
befasst hatte, wird praktisch ignoriert. Die Laokoon-
Gruppe, die er jetzt im Original sehen konnte – nachdem er
sie zuvor wahrscheinlich nicht einmal von Gipsnachbildun-
gen, sondern nur aus einer Umrisszeichnung kannte
(Schmidt, B 3: 1899, 1,511) –, übergeht er mit einem flüchti-
gen Hinweis. Die sinnliche Wahrnehmung war Lessings
Sache nicht, das hat schon Thomas Mann festgestellt:

die Notizen über die Italien-Reise zeigen den lesenden, nicht den schauenden und erfahrenden Lessing (Mann, B 3: 1968, 361; Wiedemann, B 3: 1984, 153). Schiller hat – mit welchem Wahrheitsgehalt, muss dahingestellt bleiben – Lessing unterstellt, er habe behaupten wollen, »daß ein Aufenthalt in diesem [Mannheimer] Antikensaal dem studierenden Künstler mehrere Vorteile gewährte als eine Wallfahrt zu ihren Originalen in Rom, welche großenteils zu finster oder zu hoch« stünden (B 5: 1967b, 880). Auch hier hat Winckelmann erst neue Wege eröffnet, indem er den Sinn für die Notwendigkeit der Anschauung der Originale weckte. Die Frage nach Lessings sinnlicher Aufnahmefähigkeit ist in jüngerer Zeit wieder viel diskutiert worden (Mattenklott, B 11: 1997, 230 f.). Zu seinen Gunsten wurde der Brief an Karl vom 7. Mai 1775 angeführt, in dem er von seinem »alten Gedanken, in Italien zu leben und zu sterben«, spricht: »so sehr gefällt mir noch alles, was ich in dieser Gegend höre und sehe« (Ba 11.2,715). Dieser Brief wurde allerdings ganz zu Beginn der Reise, aus Mailand noch, geschrieben und hat deshalb wenig Aussagekraft. Im 13. *Antiquarischen Brief* spricht Lessing seine Auffassung, im Eifer des Gefechts, unumwunden selbst aus: »Denn ich, ich bin nicht in Italien gewesen; ich habe den Fechter nicht selbst gesehen! – Was tut das? Was kömmt hier auf das *selbst Sehen* an?« (Gö 6,232)

*Laokoon* ist Lessings einzige Schrift, in der ein grundlegendes Problem der Ästhetik systematisch durchdiskutiert wird. In der zeitgenössischen Diskussion hat diese Schrift keine besonders große Rolle gespielt. Sie war eher der Verteidigung des Alten als der Unterstützung des Neuen in der Kunstdiskussion gewidmet. Die Kontroverse, die sich auch um diese Schrift entsponnen hat, hat mit ihrem eigentlichen Thema nichts zu tun. Hier geht es wieder eher um altphilologische Quisquilien und beiderseitige Rechthabereien: Lessing hat nach dem *Laokoon* eine Arbeit veröffentlicht zu dem Thema *Wie die Alten den Tod gebildet*. Er vertrat die

These, dass Darstellungen des Schrecklichen und Grauen-
haften in der antiken Kunst nicht zu finden seien.

Lessings These wurde von dem Altphilologen Klotz öffentlich bestritten, und in diesem Zusammenhang kamen
altphilologische Details aus dem *Laokoon* zur Diskussion.
Der Streit wurde langandauernd, lebhaft, polemisch und
teilweise bösartig von beiden Seiten geführt. Ein sachlicher
Gewinn wurde nicht erzielt, und in der Frage, wer in welchem Detail Recht gehabt hat, hat die moderne Altphilolo-
gie beiden Seiten Recht und Unrecht geben müssen. Durch
diesen rein altphilologischen Streit ist die Rezeption der
*Laokoon*-Schrift noch deutlicher auf ein falsches Gleis geschoben worden, als sie es von ihrer Anlage her schon nahegelegt hatte. Als Programmschrift, die den Vorrang der Literatur neu zu begründen sucht, wurde sie nicht erkannt.
*Laokoon* lässt sich als ein etwas verspäteter Abschluss von
Lessings literaturkritischem Frühwerk lesen. Sein eigenes
Interesse hatte sich zu dieser Zeit bereits längst verlagert.
Nicht mehr die allgemeine Literaturkritik war Lessings Me-
tier geworden, sondern die Dramentheorie und -praxis.

# 8

# Die Tragödien

Lessing verdankt seinen Ruf als Dramatiker vier Dramen: der Komödie *Minna von Barnhelm*, dem »dramatischen Gedicht« *Nathan der Weise* und den beiden »bürgerlichen Trauerspielen« *Miß Sara Sampson* und *Emilia Galotti*. Diese vier Dramen sind umrahmt von knapp drei Dutzend Dramenfragmenten und -entwürfen sowie einem fertiggestellten Einakter und einem noch von Lessing selbst veröffentlichten Fragment.

Das Fragment heißt *Samuel Henzi. Ein Trauerspiel*. Lessing hat es auf dem Titelblatt mit »Berlin 1749« datiert, erschienen ist es 1753 in der Ausgabe der *Schriften*. Die möglicherweise fingierte Datierung verweist auf die Nähe zum Handlungszeitraum; Lessing greift einen aktuellen Stoff aus dem Jahr 1749 auf: den gescheiterten Aufstand des Berner Bürgers Samuel Henzi, der mit dessen Hinrichtung endete. Lessing hat sich mit dem Fall aufgrund von Zeitungsnachrichten und mündlichen Mitteilungen beschäftigt. Sein Rückgriff auf einen zeitgenössischen Stoff bedeutet einen Bruch mit einer ungeschriebenen Konvention – tatsächlich hat sich das deutsche Trauerspiel immer sehr weit entfernt von zeitgenössischen politischen Stoffen gehalten. Eine signifikante Ausnahme ist Gryphius' Darstellung der Hinrichtung des Königs Carolus Stuardus im Jahre 1657 und Christian Weises *Masaniello* (1683), der den wenige Jahre zuvor erfolgten Fischeraufstand in Neapel beschreibt – diesen Stoff wollte Lessing im Sommer 1773 noch dramatisieren, wie er dem Bruder schreibt (Ba 11.2,550). Die politische Konzeption der Tragödie Samuel Henzi, soweit sie zu erkennen ist, ist eher konservativ. Lessing plädiert dafür,

wie Henzi das Gemeinwohl vor den Eigennutz zu stellen,
damit eine Revolution überflüssig wird. Aber immerhin
wird die Herrschaft zur Angelegenheit aller Staatsbürger erklärt, die aufgefordert sind, dem Staatswohl zu dienen
(Graf, B 11: 1992, 263).

Aber Lessing zeigt sich in dieser Tragödie weniger an po-
litischen Fragen als an Charakteren interessiert – so jedenfalls beschreibt er seine Absicht 1753 (Gö 3,328 f.). In seiner
Charakterschilderung verfährt Lessing streng schematisch.
Samuel Henzi, so erklärt er in den *Briefen*, steht für das
Prinzip der Freiheit, das aus patriotischer »Liebe zur öffentlichen Sache« verfochten wird (Seeba, B 12: 1973, 36 f.);
Dücret vertritt den Eigennutz (Gö 3,328). Mit dieser Cha-
rakterkonstellation greift Lessing praktisch unmittelbar auf
Gottscheds zwei Jahrzehnte zuvor erschienene »Mustertra-
gödie« *Der sterbende Cato* zurück. Die Politik-Konzeption
des Dramas ist der klassischen Theorie verpflichtet, die
»Freiheit« weniger in den Institutionen als im Charakter
der Herrschenden verankert sehen will (Boehart, B 13:
1988, 310–312). Auch wenn die politische Konstellation in
beiden Stücken sich deutlich unterscheidet, so bleibt die
Grundidee bei Lessing die gleiche wie bei Gottsched: beide
werfen die Frage auf, wer dem Vaterland am besten diene;
und in beiden Fällen ist es, wenig überraschend, der, der
sich einer Idee verschrieben hat, und nicht der, der seinen
eigenen Interessen und Begierden folgt. Auch in der Form
folgt Lessing dem heimlichen Vorbild Gottscheds. Das *Samuel-Henzi*-Fragment ist in bemerkenswert routinierten
Alexandrinern geschrieben, dem Versmaß, das seit der französischen Klassik der heroischen Tragödie vorbehalten war
und zu dessen Ablösung Lessing selbst Maßgebliches beitragen wird. Trotz seiner konventionellen Anlage ist das
Fragment aber doch entwicklungsgeschichtlich interessant:
Es zeigt, wie Lessing auf dem Boden der frühaufklärerischen heroischen Tragödie steht, von der er sich nur sehr
langsam, aber sehr bewusst löst.

Zwei Jahre nach dem Erscheinen des *Samuel-Henzi*-Fragments geht Lessing mit seiner *Miß Sara Sampson* völlig andere Wege. Aber dennoch hat er sich nicht vollkommen vom Vorbild der heroischen Tragödie gelöst. Denn zwischen *Miß Sara Sampson* und *Emilia Galotti* steht, scheinbar isoliert in der Werkentwicklung, der Einakter *Philotas*. Dem ersten Eindruck nach stellt sich Lessing hier ungebrochen in die klassische Tragödienkonstellation. Der Handlungsablauf der Tragödie ist denkbar einfach: Der jugendliche, fast kindliche Königssohn Philotas ist in Gefangenschaft geraten. Er erfährt, dass auch der Sohn des Königs, der ihn gefangen hält, wiederum bei seinem eigenen Vater in Gefangenschaft geraten ist. Die eigene Gefangenschaft gibt Philotas Anlass zu bitterer patriotischer Selbstanklage. Er wirft sich vor, den Vorteil verscherzt zu haben, den sein Vater durch die Gefangenschaft des gegnerischen Königssohns habe gewinnen können. Durch List und Verstellung beschafft er sich ein Schwert und bringt sich um. Im Sterben freilich muss er erfahren, dass damit nichts gewonnen wurde. Der gegnerische König lässt ihn noch wissen, dass er nicht daran denke, seinen eigenen Sohn freizukaufen.

Das Stück hat eine doppelte Semantik, und es ist umstritten geblieben. Zunächst verdient wieder das Erscheinungsjahr Aufmerksamkeit, denn das Drama weist unverkennbar zeitgeschichtliche Bezüge auf (Wiedemann, B 12: 1967, 389). *Philotas* erschien 1759, mitten im Siebenjährigen Krieg, in einer Zeit, da sich Kriegsmüdigkeit ebenso breitmachte wie neue Propagandabestrebungen, die eben dieser Müdigkeit entgegenwirken sollten (Bohnen, B 12: 1986, 35). Lessing bezieht sich offenkundig in seiner Stoffwahl auf diese Situation. Dabei kommt er, so sehen es neuere Deutungen, zu einer Kriegs- und Patriotismuskritik. So beteiligt er sich indirekt, nämlich literarisch, an der Diskussion, die in dieser Zeit unter den deutschen Intellektuellen über Krieg und Patriotismus geführt wurde. Lessings eigene Meinung bleibt

unentschieden, während sich die Haltung der aufklärerischen Intellektuellen zum Krieg – und zu Friedrich II. – allgemein signifikant geändert hatte (Schieder, B 5: 1983,
213 f.; Wiedemann, B 12: 1967, 384 f.; Bohnen, B 12: 1986,
26 f.). Thomas Abbt, der seit 1760 Lessings Nachfolger bei
den *Literaturbriefen* ist, hat 1761 den Wandel in der Ein-
stellung zum Krieg in einer wichtigen Schrift dokumentiert:
*Vom Tode für das Vaterland* heißen seine ausführlichen Erörterungen, in denen er, entgegen den noch herrschenden
Auffassungen, den Krieg und das Sterben für das Vaterland
ausdrücklich und mit ebenso rationalistischen wie patriotischen Argumenten verteidigt (Kunisch, B 5: 1996, 985 f.;
Bohnen, B 12: 1986, 30–32). Diese Schrift ist fast als theoretisches Pendant zum *Philotas* zu lesen. Abbts Bild des Soldatentums lässt sich verstehen als Keimzelle eines neuen
republikanischen Menschenbildes aus dem Geist eines aufklärerisch interpretierten Soldatentums. Denn in seinen
Selbstreflexionen begründet Philotas seinen Selbstmord mit
genau jenen Argumenten, die Thomas Abbt im Jahr darauf
aufgreifen wird.

Aber dennoch geht Lessing in seinem Einakter einen anderen Weg; denn bei genauerem Hinsehen erweist sich Philotas' Selbstmord und damit die vorausgehende Selbstreflexion schlicht als falsch. Falsch ist er schon in dem nüchternen Sinne, dass er kein Problem löst: Die Pattsituation, der
Philotas gewaltsam entkommen wollte, wird sofort wiederhergestellt, weil der feindliche König genauso heroisch handelt wie sein Gefangener. Auf den rund 20 Seiten seiner Tragödie schildert Lessing einen Mikrokosmos, dessen sym-
metrische Handlungskonstellation ein genau austariertes
Gleichgewicht besitzt. Es ist nichts anderes als die frühaufklärerische Vorstellung einer vernünftig geordneten Welt,
der er Ausdruck verleiht. Der Versuch, diese Ordnung
durch eigenmächtiges und eigensinniges Handeln zu stören,
ist zum Misserfolg verdammt, die Ordnung wird augen-
blicklich wiederhergestellt.

Es wäre freilich zu bedenken, ob Lessing nicht im Ansatz über dieses Weltbild hinausweist. Denn es stellt sich die Frage, ob die Handlung seines Gegenspielers, des Königs Aridäus, als »heroisch« im traditionellen Sinne oder als »human« im künftigen Sinne zu begreifen ist – dann ließe sich Philotas als »Bekenntnis zu einer Humanität« lesen (Sörensen, B 12: 1984, 73). Die patriotische Kriegsbegeisterung würde einem übergeordneten Humanitätsideal unterworfen (Bohnen, B 12: 1986, 35) – so wurde der Einakter im späten 20. Jahrhundert gerne gelesen, aber eindeutige Anhaltspunkte fehlen auch dafür (Boehart, B 13: 1988, 326). Dass aber tatsächlich der »homo humanus« sich hier von den Fesseln des »homo politicus« befreit (Wiedemann, B 12: 1967, 394–397), ist so eindeutig nicht.

Die langwährende patriotische Deutungsgeschichte des *Philotas* ist nicht schlechthin zu verwerfen. Zweihundert Jahre lang wurde *Philotas* jedenfalls als Verteidigung heroischen Handelns gelesen und bis ins 20. Jahrhundert hinein als Vorbild angeboten – so etwa in einem Vortrag *Der kriegerische Lessing* von Theodor Kappstein aus dem Jahre 1915 (B 3: 1969, 440–443) –, während in der neueren Forschung Konsens darüber herrscht, dass das Stück gerade eine Kritik an diesem Habitus sei (Große, B 12: 1979, 109; Schneider, B 12: 1990, 10). Ob aber das Drama wirklich Lessings »distaste for war« ausdrückt (Ulmer, B 12: 1963, 37), wie es der moderne Forschungskonsens will, ist nicht eindeutig ausmachbar, da der Text wie die Zeitumstände seiner Entstehung immerhin einige Anhaltspunkte für die patriotische Lesart geboten haben (Steinmetz, B 5: 1987, 98 f.).

Wie auch immer der politische Gehalt des Dramas gedeutet werden kann, sein dramenhistorischer Ort ist unstreitig: *Philotas* zeigt, dass das Zeitalter der heroischen Taten im Drama vorbei ist. Wie schwer den Zeitgenossen diese Einsicht gefallen ist, zeigen zwei Reaktionen auf den Einakter. Gleim hat aus *Philotas*, mit Lessings gutmütiger Duldung, eine versifizierte Tragödie gemacht, in der das Heldentum des Jünglings im patriotischen Sinne glorifiziert wird. Autoritärer Staat und bürgerliche Empfindsamkeit gehen eine suggestive Verbindung ein, die in einem gottschedisierenden Schluss mündet: »STRATO: O Held! / ARIDÄUS: O Patriot! / PHILOTAS: Vaterland! / STRATO: Er stirbt!« (B 5: 1979, 61) Der alte Gegner Bodmer hat hingegen Lessings Text eine aufklärerische Position als Kontrafaktur entgegengestellt: Philotas erscheint als Störer einer rationalen Ordnung (Schneider, B 12: 1990, 35–37). Der Krieg ist ein »verkehrter Weg, Glükliche zu machen« (Bodmer, B 5, 1979, 67). Auch das ausdrückliche Selbstmord-Verdikt der Aufklärung wird gegen *Philotas* gewendet: »Dein Leben Polytimet, ist würdiger, als Philotas [sic] Tod« (Bodmer, B 5, 1979, 79). Schließlich hat ein anonymer Verfasser – wohl ebenfalls Bodmer – dem Drama noch eine kritische Rezension gewidmet, die Lessing vorwirft, einen leichtsinnigen und niederträchtigen Protagonisten als edelmütigen Helden zu adeln (Braun, B 3: 1897, 3,17 f.).

Die Uneindeutigkeit des Dramas wird im Selbstmord des Protagonisten offenbar. Einerseits steht Lessing damit ganz in der Gottsched-Nachfolge: Philotas beruft sich wie Cato auf seine stoische Standhaftigkeit, die er als Tugend begreift. In der Gesamtkonstellation des Dramas geht es ihm wie Cato. Die *constantia* erweist sich als eine höchst zweifelhafte Tugend, deren Zeit vorbei ist. Philotas' selbst bescheinigt sich nicht die ehrenwerte »Standhaftigkeit des Alters«, sondern die »Hartnäckigkeit des Jünglings« (Gö 2,118) – das ist im Übrigen schon ein wichtiges Thema in Gottscheds *Agis* (Meier, B 12: 1993a, 56–74). Philotas' Selbstmord bewirkt politisch nichts; und auch seine moralische Rechtfertigung ist zweifelhaft. Denn er erscheint nicht als Konsequenz kühlen, moralgeleiteten Räsonnements, aus dem eine sittliche Entscheidung folgt, sondern als spontaner Entschluss, der aus dem Inneren auftaucht: »Und nun – welcher Gedanke war es, den ich itzt dachte? Nein; den ein Gott in mir dachte«? (Gö 2,110) Hier artiku-

liert sich nicht aufklärerisches Sittengesetz, sondern ein un-
kontrollierter Machtanspruch, der aus unbegründbaren
Quellen aufsteigt und nur der Feier des eigenen Ich dient
(Schneider, B 12: 1990, 19 f.; Ehrich-Haefeli, B 12: 1993,
230 f.; 236). Das sind die Charakterzüge einer späteren Generation; damit würde, wie überspitzt festgestellt wurde,
Philotas zum Ahnherrn Werthers, oder, genauer noch, Sig-
warts: »Philotas ist der Werther der Fünfzigerjahre« (Denton, B 12: 1993, 217).

Der Schlüssel für das Verständnis des Dramas liegt jedenfalls eher im Charakter des Helden als in den Anspielungen
auf die zeitgenössische Situation. Die neuere Forschung hat
ein harsches Urteil über Philotas gesprochen: In ihm mani-
festiere sich das Über-Ich des abwesenden Vaters; seine au-
tistisch-selbstbezogene Haltung sei narzisstisch (Schneider,
B 12: 1990, 18 f.). Philotas wird in den Tod getrieben »durch
eine selbstverschuldete Exkommunikationserfahrung« (Ter-
Nedden, B 12: 1986, 146; Große, B 12: 1979, 118). Die Ego-
zentrik und Kommunikationsunfähigkeit des Helden lässt
sich tatsächlich im Detail am häufigen Gebrauch des Perso-
nalpronomens in der ersten Person und an der Dominanz
der Monologszenen ablesen (Pütz, B 12: 1986, 102). Diese
Disposition des Helden hat Konsequenzen für die Anlage
des Dramas. Philotas entzieht sich den Rettungs- und Ver-
mittlungsversuchen im Drama mit »Gesprächsabbruch und
-verweigerung«; stattdessen flüchtet er sich in die monolo-
gische Trugrede (Ter-Nedden, B 12: 1986, 133–139). In der
Divergenz der neueren Forschungsmeinungen zu *Philotas*
spiegelt sich eine Besonderheit von Lessings Dramatik, die
in den späteren Dramen noch deutlicher werden wird: Es
steht die interessante These zur Diskussion, dass Lessings
Dramen »der Anlaß zur Entstehung einer Interpretations-
literatur im uns geläufigen Sinne« wurden, weil sie in einer
ungewohnten Weise uneindeutig sind (Ter-Nedden, B 12:
1986, 58; auch VIII).

Mehr noch als *Samuel Henzi* markiert *Philotas* die entscheidende Gelenkstelle in der Entwicklung von Lessings
Dramatik. In seinen jüngeren Jahren hat er sich damit abge-
müht, die heroische Tragödie neu zu beleben. Es muss ihm
leicht fallen, nach dem *Philotas* zu besserer Einsicht zu
kommen, denn schon vier Jahre zuvor hat er mit einem völlig anderen Dramentyp einen großen Erfolg errungen: 1755
erschien *Miß Sara Sampson* im sechsten Teil der *Schriften*.
Vor dem Hintergrund der heroischen »Tragödie der Bewunderung« nimmt sich *Miß Sara Sampson* radikal neu und
anders aus. Die Handlung ist bekannt, sie folgt einem
Schema, das in diesen Jahren sich zu etablieren beginnt und
das seinen Ursprung im Vorbild von Richardsons Romanen
*Clarissa* und *Pamela* aus den vierziger Jahren hat.

Lessing konzentriert in *Miß Sara Sampson* die Handlung
so stark wie sonst nicht. Sie vollzieht sich in wenigen Stun-
den und ist beschränkt auf zwei Orte: zwei abgelegene
Landwirtshäuser (Pütz, B 12: 1986, 120–125). Diese Orts-
wahl mag ähnlich wie in *Emilia Galotti* äußerst pragmatische Gründe haben – nicht zuletzt theaterpraktische. Die
populären Stücke der Zeit hatten sich der dramaturgischen
Bequemlichkeit der Schenke gerne bedient, so dass die
Schauspielertruppen auf jeden Fall über entsprechende Re-
quisiten und Kulissen verfügten. Neben diesen Äußerlich-
keiten darf ein gewichtiger semantischer Gehalt nicht
beiseite gelassen werden. Die Schenke zeigt die soziale Entwurzelung der Personen. Die wenigen handelnden Personen – vom Diener Waitwell bis zum Adligen Mellefont –
sind ihrem sozialen Milieu entrissen (Kuttenkeuler, B 12:
1994, 15–17; Maurer-Schmoock, B 12: 1982, 34 f.). Die
Schenke macht sie alle gleich: zu Menschen.

Damit löst Lessing die Ständeklausel als eine der wichtigsten Voraussetzungen der konventionellen Tragödientradition auf. Seit den fünfziger Jahren des 18. Jahrhunderts und
im engen Zusammenhang mit der Herausbildung einer
Konzeption des »bürgerlichen Trauerspiels« ist die Stände-

klausel in die Diskussion geraten. Ihre Aufhebung folgt einer »Veränderung in den gesellschaftlichen Ordnungsvorstellungen« (Graf, B 11: 1992, 170; auch 161–176). Einige Jahre später hat sich Lessing in der *Hamburgischen Dramaturgie* noch einmal ausdrücklich mit dem Problem der Ständeklausel beschäftigt und einen neuen Bestimmungszweck der Tragödie entwickelt: »wenn wir mit Königen Mitleiden haben, so haben wir es mit ihnen als mit Menschen, und nicht als mit Königen« (Gö 4,294; Dreßler, B 12: 1996, 24–31). Diese Aufhebung der Ständeklausel – und damit der klassizistischen Fallhöhen-Theorie – kann gar nicht überschätzt werden. Wenn irgendwo, dann gilt hier die Feststellung, dass Lessings dramatische Eigenart in seinen »Fehlern« besteht, also in der Abweichung von den Gattungskonventionen, die von den Zeitgenossen schon festgestellt wurden (Ter-Nedden, B 12: 1986, 1–4). Lessing hat aber nicht nur die zeitgenössische Dramentheorie herausgefordert. Es wurde gleich gesehen, dass es sich in seinem Theaterschaffen sowohl um einen dramaturgischen wie um einen anthropologischen und philosophischen Paradigmenwechsel handelte. Die Vertreter einer rationalistischen, süddeutschen, jesuitisch geprägten Aufklärung haben diesen Wechsel zu einer sensualistischen Philosophie nicht widerspruchslos hingenommen (Meier, B 12: 1993b, 368 f.).

In *Miß Sara Sampson* folgt Lessing dem Konzept, das er in seinen vorangehenden, begleitenden und nachfolgenden dramaturgischen Schriften entwickelt hat. Die Handlung ist auf »Mitleid« und »Rührung« angelegt, allerdings ist sie weniger auf die Person der Protagonistin fokussiert. Die Rührung realisiert sich in den Emotionen; und deren Ort ist die Familie (Kafitz, B 12: 1982, 58–60). Es ist oft vermerkt worden, dass Lessing in seinen Dramen nur reduzierte und defekte Familien auf die Bühne bringt. Das mag biographische Ursachen haben, aber sicher hat es dramaturgische Gründe: Die familiären Defekte bieten reiche Möglichkeiten zu rührenden Familienszenen mit den daraus sich erge-

benden Affektsteigerungen (Seeba, B 12: 1977, 310–313).
Lessing bringt in *Miß Sara Sampson* die um die Mutter reduzierte – das ist gattungstypisch (Vogg, B 11: 1993, 61) –
und um den Diener erweiterte Kleinfamilie auf die Bühne,
die nach ihrer Zerstörung in neuer Formation wieder zu-
sammenfindet. Der Höhepunkt des Dramas ist die Szene, in
der Sara vom Diener Waitwell den Versöhnungsbrief ihres
Vaters erhält. Diese Szene bietet Lessing reichlich Gelegenheit, den Kult der Träne zu pflegen. Im Briefwechsel über
das Trauerspiel hat Lessing später gegenüber Mendelssohn
eine kühl kalkulierte Theorie der Träne entwickelt (Ba
11.1,123 f.); im Drama selbst kostet er ein Jahr zuvor die
zeittypische Empfindsamkeit aus. Waitwell entwirft eine
knappe, aber zutreffende Theorie der Empfindsamkeit,
wenn er über die Tugend des Vergebens – das Thema durch-
zieht das ganze Drama (Ter-Nedden, B 12: 1986, 32 f.) – reflektiert: »Ich fühlte so etwas Sanftes, so etwas Beruhigen-
des, so etwas Himmlisches dabei, daß ich mich nicht entbre-
chen konnte, an die große unüberschwengliche Seligkeit
Gottes zu denken, dessen ganze Erhaltungen der elenden
Menschen ein immerwährendes Vergeben ist. [...] Recht
schmerzhafte Beleidigungen, recht tödliche Kränkungen zu
vergeben, sagt' ich zu mir selbst, muß eine Wollust sein, in
der die ganze Seele zerfließt« (Gö 2,53). Diese Theorie der
Vergebung lässt den Bann des Rationalismus hinter sich:
Die Vergebung ist das Unberechenbare, der Gegenpol der
kalkulierten und kalkulierbaren Intrige. Sie hat ihre eigene
Sprache des Affekts und der Aufrichtigkeit, die der Sprache
der Verstellung entgegengesetzt ist (Schröder, B 3: 1972,
183 f.).

   Diese Tränen, über die mehr geredet wird, als dass sie
vergossen würden, sind das physische Signal des Mitleids,
das in Lessings Trauerspieltheorie eine so große Rolle spielt.
*Miß Sara Sampson* ist neben Klopstocks *Meßias* und Goethes *Werther* »einer der größten Weinerfolge des 18. Jahrhunderts« (Barner, B 12: 1983, 89). Ein berühmtes Rezep-

tionszeugnis dokumentiert, in welchem Maße Lessing mit der Figurenkonstellation und dem Handlungsverlauf dem Bedürfnis seiner zeitgenössischen Zuschauer entgegengekommen ist. Lessings Freund Ramler schreibt über seinen Eindruck als Zuschauer einer Aufführung der *Miß Sara Sampson*: »3 1/2 Stunde zugehört, stille gesessen wie Statuen und geweint« (B 5: 1907, 2,206). Gegenüber diesem – fast schon zu Tode zitierten – Rezeptionszeugnis ist Vorsicht angebracht, denn es stammt von einem Kenner der Lessing'schen Dramentheorie, der möglicherweise in den Text wie auch in die von ihm beschriebene Zuschauerreaktion hineinprojiziert hat, was Lessings Theorie sich wünschte. Aber dennoch bleibt dieses Dokument ein vorzügliches Beweisstück dafür, welche Publikumserwartungen Lessing bedient hat (Barner, B 12: 1983, 89; Maurer-Schmoock, B 12: 1980, 496–508; 783–800). Denn das Bedürfnis nach Tränen beim Theaterpublikum ist eine Erscheinung des 18. Jahrhunderts. Selbstverständlich kennt auch die heroische Tragödie die Träne. Die heroischen Tränen des Klassizismus haben aber unverkennbar einen anderen Status als die empfindsamen des rührenden Trauerspiels (Auerbach, B 5: 1971, 373). Sie sind nicht als physiologische Reaktion gemeint, sondern als rhetorische Unterstützung eines Arguments, und damit bleiben sie rational kalkuliert. Ganz anders die Tränen Saras und erst recht die Waitwells und des Vaters: Sie sollen nicht als ein Zeichen verstanden werden, das auf anderes – den Gemütszustand oder die Tugend – verweist, sondern sie sind unmittelbarer Ausdruck. Das Bezeichnete und das Bezeichnende treten nicht mehr auseinander; das Weinen erscheint als eine »Ursprache der Natur«, von der die »Syntax und Grammatik der alten Ordnung weggeschwemmt werden« (Mattenklott, B 12: 1980, 289). Lessing nimmt damit eine Entwicklung vorweg, die einige Jahre später bei Rousseau aktualisiert werden wird – die Vision einer Sprache, die sich wortlos verstehen lässt (Brenner, B 5: 1998, 39 f.). Lessing selbst ist allerdings

skeptisch geblieben gegenüber diesem Erfolg. Denn wie er
der Empfindsamkeitskultur überhaupt distanziert gegenüberstand, so hat er kaum eine bloße Tränenseligkeit als
Wirkungsziel seiner Dramen akzeptieren können. Karl
Ramler hat in einer Besprechung der Uraufführung von
*Emilia Galotti* die eigentliche Absicht Lessings auf eine
pointierte Formel gebracht: Es geht nicht um den unge-
hemmten Tränenstrom der Empfindsamkeit, sondern nur
um »Keime von Tränen« – die Rührung darf den Zuschauer
nicht überwältigen (Gö 2,711; Barner, B 12: 1983, 94).

Lessings Umgang mit der Träne bleibt, wie so vieles in
seinen Dramen, ein Experiment. In *Miß Sara Sampson* experimentiert Lessing mit dem empfindsamen Gefühlskult
dieser Jahrzehnte, der immer, nicht nur bei Lessing, Teil einer rational restringierten aufklärerischen Anthropologie
war: Empfindsamkeit ohne Moral war nicht denkbar (Vogg,
B 11: 1993, 73–80). Lessing versucht zu ergründen, nicht
nur welche inneren, sondern auch welche äußeren Voraussetzungen erfüllt sein müssten, um diesem Menschenbild
Wirklichkeit zu verschaffen. Vor allem sucht er nach dem
sozialen Raum, in dem diese Gefühle ihren Ort finden
könnten. Nachdem er mit der lokalen Situierung der Trau-
erspielhandlung in der Schenke einen Freiraum geschaffen
hat, in dem die soziale Herkunft und die sozialen Bindungen der Figuren ungültig geworden sind, entwirft er eine
neue Versuchsanordnung.

Lessing weiß, dass der tränenseligen Empfindsamkeit der
soziale Raum zu ihrer Entfaltung fehlt und in der bürgerlichen Welt immer fehlen wird. Deshalb führt er in *Miß
Sara Sampson*, ähnlich in *Emilia Galotti* und sogar in *Nathan der Weise*, bestimmte Konstellationen des Scheiterns
wie des Gelingens einer bürgerlichen Ordnung vor. Gescheitert ist zunächst in *Miß Sara Sampson* das klassische
Familienmodell. In Saras Abwendung von der Familie ihrer
Geburt und der Hinwendung zu Mellefont drückt sich vage
eine neue Idee von Gemeinsamkeit aus, die sich erst ein hal-

bes Jahrhundert später entfalten wird: Es ist der Gedanke, dass die Familie wie überhaupt soziale Beziehungen keine Zweck-, sondern eine Gefühlsgemeinschaft sind. Aber dieser Versuch scheitert in tragischer Weise. Die beiden Charaktere, Sara wie Mellefont, sind zu schwächlich, um sich gegen den Ansturm der Außenwelt behaupten zu können. Diese Außenwelt dringt in der Gestalt von Marwood, der ehemaligen Geliebten Mellefonts, die listenreich und intrigant ihr Zerstörungswerk beendet, mit tödlichen Folgen in die Zweierbeziehung ein. Marwood ist offensichtlich ein Gegenbild zum weiblichen Idealtypus, wie ihn Sara repräsentiert. Lessing zeigt zum einen, dass der neue, empfindsame Mensch der sozialen Welt nicht gewachsen ist, in der er sich behaupten müsste. Marwood zeigt das rational-kalkulierte Verhalten, das in der höfischen Welt des 17. Jahrhunderts ebenso wie in der bürgerlichen des 18. der Garant für das soziale Überleben war. Sie hat ein klares Ziel – die Zerstörung der Beziehung zwischen Mellefont und Sara –, und sie verfolgt es mit am Ende erfolgreichen Mitteln. Es ist oft festgestellt worden, dass Marwood eine der interessantesten unter Lessings Dramenfiguren ist. In der Tat ist ihr Profil deutlich unterschieden von dem der anämischen Sara (Kuttenkeuler, B 12: 1994, 32 f.). Es ist aber schwer zu übersehen, dass Lessing seiner eigenen Figur etwas hilflos gegenüberstand; denn die von ihm selbst dargestellte Einsicht, dass vernünftiges, rationales und erfolgreiches Handeln zugleich tugendhaftes Handeln sein müsse, wird hier desavouiert (Janz, B 12: 1979, 215; 221). Der Rationalismus mündet im Laster und in der Zerstörung der bürgerlichen Ordnung.

Die Lasterhaftigkeit der Marwood wird in ihrem übersteigerten Gefühl deutlich: in der Leidenschaft, die etwas anderes ist als Saras Empfindsamkeit (Vogg, B 11: 1993, 81–87). Wenn sie Mellefont an den gemeinsamen Liebesgenuss erinnert, geschieht dies mit unerhörter – und für die deutsche Literatur bis zu dieser Zeit vielleicht einzigartiger – Deutlichkeit: »Ich will Sie an den ersten Tag erinnern, da Sie

mich sahen und liebten; [...] an das zitternde Erwarten der
nahenden Wollust; an die Trunkenheit ihrer Freuden; an das
süße Erstarren nach der Fülle des Genusses« (Gö 2,33; Ehrich-Haefeli, B 12: 1995, 149). Die Figur der Marwood markiert das Skandalon der aufklärerischen Philosophie wie
keine andere der Figuren in Lessings Dramen. Um ihren
für einen aufklärerischen Anthropologen unverständlichen
Charakter zu erklären, bedient sich Lessing krasser Formeln und Vorbilder. Marwood erscheint als »die Schande
ihres Geschlechts«, und Lessing lässt sie als eine »neue Medea« auftreten (Gö 2,39 f.) – nach dem Vorbild von Senecas
Medea, die ihre beiden Söhne ermordet hat.

In der Figur der Marwood verdichtet sich die Nacht-
seite der Aufklärung. Aber die Ordnung, an der die Liebesbeziehung zwischen Sara und Mellefont scheitert, wird
nicht nur durch das intrigante Handeln der Marwood zerstört. Die Ordnung ist von vornherein brüchig. Darauf
verweisen die Zufälle, die die Intrigen der Marwood un-
terstützen. Wie später in *Minna von Barnhelm*, so sind in
*Miß Sara Sampson* diese Zufälle Ausdruck einer neuen
Weltsicht. Die vor- und frühaufklärerische Hoffnung, dass
die Welt wohlgeordnet und die beste aller möglichen sei,
ist bei den avancierteren Autoren der Jahrhundertmitte
zerstört worden. In deren Sicht erscheint die Welt
chaotisch und unberechenbar. Das Individuum ist aufgefordert, sich in dieser Welt nach eigenen Kräften zu
behaupten, und das erfordert andere charakterliche und
intellektuelle Qualitäten, als Sara und Mellefont sie auf-
weisen. Es ist nur ein Zufall, aber doch nicht ohne symp-
tomatische Bedeutung, dass Lessings *Miß Sara Sampson*
nur wenige Monate vor dem welterschütternden Ereignis
des Erdbebens von Lissabon erschien, das seine enorme
Resonanz unter den europäischen Intellektuellen nur deshalb finden konnte, weil die Theodizee-Frage schon länger zur Diskussion stand – unter anderem im »bürgerlichen Trauerspiel« *Miß Sara Sampson* und den Nachah-

mern, die Lessings Stück noch im gleichen Jahr gefunden hat (Mönch, B 12: 1993, 145).

Das Menschenbild in *Miß Sara Sampson* ist als ein Experiment zu bezeichnen, in dem die Frage gestellt wird, wie der neue, empfindsame Menschentypus auf die veränderte Weltauffassung reagiert. Das Experiment mit Sara und Mellefont nimmt keinen guten Ausgang. Dennoch visiert Lessing ganz am Ende des Dramas eine Notlösung an: Wieder ist es die Familie, die er als Ausweg im Auge hat. Lessing setzt an das Ende des Dramas ein rationales Konstrukt: Der alleingelassene Vater gründet eine neue Familie, indem er das Vermächtnis seiner Tochter erfüllt und die Tochter von deren tödlicher Rivalin Marwood an Kindes Statt annimmt. So wird rational neu begründet, was in seiner natürlichen Form gescheitert war – dieses Modell wird im *Nathan* wiederkehren. So nimmt die Tragödie fast ein gutes Ende – trotz des Todes der Protagonisten. Lessing kann sich anscheinend schlecht damit abfinden, dass die großen Versprechungen der philosophischen Aufklärung und der bürgerlichen Gesellschaftsordnung in dieser Weise scheitern müssen – scheitern sowohl an ihrer Ohnmacht gegenüber den äußeren Verhältnissen als auch an ihren eigenen inneren Widersprüchen.

Von der Germanistik des 20. Jahrhunderts wurde *Miß Sara Sampson* als epochaler Durchbruch der deutschen Dramengeschichte gefeiert. Der Text erschien als Realisation eines neuen Modells bürgerlicher Selbstverständigung; und die Gattungsbezeichnung, die Lessing ihm gegeben hat, war dieser Karriere hilfreich: Im Untertitel nannte er *Miß Sara Sampson* ein »bürgerliches Trauerspiel«. Erst in jüngster Zeit wurde diese Euphorie der Forschung in Frage gestellt: Die selbstverständliche Unterstellung, dass *Miß Sara Sampson* bahnbrechende Wirkungen gehabt habe, ist im Lichte neuerer Forschungen revisionsbedürftig geworden. Dass Lessings Text nicht der erste war, der beanspruchte, ein »bürgerliches Trauerspiel« zu sein, ist seit langem bekannt. Lessing hat ausländische Vorbilder gehabt. Er selbst beruft

sich auf Diderots *Le père de famille* ebenso wie auf George
Lillos *London Merchant* (Guthke, B 12: 1994, 22–38). Lessing war nicht der erste, der sie in Deutschland wahrgenommen hat. Ihm vorangegangen ist Christian Leberecht
Martini mit *Rhynsolt und Sapphira*, einem Text, der ebenfalls den Anspruch erhob, »bürgerliches Trauerspiel« zu
sein, und im gleichen Jahr erschien wie Lessings Drama.

Aber weniger die Frage nach dem Recht der Erstgeburt
ist literarhistorisch interessant als die nach der Nachwir-
kung. Die Germanistik hat sich eine dramenhistorische Mo-
dellentwicklung zurechtgelegt, nach der Martinis Drama als
Vorläufer, Lessings *Miß Sara Sampson* und *Emilia Galotti*
als erste Höhepunkte, Schillers *Kabale und Liebe* und,
schon 60 Jahre später, Hebbels *Maria Magdalene* eine Wei-
terentwicklung und schließlich Franz Xaver Kroetz' Volks-
stücke ein Neubeginn dieser Trauerspielentwicklung gewesen seien. Die implizite Unterstellung, dass über diese sehr
dünne dramenhistorische Linie hinaus Lessing eine breite
Bewegung in Gang gesetzt und eine Neuorientierung des
deutschen Dramas geleistet habe, ist jedoch eindeutig falsch.
Die Gattungsbezeichnung »bürgerliches Trauerspiel« wurde in der zweiten Hälfte des 18. Jahrhunderts von einer
Vielzahl von Texten reklamiert, von denen jedoch praktisch
keiner dem Modell Lessings folgte. Cornelia Mönch hat in
einer Untersuchung von rund 250 Texten, die gegen Ende
des Jahrhunderts von einem Kenner der Materie, Christian
Heinrich Schmid, unter der Rubrik »bürgerliches Trauerspiel« zusammengestellt wurden, gezeigt, in welchem Maße
Lessing ein Außenseiter geblieben ist (B 12: 1993, 221; Rochow, B 12: 1999, 13 f.).

Siebzehn Jahre nach *Miß Sara Sampson* erscheint Lessings
zweiter Versuch in dieser Gattung: *Emilia Galotti*. Das
Drama wird 1772 gleich in vier Drucken publiziert; die Uraufführung fand im März 1772 in Braunschweig anlässlich
des Geburtstages der Herzogin Philippine Charlotte statt.

*Emilia Galotti* wurde in einer langen Rezeptionsgeschichte, die ihren Anfang bei Goethe nahm, einen wichtigen Repräsentanten in Dilthey hatte (B 3: 1991, 69) und nach 1968 viele germanistische Fortsetzer gefunden hat, als Lessings politisches Stück par excellence gefeiert. Für Rilla ist die Tragödie »das erste große politische Drama des deutschen Theaters« (B 3: 1958, 273). Und lange zuvor hatte schon Brüggemann *Emilia Galotti* gefeiert als »Markstein in der Entwicklung des deutschen Bürgertums, das sich in diesem Drama auf sich selbst besinnt und laut und vernehmlich dagegen Einspruch erhebt, dass seine Menschenrechte von den höfischen Kreisen mit Füßen getreten werden« (B 12: 1968, 123). In der Tat ist *Emilia Galotti* zum Paradestück »politisierender Lessing-Deutung« geworden (Durzak, B 12: 1977, 281; Guthke, B 12: 1994, 79–84).

Aber obwohl das Stück sicher ebenso Anhaltspunkte für solche Urteile bietet wie die allgemeinen antihöfischen Äußerungen Lessings (Grimm, B 12: 1977, 166 f.), gilt auch hier: »Lessing besaß kein echtes Interesse am Politischen« (Wiedemann, B 12: 1967, 382) – ein Schlüsselsatz für das Verständnis Lessings, der sich auch bei der Lektüre seiner Briefe immer wieder aufdrängt. Tatsächlich sollte man Lessings einschlägige Äußerungen ernst nehmen. Gerade im Blick auf *Emilia Galotti* hat er hartnäckig auf dem unpolitischen Charakter seiner Bearbeitung des römischen Virginia-Stoffs bestanden. Bereits im Januar 1758 äußert er sich in einem Brief an Nicolai in diesem Sinne: Die »bürgerliche Virginia«, die er unter dem Titel »Emilia Galotti« zu schreiben beabsichtige, sei »von allem dem gesondert, was sie für den ganzen Staat interessant machte« (Ba 11.1,267). Vierzehn Jahre später, als er das Drama ausarbeitet, wiederholt er die gleiche Feststellung noch zweimal, wenn er gegenüber dem Bruder und gegenüber seinem Herzog bemerkt, dass er *Emilia Galotti* »von allem Staatsinteresse« (Ba 11.2,362; 365) befreit habe. Eine solche Konstanz des Urteils über fast eineinhalb Jahrzehnte hinweg ist sonst

Lessings Sache nicht, und deshalb dürfen diese Äußerungen nicht als Launen beiseite geschoben werden (Wierlacher, B 12: 1973, 158).

Andererseits wäre es sicher verfehlt, Lessings Selbstaussage allzu wörtlich zu nehmen und *Emilia Galotti* als unpolitisches Stück zu deuten (Ter-Nedden, B 12: 1986, 185–188). Denn selbstverständlich ist das Politische nicht eliminiert. Das Erscheinungsjahr rückt den Text in die unmittelbare Nähe der Sturm-und-Drang-Bewegung – das hat Herder schon in seiner Besprechung des Dramas angedeutet (B 5: 1978b, 186). Lessing stand dieser Bewegung mit großer Skepsis gegenüber, aber dennoch teilt *Emilia Galotti* ein Nebenmotiv mit ihr. Schon in der ersten Szene wird das Motiv der Absolutismus- und Fürstenkritik angeschlagen, das ein wesentliches Moment der Sturm-und-Drang-Dramatik bis zu ihrem Höhepunkt in Schillers *Kabale und Liebe* sein wird. Der Prinz, der am Ende des 1. Aktes ohne Besinnung ein Todesurteil »recht gern« unterschreibt, um in seinen erotischen Betrachtungen nicht gestört zu werden; ein intriganter Berater, der den Willen des Prinzen vorauseilend erfüllt und im Bunde mit Verbrecherbanden die tugendhafte Emilia Galotti entführen und ihren Verlobten umbringen lässt – das sind Motive der politischen Kritik, wie sie in den späteren Dramen des Sturm und Drang kaum überboten werden sollen. Für die Anfangsszene gilt jedenfalls Mehrings Bemerkung: »In jeder Faser ist Emilia Galotti von zeitgenössischem Geiste durchtränkt« (B 3: 1963, 306). Es muss allerdings zu denken geben, dass *Emilia Galotti* von der zeitgenössischen Rezeption kaum als politisches Drama wahrgenommen wurde (Rüskamp, B 12: 1984, 315 f.; 332 f.; Grimm, B 12: 1977, 173 f.) – und auch der Anlass der Uraufführung, der Geburtstag der Herzogin, lässt kaum auf umstürzlerische Absichten zielen (Ba 11.2,365).

Das politische Moment ist in *Emilia Galotti* zwar handlungstragend, aber es bildet dennoch nur die Folie für das eigentliche Thema des Dramas. Denn wieder geht es Les-

# Emilia Galotti.

Ein Trauerspiel
in
fünf Aufzügen.

Von

Gotthold Ephraim Lessing.

Berlin
bey Christian Friedrich Voß, 1772.

*Emilia Galotti*
Titelblatt der Erstausgabe, 1772

sing vor allem um die Frage, was der Mensch ist – wobei
die Frage sowohl in anthropologischer als auch in psycho-
logischer und sozialer Hinsicht gestellt wird. Im Vordergrund steht die Tragfähigkeit sozialer Beziehungen, die
dem neuen, individualistischen Menschenbild des Dramas
entsprechen. Lessing legt es darauf an, die »konventionelle
Hofkritik in ein universalistisches Konzept sozialer Konflikte zu transformieren« (Ter-Nedden, B 12: 1986, 219).
Anders als in *Miß Sara Sampson* zeigt er sich stärker an den
gesellschaftlichen Beziehungen interessiert. Der Familien-
verband, der in *Miß Sara Sampson* selbstgenügsam erschien, ist jetzt eingebettet in größere Zusammenhänge. Die
störenden und zerstörenden Einflüsse werden deutlicher
sichtbar. Es ist nicht mehr die Intrige eines Einzelnen, der
Emilia Galotti am Ende zum Opfer fällt, sondern ein uner-
bittlicher Mechanismus. Halb unwillentlich vom Prinzen
ausgelöst, entfaltet er seine zerstörende Kraft. Gewiss zeigt
das Drama die Verschwörungen, die als wirkende Kraft
hinter den Ereignissen stehen und individuell zurechenbar
sind. Dennoch aber wird deutlich, dass auf diese Weise eine
Eigendynamik entfesselt wird, die außer Kontrolle gerät
und deren Ergebnisse niemandem mehr schuldhaft zuzu-
rechnen sind – außer natürlich dem Hauptintriganten Marinelli, der sich jedoch auf den halbausgesprochenen
Wunsch des Prinzen berufen kann. Aber Marinelli ist eine
obsolete Figur. Lessing erscheinen die Dinge nicht mehr so
eindeutig wie dem Drama des 17. Jahrhunderts. Ihm verwischen sich die Grenzen und Zuordnungen: Tugend und
Laster sind ebenso wenig eindeutig wie die »bürgerliche
Moral« in ihrer Abgrenzung von der höfischen Lasterhaftigkeit – und die Überwindung der »Halsstarrigkeit der Tugend« (Ba 11.1,130) ist in beiden »bürgerlichen Trauerspielen« Lessings ein zentrales Thema (Hillen, B 12: 1970, 119;
auch 115–134).

Im Drama lässt Lessing kaum ein Gegenmodell zur höfischen Lebensform anklingen. In der Raumkonstellation

deutet es sich immerhin an. Auch wenn er nicht auf die Bühne kommt, so ist doch der Wald, in dem die Räuber sind und Appiani ermorden sowie Emilia entführen, von hochgradiger nicht nur dramaturgischer, sondern auch semantischer Bedeutung. Lessing löst sich zwanglos von den alten formalen Schemata der klassischen Tragödie und erschließt sich behutsam die neuen Möglichkeiten, die das Sturm-und-Drang-Drama in diesen Jahren sehr viel radikaler gerade in der Raumgestaltung nutzen wird. Daneben spielt die Kirche eine entscheidende Rolle; aber hier wird besonders deutlich, dass es keine Gegenwelten mehr gibt, die soziale Enklaven bilden könnten. Denn gerade die Kirche ist der Ort höfischer Verführungsgefahr; so wie der Wald zum Ort wird, in dem die höfischen Intrigen in der Ermordung Appianis ihren Höhepunkt finden. Schließlich werden die Familie und das Landhaus des Grafen Odoardo als Widerpart zur höfischen Welt ausgewiesen, aber auch sie sind es nur sehr eingeschränkt. Ausdrücklich wird erklärt, dass der Graf sich auf sein Landgut zurückgezogen habe, um sich von dem Ränkespiel des Hofes abzusetzen.

Mit dem Gegensatz von Stadt und Land greift Lessing zwar in *Emilia Galotti* auf zwei sozialsymbolisch hochgradig besetzte Raumtypen zurück, aber es geht ihm gerade nicht um die idealtypische Entgegensetzung, sondern um die Verflechtungen und Verpflichtungen, durch die die sozialen Räume eng miteinander verbunden bleiben. Der eigentliche Handlungsort von *Emilia Galotti* ist neben dem »Lustschlosse des Prinzen« ein »Saal in dem Hause der Galotti«, (Gö 2,144; 161). Zwischen dem Hof und dem Landgut Odoardos bestehen enge rechtliche und soziale Beziehungen – Odoardo muss dem Ruf des Prinzen folgen –, und wie später in *Kabale und Liebe*, so ist es in *Emilia Galotti* die Mutter, die als erste den Verführungen des Hofes erlegen ist: »Aber laß mich heute nur ein einziges für diese Stadt, für diese Nähe des Hofes sprechen, die deiner strengen Tugend so verhaßt sind« (Gö 2,148).

Odoardo – seine Gattin spricht es aus – ist dagegen durch den Tugendkanon des Bürgers ausgezeichnet: Er ist ehrlich, redlich, bieder und unbestechlich, so dass er dem Intrigenspiel des Hofes ausdrücklich als nicht zugänglich bewertet wird. Für Wilhelm Dilthey ist Odoardo der »biedere, polternde Hausvater« (B 3: 1991, 71), aber das ist, bei allem Sinn, den Dilthey sonst für Lessing beweist, eine krasse, weil simplifizierende Fehldeutung. Spätere Deutungen sehen ihn kritischer (Ter-Nedden, B 12: 1986, 198 f.; Wierlacher, B 12: 1973, 158). Denn das »Muster aller männlichen Tugend« namens Odoardo (Gö 2,154) wird von Lessing selbst durchaus nicht in glanzvollem Lichte dargestellt. Seine Tugend ist situationsunangemessen und aus mangelnder Kommunikationsfähigkeit hervorgegangen: Odoardo zeigt sich unfähig, Kontakt aufzunehmen; seine Abwendung vom Hof ist nicht nur Hofkritik, sondern auch Kommunikationsverweigerung und Borniertheit des Besserwissers (Wehrli, B 12: 1983, 124–126; Eibl, B 12: 1977, 152 f.; Ter-Nedden, B 12: 1986, 236 f.). Damit hat auch dieses Drama teil an dem Generalthema Lessings: an der »Identitäts- und Kommunikationsproblematik« (Eibl, B 12: 1977, 161).

Stärker als Odoardo ist der früh ums Leben gebrachte Appiani mit seinem Rückzug in die Natur als antihöfische Gegenfigur konzipiert: »Ein Herr, den man sich selber wählt, ist unser Herr so eigentlich nicht«, glaubt er (Gö 2,159; zum Kontext Grimm, B 5: 1998, 291–296); und Odoardo rühmt an ihm seinen »Entschluß, in seinen väterlichen Tälern sich selbst zu leben« (Gö 2,147). Aber Appiani lebt zu kurz, um dieses Motiv im Drama so zur Geltung zu bringen, dass sich von einem austarierten Gleichgewicht zwischen höfischem Laster und bürgerlicher Tugend sprechen ließe.

Ganz im Gegenteil: Die Konturen werden auch auf der anderen Seite verwischt. Der Prinz wird nicht in der erforderlichen Lasterhaftigkeit dargestellt. Bereits in der ersten

Szene benutzt er eine genuin bürgerliche Denkfigur, wenn
er den Status eines »Menschen« reklamiert, den er offensichtlich höher schätzt als den des Prinzen. Ihm ist es ver-
wehrt, auf solche Weise »Mensch« zu sein wie der Bürger;
und er beklagt sich, dass er statt seiner Liebe dem »Staatsinteresse« folgen muss (Gö 2,136). Auf einem sophistischen
Umweg weist Lessing auch ihn als Gegenstand des »Mitleids« aus. Der treue Bruder Karl hatte in Berlin die Kor-
rekturen für den Druck des Dramas besorgt, und dabei das
»betauern«, das der Prinz von Marinelli erbittet (Gö
2,139), in ein lexikalisch korrektes »bedauern« verbittet.
Gotthold Ephraim wollte es anders: »Bedauern, wenn es so
viel heißt als Mitleiden haben, muß betauern geschrieben
werden [...]. Wenigstens habe ich diesen Unterschied be-
ständig beobachtet« (Ba 11.2,362). Auch wenn es sich dabei
um Lessings Privatsemantik handelt, so verweist dieses Detail doch deutlich darauf, wie Lessing seinen Prinzen verstanden haben wollte: als Menschen, der Anrecht auf Mitleid hat.

Exemplarisch ist der im Drama dargestellte Fall in politischer Hinsicht gerade deswegen, weil er sich nicht so dramatisch darstellt wie bei den Stürmern und Drängern, sondern weil die Unterdrückung diffus bleibt. Das trifft wohl
die Normalvariante absolutistischer Herrschaft im 18. Jahrhundert, in der Karl Eugen, der Herzog Schillers und
Schubarts, eher eine Ausnahme war. Denn generell gilt, dass
die deutschen Territorien bis ins 19. Jahrhundert hinein von
einer »rechtschaffenen, pflichtbewußten und untyranni-
schen Obrigkeit« regiert wurden; mit der Folge, dass das
Bedürfnis der Staatsbürger im Allgemeinen und der Intellektuellen im Besonderen nach Teilhabe an politischen Angelegenheiten oder gar nach politischer Kritik unausgeprägt
geblieben ist (Maier, B 5: 1995, 133). In welchem Maße auch
Lessing dieser Auffassung anhing, zeigt sein Nachlass-
Fragment *Deutsche Freiheit* (Gö 5,724–726; Boehart, B 13:
1988, 318 f.).

Diese politischen Verhältnisse mussten zu Beginn der siebziger Jahre die deutschen Intellektuellen nicht notwendig zur wütenden Staatskritik herausfordern, und in *Emilia Galotti* ist sie auch kaum zu finden – einer Handlung zum Trotz, in der die Protagonistin das mittelbare Opfer höfischer Leidenschaft wird. Aber Lessing zieht aus dieser Handlung keine politischen Konsequenzen. Schon der junge Börne vermisste bei ihrem Vater Odoardo das heroische Motiv und reduzierte seinen Dolchstoß, mit dem er die Tochter tötet, um sie nicht dem Fürsten zu überlassen, auf die Absicht, die »anatomische Unschuld zu retten« (B 12: 1997, 366). In der Tat wurde Lessing oft – so von Dilthey (B 3: 1991, 72) – vorgeworfen, dass der tugendhafte Bürger den Dolch gegen die eigene Tochter und nicht gegen den Despoten gerichtet habe – ein Gedanke immerhin, der auch, eingeflüstert durch die Gräfin Orsina, kurz in Odoardo aufblitzt, aber sofort wieder verworfen wird. Aber der Ausgang des Dramas ist nicht nur für die Interpreten unbefriedigend, die in Lessing post festum gerne einen Revolutionär gesehen hätten. Auch das zeitgenössische Schema der »poetischen Gerechtigkeit« bleibt unerfüllt (Mönch, B 12: 1993, 151–158). Es lässt sich schwer sagen, wer am Ende gesiegt hat; und wenn es die Tugend war, die Odoardo den Dolch geführt hat, so hat sie jedenfalls einen Pyrrhussieg errungen.

Über Emilias Tod ist viel gerätselt worden. Tatsächlich stirbt sie aus »keinem vernünftigen Grund« (Ter-Nedden, B 12: 1986, 229). Die Motivierung des Todes ist vielfältig – oder unklar. Zweifellos hat die Tötung Emilias eine Wurzel in der bürgerlichen Tugend des Vaters: Sie ist kein Racheakt gegen den Prinzen, sondern »gnadenlose Fürsorge« Odoardos (Pütz, B 12: 1986, 195). Neben dem Rückblick auf die barocke Märtyrertradition und dem Verweis auf das zeitgenössische aufklärerische Tugendverständnis findet sich noch ein weiterer Deutungsaspekt, der auf eine dritte literarhistorische Zeitdimension verweist: Es gibt Ansatzpunkte für eine Deutungsmöglichkeit, die auf ein zukünftiges humanistisches Ideal vorausweisen. Danach entspringt das tragische Ende nicht mehr einer langen Tragödientradition, die ihre Maßstäbe aus den Kategorien von Schuld und Sühne bezieht, sondern der Tod Emilias erscheint als »Verwirklichung der moralischen Freiheit im Sinne der klassischen Humanität« (Guthke, B 3: 1979, 67). Das ist wohl etwas zu definitiv formuliert, denn so eindeutig ist das Freiheitspotenzial des tödlichen Endes nicht am Drama abzulesen. Die Vorstellung, im Tod eine Rettung oder eine Befreiung zu erfahren, hat etwas Wahnhaftes; die Gründe für den Tod Emilias sind und bleiben unvernünftig, aber, so hat Ter-Nedden argumentiert, sie erzeugen einen Versöhnungsbedarf (Ter-Nedden, B 12: 1986, 229). Vielleicht ist das die Fährte, der zu folgen sich lohnt, denn die Idee der Versöhnung ist ein Leitmotiv in Lessings Dramen; aber sie muss nicht unbedingt unter humanistischen Vorzeichen gedeutet werden. Die neuere Lessing-Interpretation hat eher den kommunikativen Aspekt von Versöhnung in den Vordergrund gerückt. Unter dieser Perspektive erscheint der Tod Emilias als Plädoyer dafür, den Konflikt mit jenem Mittel zu beenden, das dem aufgeklärten Bürger ansteht: Mit der Macht der Rede, die der Gewalt der Verführung entgegengestellt werden soll. Genau dieses Mittel steht Odoardo nicht zur Verfügung. An ihm demonstriert Lessing vielmehr noch einmal sein altes Thema der Kommunikationsverweigerung und der Sprachlosigkeit.

Im engen Zusammenhang mit der Sprachlosigkeit und Kommunikationsunfähigkeit steht Lessings Darstellung der Affekte seiner Figuren: »Zum ersten Male sehen wir leidenschaftliche Menschen auf der Bühne, wie er sie inzwischen in seiner Dramaturgie gefordert hatte« (Brüggemann, B 12: 1968, 105). Die Affekte treten damit an die Stelle der vernünftigen Rede. Am prägnantesten tritt die neue Affektauffassung in Emilia Galotti selbst zutage. In berühmt gewordenen Wendungen hat sie selbst und hat ihre Mutter ihren Seelenzustand erfasst. Ihre Mutter bescheinigt ihr sowohl die sensible Weichheit, die schon eine Sara Sampson auszeichnete, als auch die Entschlossenheit, die sie nach gefasstem Entschluss beweise: »Sie ist die Furchtsamste und Entschlossenste unsers Geschlechts« (Gö 2,191). Dass Emilia nicht nur furchtsam, sondern auch entschlossen gestaltet worden ist, geht vielleicht auf eine Intervention von Lessings Bruder Karl zurück. Er hatte nach der Lektüre des halb fertigen Stücks moniert, dass die Hauptfigur gar zu langweilig geraten sei (Ba 11.2,344 f.). Natürlich ist Emilias Gemütszustand wieder ein rationalistisches Konstrukt Lessings. Er passt den Charakter den Erfordernissen seines Dramas an, stellt aber die neuen Ansichten seiner anthropologischen Auffassung in den Vordergrund. In kühler Überlegung ist sich Emilia der Unbeherrschbarkeit ihres Blutes bewusst: »Gewalt! Gewalt! wer kann der Gewalt nicht trotzen? Was Gewalt heißt, ist nichts: Verführung ist die wahre Gewalt. – Ich habe Blut, mein Vater; so jugendliches, so warmes Blut, als eine« (Gö 2,202). Das ist der anthropologische Schlüsselsatz des Dramas. In diesem Satz verschränkt sich das neue Motiv der individuellen Verführbarkeit mit dem traditionellen der politischen Gewalt (Schulz, B 12: 1988, 283 f.). Es muss für den Rationalisten Lessing eine erschreckende Einsicht gewesen sein, dass das »Blut« die Determinierung durch den verstandesmäßig beherrschten Willen überbieten kann. Tatsächlich kündigt sich – auch in der Rede Emilias – Freuds »Es« schon ziemlich unverkennbar an, das als Gegenspieler des väterlichen »Über-Ichs« auftritt (Neumann, B 12: 1977, 46). In *Emilia Galotti* emanzipieren sich die Affekte von der Vernunft und entfalten keine wohltätige, sondern eine zerstörerische Wirkung. Das ist eine für einen Aufklärer eigentlich nicht mehr akzeptierbare Einsicht. Lessing bleibt im Kern Rationalist, und das Ende seines Dramas zeugt vom Sieg der Vernunft – wenn auch einer sehr gewaltsamen Vernunft.

Neben Emilia Galotti hat Lessing in seinem Drama andere Figuren gestellt, die ihren Affekten Raum geben. Insbesondere die Gräfin Orsina gewinnt ein Profil, das sie gegenüber den anderen Dramenfiguren heraushebt: »Die Orsina ist der erste vollständige subjektivistische Charakter auf der deutschen Bühne« (Brüggemann, B 12: 1968, 114). Lessing hat sich nicht nur der psychologischen, sondern auch der sprachlichen Herausforderung gestellt, die mit der neuen Affektgestaltung verbunden war. Die Affektsprache in *Emilia Galotti* ist zweifellos sehr viel ausgereifter als in *Miß Sara Sampson* (Alt, B 12: 1994, 200–203; 258 f.). Die eruptiven verbalen Ausbrüche gegen Ende des Dramas sind ein zögernder Versuch, die Affekte ohne die Fesseln des Verstandes auf die Bühne zu bringen. Ihr Kennzeichen sind die Verknappung des Dialogs, die Überstürzung und Unterbrechung, die die Sprache dieses Dramas weit entfernen von der später im *Nathan* wiedergewonnenen Fähigkeit zur rationalen Argumentation (Pütz, B 12: 1986, 163–167).

Während in *Miß Sara Sampson* die Affektsprache der Rhetorik verpflichtet bleibt (Schröder, B 3: 1972, 109), erreicht Lessing in den Schlussszenen mit Odoardo eine neue Dimension. Odoardo wird zunächst als der Prototyp des tugendhaften Bürgers vorgestellt, dessen besondere Tugend gerade neben der Redlichkeit die vernunftgesteuerte Affektlosigkeit war. Am Ende begegnet ein anderer Odoardo. Seine ungehemmte Wut kennt kein Ziel und keine Sprache mehr: »Warum nicht? – Herzlich gern – Ha! ha! ha! – *(Blickt wild umher)* Wer tanzt da? – Bei Gott, ich glaub', ich war es selbst. – Schon recht! Lustig, lustig.« (Gö 2,200) An keiner anderen Stelle seiner Dramen hat Lessing den Affekten so viel Tribut gezollt; und an keiner anderen Stelle ist er der Sprache des Sturm-und-Drang-Dramas so nahe gekommen. In diesem Monolog wird zugleich die andere Seite der neuen Affekt-Anthropologie angerissen: In seinen drei Monologen des 5. Aktes bekundet Odoardo die radikale Isolation des Individuums.

Angesichts dieser Radikalität der Charakterdarstellung in Einzelszenen stellt sich die Frage, wie weit Lessing seiner

eigenen, inzwischen ausgearbeiteten Dramaturgie folgt. Die
empfindsamen Szenen, die in *Miß Sara Sampson* den Höhepunkt des Dramas bildeten und Lessings Absicht, eben
»Furcht und Mitleid« zu erwecken, erfüllen sollten, sind in
*Emilia Galotti* zurückgedrängt. Die Figuren kennen keine
Tränen, und sie reden auch kaum darüber: »Weinen konnt'
ich nie; – und will es nun nicht erst lernen« (Gö 2,193). Zudem lässt sich kaum sagen, dass Lessing seiner eigenen Forderung aus der *Hamburgischen Dramaturgie* gerecht geworden wäre, Menschen »von gleichem Schrot und Korne«
wie die Zuschauer auf die Bühne zu bringen. Die ausgeklü-
gelte Mitleidstheorie Lessings kommt weder in *Emilia Galotti* noch im *Nathan* zum Tragen. Keines dieser beiden
Dramen lädt zur Identifikation ein; und keines lässt wirklich Mitleid zu. Sie alle sind vielmehr an die Vernunft gerichtet: Sie fordern den Zuschauer zur Reflexion über die
Bühnenfiguren auf, deren Schicksal nur für die Vernunft
entschlüsselbar ist (Steinmetz, B 12: 1977, 166 f.). Es sind
Ausnahmefiguren in Ausnahmesituationen – und die eine
oder andere von ihnen ist eher der Bühnentradition als dem
Leben entnommen.

Besonders eigenartig ist die Figur der Titelheldin. In den
wenigen Szenen, in denen sie persönlich auftritt – es sind
nur sechs –, erscheint sie ebenso blass wie tugendwillig,
wenn auch nicht mehr unbedingt und unangefochten tu-
gendhaft, was schon für Sara Sampson galt. Die geringe
physische Präsenz Emilias ist auffällig. Sie ist mehr in Bildern und idealisierten Wunschbildern als leibhaftig vorhanden. Diese Beobachtung hat unter feministischer und
zeichentheoretischer Perspektive zu neuen Deutungen herausgefordert. Emilia tritt in der Form »imaginierter Weiblichkeit« auf (Bovenschen, B 5: 1979, 11 f.), vor allem in den
Wunschphantasien des Prinzen, und weniger in der Gestalt
einer physisch anwesenden Person. Die Dramenhandlung
entfaltet sich in der Spannung, die sich für den Prinzen aus
der erfüllten Wunschphantasie ergibt, nämlich im Besitz des

»ästhetischen Bildes« und der tatsächlichen Abwesenheit der begehrten Person (Prutti, B 12: 1996, 30–34). In der Conti-Episode, mit der das Drama bezeichnenderweise fast eröffnet wird, vollzieht »sich der Frauentausch mittels ästhetischer Repräsentationen«, die wiederum als Repräsentationen imaginierter Weiblichkeitsbilder betrachtet werden können (Prutti, B 12: 1996, 16 f.; Pütz, B 12: 1986, 168 f.). Es geht dem Prinzen nicht nur um die Frau – die zunächst nur durch die Vertauschung des Signifikanten »Emilia« in die Szene kommt –, sondern um das Bild der »Unschuld und Schönheit« (Gö 2,137), das er von ihr hat.

Diese Interpretationsansätze beschreiben sicher etwas Richtiges, aber sie bleiben recht ziellos. Hinter ihnen verbirgt sich eine feministisch-kritische Perspektive, die das falsche Bild der »imaginierten Weiblichkeit« aufdecken will. Dafür bietet Lessings Frauenbild einige, aber unklare Anhaltspunkte. Dieses Bild ist nicht nur in diesem Drama unscharf und zwiespältig, Minna und Sittah – im *Nathan* – treten als selbstbewusste und emanzipierte Repräsentantinnen ihres Geschlechts auf; Sara, Emilia, Recha hingegen als von den Vätern abhängige – und wem Lessings eigene Sympathie gehört, ist schwer auszumachen (Slessarev, B 5: 1986, 354 f.). In einem Brief an den Bruder hat Lessing sein Ideal – ausdrücklich im Blick auf *Emilia Galotti* – eindeutig und in Übereinstimmung mit dem aufklärerischen Frauenbild formuliert: »Ich kenne an einem unverheirateten Mädchen keine höhere Tugenden, als Frömmigkeit und Gehorsam« (Ba 11.2,352).

Die Bildhaftigkeit des Auftretens von Emilia bietet jedoch einen Ansatz für eine in eine andere Richtung weisende Interpretation. *Emilia Galotti* muss, so wurde vorgeschlagen, nicht nur unter dem Aspekt der Moralvorstellungen, sondern auch, im Blick auf *Laokoon*, unter dem der »Schönheit« verstanden werden (Dreßler, B 12: 1996, 247 f.): »Emilia Galotti – ein Experiment mit der Schönheit?« (Dreßler, B 12: 1996, 256) Diese Deutungsperspektive läuft

darauf hinaus, *Emilia Galotti* mit Schiller zu verstehen: als
eine Versöhnung der menschlichen Widersprüche von Stoff
und Form, Notwendigkeit und Freiheit im Medium des
»Schönen« (Dreßler, B 12: 1996, 307–321). Die Frage nach
der in der Tat auffälligen Funktion des »schönen Bildes« in
*Emilia Galotti* ist damit aber noch nicht ausdiskutiert.
Denn Lessing im Blick auf Schillers ästhetische Erziehung
des Menschen zu interpretieren ist zwar verführerisch, da
die humanistische Perspektive der Klassik in seinen Dramen immer wieder aufscheint; aber diese Deutung steht am
Ende doch im krassen Widerspruch zu Lessings eigenem
Weltverständnis, das auch die Dramen trotz einiger lichter
Momente unverhohlen bekunden. Gerade in *Emilia Galotti*
zeigt sich ein Lessing, der sich vom Optimismus vollständig
losgesagt hat. Denn in *Emilia Galotti* wird am deutlichsten,
was in den anderen Dramen Lessings angedeutet ist. Sie alle
weisen über die Aufklärung und ihren Weltentwurf hinaus,
dem sie doch entsprungen und in der Ausgangskonstella-
tion auch verpflichtet sind (Steinmetz, B 12: 1977, 167 f.).
Wieder geht es um das Zusammenspiel von Zufall und Notwendigkeit, das in *Emilia Galotti* in eigenartiger Dialektik
dargestellt wird. Eine gewisse Beliebigkeit der ohnehin etwas kolportagehaften Handlungsführung ist Lessing oft an-
gekreidet worden. Diesem unzweifelbaren Befund steht
aber die ebenso richtige Feststellung Schlegels gegenüber,
der den Wert des Dramas darin gesehen hatte, dass es ein
»großes Exempel der dramatischen Algebra« sei (B 3: 1967,
116). In der Tat: »Eine lückenlose Kausalität profiliert die
Handlung« (Steinmetz, B 12: 1994, 91). Im Drama selbst
lässt Lessing die Gräfin Orsina über den Zufall reflektieren
(Gö 2,181). Lessing unterwirft, jenseits der vermeintlich zu-
fälligen Begebenheiten auf der Handlungsoberfläche, seine
Figuren einem eisernen Regiment. Dass die scheinbare Zufälligkeit des Handlungsverlaufs bei Lessing als Ausdruck
von Notwendigkeit begriffen werden muss, zeigen seine
Dramentechnik, besonders sein Stilmittel der »angekündig-

ten Ankunft« (Pütz, B 12: 1986, 186–189), ebenso wie die
Sprache und die Dialoge (Steinmetz, B 12: 1994, 93–98).
Diese und andere Techniken verweisen auf eine dahinter
stehende Philosophie: Die Figuren verfügen über keinen
freien Willen, sondern erscheinen als Marionetten eines un-
durchschauten Schicksals – eines der großen Themen der
Lessing-Diskussion. Dass der Handlungsverlauf Anlass
zum Zweifel am Weltzustand gibt, versteht sich; und es
ist vor allem die Gräfin – sie liest bekanntlich Bücher, und
das ist vielleicht ihr schlimmstes Laster (Janz, B 12: 1979,
219 f.) –, die diese Einsicht hat. Eine genauere Untersuchung könnte dies auch für die anderen Figuren zeigen.
Keine von ihnen ist Herr des eigenen Schicksals. Selbst der
Prinz klagt beredt über die Zwänge, denen er eben als Prinz
unterworfen ist, und für Emilia lässt sich ihre Verstrickung
in die eigene Frömmigkeit geltend machen. Die Zweifel an
der Güte der Vorsehung, die im Drama durchgehend verborgen sind, lassen sich zunächst politisch deuten: als Resultat der Machinationen weniger des Prinzen als Marinel-
lis. Aber die Tiefenstruktur des Dramas verweist darüber
hinaus. Die Gräfin spricht es aus und Odoardo wiederholt
es: »wer über gewisse Dinge den Verstand nicht verlieret,
der hat keinen zu verlieren« (Gö 2,187; 199) – damit ist der
Weltzustand gemeint. Horst Steinmetz hat darauf hingewiesen, dass schon der junge Lessing in einer seiner frühen
Rezensionen in der »Berlinischen privilegierten Zeitung«
genau diese Einsicht ausgesprochen hat, dass nicht nur die
höfische Gesellschaft, sondern die Welt überhaupt kritik-
würdig sei: »Schwachheiten und Laster zu fliehen, muß man
nicht den Hof sondern das Leben verlassen« (Gö 3,68;
Steinmetz, B 12: 1994, 126).

Lessing betreibt in seiner Tragödientheorie der *Hamburgischen Dramaturgie* – besonders in den Abschnitten über
Weißes *Richard III.* (Gö 4,598 f.) – ebenso wie im Drama
selbst einigen Aufwand, wider besseres Wissen den Glauben an die vernünftige Ordnung der Welt aufrechtzuerhal-

ten. Gerade der theoretische und dramaturgische Aufwand
verweist aber darauf, dass dieser Glaube brüchig geworden
ist (Steinhagen, B 12: 1993, 473, 480–483; Steinmetz, B 12:
1994, 129–131). Selbst mit den genuinen Mitteln der Literatur
lässt sich nicht mehr retten, was in der Wirklichkeit ohnehin
nicht zu retten ist. Lessing verweigert sich der einfachsten
und zeitkonformsten Lösung der Konflikte in
*Emilia Galotti*, indem er darauf verzichtet, die »poetische
Gerechtigkeit« wirksam werden zu lassen. Das war schon
in *Miß Sara Sampson* zu beobachten: Hier siegt weder die
Tugend noch das Laster, beide Variationen scheitern tödlich.
Dass das Tugend-Laster-Schema nicht mehr problemlos
funktioniert, wird in dem abschließenden Urteil Sir Williams
über Mellefont deutlich: »Ach, er war mehr unglücklich,
als lasterhaft« (Gö 2,100). Diese Unentschiedenheit in
Bezug auf die »poetische Gerechtigkeit« gilt auch für *Emilia
Galotti*. Das Drama erfüllt jedenfalls das zeittypische und
den Publikumserwartungen entsprechende Schema weder
ganz, noch, was durchaus üblich war, partiell. Der Jugendfreund
Nicolai, der der optimistischen Aufklärung treuer
geblieben ist als Lessing, hat das etwas irritiert vermerkt
und dem Makel – der es auch in seinen Augen war – durch
eine sophistische Argumentation abhelfen wollen (Ba
11.2,389 f.). In Lessings Verweigerung gegenüber dieser Publikumserwartung
ist wohl mehr zu sehen als nur die Kritik
an einer bestimmten Dramentradition, obwohl sie das sicher
auch ist (Mönch, B 12: 1993, 151–158). In ihr artikuliert
sich ein pessimistisches Weltverständnis, das Lessing seit
seiner Jugend geprägt hat und das im letzten Lebensjahrzehnt
immer schärfer konturiert wurde. Seiner Umgebung
war das bewusst. Lessings Misanthropie scheint im Bekanntenkreis
sprichwörtlich gewesen zu sein. Als Eva König ihm
Anfang 1772 brieflich über große Misshelligkeiten während
ihrer Wien-Reise berichtete, zitierte sie den sie begleitenden
Schwager: »Herr Lessing hat Recht: es ist wahrhaftig ein
hundsfüttisch Leben« (Ba 11.2,359).

# 9
## Religionspolemik

Lessings Stellung in der Literaturgeschichte wird von seinen Dramen, insbesondere dem *Nathan*, bestimmt. Aber sein Bild als Aufklärer und Polemiker ist kaum minder geprägt von der großen religionsphilosophischen Kontroverse, in die er sich im letzten Jahrzehnt seines Lebens verwickelte. Dass gerade dieser Aspekt in seinem vielfältigen Schaffen eine so große Rolle spielt, verweist auf ein Charakteristikum der deutschen Aufklärung. Sehr viel stärker als die Aufklärung in England und Frankreich war sie von theologischen Vorgaben bestimmt, so dass theologische Kontroversen ungleich brisanter in der Selbstverständigungsdiskussion der Zeit sein mussten (Epstein, B 5: 1973, 205). Die alte Auffassung aber, dass die neuzeitliche Aufklärung generell ihr Zentrum in der Religionskritik gehabt habe, ist für Deutschland nicht zutreffend (Schneiders, B 5: 1990, 10). Das Gedankengut des lutherischen Protestantismus bildete vielmehr das wichtigste Ferment der deutschen Aufklärung; und so lässt sich die »Prävalenz des theologischen und religiösen Schrifttums« im Deutschland des 18. Jahrhunderts erklären (Aner, B 13: 1929, VI). Dieser ideengeschichtlichen Bedeutung des protestantischen Gedankenguts entspricht im 18. Jahrhundert die bildungs- und institutionsgeschichtliche Verbindung von Aufklärung und Protestantismus. Aufklärung und Religion standen in Deutschland unter dem Zeichen friedlicher Koexistenz; die Aufklärung befragte die Religion nach ihrem ethischen Nutzen und mied alle Radikalität (Greschat, B 13: 1983, 34).

Lessings Religionspolemik ergibt sich organisch aus seiner Arbeit als Wolfenbütteler Bibliothekar. Zu seinen Auf-

gaben gehörte es, die Schätze der Bibliothek nicht nur zu
sichten, sondern auch der Öffentlichkeit zugänglich zu machen. Dabei geht es ihm zunächst um die »Rettung« ver-
kannter Männer der deutschen Geistesgeschichte. In diesem
Sinne publiziert Lessing 1770 die verschwunden geglaubte
Schrift des Berengarius aus dem 12. Jahrhundert. In Berengarius' ziemlich freien Auffassungen über die Offenbarung
und insbesondere über die Dreifaltigkeit konnten die aufklärerischen Orthodoxie-Kritiker des 18. Jahrhunderts vage
einen Vorläufer erblicken. Lessings Veröffentlichung – die
die stolze Zustimmung seines Herzogs gefunden hat (Ba
11.2,71) – stieß allerdings kaum auf Resonanz. Sie war eher
von philologischer Bedeutung, da sie die Existenz einer
Schrift bewies, die bisher nur aus indirekter Überlieferung
bekannt war.

Die eigentliche Kontroverse setzt erst viel später und aus
anderem Anlass ein. 1774 veröffentlicht Lessing in seiner
Wolfenbütteler Schriftenreihe »Beiträge zur Geschichte und
Literatur« den ersten Auszug aus den *Fragmenten eines
Ungenannten* mit dem Titel: *Von Duldung der Deisten*; drei
Jahre später folgt an gleicher Stelle ein zweiter Auszug. Damit beginnt der *Fragmenten*-Streit, der Lessing bis zu seinem Tod in Atem halten wird. In den *Fragmenten eines
Ungenannten* wählt Lessing eine eigenartige Publikations-
form. Eigenartig ist das Fiktionsgebäude, das er aufbaut.
Der eigentliche Sachverhalt ist ganz einfach: Der »Ungenannte« war der 1768 verstorbene Hamburger Gymnasial-
professor und Altphilologe Hermann Samuel Reimarus
(Boehart, B 13: 1988, 37–48). Mit ihm und seiner Familie
war Lessing seit seinen Hamburger Jahren gut befreundet;
nach seinem Tod erfuhr er, dass Reimarus eine sehr umfang-
reiche *Apologie oder Schutzschrift für die vernünftigen Verehrer Gottes* hinterlassen hatte. Der Text erregte sein Interesse, und eine Handschrift wurde ihm unter nicht geklärten
Umständen von Reimarus' Kindern überlassen (Alexander,
B 13: 1972, 16), allerdings mit der vorsichtigen Maßgabe,

dass sie nicht veröffentlicht und erst recht nicht der Name des Verfassers erwähnt werden dürfe. An den ersten Wunsch hat sich Lessing nicht gehalten, den zweiten versuchte er zu erfüllen, indem er in seiner Vorbemerkung zur ersten Veröffentlichung die Behauptung aufstellte, das Manuskript stamme aus den Beständen der Wolfenbütteler Bibliothek.

Reimarus' *Schutzschrift* ist eine radikale Abrechnung mit den kanonischen Bibeltexten aus dem Geist eines rigiden aufklärerischen Rationalismus. Reimarus richtet sich gegen die unglaubwürdigen Umstände der Übermittlung und gegen die Inhalte der geoffenbarten Religion; vor allem aber gegen die Handlungsweisen der Empfänger der biblischen Offenbarung: »Bey solchen ipso facto abscheulichen Handlungen, ist folglich alles Vorgeben von übernatürlichen Erscheinungen Gottes und der Engel, von Offenbarungen und Befehlen des Herrn, von Wahrsagungen und Wundern, von der unmittelbaren Wirkung des Höchsten unter dem Israelitischen Volk, ein bloßes Blendwerk, Betrug und Missbrauch des göttlichen Namens« (B 5: 1972, 1,679). Reimarus durchforstet die Bibel nach Widersprüchen, Ungereimtheiten und nach Verstößen gegen die Vernunft, wobei er besonders in den Wundergeschichten des Alten und Neuen Testamentes fündig wird. Diese Form der Bibelkritik ist durchaus nicht neu. Sie hatte Impulse erhalten von Spinozas *Tractatus theologico-politicus* von 1670 und von den englischen Deisten (Gawlick, B 13: 1983, 309).

Reimarus bewegt sich mit seiner rationalistisch-interpretierenden Kritik an den biblischen Wundergeschichten – etwa mit seiner Deutung des Durchzugs der Israeliten durch das Rote Meer (Reimarus, B 5: 1972, 1,299–326; Gö 7,469–471) – im Rahmen dieser Vorgaben. Eine Eigenart seiner *Schutzschrift* ist allerdings ihr massiver Antisemitismus. Reimarus begreift das Christentum als das Ergebnis einer Verschwörung des Judentums gegen die abendländische Vernunft: »Das ist nicht der Geist der Wahrheit und

Aufrichtigkeit, der über die Kirche des Neuen Testaments ausgegossen worden; sondern ein aus dem Judenthum in die Christenheit gefahrener falscher Geist, der sich selbst in der Lehrer Hertz, Mund und Feder gesetzt, und Unwahrheiten, kräftige Irrthümer und Betrügereyen, als wucherndes und erstickendes Unkraut in einfältige blindgläubige Gemüther ausgestreuet hat« (B 5: 1972, 2,392). Dieser Aspekt verdient erwähnt zu werden, weil daran deutlich wird, dass in diesen Auseinandersetzungen Licht und Schatten nicht eindeutig verteilt sind. Selbst der aufgeklärteste Kritiker des Christentums – wie Reimarus – konnte in anderer Hinsicht den dunkelsten Vorurteilen verhaftet bleiben. Lessing ist Reimarus hierin nicht gefolgt; er zeigt, wie es im 18. Jahrhundert nicht selten war, eine tiefe Sympathie für die Juden und den Judaismus (Pons, B 13: 1964, 131). Es macht wohl die Einzigartigkeit Lessings aus, dass seine fundamental kritische Haltung ihn frei hielt von Vorurteilen aller Art – sie macht es ihm aber auch schwer, positive Positionen zu entwickeln und zu behaupten, wie im *Fragmenten*-Streit besonders deutlich werden sollte.

In der rationalistischen Bibelkritik sympathisiert Lessing aber eindeutig mit Reimarus; zumal er sich mit wichtigen Aspekten der rationalistischen Christentum-Kritik, mit den Prophezeiungen, den Wundern und der Geschichte des Urchristentums schon früher, teilweise viel früher, beschäftigt hatte (Pons, B 13: 1964, 139–175). Seine ausführlichen Kommentare zur *Schutzschrift* lassen die grundlegende Übereinstimmung erkennen. Lessing erläutert, was der »Ungenannte« gesagt hat, er klärt Unklarheiten und macht deutlich, worauf die *Fragmente* hinaus wollen. Es ist unverkennbar, dass er mit der äußerst kritischen Geisteshaltung des Ungenannten gegenüber den biblischen Texten übereinstimmt, und auch der polemische Grundgestus der *Fragmente* wird ihn nicht abgestoßen haben.

Selbst dann, wenn Lessing mit Reimarus die inneren Widersprüche der biblischen Schriften oder ihre Entgegensetzung gegen die Vernunft herausarbeitet, bleibt für ihn der berechtigte Wahrheitsanspruch der christlichen Religion völlig unberührt. In seinen fünf *Gegensätzen*, in denen er sich direkt mit den Fragmenten auseinandersetzt, geht es kaum um theologische Grundfragen. Lessing untersucht die biblischen Schriften als Texte, nicht als Glaubensdokumente. Hier liegt der Kernpunkt für die folgenden Debatten; denn Lessings Interesse galt ursprünglich nicht dem theologischen, sondern dem historisch-kritischen Gehalt der Reimarus-Schrift; die theologische Debatte wurde ihm aufgedrängt, und er hat sich nur sehr zögernd auf sie eingelassen. Sie spitzte sich am Ende auf die Frage zu, ob die historisch-philologischen Unstimmigkeiten in der Bibel eine »Offenbarung« ausschlössen. Wenn sich aus den langen Debatten so etwas wie eine theologische Position Lessings herausarbeiten lässt, dann ist es die Trennung der Offenbarung von der Schrift. Es geht ihm, das kristallisiert sich allerdings erst langsam und im Verlaufe dieser Kontroverse heraus – um die Trennung von Glauben und historischem Wissen; eine Gedankenfigur, die von Bayle entwickelt worden war.

Hier setzten Lessings Kontrahenten an. Lessing wird wider Willen in theologische Auseinandersetzungen verstrickt, die noch einmal seinen Kampfeseifer herausfordern. Die Auseinandersetzung beginnt erst mit dem Erscheinen des zweiten Teils der *Fragmente* 1777 (Boehart, B 13: 1988, 373–384). Sie setzt im September oder Oktober des gleichen Jahres mit der Streitschrift des Hannoveraner Gymnasialdirektors Johann Daniel Schumann ein, der einer »gemäßigten Neologie« zugerechnet werden darf (Kröger, B 13: 1979, 31 f.). Schumann veröffentlicht *Über die Evidenz der Beweise für die Wahrheit der christlichen Religion* (Ba 8,355–435) und fordert zwei anonyme Gegenschriften Lessings aus dem gleichen Jahr heraus: *Über den Beweis des Geistes und der Kraft* sowie *Das Testament Johannis*. Vor allem der letztere Text ist von großer Bedeutung für Lessings religiöses, weniger sein theologisches Selbstverständnis. Nach Schumann hat sich der Wolfenbütteler Pfarrer Johann Heinrich Reß (Kröger, B 13: 1979, 53 f.) in einer anonymen Schrift gegen die *Fragmente* gewandt (Ba 8,475–503). Anfangs waren es also ausschließlich theologische Praktiker, »Schulmänner und Pastoren«, die auf Lessing replizierten; bis zum Ende der achtziger Jahre jedoch hatte fast jeder namhafte Theologe Stellung genommen (Boehart, B 13: 1988, 393).

Diese beiden Antworten sind aber nur ein Vorspiel für den eigentlichen *Fragmenten*-Streit. (Chronologie: Ba 9,760–767). Denn nach Schumann und Reß ergreift Goeze die Feder. Der Hamburger Pastor entspricht durchaus nicht dem Zerrbild, das schon seine Zeitgenossen von ihm gezeichnet haben; er war »bei aller Sittenstrenge ein leutseliger Mann« (Höhne, B 13: 1989, 35), der mit Lessing nicht nur die Streitlust, sondern auch die bittere Lebenserfahrung teilte, dass ihm im Alter seine Frau und vier von fünf Kindern gestorben sind – wenigstens hierin kommen die Kontrahenten überein, dass sie ihren Streit aus einer Vereinsamung heraus führen, die keine familiären Rücksichten mehr nötig macht. Dass Goeze überhaupt in die Auseinandersetzung verstrickt wird, ist zunächst eher ein Zufall. Lessing hatte in ihm den Rezensenten der Bücher von Friedrich Wilhelm Mascho vermutet, der sich gegen die *Fragmente* gewandt hatte. Diese Vermutung war irrig, so dass Lessing den Streit mit Goeze auf der Basis einer falschen Voraussetzung eröffnet. In Goeze hat er dann aber einen würdigen Gegner gefunden. Er steht Lessing weder an Streitsucht noch an Streitfähigkeit in irgendeiner Hinsicht nach (Stolt, B 13: 1987: 29–34). Am 17. Dezember 1777 publiziert Goeze in den von Christian Ziegra herausgegebenen theologisch-konservativen und aufklärungskritischen »Freiwilligen Beiträgen zu den Hamburgischen Nachrichten aus dem Reiche der Gelehrsamkeit« (Boehart, B 13: 1988, 250 f.) seine erste Stellungnahme gegen Lessing. Damit eröffnet er die lange Reihe von Schriften und Gegenschriften, die zu einer der wichtigsten Kontroversen der deutschen Aufklärung werden sollte; sie dauert knappe zwei Jahre. Lessings erste Antwort auf Goeze ist der kurze Text *Eine Parabel* vom März 1778, dem noch im gleichen Monat die *Axiomata* mit dem Untertitel *Wider den Herrn Pastor Goeze, in Hamburg* folgen. Die Schriften gegen Goeze nehmen danach Seriencharakter an: Lessing schreibt 1778 insgesamt elf durchnummerierte *Anti-Goeze*, die dreimal Goezes Antwort *Lessings Schwächen* herausfordern (Specht, B 13: 1986, 57–60). Dazwischen publiziert Lessing weitere Auszüge aus dem Reimarus-Text, und am Ende, im Juli 1778, erscheint Lessings *Nötige Antwort auf eine sehr unnötige Frage des Hauptpastors Goeze*, der im September und Oktober noch einmal eine Fortsetzung folgt.

Der *Parabel* folgt in der gleichen Publikation das *Absagungsschreiben*, in dem Lessing mit dem Hauptpastor Goeze ins Gericht geht. Von jetzt an wird die Auseinandersetzung – modern gesprochen – »selbstreferentiell«. Die Kontrahenten diskutieren wechselseitig über ihren Argumentations- und Diskussionsstil, sie unterstellen einander, anderes zu sagen als zu meinen, und sie greifen sich schließlich direkt persönlich an. Theologisch kreist die Auseinandersetzung immer wieder um die gleiche Frage: Welchen Status hat die Bibel für die christliche Religion? In dieser Beziehung hatte Lessing eine ziemlich klare Aussage gemacht. Mehrfach wiederholt er, dass in der Bibel mehr stehe, als für den Glauben notwendig sei: »Denn die Bibel enthält offenbar Mehr als zur Religion gehöriges: und es ist bloße Hypothes, dass sie in diesem Mehrern gleich unfehlbar sein müsse« (Gö 7,458; 8,131). Goeze hingegen beharrt darauf, dass jedes in der Bibel geschriebene Wort für den Glauben notwendig und verbindlich sei und dass es keinen Glauben ohne Bibel geben könne – dass »beide, Buchstabe und Geist, Bibel und Religion, eines sind« (Gö 8,24). Es entspricht der lutherischen Tradition, die Schrift als die einzig zugängliche Quelle des Glaubens in den Vordergrund

zu stellen; gegen dieses »protestantische Schriftprinzip«
wendet sich Lessing (Barth, B 13: 1960, 234) und verteidigt
die Möglichkeit eines Christentums ohne Bibel. Immerhin
das ist als Konsequenz seiner umwegigen Diskussionsbei-
träge festzuhalten: »Wer erlöset uns von dem unerträgli-
chern Joche des Buchstabens!« (Gö 8,126; Smend, B 13:
1983, 293 f.) Mit dieser Kritik an der Buchstabengläubigkeit
gegenüber der Bibel – der »Bibliolatrie«, über die er sich in
einem Nachlassfragment geäußert hat (Gö 7,667) –, kommt
er in die Nähe von katholischen Positionen, was ihm selbst
ebenso wenig entgangen ist wie Goeze (Gö 8,144; 330 f.;
Pons, B 13: 1964, 267–269).

Allerdings bleibt Lessings Position sehr unscharf. Die
Forschung hat bis heute viel Mühe darauf verwendet, seine
theologischen Auffassungen zu systematisieren oder überhaupt erst zu identifizieren (Wessel, B 13: 1977, 188–190).
Das Urteil Kierkegaards, der Lessings Theologie viel verdankt, hätte davor warnen können: »Sein Resultat also? O
wunderbarer Lessing! Er hat keins, gar keins, da ist keine
Spur von einem Resultat« (B 5: 1957, 58). Das Lavieren beginnt schon bei der ebenso einfachen wie naheliegenden
Frage Goezes, wie Lessing selbst sich zu den *Fragmenten*
stellt. Hierzu hatte sich Lessing klar, aber unglaubwürdig
geäußert. Mehrfach und eindeutig erklärt er, dass er die Angriffe des »Ungenannten« auf die christliche Religion nicht
teile; er sieht sich ausdrücklich in der Position eines »Gegners des Ungenannten« (Gö 8,305). Die Veröffentlichung
der *Fragmente* rechtfertigt er damit, dass er mit ihnen nicht
die christliche Religion nicht schwächen, sondern stärken wolle:
»denn eben darum zog ich ihn« – den »Ungenannten« – »an
das Licht, damit ihn recht viele prüfen, recht viele widerlegen könnten« (Gö 8,160; 156).

Tatsächlich ist es wohl nicht falsch, wenn Lessing sich
eher als Verteidiger der Kirche versteht (Barth, B 13: 1960,
221). Die Auseinandersetzung mit Goeze hat Lessings ur-
sprüngliche Absicht auf ein falsches Gleis gelenkt. Denn

Goeze und die von ihm eingenommene orthodoxe Position
sind nicht der eigentliche Gegner Lessings. Lessing stand
der Orthodoxie durchaus nicht feindlich gegenüber. Er hat
in seinen frühen theologiegeschichtlichen Arbeiten wohl
eher neologische Positionen vertreten (Aner, B 13: 1929,
178 f.); aber im *Fragmenten*-Streit steht er weder auf der orthodoxen noch auf der neologischen Seite. Bereits anlässlich
der *Berengarius*-Publikation hatte sein Bruder Karl – der
der radikalere Aufklärer von beiden war (Ba 12,205) – gesehen, dass Lessing nicht in das Lager der aufgeklärten Theologen gehörte (Ba 11.2, 208). Seinem Bruder und anderen
Briefpartnern gegenüber versichert Lessing über mehrere
Jahre hinweg seine relative Wertschätzung der lutherischen
Orthodoxie: »Darin sind wir uns einig, daß unser altes Religionssystem falsch ist: aber das möchte ich nicht mit Dir sagen, daß es ein Flickwerk von Stümpern und Halbphilosophen sei. Ich weiß kein Ding in der Welt, an welchem sich
der menschliche Scharfsinn mehr gezeigt und geübt hätte,
als an ihm. Flickwerk von Stümpern und Halbphilosophen
ist das Religionssystem, welches man jetzt an die Stelle des
alten setzen will« (Ba 11.2,615). Lessing wendet sich, nachdem er nun in diese theologischen Streitigkeiten verwickelt
worden war, implizit gegen die moderne lutherische Theologie seiner Zeit: Er richtet sich gegen die aufklärerische
»Neologie«, die von führenden protestantischen Theologen
wie Johann August Ernesti, Johann David Michaelis oder
auch von Johann Salomo Semler vertreten wird (Barth, B 13:
1960, 142–152; Epstein, B 5: 1973, 137–143).

Die »Neologie« ist der Versuch des aufgeklärten Protestantismus, die moderne Vernunft mit der göttlichen Offenbarung in Übereinstimmung zu bringen. Um dieses Ziel zu
erreichen, unternimmt sie weniger eine Bibel- als vielmehr
eine Vernunftkritik. Dem Zeitgeist der siebziger Jahre entsprechend, erweitern die »Neologen« die Vernunft durch
das Gefühl. Die biblische Offenbarung enthält nach dieser
Auffassung nichts, was dem Menschen nicht schon seine na-

türliche Vernunft – zu der eben auch das Gefühl gehört –
sagt (Greschat, B 13: 1983, 22–24). Im letzten Drittel des
18. Jahrhunderts wird diese zunächst in England von Locke
und Toland, dann in Frankreich von Voltaire entwickelte
Position auch in Deutschland von den Neologen intensiv
diskutiert: Jesus und seine Jünger hätten sich in ihren
Gleichnissen an das volkstümliche Denken ihrer Zeit ange-
glichen, um Wirkungen zu erzielen; der eigentliche Gehalt
ihrer Lehre bleibe aber mit der Vernunft konform. Diese
neologische Position impliziert die Trennung von Buchstabe und Geist der Schrift, ganz ähnlich wie Lessing sie
auch propagiert hatte.

Gerade diese Nähe in der grundsätzlichen Position aber
wird es gewesen sein, die Lessings Aversion gegen die Neologen bestimmt hat. Er kritisiert sie als halbherzig. Semler
hat die eigentliche Zielrichtung von Lessings Religionskritik
deutlich gesehen; er hat sich selbst in den *Fragmenten*-Streit
mit eingemischt und gegen Lessing Stellung genommen, da
er sich von dessen Kritik an den »Neumodischen« zu Recht
getroffen fühlen musste (Kröger, B 13: 1979, 80–87; Zscharnack, B 13: 1905, 317–344). Direkt hat sich Lessing nicht
weiter mit Semler auseinandergesetzt; aber seine Antwort
auf Mascho darf als zwar indirekte, aber grundsätzliche
Auseinandersetzung mit Semler gelten (Kröger, B 13: 1979,
71 f.); und in einem Nachlass-Fragment hat er den entsprechenden Entwurf zu einer Antwort *Gegen Johann Salomo
Semler* (Gö 7,663 f.; Ba 12,247) hinterlassen.

Dass sich der Streit schließlich auf die Konfrontation
zwischen Goeze und Lessing zuspitzte, lag weniger in der
Sache als im Temperament der beiden Gegner begründet,
die in ihren Positionen um nichts nachzugeben bereit waren. Die Auseinandersetzung ist also eigentlich ein Missverständnis, das in der Rezeptionsgeschichte gewichtige Folgen
zeitigte. Die eher zufällige personelle Konstellation erlaubte
es, den Streit auf ein Grundmotiv des 18. Jahrhunderts zu-
zuspitzen: auf die Auseinandersetzung zwischen Aufklä-

rung und Orthodoxie, zwischen Bewegung und Beharrung, wie die Formel Paul Hazards lautet (B 5: 1939, 29). Lessing will zeigen, dass jene Bestandteile der Religion, die Vernunftgründen überhaupt zugänglich sind, nicht ihren eigentlichen Kern ausmachen. Das zwingt ihn zu einer Konsequenz, die einigermaßen merkwürdig anmutet und die in der euphorischen Rezeption des *Fragmenten*-Streits im 19. und 20. Jahrhundert nie richtig gewürdigt worden ist: Es geht Lessing keineswegs darum, die Religion der aufklärerischen Vernunft zu unterwerfen, sondern er propagiert ganz im Gegenteil das »Gefühl« als die eigentliche Grundlage der Religion. Lessings Berufung auf eine diffuse »innere Wahrheit« (Gö 8,136; 150) der Religion hat wohl ihre Wurzeln im Pietismus und, noch weiter zurück, in der Mystik (Schultze, B 13: 1977, 181; Boehart, B 13: 1988, 439 f.). Auch dies ist eine Konstante in Lessings Denken. Er kehrt damit zu seinen frühesten, pietistisch inspirierten Anfängen zurück, wie sie in seiner Schrift über die Herrnhuter dokumentiert sind. In dieser 1750 entstandenen Schrift formuliert er – im Blick auf Rousseau – den Gedanken, dass das Reich der Vernunft gegen das Reich des Herzens stehe (Gö 3,689). *Das Testament Johannis* schließlich, das ganz am Anfang des *Fragmenten*-Streits steht, zieht die praktische Konsequenz: »*Kinderchen, liebt euch*« (Gö 8,17) soll nach dem Zeugnis eines Kirchenvaters der Evangelist Johannes der christlichen Gemeinde mündlich hinterlassen haben.

Tatsächlich lässt sich Lessings Religionsphilosophie am Ende auf diese Aussage reduzieren – ein »Geschwätz«, das von Goeze nicht nur philologisch angefochten wird, sondern mit offenem Hohn bedacht wird: »Herr Lessing kann unmöglich der Verfasser dieses Bogens sein« (Gö 8,179). Lessings Begriff der »inneren Wahrheit« der Religion, die über der der Bibel stehe, ist weder theologisch noch philosophisch eingeführt gewesen, so dass der skeptische Goeze in ihm nur eine Tarnung Lessings und auf jeden Fall eine Unklarheit sah, über die sich nicht diskutieren ließ

(Schultze, B 13: 1977, 180; Michelsen, B 13: 1992, 11–13).
Theologisch hält Lessing nicht das Niveau seiner diversen
Kontrahenten, aber immerhin liegt in diesem *Testament Johannis* wohl die Keimzelle des *Nathan*, mit dem eine letzte
Wendung in Lessings Denken eingeleitet wird. In einem
Nachlassfragment hat Lessing seine Position unter dem
Stichwort »*Religion*, christliche« ziemlich präzise zusammengefasst: »Wider die vielen Werke, welche neurer Zeit für
die Wahrheit derselben herausgekommen; dass sie nicht allein sehr schlecht beweisen, was sie beweisen sollen, sondern auch dem Gesetze des Xstentums ganz entgegen sind,
als dessen Wahrheit mehr empfunden sein will, als erkannt,
mehr gefühlt, als eingesehen« (Gö 8,402). Die Frage ist berechtigt, ob sich in diesem Streit nicht oft ein »anderer Lessing« zeigt als der gewohnte, einer, »der die Aufklärung
hinter sich gelassen hat« (Thielicke, B 13: 1970, 51).

Insgesamt zeigt sich Lessing im *Fragmenten*-Streit als
Verfechter einer Gefühlsreligion, ohne sich der Frage wirklich zu stellen, ob eine solche Position mit dem Rationalismus der Aufklärung zu vereinbaren sei. Lessing will offensichtlich Unvereinbares vereinbaren: Er will den Anspruch
der Vernunft auf kritische Prüfung biblischer Aussagen und
christlicher Traditionen nicht aufgeben. Aber er scheut auch
davor zurück, die Religion preiszugeben, wie es Reimarus'
zeitgemäße Argumentation, konsequent zu Ende gedacht,
nahelegt. Der Rückzug auf das Gefühl als die letzte Bastion
des Glaubens erlaubt Lessing diese Verbindung des Unvereinbaren. Die populäre Annahme, der reife Lessing habe einen »Kampf bis aufs Blut gegen das Christentum« geführt
(van Stockum, B 3: 1962, 52), ist jedenfalls falsch. Wie sehr
Lessing vielmehr mit diesen nicht nur theologischen, sondern auch religiösen Fragen gerungen hat und wie unentschieden er blieb, zeigt eine Äußerung gegenüber Mendelssohn von 1773, also lange vor dem *Fragmenten*-Streit:
»Doch ich besorge es nicht erst seit gestern, daß, indem ich
gewisse Vorurteile weggeworfen, ich ein wenig zu viel mit

weggeworfen habe, was ich werde wiederholen müssen«
(Ba 11.2,144). Georges Pons hat eine plausible Zusammenfassung des theologischen Kerns von Lessings Auffassung
gegeben: Einerseits sei er bemüht, so weit es geht, theologische Thesen in Vernunftwahrheiten zu übersetzen; zum anderen erkenne er den irreduziblen irrationalen Kern der
christlichen Geheimnisse (B 13: 1964, 270 f.).

Die theologische Seite des *Fragmenten*-Streits ist außerordentlich unfruchtbar geblieben, und entgegen der Legendenbildung der Lessing-Rezeption darf Lessings Beitrag
dazu nicht als Zeugnis mannhaften Aufklärertums interpretiert werden. Es ist wohl eher so, dass Lessing, noch einmal
getrieben von seiner Streitlust, unversehens in eine Debatte
geraten ist, aus der er sich mit seinem Hang zur Rechthabe-
rei selbständig nicht wieder lösen konnte – vielleicht war
die Verfügung des Herzogs, die Lessing einfach das Wort
abschnitt, die beste aller denkbaren Lösungen. Sie bedeutete
aber noch nicht das letzte Wort. Denn nicht nur im *Nathan*
hat Lessing die Problematik weitergeführt, sondern er hat
auch nach seinem Tode noch eine religionsphilosophische
Debatte heraufbeschworen.

Die historische Umbruchszeit um 1800 wird in Deutschland von einer ganzen Reihe von Grundlegungsdebatten erschüttert, in der die Intellektuellen der Zeit eine Selbstverständigungsdiskussion führen. Die erste dieser Debatten
wurde von Lessing ausgelöst. Vier Jahre nach seinem Tod,
1785, publizierte Friedrich Heinrich Jacobi den Bericht über
ein Gespräch mit Lessing, der schon vor seiner Veröffentlichung in Abschriften kursiert und für Aufregung gesorgt
hatte. Die Authentizität dieses Berichtes muss naturgemäß
umstritten bleiben; dass er aber grundsätzlich plausibel ist,
wurde allgemein anerkannt. Jacobi hatte mit Lessing zunächst in einem Briefwechsel gestanden und ihn dann um
1780 in Wolfenbüttel besucht. Bei diesem Besuch, so berichtet er in einem stilisierten Gespräch zwischen sich selbst
und Lessing, habe Lessing sich grundlegend zu seiner eige-

nen Religionsphilosophie geäußert. Aus Anlass der noch unveröffentlichten, aber schon in Abschrift kursierenden *Prometheus*-Ode Goethes habe Lessing sich als Spinozist und damit als Pantheist bekannt (Gö 8,564).

Diese Behauptung Jacobis hat bei den Zeitgenossen für helle Aufregung gesorgt (Scholz, B 13: 1916, LIX–CXXVIII). Dass Lessing sich damit in den Augen der orthodoxen Protestanten zum Atheisten erklärt hatte, war das geringere Problem. Sehr viel gewichtiger erschien es den Freunden Lessings, dass er sich vom aufklärerischen Common Sense entfernt habe. Denn die Aufklärung hatte sich teils ausdrücklich, wie etwa Voltaire in Frankreich, und teils unausdrücklich, wie wohl die meisten aufklärerischen Intellektuellen in Deutschland, auf einen »Deismus« verständigt – den Glauben also an einen unpersönlichen Gott, der in der Welt wirke, aber keinen besonderen Einfluss auf deren Verlauf habe (Boehart, B 13: 1988, 62–67). Der Pantheismus hingegen begreift Gott als ein allbeseelendes Prinzip, das in allen Erscheinungen der Wirklichkeit tätig sei. Wenn Lessing wirklich sich in dieser Weise geäußert hat, dann hat er sich weit von den Grundlagen der Aufklärung entfernt und sich dem neu aufkommenden Irrationalismus angenähert. Es spricht einiges dafür, dass das wirklich der Fall war (Leisegang, B 3: 1931, 62 f.; Schilson, B 4: 1979, 382 f.), denn in den letzten Lebensjahren lässt sich aufgrund von Indizien ein deutlicher Wandel in Lessings philosophischen Grundauffassungen erschließen. Lessing soll bereits in seiner Breslauer Zeit Samuel Benjamin Klose gegenüber erklärt haben, der strenge Rationalist Bayle habe Spinoza am wenigsten verstanden (Daunicht, B 3: 1971, 171; Leisegang, B 3: 1931, 159–179); und seine kleine undatierbare Arbeit über die Frage, *Daß mehr als fünf Sinne für den Menschen sein können* (Gö 8,557–560), weist auch in diese Richtung. Lessings treuester Freund und Gefolgsmann, Moses Mendelssohn, hat dies nicht so gesehen oder nicht wahrhaben wollen: Er führte einen erbitterten Streit mit Jacobi, in dessen Verlauf er selbst schwer erkrankte und schließlich starb. Dieser *Prometheus-* oder Spinoza-Streit markiert den Anfang vom Ende des 18. Jahrhunderts. Unabhängig davon, welche Position Lessing tatsächlich eingenommen haben mag, ist er der Anlass für eine Selbstverständigungsdiskussion gewesen, in deren Verlauf die rationalistische Aufklärung ihre herrschende Position im Denken der Zeit verloren hat.

Im *Fragmenten*-Streit und den strittigen nachgelassenen Schriften experimentiert Lessing, wie so oft, mit verschiedenen Möglichkeiten des Denkens – auch mit solchen, die ihn weit von der Aufklärung wegführen. Deshalb kann es nicht eigentlich überraschen, dass Goeze den aufklärerischen Denkformen – wenn auch nicht unbedingt dem aufklärerischen Denken – näher steht als Lessing: Am Ende erweist Goeze sich gegenüber Lessings Gefühlsapotheose als der bessere Aufklärer. Goeze fordert immerhin, dass die protestantische Religion eine klare, benennbare und überprüfbare Grundlage haben solle – nämlich die Bibel. Aber Goeze hat in dem Streit ganz andere Interessen als die Auseinandersetzung um Argumentationsmotive, Streitformen und Gedankenexperimente. Für ihn geht es buchstäblich um die letzten Dinge. Immer wieder wirft er dem »Ungenannten« und Lessing vor, die letzten Grundwahrheiten der Religion verwischt zu haben; und wahrscheinlich hat Goeze wirklich klarer als Lessing selbst die Ambivalenz ebenso wie die Konsequenzen von dessen Position gesehen (Thielicke, B 13: 1970, 40 f.). Materiell konzentriert sich dieser Vorwurf auf zwei Punkte: In den *Fragmenten* würden die Apostel und besonders die Evangelisten als Betrüger dargestellt, die die Wunder Christi gefälscht hätten. In der zweiten Sequenz der *Fragmente*-Publikation wird die Sache noch brisanter: In Goezes Lesart erscheint Jesus selbst als Betrüger (Gö 8,103; 216). Lessing gibt auf die Fragen Goezes, wie er sich zu diesen Vorwürfen des »Ungenannten« gegen die Bibel stelle, keine überzeugenden Antworten. Goeze wirft ihm deshalb Unredlichkeit vor: Seine »den

Fragmenten entgegengesetzten Scheingründe« hätten »mehr
den Zweck«, die Heilige Schrift »zu untergraben, zu stür-
zen, wenigstens sie lächerlich zu machen, als sie zu verteidigen« (Gö 8,168). Goeze hat Lessings gegenteilige Beteuerungen nicht geglaubt; und damit hatte er wohl Recht.
Denn lange vor dem Streit, als Lessing gerade die *Fragmente* in die Hand bekommen hatte und sich mit Mendelssohn – der mit Lessings Religionsstreitereien wenig anzufangen gewusst hatte (Strohschneider-Kohrs, B 13: 1994,
284; Cassirer, B 13: 1929, 21 f.) – darüber austauschte, hat er
in ziemlicher Deutlichkeit in einem Brief von 1771 seine
Absicht ausgesprochen: Anders als Mendelssohn, so
schreibt Lessing, sehe er sich in der unerfreulichen Lage von
Leuten, »die den Umsturz des abscheulichsten Gebäudes
von Unsinn nicht anders, als unter dem Vorwande, es neu
zu unterbauen, befördern können« (Ba 11.2,146).

Anders als Goeze hat Lessing den späteren Streit wohl
nicht besonders ernst genommen, sondern eher als Spiel begriffen; wie überhaupt die Lust am spielerischen Widerspruch, der nicht immer auf prinzipiellen Grundlagen beru-
hen musste, ein wesentlicher und von seinen Freunden vielfach dokumentierter Charakterzug war. Er betreibt seine
Auseinandersetzung mit den *Fragmenten* und mit ihren
Gegnern als eine Art philologische Fingerübung. Wie Reimarus prüft er die Quellen, vergleicht die Argumente auf
ihre Stichhaltigkeit und Plausibilität, bringt subtile und oft
auch sophistische eigene Erörterungen bei – alles so, wie
er es in den vielen vorangehenden philologisch-kritischen
Auseinandersetzungen mit seinen Gegnern, von Lange bis
Klotz, auch gemacht hatte. Ihn lockte besonders die komödiantische Seite des Streits mit Goeze. Gerne lässt er seiner
satirischen Ader freien Lauf; und diese satirischen Momente
verselbständigen sich oft gegenüber der sachlichen Argumentation. Es ist sicher nicht ohne Witz, wenn Lessing
seine Wortspiele mit einem tatsächlichen oder vermeintlichen Schreibfehler Goezes treibt und ihn so, in Anspie-

lung auf den »Reichspostmeister« als dem Publikationsorgan einiger Goeze'scher Schriften, in die Nähe des Pferdes und des Esels rückt (Gö 8,251–253). Zur Sache tragen diese Spielereien natürlich wenig bei; sie werden deshalb von dem ernsthaften Goeze entschieden zurückgewiesen, auch wenn dieser selbst ganz vereinzelt Beweise seiner satirischen Fähigkeiten gibt. In diesem Punkt wird die Asymmetrie der Argumentation besonders deutlich: Wo es Goeze um das Seelenheil geht, betreibt Lessing die Auseinandersetzung als eine Spielerei, in der er seiner Lust an der Argumentation, und manchmal auch an argumentativen Winkelzügen, die Zügel schießen lässt. Die Feststellung ist jedenfalls eindeutig richtig, dass es Lessing, allen gegenteiligen Beteuerungen zum Trotz, um nichts weniger als um die »Frage nach der Wahrheit des Christentums« ging (Michelsen, B 13: 1992, 8).

Lessing hatte wahrscheinlich ein ganz anderes Problem, das weniger ein theologisches als ein philosophisches war: In seinen religionskritischen Schriften, so hat Oelmüller herausgearbeitet, versucht er den »Menschen im Horizont von Subjektivität und Geschichte zu deuten« (B 13: 1969, 41). In dieser Hinsicht steht Lessings Religionspolemik seinen früheren Dramen und seinen gleichzeitig entstandenen geschichtsphilosophischen Schriften näher als den theologischen Diskussionen seiner Zeit. Ihm selbst ist das kaum bewusst geworden, und erst recht nicht seinem Gegner; aber aus der Unterschiedlichkeit der grundlegenden Fragestellungen erklärt sich, dass die Gegner einander nicht verstehen konnten, und es erklärt sich daraus auch, dass Lessing die theologischen Fragen nicht – mehr – wirklich ernst nimmt. Das führt zu jenem Gestus, der Goezes Zorn anstachelt: jener Mischung aus philologischer Detailverbissenheit und polemischer Nonchalance.

Lessings fehlender Ernst erscheint Goeze als das eigentliche Skandalon: »daß der Herr L. sich kein Bedenken macht, den so heiligen und wichtigen Gegenstand, den er vor sich hat, mit der allergrößten Leichtsinnigkeit zu behandeln, daß er auch hier seinem Witze durchgängig den Zügel schießen lässet, daß er eine große Fertigkeit hat, Antithesen, Equivocen, Bilder und Wortspiele da anzuwenden, wo ihm die Gründe fehlen«, ist sein ständig wiederkehrender Einwand (Gö 8,180). Goeze argumentiert weniger als Theologe gegen Lessing – auch wenn er theologisch durchaus fundiert zu argumentieren vermochte –, sondern eher als Seelsorger. Durch Lessings versteckte und direkte Angriffe auf den Wortlaut der Bibel sieht Goeze das Seelenheil der Menschheit – und Lessings – ernsthaft gefährdet. »Gott gebe, daß er, noch zu dieser seiner Zeit bedenken möge, was zu seinem Frieden dienet, damit er durch den unbesonnenen Druck der lästernden Fragmente, wodurch er der ganzen Christenheit in das Angesicht Hohn gesprochen, und durch seine eignen feindseligen Angriffe auf die christliche Religion und auf die heilige Schrift, nichts mehr verlieren möge, als diese Seifenblase« (Gö 8,172; 215; 217).

In seinen Schriften gegen Goeze erweist sich Lessing als glänzender Rhetoriker und Polemiker – wenn auch nicht unbedingt als solider Philologe. Lessing wirft Goeze vor, »er lieset nie das, was ich geschrieben habe: sondern immer nur das, was er gerne möchte, daß ich geschrieben hätte« (Gö 8,296). Das allerdings ist eher sein eigenes Verfahren, da er zahlreiche der von ihm angeführten Goeze-Bezugnahmen »nach Gutdünken verändert hat« (Specht, B 13: 1986, 129). Die Rezeptionsgeschichte hat gewiss nicht Unrecht, wenn sie diese Schriften zu den besten der an solchen freilich recht armen rhetorischen Tradition in Deutschland zählt. Aber Lessings Rhetorik ist nicht nur glänzend, sondern auch blendend – hinter der Brillanz der Rede verbirgt sich eine Argumentation, die durchaus nicht nur der »Wahrheitssuche« verpflichtet ist (Specht, B 13: 1986, 189).

Auch die wissenschaftliche Rezeptionsgeschichte hat sich allzu lange auf Lessings Selbstinszenierungen (Specht, B 13: 1986, 192–195) verlassen, ohne deren strategischen Zweck zu durchschauen. Die alte Annahme jedenfalls, dass Lessing »aus dem leidenschaftlichen Akt der Wahrheitssuche« seine Impulse und seine Wirkungen beziehe (Schröder, B 3: 1972, 115), ist sicher falsch. Goeze ist ein zwar nicht gerade unparteiischer, aber doch scharfer Beobachter der Entwicklung gewesen, in der sich Lessings Stil verändert hat. Er weist darauf hin, dass er den vormals geschätzten Autor der Abhandlung *Wie die Alten den Tod gebildet* und den präzisen philologischen Streiter gegen Klotz in der aktuellen Auseinandersetzung nicht mehr wiedererkennen könne: »Er führete diesen Streit mit Nachdruck, er demütigte seinen Gegner wo es nötig war, er nahm die fremden Federn, wenn er Parade mit denselben machen wollte; aber er führete diesen Streit auch mit Würde und vollkommener Anständigkeit« (Gö 8,200; 188; 265) – und das alles gilt im *Fragmenten*–Streit nicht mehr.

Lessings polemischer Stil im *Fragmenten*-Streit hat großen Erfolg bei der Nachwelt gehabt, aber das zeitgenössische Publikum reagierte recht verhalten. Nicht ohne Häme vermerkt Goeze, dass Lessings ausgewiesene Freunde in diesem Streit still geblieben sind: »Der Ton, aus welchen Herr L. spricht, ist durchgängig so stolz, und die Art, wie er seine Gegner behandelt, so verachtend, so wegwerfend, so höhnend, daß selbst einige seiner Freunde bekennen, daß er, wenn er auch eine bessere Sache hätte, als er wirklich hat, dennoch solche allein dadurch völlig verderben, und billig denkenden Gemütern unerträglich fallen würde« (Gö 8,172). Das war tatsächlich so. Der *Fragmenten*-Streit hat in der zeitgenössischen Publizistik lebhafte Resonanz gefunden, und in seinem Verlauf lässt sich eine deutliche »Klimaverschlechterung« für Lessing in der Öffentlichkeit konstatieren (Kröger, B 13: 1979, 19 f.; 26 f.). Selbst in Nicolais *Allgemeiner deutscher Bibliothek* findet sich noch 1779 eine Lessing-kritische Stellungnahme: »Dieser Ton nun? Diese Art, einen mißfälligen Gegner vor dem Publikum in Schriften zu behandeln? – Was soll man dazu sagen?« (Ba 8,1029)

Nicolai selbst hat sich ihm, wie Lessing in einer brieflichen
Äußerung vermutet, wegen seiner »theologischen Händel«
entfremdet (Ba 12,241; vgl. Boehart, B 13: 1986, 154 f.).

Das klassische und in vielfacher Wendung tradierte Urteil
über die rhetorische Dimension des *Fragmenten*-Streits lautet: »Lessing argumentierte flexibel und unkonventionell,
mit glanzvollen Pointen und ironischen Seitenhieben;
Goeze dagegen schwerfällig und schulgemäß, die Wendigkeit seines Kontrahenten als ›Theaterlogik‹ denunzierend«
(Jacobs, B 3: 1986, 114). Dieses Urteil bedarf der Revision.
Denn wenn der Theologe Goeze dem Aufklärer Lessing
vorwirft, dass seine Rhetorik oft auf Blendwerk beruhe,
dann hat er Recht. Goeze, der durchaus der deutschen Sprache mächtig war, findet schnell eben diesen prägnanten
Begriff, um Lessings neue Argumentationsform zu kennzeichnen: »Theaterlogik« (Gö 8,180; 289; 326; 329). Hinter
diesem Begriff verbirgt sich zunächst eine Bosheit ad perso-
nam: Der Dramatiker Lessing habe auf der Bühne ernsthaf-
ter theologischer Auseinandersetzungen nichts zu suchen.
Denn wenige Jahre zuvor hatte Goeze, als einer der Haupt-
exponenten des »zweiten Hamburger Theaterstreites«,
energisch dafür gefochten, Kanzel und Bühne zu trennen
(Graf, B 11: 1992, 313). Natürlich wird auch der Vorwurf
angedeutet, dass Lessing von den theologischen Dingen
nichts verstehe, über die er rede. Tatsächlich bewegt sich
Lessing nicht auf seinem eigentlichen Terrain; und sicherlich
liegt es auch daran, dass er oft Argumente durch Witz und
Satire ersetzen muss. Neben derartigen Kompetenzstreitig-
keiten berührt der Begriff der »Theaterlogik« aber die Substanz von Lessings Argumentation. Denn dieser Vorwurf
muss einen Autor treffen, der an anderer Stelle – allerdings
ausgerechnet im *Testament Johannis* – behauptet hatte: »Die
größte Deutlichkeit, war mir immer die größte Schönheit«
(Gö 8,15). Noch in den *Freimäurergesprächen* lässt Lessing
seinen Ernst klar sagen: »Wovon ich einen Begriff habe, das
kann ich auch mit Worten ausdrücken« (Gö 8,454) – eine

Auffassung übrigens, die, in einer cartesianischen Tradition, ihren unmittelbaren Ursprung in Boileaus *L'Art poétique* haben dürfte (Fink, B 15: 1980, 27 f.).

Diese Selbstcharakterisierungen sind von der Lessing-Forschung unbesehen übernommen worden. Die auch unter Kennern der Materie weit verbreitete Vorstellung, Lessing habe es in besonderer Weise vermocht, »in klarer Sprache zu argumentieren« (Raabe, B 10: 1977, 81), ist jedoch ein Vorurteil, das der Konfrontation mit den Quellen nicht standhält. Es lässt sich geradezu von einer rhetorischen »Ästhetik der Frechheit« bei Lessing sprechen, bei der an die Stelle der Argumente Metaphern, Sinn-Verschiebungen und Aggressionen treten (Mauser, B 13: 1986, 288 f.). Das gilt noch nicht einmal so sehr für den Hauptpunkt, auf den Goezes Begriff der »Theaterlogik« zielt: Goeze stört sich empfindlich an Lessings überbordender Neigung, den eigentlichen Problemgehalt des Streites in Bildern, Parabeln und Gleichnissen darzustellen und ihn damit zu verstellen (Gö 8,170; 180; 188; 275; 289; 326). Die Neigung zur bilderreichen und gleichnishaften Sprache ist tatsächlich bei Lessing sehr ausgeprägt; er hat sie im 2. *Anti-Goeze* ausdrücklich verteidigt und dabei seinen Stil selbst charakterisiert: »Es kömmt wenig darauf an, wie wir schreiben: aber viel, wie wir denken. Und Sie wollen doch wohl nicht behaupten, daß unter verblümten, bilderreichen Worten notwendig ein schwanker, schiefer Sinn liegen muß? daß niemand richtig und bestimmt denken kann, als wer sich des eigentlichsten, gemeinsten, plattesten Ausdruckes bedienet? daß, den kalten, symbolischen Ideen auf irgend eine Art etwas von der Wärme und dem Leben natürlicher Zeichen zu geben suchen, der Wahrheit schlechterdings schade?« (Gö 8,194; Schröder, B 3: 1972, 74–78; Schilson, B 13: 1997, 8 f.). Lessings Rhetorik erfüllt trotz dieser Verteidigungsrede genau den Zweck, den Goeze ihr vorwirft: Sie dient dazu, den thematischen Problemen auszuweichen und Argumentationsschwächen zu verdunkeln. Erst ganz am Schluss, in seiner

*Nötigen Antwort*, folgt Lessing den vielfachen Aufforderungen Goezes, unverblümt und ohne gleichnishafte Rede zu sagen, was er meine: Lessing habe sich, so erklärt er selbst, »in diesem Bogen aller Gleichnisse, aller Bilder, aller Anspielungen sorgfältig enthalten« (Gö 8,313).

Auch auf dieser rhetorischen Ebene des Streites sind die Fronten wieder verkehrt. Der Theologe, dem das gleichnishafte Reden aus der Bibel eigentlich gut vertraut sein müsste, insistiert auf der *clare-et-distincte*-Forderung der cartesianischen Tradition. Im Argumentationsduktus erweist sich Goeze als der bessere Aufklärer. Auch wenn die Präzision seiner Argumentation eines besseren Gegenstandes würdig gewesen wäre, so zeigt doch der unbefangene Vergleich seiner und Lessings Ausführungen ihn als den überlegenen Disputanten. Goezes rationalistische Schulung ist im Streit mit Lessing unübersehbar. Seine Ausbildung, die ihn mit moderneren Formen der Theologie in Berührung gebracht hatte, ist nicht spurlos an ihm vorübergegangen (Höhne, B 13: 1989, 60–62). Wenn er seine Schriften gegen Lessing mit der Überschrift *Lessings Schwächen* versieht, dann geschieht das mit einigem Recht; denn tatsächlich ist es sein Hauptanliegen, argumentative Schwächen aufzuzeigen – und das ist ihm auch gelungen, wie Peter Michelsen in einer gründlichen Analyse gezeigt hat (B 13: 1992, 3–8).

Goezes Kritik zielt einerseits gegen Lessings Argumentationsverfahren generell: »Er scheint die Logik und gesunde Vernunft aus diesem Streite verbannet zu haben, und will schlechterdings bloß durch Witz, durch Parabeln, Bilderchen und Gleichnisse den Sieg behaupten« (Gö 8,201). Brisanter als diese allgemeinen Vorwürfe sind jedoch jene konkreten Punkte, in denen Lessing sich offensichtlich verrannt hatte und auf die Goeze hartnäckig den Finger legt. Der Streit beginnt mit der Auseinandersetzung über die erste gegen Goeze gerichtete Schrift: *Eine Parabel*. Lessing stellt in einem Gleichnis die aktuelle Situation des Christentums und seiner aufklärerischen Kritiker dar. Die *Parabel* ist recht simpel und leicht zu entschlüsseln – nicht ganz zu Unrecht hat Goeze Lessing später vorgeworfen, dass er es sich nicht nur leicht gemacht, sondern dass er auch die parabolische Form völlig unnützerweise gewählt habe: Lessing lege seinen Gegnern »allen Unsinn in den Mund, der sie nach seiner Absicht lächerlich machen soll. Diesen Kunstgriff hat er in seinen Lustspielen sehr häufig, aber mit mehrerer Überlegung angewandt« (Gö 8,202). In der neueren germanistischen Forschung hat die *Parabel* Lessings eine gewisse Aufmerksamkeit gefunden – wahrscheinlich aber bloß ihres Titels wegen, der sie in die Nähe zu modernen Darstellungsformen des 20. Jahrhunderts rückt, als deren Meister sich Kafka erwies. Diese Wertschätzung, die man dem Text gelegentlich entgegengebracht hat (Schmiedt, B 13: 1991, 101; Albrecht, B 7: 1995, 189–191; Allert, B 13: 1997, 62; Sauerland, B 13: 1993, 458 f.; Matuschek, B 13: 1997, 37–39), ist kaum angebracht; denn die Offenheit und Uneindeutigkeit der modernen Parabelformen finden sich bei Lessing eben noch nicht. Der von Lessing ausgedrückte Sachverhalt ist so klar, dass er keiner besonderen Anstrengung zu seiner Entschlüsselung bedarf. Die beiden Kernaussagen liegen auf der Hand: zum Haus der Religion gibt es viele Eingänge, und wer glaubt, als Einziger im Besitz des allein gültigen Grundrisses zu sein, teilt diesen irrigen Glauben mit vielen anderen. Mit dieser Aussage charakterisiert Lessing die Religion ganz im Sinne seiner wenig später verfassten »Ringparabel« im *Nathan*.

Der zweite Teil der Parabel ist ebenso klar: Die *Fragmente*, die so viel Aufsehen erregt hatten, sind keine Feuersbrunst im Hause des Christentums, sondern nur ein harmloses Nordlicht. In der Ausdeutung der Parabel kann Goeze Lessing Ungereimtheiten nachweisen. Lessing hatte die *Fragmente* als »Sturmleitern« bezeichnet, mit denen aufklärerisches Denken die Festung der Religion stürmen wolle (Gö 8,31). Nachdem die ersten Anzeichen eines Streites erkennbar wurden – Goeze war daran noch nicht betei-

ligt – schiebt Lessing die *Parabel* nach, in der die *Fragmente*
nur noch als harmloses »Nordlicht« erscheinen, das die
Wächter für »eine Feuersbrunst« gehalten hatten (Gö
8,120). Diese unvereinbaren Bewertungen deckt Goeze auf
und fordert Lessing zu einer eindeutigen Stellungnahme
heraus, ob er die *Fragmente* nun als Angriff auf die christliche Religion oder eben nur als harmlose Bagatelle verstanden wissen wolle – eine in der Sache nicht unwichtige Unterscheidung, die sich hinter Lessings Wandel der Metaphorik verbirgt (Gö 8,202).

Noch gravierender als dieser Widerspruch war für Goeze
die Frage, ob Lessing den »Ungenannten« gekannt habe
oder nicht. Lessing hat dies, bis zum Schluss, wahrheitswidrig bestritten. Er suggerierte eine andere Verfasserschaft.
Durch entsprechende Andeutungen insinuierte er, der Text
stamme von Johann Lorenz Schmidt, der in Theologenkrei-
sen als Verfasser der »Wertheimer« Bibelübersetzung einen
schlechten Ruf hatte und über den eine biographische Notiz
in Lessings Nachlass erhalten ist (Gö 7,313 f.; 407 f.; Boehart, B 13: 1988, 113–115). Als im Laufe der Auseinandersetzungen diese Fiktion unhaltbar geworden war – Goeze
hatte sie sofort bestritten (Gö 8,103) –, hat Lessing sie halb
widerrufen: »so bald ich merkte, daß ich mich in meiner
Vermutung mit Schmiden wohl möchte übereilet haben,
machte mir das Gesetz, einer solchen Vermutung nie wieder
nachzuhängen. Ja ich faßte so fort den Entschluß, auch
wenn ich den wahren Namen ganz zuverlässig erführe, ihn
dennoch nun und nimmermehr der Welt bekannt zu machen« (Gö 8,294 f.).

Lessing hat natürlich von Anfang an gewusst, wer der
Verfasser der *Fragmente* war, und im Verlauf des Streites
sind ihm mehrmals entsprechende Andeutungen unterlaufen (Gö 8,248 f.). Die Verfasserschaft wurde zwar erst 1814
endgültig offenbart; doch »Lessings Freunde in Berlin, aber
auch Herder und Hamann waren eingeweiht, und auch in
Hamburg war etwas durchgesickert« (Alexander, B 13:

1972, 17; Gawlick, B 13: 1983, 310). Der aufmerksame Goeze hat es gemerkt und mit vollem Recht angedeutet, dass Lessing ein Lügner sei: »Also weiß der Herr L. von seinem Ungenannten mehr, als er den Lesern von ihm zu sagen bisher gut gefunden« (Gö 8,183; 282). Lessing hat den Vorwurf der »Lüge« zurückgegeben, obwohl er eindeutig wusste, dass Goeze im Recht war (Gö 8,296; Michelsen, B 13: 1992, 19). Auch hat er seine tatsächliche Kenntnis des Verfassers eindeutig, wenn auch sophistisch bestritten: Seine »Lobsprüche« über den Ungenannten, so behauptet er, setzen »im geringsten nicht voraus, daß ich ihn näher, oder aus mehreren Werken kenne; noch weniger, daß ich ihn persönlich kenne, oder gekannt habe« (Gö 8,292). Neuere Interpreten sprechen freundlicher statt von einer Lüge von einer »List«, die durch die Lage notwendig geworden sei, in die sich Lessing unvorsichtig hineinbegeben habe (Specht, B 13: 1986, 99 f.). Tatsächlich befand sich Lessing hier in einer Zwickmühle – denn von den Kindern Reimarus', insbesondere dem Sohn, wurden ihm heftige Vorwürfe gemacht, dass er entgegen seinem Versprechen die *Fragmente* publiziert und ihren Urheber zumindest andeutungsweise verraten habe (Ba 12,237). Umso empfindlicher reagiert Lessing auf die Vorwürfe Goezes, wobei aber sein Unbehagen nicht zu verkennen ist (Gö 8,298 f.).

Neben der theologischen und der rhetorischen Ebene der Auseinandersetzung werden damit persönliche Aspekte berührt. Dass der Streit derart eskalieren konnte, hängt mit den Beziehungen der beiden Kontrahenten zusammen. Sie waren ursprünglich recht freundschaftlicher Art: Lessing hat Goeze während seines Hamburger Aufenthaltes kennen gelernt und ihn gelegentlich zu Gesprächen besucht, wobei er die »kostbare Bibelsammlung des Seniors bewunderte« (Faulwasser, B 13: 1896, 134). Nach dem Bericht des Bruders erfolgten diese Besuche zum Unwillen seiner aufgeklärten Hamburger Freunde: »Lessing, dem jeder gescheidte Mann gefiel, fand Behagen an Gözens Gelehrsamkeit; und die aufgeklärten Schandmäuler setzen hinzu: an seinem Rheinwein« (K. Lessing, B 3: 1793, 1,291). Auch Nicolai hat auf das freundschaftliche Verhältnis Lessings zu Goeze hingewiesen, das durch Goezes »theologische Orthodoxie« nicht getrübt wurde (Ba 11.1,962). Die Entfremdung im *Fragmenten*-Streit kommt natürlich wesentlich durch die unterschiedlichen theologischen Positionen zustande, die beide in der Öffentlichkeit vertreten; aber auch eine persönliche Verstimmung mag mitgespielt haben. Lessing hatte als Wolfenbütteler Bibliothekar eine Anfrage Goezes ignoriert. (K. Lessing, B 3: 1793, 1,401 f.) Der Ärger über dieses auffällige Pflichtversäumnis – tatsächlich soll Lessing solche Anfragen in aller Regel mit größtem Eifer und Aufwand beantwortet haben (Reifenberg, B 3: 1995, 74–81) – nagte offensichtlich an Goeze, so dass er im Verlaufe des Streites diese Episode weitläufig öffentlich machte (Gö 8,211 f.). Auch dadurch wurde Lessing in die Defensive gedrängt; und noch in seiner letzten, anonymen Äußerung zum *Fragmenten*-Streit bezieht er sich darauf (Gö 8,343).

Diese verschiedenen Ebenen prägen den Streit der beiden; sie sind nicht nur äußerliche zufällige Zutaten. Sie erklären zumindest die zunehmende persönliche Erbitterung, die auch mancher Lessing-Apologet etwas verwundert registriert hat. Vielleicht war es günstig, dass Lessing durch den Erlass seines Herzogs die Feder aus der Hand genommen wurde. Denn der 12., nie geschriebene *Anti-Goeze* ließ nichts Gutes vermuten. Überliefert aus Lessings Handschriften ist nur das Motto, das, in der Anwendung auf Goeze, eine üble persönliche Beschimpfung enthielt: »Nihil apparet in eo ingenuum, nihil moderatum, nihil pudens, nihil pudicum. Cicero«: »Nichts Edles ist bei ihm zu sehen, kein Maßhalten, keine Scham, keine Zucht« (Gö 8,379/673). Lessing hat manche seiner persönlichen Angriffe auf Goeze wider besseres Wissen getätigt. In einer Nachlassnotiz *Über Johann Melchior Goeze* zeigt er Ansätze zu einem durchaus auch harten, aber insgesamt doch etwas gerechteren Urteil

Johann Melchior Göße.
Pastor zu St. Catharinen und Scholarcha in Hamburg.

Gestochen von J. D. Philipp, geb. Spangrin.

Johann Melchior Goeze
Kupferstich von J. D. Philipp

über die Person seines Gegners: »Daß Goeze für das Verbrennen der Ketzer und Heterodoxen stimmen sollte, glaube ich nicht. Dazu ist er wirklich wohl noch zu weichherzig« (Gö 8,349).

Gervinus hat im 19. Jahrhundert das Urteil gesprochen, das für die weitere Rezeption verbindlich wurde: Lessing »schrieb jene kleinen Flugblätter gegen Goeze, die als ein herrliches Denkmal der ehrenhaftesten Denkart dastehen und seines Gegners Namen zum Ekelnamen gemacht haben« (B 5: 1873, 4,454 f.). Diese Auffassung, dass Lessing ein »redlicher Mann« gewesen sei, dem Täuschung fremd und das Bemühen, zur Wahrheitssuche aufzufordern, selbstverständlich waren (Jens, B 10: 1969, 53), hält einer Untersuchung nicht stand. Im *Fragmenten*-Streit ist der »Wahrheitssucher« Lessing nicht zu finden. Dort tritt ein Lessing auf, »dem kein Weg zu krumm, keine Finte zu niedrig war, wenn es galt, sein Ziel zu erreichen«, und es gibt wenig Anhaltspunkte, die den beschwichtigenden Zusatz zu diesem Urteil rechtfertigen würden: Sein Ziel sei es gewesen, mit diesen Mitteln seine »Zeit zu erziehen zu einem ethischen Zukunftsideal« (van Stockum, B 3: 1962, 56).

Zutreffender ist jedenfalls die Feststellung über Goeze, dass »viel mehr für seine Position« spricht, »als die späten Erben der Aufklärung und die zahllosen Verehrer Lessings wahrhaben wollen« (Epstein, B 5: 1973, 156). Damit gehört Epstein zu den wenigen Forschern, die Goeze als ebenbürtigen Gegner Lessings ernst genommen haben. Ebenso zutreffend ist die Beobachtung, dass es kaum eine »Goeze-Forschung«, wohl aber eine »dezidierte Goeze-Rezeption« gibt (Boehart, B 13: 1988, 125). Bis ans Ende des 20. Jahrhunderts hat sich das Goeze-Bild gehalten, das ohne Kenntnisse und ohne Prüfung weitertradiert wird – bis heute (Hofmann, B 5: 1999, 149). Ausgerechnet der Lessing-Biograph Erich Schmidt stimmt in diesem Punkt mit Lessing nicht überein. Schmidt fühlt sich sichtlich unwohl angesichts der theologischen Positionen Lessings, die der gute Berliner Protestant nicht teilen, vielleicht auch gar nicht nachvollziehen konnte. Jedenfalls ist ein recht umfangreicher Teil seiner Lessing-Biographie einer vorsichtigen Rehabilitation Goezes gewidmet (1899, 2,248–267), und Erich Schmidt hat – das ist die Gerechtigkeits-Philologie der Positivisten – nicht nur eine Lessing-Biographie geschrieben, sondern 1893 auch die Streitschriften Goezes ediert und sie damit überhaupt erst wieder dem allgemeinen Urteil zugänglich gemacht. Schmidts Bemerkungen gehören der Germanistik ins Stammbuch geschrieben: »so hat doch die Wissenschaft die Pflicht, das Schwert des Polemikers gegen die Waage des Historikers zu vertauschen, und, ohne in Fragen, wo es Farbe bekennen heißt, eine blutlose Unparteilichkeit aufzustecken, den Unterschied zwischen einem darstellenden Rückblick und einem Todschlag zu wahren« (B 3: 1899, 2,264).

Die literaturwissenschaftliche Forschung allerdings hat fast durchgehend eine andere Position eingenommen. Für sie war und ist es von vornherein ausgemacht, dass Lessing als Repräsentant der Moderne, Goeze hingegen als Verfechter des Überholten gelten muss. Ideengeschichtlich ist das nicht richtig, denn beide Autoren gehörten auf ihre Weise der Aufklärung an. Goeze wie Lessing repräsentieren »mögliche Verhaltensweisen«, die »für die Moderne kennzeichnend sind« (Boehart, B 13: 1988, 472). Wenn Goeze sich gegenüber Lessings »Theater-Logik« seiner »gesunden und richtigen Logik« des Theologen rühmt, dann gehört einige Infamie dazu, »aus heutiger Sicht«, das Wort «entartet« dafür einzusetzen (Hofmann, B 5: 1999, 178). Goeze auf diese Weise in die Nähe zum Nationalsozialismus zu rücken ist abwegig. Er war einfach Vertreter einer konservativen Auffassung theologischer Aufklärung, und man wird ihm zugestehen dürfen, dass auch ihm es um die Wohlfahrt, und mehr noch um das Seelenheil, der Menschen ging – damit sollte man eigentlich am Ende des 20. Jahrhunderts leben können. Und ob Lessings Wunsch, »Ihnen den Eimer

faulenden Wassers, in welchem Sie mich ersäufen wollen« –
das war eine Phantasie Lessings, nicht der Stil Goezes –
»tropfenweise auf den entblößten Schädel fallen zu lassen«,
menschenfreundlicher klingt, mag dahingestellt bleiben (Gö
8,198).

Der *Fragmenten*-Streit hat viele Fassetten – theologische,
rhetorische und persönliche. Dass er aber so große Bedeutung erhalten konnte, die ihn trotz aller Kleinlichkeiten auf
beiden Seiten zu einer der großen Kontroversen der deutschen Geistesgeschichte werden ließ, hängt mit seinem historischen Ort zusammen. Es geht eben nicht um theologische Spezialprobleme, sondern unter dem Deckmantel einer
religiösen Kontroverse werden zentrale Probleme aufklärerischen Selbstverständnisses verhandelt. In einem nur
scheinbar nebensächlichen Punkt verdichtet sich die Problematik: Goeze weist Lessings Argument nicht gänzlich ab,
dass die Veröffentlichung der Reimarus-*Fragmente* zur Fes-
tigung des christlichen Glaubens durch Diskussion dienen
solle. Aber er besteht darauf, dass eine derartige Diskussion
nur in lateinischer Sprache geführt werden solle (Gö 8,116).
Das Argument ist auch im letzten Viertel des 18. Jahrhunderts nicht gänzlich obsolet. Die aufklärerisch-protestanti-
sche Theologie wurde nur in Fachkreisen diskutiert; auch
die einschlägigen Schriften der Neologen erschienen vor-
wiegend in lateinischer Sprache und in kleinen Auflagen
(Kröger, B 13: 1979, 24 f.; Specht, B 13: 1986, 16 f.). Dahinter
verbirgt sich die Besorgnis, dass die Religionskritik über die
Kreise der Gelehrten hinaus im breiten Publikum bzw. im
niederen und mittleren Bürgertum Fuß fassen könnte (Boehart, B 13: 1986, 148 f.).

Diese Latein-Frage ist von Goeze nur beiläufig aufgeworfen worden; aber Lessing hat sie in in den Vordergrund
geschoben (Gö 8,224 f.; Kröger, B 13: 1979, 91–94; Specht,
B 13: 1986, 144–148). Nicht ohne Grund: denn hinter diesem scheinbar marginalen Aspekt verbirgt sich das für die
Aufklärung zentrale Problem »Öffentlichkeit«. Dass Les-

sing die *Fragmente* in seiner Eigenschaft als Bibliothekar, also als Inhaber eines öffentlichen Amtes, publizierte, verweist bereits auf die Verschiebung der Kontroverse vom privaten Räsonnement ins Öffentlich-Politische (Hillesheim, B 3: 1990, 79 f.; 87 f.). Lessing hat vielleicht als erster den Übergang vom persönlichen – barocken – Publikum zum anonymen registriert und seinen Absichten nutzbar gemacht (Barner, B 10: 1977, 334 f.). Im Zusammenhang mit dem *Fragmenten*-Streit beschäftigt er sich mit dieser Frage, wer öffentlich räsonnieren dürfe, und gibt eine klare Antwort: Auch der »geringste Pöbel« – die Wortwahl ist bedenklich, und dass Lessing dieses Wort im negativen Sinne verwendet, geht aus seinem Entwurf zu einer *Nathan*-Vorrede hervor (Gö 2,748; Michelsen, B 13: 1992, 19 f.) – darf vom geistigen, moralischen, kulturellen Fortschritt nicht ausgeschlossen werden, wobei Lessing die bemerkenswerte Einschränkung macht, die Kant sechs Jahre später in seiner berühmten Schrift *Was ist Aufklärung?* ebenfalls machen wird: Der »Pöbel« ist fortschrittsfähig, »wenn er nur von seiner Obrigkeit gut gelenkt wird« (Gö 8,235). Hier erscheint der Misanthrop Lessing als Optimist, der an den Fortschritt der Aufklärung glaubt. Auch in der *Duplik* hieß es schon: »Will es denn Eine Klasse von Leuten nie lernen, daß es schlechterdings nicht wahr ist, daß jemals ein Mensch wissendlich und vorsätzlich sich selbst verblendet habe?« (Gö 8,32)

Durch diese Überlegungen wird aus der theologischen Auseinandersetzung zunächst eine philosophische; und dann auch noch eine staatstheoretische. Denn im Verlaufe des Streites stellt Goeze eine direkte Parallele her zwischen Lessings Angriff auf die Religion und einem Angriff auf die Grundfesten der gottgegebenen Obrigkeit (Gö 8,102; 116; 283). Lessing hat dieser Aspekt nicht sonderlich interessiert, aber er legt diese Auffassung in polemischer Absicht dem Patriarchen des *Nathan* in den Mund:

Gefährlich selber für den Staat es ist,
Nichts glauben! Alle bürgerliche Bande
Sind aufgelöset, sind zerrissen, wenn
Der Mensch nichts glauben darf.

(Gö 2,300)

Der Zusammenhang zwischen Staat und Religion, den
Goeze herstellt, ist keinesfalls abwegig (Martens, B 5: 1971,
193). Diese Auffassung merkwürdig zu finden und Lessings
Polemik als selbstverständlich zu akzeptieren blieb späteren
Zeiten vorbehalten. Aber Goeze formuliert nichts anderes
als die Standardauffassung einer gemäßigten Aufklärung,
die bis weit ins 19. und auch das 20. Jahrhundert hinein
Gültigkeit haben wird. Auch Lessing hat, außerhalb des
Goeze-Streites, an dieser Auffassung nicht gerüttelt.

Lessing allerdings interessiert nicht die staatstheoretische,
sondern nur die persönliche Seite. Er spitzt Goezes Argument zu und verfälscht es: Er unterstellt Goeze, dieser habe
nach dem staatlichen Zwangsmittel der Zensur oder gar der
Inquisition gerufen. Der Vorwurf hat in der Rezeptionsgeschichte des *Fragmenten*-Streites eine infame Wirkung gehabt. Bis ins 20. Jahrhundert hinein erscheint Goeze als der,
der tatsächlich nach der Inquisition gerufen habe – was bei
einem protestantischen Pfarrer doppelt verwerflich erscheint. So heißt es bei dem sonst unverächtlichen Paul
Hazard: »Goeze verlangte im Namen der christlichen Welt
Lessings Verfolgung und forderte Bestrafung des Gottesläs-
terers« (B 5: 1949, 576). So unverblümt wird diese Behauptung heute nur noch vereinzelt aufgestellt, da für sie in den
Schriften Goezes keine Belege zu finden sind; und erst recht
ist es falsch, dass Goeze »mit Erfolg die staatliche Obrigkeit
dazu brachte, seinen Kritiker Lessing« – eigentlich war
Goeze der Kritiker Lessings – »zum Schweigen zu bringen«
(Hofmann, B 5: 1999, 42). Die Insinuation besteht aber fort,
dass Goeze entsprechende Absichten gehabt und am Ende
– mit dem Zensuredikt des Herzogs – auch Erfolg gehabt

habe (Albrecht, B 3: 1997, 72 f.). Tatsächlich jedoch ist Lessings entsprechender Vorwurf gegen Goeze eindeutig falsch gewesen (Höhne, B 13: 1989, 42). Nicht zu Unrecht empört sich Goeze: Lessing ist für ihn der »unverschämteste Lügner« (Gö 8,317; auch 284), da sich eine solche Äußerung in Goezes Schriften nicht finden lasse: »Von mir hat er kein Inquisitions-Verhör zu besorgen, ob solches aber nicht von denen erfolgen möchte, deren Amt es mit sich bringet, die *Reichsgesetze wider die Publikation gotteslästerlicher Schriften*, aufrecht zu erhalten, das ist eine andre Frage« (Gö 8,322).

Diese Berufung auf die Reichsgesetze ist in der Lessing-Forschung als Goezes Hauptsündenfall gebrandmarkt worden. Dass aber ein protestantischer Pastor auf die geltenden Gesetze gegen Gotteslästerung verweist – die es in ähnlicher Form auch im freiheitlich-demokratischen Rechtsstaat der Bundesrepublik Deutschland des ausgehenden 20. Jahrhunderts gibt (§ 166 StGB) –, ist doch wohl eher als eine Erfüllung seiner Berufspflichten denn als Akt inquisitorischer Barbarei zu werten. Und wenn Goeze an exponierter Stelle vorgeworfen wird (Altenhofer, B 3: 1988, 185), er habe Lessing bezichtigt, den »Samen der Revolution« zu säen, so finden sich solche Bemerkungen zwar tatsächlich in Goezes Beiträgen zum *Fragmenten*-Streit (Gö 8,115), aber sie beziehen sich nur sehr indirekt auf Lessing: Goeze bezieht sie vielmehr auf die *Fragmente*, also den »ungenannten« Verfasser Reimarus, selbst und auf die Schrift des gerade verurteilten Bahrdt. Natürlich steckt die Insinuation dahinter, dass Lessing mit diesen Schriften in Zusammenhang zu bringen sei; aber Goeze richtet sich hier nicht gegen die Person Lessings, sondern gegen eine bestimmte Geisteshaltung, von der er Lessing zwar gefährdet sieht, die er ihm aber durchaus nicht schon zurechnet.

Wenn Goeze die *Reichsgesetze wider die Publikation gotteslästerlicher Schriften* nennt, dann ist das keinesfalls ein Beleg für die »Allianz von staatlicher Obrigkeit und evan-

gelischer Orthodoxie« (Hofmann, B 5: 1999, 176); denn die
»herrschenden Mächte in Deutschland« (Hofmann, B 5:
1999, 29) waren in diesem Fall die katholischen Habsburger
in Wien, die nicht geneigt waren, den Einflüsterungen eines
orthodoxen lutherischen Pastors in Hamburg Folge zu leisten. Goeze hat selbst darauf hingewiesen (Gö 8,284). Er
wäre ohnehin nicht in der Position gewesen, die »herrschenden Mächte« gegen Lessing auszuspielen. Denn auch
ihm gebrach es nicht an dem Mannesmut, der in der Rezeptionsgeschichte Lessing allein zugeschrieben wurde. Bereits
um 1770 hatte Goeze sich durch seinen Streit mit dem
Hamburger Pastorats-Kollegen Alberti isoliert. In diesem
Zusammenhang erhielt er bereits ein Predigtverbot, weil
der Rat befürchtete, er könne das Kirchenvolk zu Gewaltta-
ten aufreizen (Boehart, B 13: 1988, 234). Gewiss gehörte es
nicht zu Goezes Absichten, »konkrete politische Taten«
und Unruhen hervorzurufen, aber seine »Polemik gegen
den Willen der Obrigkeit aufrechtzuerhalten, schien Goeze
eine unausweichliche Aufgabe eines Predigers zu sein« (Boehart, B 13: 1988, 236). In diesen Auseinandersetzungen hat
sich Lessing übrigens, wie Nicolai berichtet, in privaten Gesprächen aus Widerspruchslust gegenüber der Mehrheit, auf
die Seite Goezes geschlagen, obwohl er nicht nur diesem,
sondern auch Alberti freundschaftlich verbunden war (Ba
11.1,964 f.) Goeze war in dieser Zeit jedenfalls völlig isoliert
und hatte weder Rückhalt beim Publikum noch bei seinen Amtskollegen noch bei der »Obrigkeit« – was nicht
mit dem *Fragmenten*-Streit, sondern mit anderen, inner-
kirchlichen Auseinandersetzungen zusammenhing (Boehart, B 13: 1988, 259 f.).

Dass Lessing schließlich tatsächlich durch eine Maßnahme seines eigenen Herzogs – und nicht durch die von
Goeze beschworenen »Reichsgesetze« – daran gehindert
wurde, seine Polemik fortzusetzen, hat einen ganz anderen
Hintergrund. Lessing wurde nicht, wie es oft zu lesen ist,
einer Zensur unterworfen; sondern es wurde das ihm durch

herzogliches Dekret vom Februar 1772 gewährte Privileg der Zensurfreiheit (Ba 11.2,354) wieder aufgehoben, also der Normalzustand wieder hergestellt – eine in der Tat »recht milde Strafe« (Höhne, B 13: 1989, 27; Bödeker, B 13: 1993, 188–191). Überhaupt darf die Zensurpraxis des 18. Jahrhunderts nicht durch den Filter der Erfahrungen mit den totalitären Regimen des 20. Jahrhunderts gesehen werden.

Lessing hat die Maßnahme des Herzogs selbst provoziert (McCarthy, B 13: 1986, 240), da er mehrmals und mit vollem Bewusstsein seine Versprechen auf Einhaltung der Bedingungen für die Zensurfreiheit gebrochen hatte; in diesem Zusammenhang lohnt die Lektüre seines Amtseides (Daunicht, B 3: 1971, 294 f.). Für die Formulierung, dass die Aufhebung der Zensurfreiheit »unter schärfster Strafandrohung« (Bohnen/Schilson, Ba 9,1132) erfolgt sei, geben die einschlägigen Äußerungen des Herzogs kaum einen Anhaltspunkt. In dem Schreiben an Lessing ist vage die Rede von »Vermeidung schwerer Ungnade und schärferen Einsehens« (Ba 12,164). Tatsächlich wurde Lessing durch den Widerruf der Zensurfreiheit weder in seiner bürgerlichen Existenz gefährdet noch grundsätzlich am Schreiben gehindert. Das sehr weit reichende »Wohlwollen des Erbprinzen gegenüber Lessing« (Bohnen/Schilson, Ba 9,732) ist offensichtlich von diesen Vorgängen – und den bald darauf folgenden Verstimmungen wegen der Freimaurerschrift – grundsätzlich nicht getrübt worden, obwohl sich Lessing zweimal über das Verbot hinweggesetzt hat.

Seine *Nötige Antwort auf eine sehr unnötige Frage* erschien nach dem ersten Publikationsverbot des Herzogs in Berlin und Hamburg. Daraufhin wurde das Edikt des Herzogs in dem Sinne präzisiert, wie es ohnehin gemeint war: dass auch Veröffentlichungen außerhalb des Herzogtums Braunschweig davon betroffen seien. Lessing ignoriert auch dieses Verbot und publiziert nochmals in Hamburg die *Erste Folge* der *Nötigen Antwort*. Sicherlich ist Lessings eigene

Vermutung richtig, dass der Entzug der Zensurfreiheit eher
auf die Hofbeamten als auf den Herzog selbst zurückgeht
(Ba 12,177 f.; Boehart, B 13: 1988, 459 f.). Dieser Vorgang
verdient die Aufregung nicht, die er in der Rezeptionsgeschichte verursacht hat. Lessing selbst hat »die Sache« sehr
leicht genommen: Sie sei »bei weitem so schlimm nicht, als
Sie befürchten«, schreibt er Elise Reimarus (Ba 12,178). Damit hat er wohl Recht, denn trotz seiner gezielten Provokationen durch die weiteren Veröffentlichungen nach dem
Verbot ist er ohne irgendwelche Sanktionen in seiner Stellung als Bibliothekar verblieben und hat ungehindert seine
nicht-religiösen Schriften veröffentlichen können.

Goeze hatte mit alldem nichts zu tun. Der Fall liegt vielmehr umgekehrt: Nicht ohne Grund hat Lessing mit dem
Gedanken spielen können, Goeze wegen seiner eindeutig antipapistischen Auffassungen im katholischen Wien – dem die
Oberherrschaft über das Heilige Römische Reich oblag – anzuschwärzen (Ba 12,169 f.). In diesem Sinne ist das ausdrücklich und öffentlich formulierte Lob für den Habsburger Joseph II. zu verstehen (Gö 8,161). So ist es denn auch tatsächlich gekommen, allerdings ohne Lessings Zutun: 1779 wird
Goeze wegen einer einschlägigen anti-katholischen Predigt
in Wien verklagt und fortan einer scharfen Zensur-Beobachtung unterworfen, worauf Lessing in seinem letzten, pseudonymen Schreiben zum *Fragmenten*-Streit, der *Berichtigung
des Märchens*, noch mit Genugtuung eingeht (Gö 8,344; vgl.
auch Ba 12,267 f. und den Kommentar 559 f.). Der Bruder
Karl beweist hier den besseren Blick für Meinungsfreiheit
und Toleranz, wenn er Lessing auffordert: »Rette doch,
wenn es möglich ist, den armen Götz in Hamburg aus den
Händen des Reichshofrats. Daß er Dich ihm überliefern
wollte, mußt Du nun vergessen« (Ba 12,302).

In diesen scheinbaren Nebengefechten wird deutlich, dass
im *Fragmenten*-Streit die Sache der Aufklärung selbst verhandelt wird. Es besteht kein Zweifel daran, auf welcher
Seite Goeze sich selbst sieht: Er versteht sich als Verteidiger

der überkommenen Ordnung von Thron und Altar. Damit
dürfte er den Bedürfnissen des bürgerlichen 18. Jahrhunderts näher gekommen sein als Lessing. Denn während Lessing es darauf anlegte, »Unruhe und Unzufriedenheit« zu
stiften, um das sich gerade etablierende Normsystem des
neuen Bürgertums schon wieder in Frage zu stellen, suchte
Goeze diesem angesichts der »Normunsicherheiten« Orien-
tierungshilfen zu geben (Boehart, B 13: 1986, 154; Boehart,
B 13: 1988, 426).

Dass Lessings Part in diesem Streit so gerne als Zeugnis
genuin aufklärerischen Denkens in Anspruch genommen
wird, lässt sich weder durch die theologischen Positionen
begründen noch durch seine Argumentationsverfahren,
noch durch einen Kampf gegen Zensur und Obrigkeitsden-
ken. Als Zeugnis aufklärerischen Denkens lässt sich eigentlich nur ein einziger Passus des ganzen Streites heranziehen:
In der *Duplik* findet sich das berühmte Zitat: »Nicht die
Wahrheit, in deren Besitz irgendein Mensch ist, oder zu sein
vermeinet, sondern die aufrichtige Mühe, die er angewandt
hat, hinter die Wahrheit zu kommen, macht den Wert des
Menschen. Denn nicht durch den Besitz, sondern durch die
Nachforschung der Wahrheit erweitern sich seine Kräfte,
worin allein seine immer wachsende Vollkommenheit besteht. Der Besitz macht ruhig, träge, stolz. – Wenn Gott in
seiner Rechten alle Wahrheit, und in seiner Linken den einzigen immer regen Trieb nach Wahrheit, obschon mit dem
Zusatze, mich immer und ewig zu irren, verschlossen hielte,
und spräche zu mir: wähle! Ich fiele ihm mit Demut in seine
Linke und sagte: Vater gib! die reine Wahrheit ist ja doch
nur für dich allein!« (Gö 8,32 f.)

Lessings Wahrheits-Auffassung der *Duplik* ist keine
Frucht des *Fragmenten*-Streits. Er hat sie mehrfach, und
schon in seinen frühesten Schriften, formuliert: »Für die
Wahrheit? Wie vielfach ist sie. Jeder glaubt sie zu haben,
und jeder hat sie anders. Nein, nur der Irrtum ist unser Teil,
und Wahn ist unsre Wissenschaft« (Gö 1,171). Selbst in der

Komödie finden sich Anklänge an dieses Wissensideal, wenn Valer, der Gegenspieler des »jungen Gelehrten« Damis, sagt: »Ich würde den für meinen Feind halten, welcher mir den Vorzug, täglich zu mehrerm Verstande zu kommen, streitig machen wollte« (Gö 1,352). Mit der berühmten Formulierung der *Duplik* begründete Lessing selbst die Lessing-Legende vom ewigen Wahrheitssucher, die freilich eine Legende ist (Grimm, B 5: 1998, 227).

Lessings Wahrheitsbegriff entspricht eher seinem Charakter denn dem seiner Zeit. An abgelegener Stelle hat Lessing sein Credo erneut ausgesprochen, das sein Verhältnis zur Wahrheit vielleicht genauer benennt als die vielen hundert Seiten des theologischen und philologischen Streites. In seiner Einleitung zu den Schriften Karl Wilhelm Jerusalems, die Lessing 1776 herausgegeben hat, heißt es: »Das Vergnügen einer Jagd ist ja allezeit mehr wert, als der Fang; und Uneinigkeit, die bloß daher entsteht, daß jeder der Wahrheit auf einer andern Stelle aufpaßt, ist Einigkeit in der Hauptsache« (Gö 8,422). Die Metaphorik ist aufschlussreich. Lessing hat die Suche nach Wahrheit wohl mehr als ein Spiel oder als ein Vergnügen betrieben – davon zeugt der ganze *Fragmenten*-Streit. Lessings Prinzip der ewigen Wahrheitssuche ist jedenfalls nicht Grundsatz aufklärerischen Denkens im 18. Jahrhundert. Denn die Aufklärung hält durchaus daran fest, dass die kritische Prüfung in der Vernunft eine unbezweifelbare Grundlage und in der Wahrheit ein unbezweifelbares Ziel hat.

In diesem Sinne hat Goeze Lessings emphatische Aussage in der *Duplik* Wort für Wort analysiert, kritisiert und als »Unsinn« bezeichnet (Gö 8,205). Wenn Goeze gegenüber der *Duplik* auf der Eindeutigkeit und vor allem der Erreichbarkeit der Wahrheit besteht, dann spricht er einerseits als orthodoxer Theologe; seine Auffassung ist Ausdruck einer »konservativen Sehnsucht nach sicherem Besitz« (Epstein, B 5: 1973, 165). Zugleich aber ist Goezes Antwort auch die des Aufklärers: Lessings Auffassung, so rügt er, wider-

spricht nicht nur dem, »was die heil. Schrift an so vielen Or-
ten einschärft«, sondern auch dem, was die »gesunde Vernunft lehret« (Gö 8,206). Damit hat er insofern nicht ganz
Unrecht, als auch unbestrittene Aufklärer sich der Sache
nach eher auf Goezes als auf Lessings Seite finden würden,
so etwa Moses Mendelssohn, der sich von diesen Auseinandersetzungen ferngehalten hat. Denn Mendelssohn beharrte
darauf, dass allein die Vernunft klare Auskunft über die religiöse Bestimmung des Menschen geben könne; und er
lehnte die Vorstellung ab, dass Geschichte in ihrer Zufälligkeit, Irrationalität und Widersprüchlichkeit als Führerin der
Menschheit dienen könne. Lessings Gedanke einer historisch bestimmten Erziehung des Menschengeschlechts ist
ihm zutiefst fremd geblieben (Cassirer, B 13: 1929, 32 f.).

Lessings programmatische Position ist weniger die des
Aufklärers als die des Skeptikers (Michelsen, B 13: 1992,
18). Er teilt sie mit Wieland, der in seinem Aufsatz über die
nicht unwichtige Frage *Was ist Wahrheit?* von 1778 eine in
der Sache praktisch gleich lautende Formulierung gefunden
hatte (B 5: 1857a, 147). Lessings Skepsis unterscheidet sich
von jener Aufklärungtradition, wie sie im Westeuropa des
ausgehenden 17. Jahrhunderts entwickelt wurde, durch ihre
Unverbindlichkeit. Sie unterwirft sich nicht dem Praxispos-
tulat, das eines der wesentlichen Konstituenten der Aufklärung ist, und sie drängt nicht zur Verwirklichung ihrer
Ideen. Denn das ist auffällig an den vielen vehementen
Streitereien, die Lessing geführt hat: dass er in keiner von
ihnen einen klaren philosophischen oder gar politischen
Standpunkt bezogen hat und dass er erst recht nicht Ideen
zur Umgestaltung der Wirklichkeit formuliert. Hierin
musste er sich von Goeze unterscheiden, dem es stets um
die Praxis, nämlich die des Seelsorgers, ging; aber hierin hat
er sich auch von der Aufklärung seiner Zeit unterschieden.
Erst in seinen letzten Schriften zur Geschichtsphilosophie
nähert sich Lessing dem Praxis-Problem; und der *Nathan*
ist ein erster Schritt in diese Richtung.

# 10

# Nathan der Weise

Friedrich Schlegel hat Lessings *Nathan* »die *Fortsetzung vom Anti-Goeze, Numero Zwölf*« genannt (Schlegel, B 3: 1967, 118). Das ist richtig und auch wieder falsch. Richtig ist es insofern, als er sich mit dieser Feststellung auf eine berühmte Äußerung Lessings gegenüber Elise Reimarus, neben dem Bruder Karl die einzige Vertraute seiner letzten Jahre, stützen darf. Danach hat Lessing den Streit mit Goeze nach der Aufhebung der Zensurfreiheit auf einer anderen »Kanzel«, nämlich dem Theater, fortsetzen wollen (Ba 12,193). In der Einladung zur Subskription des *Nathan* spielt Lessing ziemlich unverblümt auf den vorangehenden Streit und das Zensuredikt des Herzogs an: »Da man durchaus will, daß ich auf einmal von einer Arbeit feiern soll, die ich mit derjenigen frommen Verschlagenheit ohne Zweifel nicht betrieben habe, mit der sie allein glücklich zu betreiben ist«, habe er sich eines alten Dramen-Entwurfs entsonnen (Gö 2,749). So kehrt die von Goeze so mokant behandelte »Theaterlogik« wieder an ihren angestammten Ort zurück. Falsch ist Schlegels Feststellung aber insofern, als sie außer Acht lässt, dass Lessing nicht nur das Medium der Auseinandersetzung wechselt. Mit dem *Nathan* präsentiert sich auch ein neuer Lessing dem Publikum. Er selbst charakterisiert das Stück noch als eine bloße Fortsetzung des *Fragmenten*-Streites; es sei ihm mehr eine »Frucht der Polemik als des Genies« (Ba 12,270; 256). Dies es ist zwar dem Entstehungsanlass und dem Thema, nicht aber mehr dem Stil nach. Das ist umso erstaunlicher, als das Stück unter großem Druck geschrieben wird. *Nathan* erscheint unter dem Eindruck des herzoglichen Publikationsverbots auf

Subskription, und Lessing schreibt im Wettlauf mit den Setzern, während sein Bruder Karl und die Freunde Mendelssohn und Ramler in Berlin Korrektur lesen. Die Briefe aus der Zeit von Herbst und Winter 1778 geben einen Eindruck von den hektischen Entstehungsumständen. Die Druckauflage beträgt 2000 Exemplare; allein 1000 Subskribenten hatten sich bei Lessing gemeldet (Holzboog, B 5: 1994, 222).

Trotz dieser äußeren Umstände schlägt Lessing im *Nathan* einen unpolemischen und überhaupt unaufgeregten Tonfall an. Ganz getilgt sind die Spuren der vorangehenden Streitigkeiten allerdings nicht. Lessing hat in der Fabel seines *Nathan* eine »Art von Analogie mit meinen gegenwärtigen Streitigkeiten« gesehen (Ba 12,186; Demetz, B 14: 1984, 195–198). Zwar verwahrt sich Lessing in einem Brief an Herder ausdrücklich gegen die mögliche Annahme, er habe eine »Satyre auf Goezen« schreiben wollen (Ba 12,225); aber Scherer wird wohl Recht haben, wenn er im Patriarchen eine »Caricatur von Melchior Goeze« (B 5: 1885, 469; Demetz, B 14: 1984, 191–193) sieht. Unverkennbar jedenfalls trägt der Patriarch Züge des Hamburger Hauptpastors, wie die Zeitgenossen deutlich erkannt haben. Das dreifache »Tut nichts! der Jude wird verbrannt« (Gö 2,299), das den Patriarchen über seine Bedeutung hinaus hat berühmt werden lassen, entspricht dem verzerrten Bild, das sich Lessing von Goeze gemacht hatte. Lessing gönnt sich zudem einen auffälligen Anachronismus, wenn er den Patriarchen den Tempelherrn »auf das Theater« verweisen lässt, wo sein Problem besser aufgehoben sei (Gö 2,298) – unsinnig natürlich im Jerusalem der Kreuzfahrerzeit, aber eben eine Reminiszenz an Äußerungen Goezes im Hamburger Theaterstreit von 1768. Die entsprechenden Passagen des 4. Akts lassen das Drama als eine Fortsetzung des *Fragmenten*-Streites erkennen, aber gerade an ihrer Marginalität wird ersichtlich, dass Lessing über diesen Streit hinausgekommen ist.

Im *Nathan* geht Lessing ins Grundsätzliche, und vielleicht wechselt er auch deshalb das Medium – von der

»Kanzel« zur »Bühne« – weil er Ausdrucksmöglichkeiten für theologische Sachverhalte sucht, die sich mit dem lutherischen Rededuktus nicht fassen lassen (Schilson, B 13: 1997, 16–19). Er entfernt sich von der Detailbesessenheit seiner philologisch-theologischen Streitereien ebenso wie von der Bindung an die Tagesaktualität, wie sie die drei vorhergehenden großen Dramen – jedes auf seine Weise – noch zeigten. Dass Lessing mit dem *Nathan* etwas ganz Besonderes beabsichtigt, zeigt schon der Untertitel, der zugleich Gattungsbezeichnung ist: Ein *dramatisches Gedicht* heißt das Drama, und damit entzieht Lessing es den Verbindlichkeiten der älteren Gattungspoetik ebenso wie der Polemik gegen sie. Ein Vorbild für diese Bezeichnung fand er bei Voltaire und bei dem deutschen Zeitgenossen und Freund Eschenburg (Bohnen/Schilson, Ba IX, 1144; Schilson, B 13: 1997, 14).

In der deutschen Literatur mutet der gewählte Schauplatz wie ein Fremdkörper an. Hinter dieser Wahl stehen zunächst sachliche Probleme – Lessing brauchte einen plausiblen Ort, an dem er die Konfrontation der drei großen Weltreligionen herbeiführen konnte ([Göbel,] B 14: 1993, 223–227):

> Wenn hat, und wo die fromme Raserei,
> Den bessern Gott zu haben, diesen bessern
> Der ganzen Welt als besten aufzudringen,
> In ihrer schwärzesten Gestalt sich mehr
> Gezeigt, als hier, als itzt?
>
> (Gö 2,253)

Auf historische Genauigkeit kommt es Lessing nicht an: Der Dichter ist »Herr über die Geschichte« (Gö 5,208; auch 4,339). Genau so verfährt er im *Nathan*. Er konstruiert einen historischen und geographischen Schauplatz, der mit allerlei Versatzstücken angereichert ist – bis hin zu den Palmen, *»unter welchen der Tempelherr auf und nieder geht«* (Gö 2,225).

Einen wesentlichen Beitrag zur Stilisierung und Abhe-
bung vom Alltag leistet die sprachliche Form. Lessing traf
eine kühne und zukunftweisende Entscheidung, als er sein
Drama im Blankvers schrieb. Kühn ist die Entscheidung
deshalb, weil sich die deutsche Dramenentwicklung in den
vorangegangenen Jahrzehnten gerade erst losgelöst hatte
von der durch Gottsched erneuerten klassizistischen Priori-
tät des Verses in der Tragödie. Mit seinen frühen Dramen
hatte Lessing ganz wesentlich dazu beigetragen, neue
Sprachformen zu entwickeln, die auf eine Annäherung der
Dramensprache an die Alltagssprache zielten. Der Sturm
und Drang ist ihm hierin gefolgt und hat ihn natürlich weit
überboten. Es mag auch eine Reaktion auf diese Entwicklung in der ungeliebten jüngeren Dramatikergeneration
gewesen sein, dass Lessing sich jetzt wieder auf die Versform zurückbesinnt, selbst wenn er das nicht ganz so ernst
nimmt: »Denn ich habe wirklich die Verse nicht des Wohl-
klanges wegen gewählt: sondern weil ich glaubte, dass
der orientalische Ton, den ich doch hier und da angeben
müsse, in der Prose zu sehr auffallen würde« (Ba 12,214 f.;
auch 209).

Mit dem Blankvers greift er auf eine Versform zurück, die
in Deutschland fast neu ist und deshalb unverbraucht wirken muss: Es handelt sich um einen fünfhebigen Jambus
ohne Reim, der von Shakespeare in die europäische Literaturgeschichte eingeführt worden war. Trotz der intensiven
Shakespeare-Rezeption durch den Sturm und Drang ist jedoch speziell dieses Versmaß in Deutschland nur vereinzelt,
von Brawe, von Gleim in seiner *Philotas*-Versifizierung und
von Wieland in *Lady Johanna Gray* benutzt worden (Boh-
nen/Schilson, Ba 9,1144).

Lessing greift im *Nathan* diese Versform nicht einfach
auf, sondern er bildet sie gegenüber Wieland weiter. Erich
Schmidts Untersuchung der Dramensprache ist die gründ-
lichste und zeigt wichtige Beobachtungen: Lessings Ver-
wendung der Versform bedeutet keinen Rückfall hinter die

Errungenschaften des Sturm und Drang, die wiederum auf seine eigenen Errungenschaften in den früheren Dramen zurückgehen. Denn der Blankvers führt im *Nathan* nur oberflächlich zur sprachlichen Glättung. Bei genauerem Hinhören zeigt sich, dass die eruptive, oft affektgeladene Sprache der früheren Dramen weiterhin durchschlägt. Auffälliges Merkmal ist das Enjambement; die Verse sind zudem sehr häufig auf verschiedene Figuren verteilt. Auch weicht Lessing gerne vom Alternationsprinzip des Jambus ab oder befolgt es nur oberflächlich. Die Beobachtung ist wohl richtig, dass Lessing sich hier schon von den freien Rhythmen Klopstocks hat leiten lassen. Gegen eine harmonistische Glättung sind die vielen Synkopen, Apokopen und Wortreihungen gerichtet, die häufig in emphatischen Ausrufen münden. Solche kakophonischen Sprachgestaltungen sind einerseits Erbe der früheren Lessing-Dramen; sie erfüllen aber andererseits in der Komposition des *Nathan* eine wichtige Funktion. So harmonisch das Drama in seinem Verlauf und vor allem in seiner Schlusswendung angelegt ist, so deutlich bleibt die untergründige Spannung in der Sprachgestaltung erhalten (Schmidt, B 3: 1899, 2,404–408; Demetz, B 14: 1984, 182–184).

In der Figurengestaltung geht Lessing ebenfalls einen radikal anderen Weg als in seinen früheren Dramen. Die alten Formeln der *Hamburgischen Dramaturgie* vom »gemischten Charakter« werden beiseite gedrängt. Lessing sucht keine Identifikationsmöglichkeiten mehr, sondern Lehrhaftigkeit – tatsächlich wurde das Drama von zeitgenössischen Kritikern ohne Umstände der »Lehrdichtung« zugeordnet (Jäger, B 6: 1970, 549 f.). Noch Schiller hat sich in seiner großen Abhandlung *Über naive und sentimentalische Dichtung* recht abfällig über *Nathan* geäußert, der sich »vor dem ruhigen Räsonnement« nicht in Acht genommen habe (B 5: 1967f, 725).

Die Figurengestaltung beugt sich diesem Diktat der Didaxe. Komplexität wird von Lessing kaum angestrebt; er bemüht sich eher um Reduktion der Charaktere. Das gelingt freilich nicht immer und in jedem Fall. *Nathan der Weise* bietet durchaus ein breites Spektrum an Figuren, die auch für sich, ungeachtet ihrer Lehrhaftigkeit, Interesse beanspruchen können. Im Derwisch Al-Hafi, für den die Zeitgenossen ein Vorbild in Lessings Bekanntenkreis ausgemacht haben (Schmidt, B 3: 1899, 2,279 f.), zeigt sich Lessings Neigung zu Misanthropie, die aber durch komödienhafte Elemente überwunden wird. Die »Diogenesnatur« des Derwischs weist tatsächlich in vieler Hinsicht »Lessing'sche Züge« auf (Strauß, B 14: 1864, 63). Dass Lessing dieser Figur weit über ihre Rolle im *Nathan* hinaus großes Interesse entgegengebracht hat, geht aus brieflichen Äußerungen hervor, in denen er die Absicht bekundet, ein eigenes Nachspiel *Der Derwisch* zu schreiben (Ba 12,232; 239).

Am stärksten zur Typisierung neigt Lessing bei den Frauengestalten. Rechas Charakter bleibt etwas unklar. Sie zeigt einiges von der anämischen Blutleere Saras und Emilias. In manchen Passagen aber beweist sie philosophische Interessen, die sie in kühler Argumentation zu vertreten vermag (Gö 2,263 f.), während sie andernorts wiederum in naiver Schwärmerei verharrt – vielleicht hat Peter Demetz Recht, wenn er sie, mit den Worten Minnas, als »sonderbares Ding« charakterisiert (Demetz, B 14: 1984, 178; 215; Gö 1,637). In ihrem einzigen Gespräch mit dem Tempelherrn beweist sie sogar Ansätze zu jenem mutwilligen Witz, der unter Lessings Frauengestalten sonst nur Minna auszeichnet (Gö 2,265–268).

Die Christin Daja, die Recha aufgezogen hat, steht bei aller Naivität und Unbedarftheit in der Tradition der Intrigantin, die besten Glaubens, aber nicht ohne Verkennung ihrer eigenen Vorteile, ihren Schützling dem Zugriff des Juden Nathan entziehen will. Lessing lässt in einigen Bemerkungen anklingen, dass ihr die inquisitorische Seite des Christentums durchaus nicht fremd ist: Sie

Ist eine Christin; – muß aus Liebe quälen; –
Ist eine von den Schwärmerinnen, die
Den allgemeinen, einzig wahren Weg
Nach Gott, zu wissen wähnen!

(Gö 2,337)

Eine eigenartige und zu wenig beachtete Figur ist Lessing
schließlich mit Sittah, der Schwester des Sultans, gelungen.
Im Verlauf des Stückes spielt sie eine durchaus eigenständige Rolle. Von ihr geht die Anregung aus, dem Juden
Nathan eine Falle zu stellen, um dem Sultan aus seiner
Geldverlegenheit zu helfen. Dem Sultan steht sie als gleich-
berechtigte Partnerin – auch im Schachspiel – gegenüber.
Sittah wird ambivalent charakterisiert. Sie ist zu einer theo-
logisch-islamischen Argumentation gegenüber dem Christentum in der Lage, an der ihrem Bruder das Interesse
fehlt. Strauß' Annahme erscheint nicht abwegig, dass mit
ihrem kritischen Urteil über die Christen Lessings eigene
Auffassung ausgesprochen werde (B 14: 1864, 70; Kuschel,
B 13: 1998, 243–246; Gö 2,238). Lessing weiß mit dieser intellektuellen Fähigkeit seiner Figur dennoch wenig anzufangen. Im Gespräch zwischen Sittah und Recha zitiert
diese Nathan als Bücherverächter:

Mein Vater liebt
Die kalte Buchgelehrsamkeit, die sich
Mit toten Zeichen ins Gehirn nur drückt,
Zu wenig.

(Gö 2,334 f.)

Sittah gibt sich daraufhin, wenn auch versteckt, als Bü-
cherleserin zu erkennen, um das Kompliment zu erhalten,
sie sei dennoch so »unverkünstelt« / So ganz sich selbst nur
ähnlich«. Sittah ist also gleichermaßen gebildet wie scharfsinnig, mit der islamischen wie der christlichen Theologie
wohl vertraut, und dennoch »unverkünstelt« geblieben. Damit aber noch nicht genug: zu ihren intellektuellen und

menschlichen Qualitäten treten herrscherliche (Koebner, B 14: 1994, 189–191); denn in der politischen Ökonomie des Stückes spielt sie eine wichtige Rolle. Die Züge absolutistischer Herrschaft, die auch Momente der Gewalt in sich tragen, werden auf Sittah übertragen: Sie ist es, die die erforderlichen Maßnahmen zur Geldbeschaffung einleitet und in dieser zentralen Staatsangelegenheit die Zügel in der Hand hält; und sie ist es auch, die die versteckte Drohung ausspricht, Nathan sein Kind wegzunehmen (Gö 2,309). Der Sultan wird damit entschuldigt. Sittah entlastet ihn von jenen Charakterzügen, die ihm als absolutistischem Herrscher hätten zukommen müssen. Durch diesen Kunstgriff gelingt es Lessing, den Charakter des Sultans in der Schwebe zu halten. Er ist einerseits durchaus absolutistischer Herrscher; aber dies im Sinne eines aufgeklärten Absolutismus (Koebner, B 14: 1994, 186).

Von ganz anderem Kaliber, wenn auch wiederum nicht vom »Schrot und Korne« des normalen bürgerlichen Zuschauers, ist der Tempelherr, dem nach Nathan die meisten Auftritte im Drama zugestanden werden. Der Tempelherr ist neben Tellheim die einzige Figur in Lessings Dramen, die einen tatsächlichen und dramaturgisch wie psychologisch motivierten Wandel durchmacht. Am Anfang des Dramas erweist er sich als Starrkopf, dem sein Leben nichts gilt. Allen werbenden Annäherungen Nathans, Dajas und Rechas begegnet er mit wegwerfender Ablehnung; selbst seine große Tat, die Rettung Rechas, bedeutet ihm nichts, weil sie einem spontanen Entschluss entsprungen ist (Koebner, B 14: 1994, 176 f.). Im Verhalten des Tempelherrn wird der interkulturelle Konflikt, der im *Nathan* tragende dramaturgische wie philosophische Bedeutung gewinnt, besonders manifest. Es geht nicht nur um einen Wahrheits-Diskurs, sondern auch um eine, im Zweifelsfall gewaltsam ausgetragene, »Konkurrenz von Kulturen« (Eibl, B 14: 1985, 16). Der Tempelherr ist Aggressor und Gefangener im fremden Land. Bei seinem ersten Auftritt stellt Lessing ihn als einen

Entwurzelten dar. Er hatte sein Leben schon verwirkt, und
es ist ihm durch eine Laune des Zufalls – die sich freilich
später als höhere Notwendigkeit herausstellt – wieder geschenkt worden: »Schon / Den Hals entblößt, kniet' ich auf
meinem Mantel, / Den Streich erwartend« (Gö 2,227).

Er hat keine Familie und keine Freunde, und dass er einen Glauben hätte, lässt er nicht erkennen. Seine Abwehr
gegen Nathan ist nicht erkennbar religiös motiviert. Überhaupt lässt Lessing sein Verhalten in den Anfangsszenen
unmotiviert; außer dass ein unspezifischer Welthass ihn um-
treibt, der ihm durchaus einen Platz in einem Sturm-und-
Drang-Drama hätte sichern können: »Da müssen Herz und
Kopf sich lange zanken, / Ob Menschenhaß, ob Schwermut
siegen soll« (Gö 2,211).

Madame de Staël hat einen sicheren Blick bewiesen, als
sie Tellheim, Odoardo und den Tempelherrn in eine Reihe
der »Misanthropie« stellte (B 5: 1958, 270). Am Ende siegt
weder die Melancholie noch die Schwermut – dass der
Tempelherr durch Nathans unablässige Bemühungen von
seiner Weltentfremdung abgebracht und zur Versöhnung
geführt werden kann, ist nicht die unwichtigste Botschaft
des Dramas.

Die Figurenkonstellation ist auf Nathan konzentriert.
Der weise Nathan ist mit sich im Reinen – und das war, auf
eine sehr viel handfestere Art freilich, auch Gottscheds
Cato. Lessing baut andererseits mit dem Titel seines Dramas und mit den diversen charakterisierenden Fremd-Be-
schreibungen seiner Figur ein Assoziations- und Konnota-
tionsgeflecht auf, das diese Glattheit wieder brüchig macht
und Nathan in bestimmten soziokulturellen und literarischen Zusammenhängen situiert: Mit dem Epitheton
»weise« stellt Lessing Nathan in eine lange philosophische
Tradition, deren abendländische Ursprünge sicherlich in der
antiken Stoa zu suchen sind und die zudem orientalische
Konnotationen aufweist. Aber die dramatische Kunst im
*Nathan* bewährt sich nicht zuletzt darin, dass dieses Kon-

notationsgeflecht während des Stückes und bereits von der ersten Szene an unterlaufen wird. Lessing setzt sich mit seinem Titel-Epitheton von einem Stereotyp ab: Der durch den Namen als Jude erkennbare »Nathan« ist eben nicht der stereotype »reiche«, sondern der weise Jude; aber für manche Figuren des Stücks bleibt Nathan dennoch eher der reiche als der weise Jude. Dass dieser Zusammenhang von Reichtum und Judentum eines der dominierenden antisemitischen Vorurteile war, hat Lessing schon in seiner frühen Notiz *Über das Lustspiel* »Die Juden« festgehalten (Gö 1,417). Im Dialog zwischen Daja und dem Tempelherrn wird es nochmals ausgesprochen: »Doch daß es [das Volk] ihn den Weisen Nathan nennt, / Und nicht vielmehr den Reichen, hat mich oft / Gewundert« (Gö 2,232; auch 244; 247).

In der Tat: In der ersten Szene des Dramas kommt er von Geschäften zurück, gleich in der ersten Äußerung Nathans findet sich der Hinweis auf die »Schulden«, die er einkassieren musste. Durch diese Zusammenbindung der Begriffe »weise« im Titel und »reich« in der ersten Szene schafft Lessing eine untergründige Spannung, die im Stück selbst fast nie, außer in der Vorbereitung der »Ringparabel«, direkt zur Sprache kommt, die aber dessen sozialhistorischen und mentalitätsgeschichtlichen Untergrund bildet (Eibl, B 14: 1985, 6–8).

Lessing wäre nicht Lessing, wenn nicht auch in seinem letzten Drama das Geld eine wichtige Rolle spielen würde (Demetz, B 14: 1984, 199 f.; Weidmann, B 14: 1994, 448–453). Aber in diesem Falle ist diese Rolle problematisch. Die verschiedenen Figuren haben ein unterschiedliches Verhältnis zum Geld: Für Saladin ist es das »leidige, verwünschte Geld« (Gö 2,239); der Tempelherr lehnt das angebotene Geld trotz seiner Mittellosigkeit ab; der Derwisch will in den Osten, wo man kein Geld braucht. Nur Nathan hat ein gelassenes – bürgerliches – Verhältnis zu den irdischen Gütern (Pütz, B 12: 1986, 267 f.).

Nathans »Weisheit« ist kein Erbteil antiker Geisteshaltung; sie ist realen Verhältnissen mühsam abgerungen. Auch Nathan muss sich, was lange übersehen wurde, entwickeln und zu jener »reinen Menschlichkeit« erzogen werden, die er dann verkörpert (Schweitzer, B 14: 1961, 277; Demetz, B 14: 1984, 201 f.). Die Frau und die sieben Söhne, die ihm von den christlichen Tempelrittern verbrannt wurden, sind Bestandteil seiner Biographie und Bestandteil der gemeinsamen christlich-jüdischen Geschichte. Nathan hat diesen Schicksalsschlag – der eigentlich kein solcher war, sondern die gewollte Konsequenz realen historischen Handelns –, mit jener Gelassenheit verarbeitet, die den stoischen Weisen ziert; hierin geht er seinem Glaubensgenossen Abdias in Adalbert Stifters gleichnamiger Erzählung mit gutem Beispiel voran. So weit steht die Dramenfigur Nathan in einer geistesgeschichtlichen und dramengeschichtlichen Tradition. Lessing bezieht sich auf diese Tradition, aber er setzt sich ebenso von ihr ab. Nathan ist kein stoischer Weiser. Er leidet nicht nur, sondern er handelt – im doppelten Sinne: als Geschäftsmann wie als Mensch. Im Verlauf des Dramas geht Nathan unbeirrt seinen Weg. Der abweisende Tempelherr zeigt sich seiner Hartnäckigkeit ebenso wenig gewachsen wie Saladin und Sittah seiner Klugheit. Nathan überzeugt sie alle durch sein Vorbild; und der »weise Jude« erhält dabei Charakterzüge, die eher einer »bürgerlich-protestantischen Ethik« als einer orientalisch-jüdischen entsprechen (Hernadi, B 14: 1984, 346).

Im Zentrum der Nathan-Figur und des Dramas steht die »Ringparabel« und damit das Problem der religiösen Toleranz – *Nathan der Weise* ist, nach einer alten Lektüre-Gewohnheit, das »Evangelium der Toleranz«, wie Fontane anlässlich einer Aufführungsbesprechung von 1880 bereits leicht gelangweilt konstatiert hat (B 14: 1969, 382). Die »Ringparabel« war nach Lessings eigener Auskunft die Keimzelle des *Nathan*. Sie hat eine lange Tradition; Lessing hat sie in der dritten Erzählung von Boccaccios *Decame-*

*rone* gefunden (Ba 12,186). Die meisten Fassungen der Parabel und vergleichbarer Fabeln (Schmidt, B 3: 1899, 2,327–349; Ba 9,1151–56) thematisieren das Problem der religiösen »Toleranz«. Das musste Lessing interessieren, denn Toleranz ist von früh an eines seiner großen Themen gewesen. In einer Anmerkung zu den *Briefen* von 1753 heißt es schon: »Es war den ersten Reformatoren sehr schwer, dem Geiste des Pabsttums gänzlich zu entsagen. Die Lehre von der Toleranz, welche doch eine wesentliche Lehre der christlichen Religion ist, war ihnen weder recht bekannt, noch recht behäglich. Und gleichwohl ist jede Religion und Sekte, die von keiner Toleranz wissen will, ein Pabsttum« (Gö 3,271). Toleranz bedeutet die Duldung verschiedener Religionen durch eine Macht, die sich im Besitz der Wahrheit wähnt und andere Auffassungen nicht annimmt, aber akzeptiert. In der Frühen Neuzeit hat Toleranz eine klare Funktion gehabt – sie diente der Pazifizierung Europas nach einer Periode mörderischer konfessioneller Bürgerkriege. Aber dieses klassische religiöse Toleranz-Problem verblasst im ausgehenden 18. Jahrhundert.

In der »Ringparabel« kündigt sich aber die Obsoletheit der alten, politisch-konfessionellen Toleranzproblematik an. Denn diese war – das zeigen auch die Vorgänger–Versionen der Parabel –, auf Wahrheitsverzicht angelegt: Die Wahrheit ist bekannt, aber sie wird niemandem aufgezwungen. Lessing wendet diese Tradition auf eine charakteristische Weise. In der »Ringparabel« gibt es diese überlegene Position des Macht- und Wahrheitsbesitzes nicht mehr, von der aus Toleranz geübt werden könnte. Damit folgt Lessing der Entwicklung der Toleranz-Diskussion in seiner Zeit, in der das Problem im Zuge zunehmender Säkularisierung an Bedeutung verloren hat. Der religiöse Gehalt des Dramas ist tatsächlich recht gering: Von den drei Hauptvertretern der jeweiligen Religion – Nathan, dem Tempelherrn, Saladin – ist keiner von seiner Religion geprägt. Diese drei Figuren können, pointiert formuliert, sich deshalb tolerieren, weil sie aneinander nichts zu tolerieren haben (Besier/ Schreiner, B 5: 1990, 504 f.).

Lessing gibt dem Problem eine neue Färbung. Er legt die Frage nach der Wahrheit von vornherein als unentscheidbar an. Germanistenfleiß hat in jüngerer Zeit wieder den Text genauer gelesen, als Lessing ihn geschrieben hat (Zymner, B 14: 1992, 92 f. Fricke/Zymner: B 14: 1991, 277 f.). Aber so scharfsinnig diese Überlegungen auch sind – es bleibt dabei: »Umsonst; der rechte Ring war nicht / Erweislich« (Gö 2,277). Denn so hat Lessing es offensichtlich gemeint. In seiner Version der »Ringparabel« zeigt sich der Skeptiker der *Duplik*, der keine Wahrheit finden will, sondern sich mit der bloßen Suche bescheidet – mit einer klaren didaktischen Absicht: Lessing sieht den Zweck des *Nathan* erfüllt, wenn »unter tausend Lesern nur Einer daraus an der Evidenz und Allgemeinheit seiner Religion zweifeln lernt« (Ba 12,247).

Die Einbettung der Parabel in den dramatischen Kontext zeugt von den praktisch-historischen Gefährdungen der Toleranz. Die »Ringparabel« ist ein Lehrstück über die Schwierigkeiten, die Wahrheit zu sagen. Sie steht nicht isoliert in dem Stück, sondern ist eingebunden in einen vorbereitenden Handlungszusammenhang, der über das Drama hinaus auf die Lebenswirklichkeit verweist. Der »Kommunikationsanlass« wird von Nathan durchschaut, und seine Einsicht veranlasst ihn zunächst, den Frager vorsichtig mit einem »Märchen« abzuspeisen (Gö 2,275; Wehrli, B 12: 1983, 154 f.). Lessing lässt die Situation in der Schwebe. Weder dem zeitgenössischen Leser oder Zuschauer noch erst recht dem heutigen, kann es auf den ersten Blick klar gewesen sein, welches Bedrohungspotential sich hinter dem vermeintlichen Spiel mit Worten verbirgt, das der Sultan wie Nathan betreiben (Albrecht, B 7: 1995, 192 f.).

Denn die Gefährdung, die für Nathan im Drama besteht, scheint zunächst und ausschließlich vom Patriarchen auszugehen – seine mehrfach vorgebrachte, rhetorisch-floskelhafte Forderung, den Juden zu verbrennen, ist deutlich, aber auch platt genug. Über dieser massiven Bedrohung kann leicht übersehen werden, dass sich hinter der Aufforderung Sittahs und des Sultans an Nathan, Geld zu borgen, ebenfalls eine kaum verhüllte Drohung verbirgt. Sie wird nicht ausgesprochen, aber der Mittelsmann des Sultans, Al-Hafi, deutet sie durch sein Zögern, den Auftrag des Sultans zu erfüllen, an: »Als halt' ers für gefährlich, ihn zu loben« (Gö 2,247). Nathan selbst sieht die Unklarheit der Situation, in die er sich hineinbegeben muss: »Sollt er auch wohl / Die Wahrheit nicht in Wahrheit fordern?«, fragt er sich angesichts des Sultan-Wunsches; und seine monologischen Überlegungen zur richtigen Gesprächsstrategie schließen mit dem Ausruf: »Das kann / Mich retten!« (Gö 2,275)

Es geht um mehr als um Geld. In diesen Szenen lässt Lessing seine Figuren wenig direkt aussprechen, aber er lässt vieles anklingen – die Umgebung Nathans besitzt ein »angstauslösendes Gewaltpotential«; der Patriarch und der Tempelherr, Daja und Sittah, am wenigsten allerdings der Sultan, zeigen sich bereit, ohne Zögern gegenüber dem Juden Gewalt auszuüben, wenn es ihren Plänen dient (Koebner, B 14: 1994, 162; auch 158–162). Selbst dass er Recha, das Christenkind, an Kindes Statt annahm, wird ihm nicht nur zum Guten angerechnet: Der Tempelherr äußert die gefährliche Vermutung, dass er

So ein gemeiner Jude wäre, daß
Er Christenkinder zu bekommen suche,
Um sie als Juden aufzuziehen.

(Gö 2,306 f.)

Auch die gute Tat steht unter Verdacht, und sie muss den Verhältnissen abgetrotzt werden. Anklingen lässt Lessing damit eine anderthalb Jahrtausende währende Geschichte der Judenverfolgung, die Nathan so entgegenkommend wie

vorsichtig zu agieren zwingt (Koebner, B 14: 1994, 154 f.).
Anklingen lässt Lessing aber auch die aktuelle Situation der
Juden – nicht die im Jerusalem der Kreuzzüge, sondern die
im Deutschland des ausgehenden 18. Jahrhunderts.

Der soziale Status des Juden Nathan lässt sich ohne weiteres auf die Situation der Juden in der Entstehungszeit des
Dramas projizieren: Nathans Position ähnelt dem Status eines »Schutzjuden«, wie es sie in Westeuropa seit dem Mittelalter gegeben hat und im 18. Jahrhundert immer noch
gibt. Sie sind sozial diskriminiert und weit davon entfernt,
die vollen Rechte eines Bürgers zu besitzen. Gegenüber ihren jüdischen Glaubensgenossen genießen sie jedoch gewisse Privilegien, weil sie für die Staatsorganisation im
Laufe der Neuzeit zunehmend wichtigere Funktionen erfüllen (Adler, B 5: 1960, 32–37): Ihre Hauptaufgabe bestand
darin, dem Staat und den Fürsten persönlich Geld zu leihen.
Das konnte dazu führen, dass jüdische Bankiers seit der
Mitte des 17. Jahrhunderts als »Hofjuden« glanzvolle Karrieren im absolutistischen Staat machten – am berühmtesten
wurde der Fall des Joseph Süß Oppenheimer, der dem 20.
Jahrhundert nicht nur durch den Roman Feuchtwangers
wieder ins Gedächtnis gerufen wurde. Er verkörpert als
»Hofjude« die neue, privilegiertere Form des »Schutzjuden«, die im christlichen Umfeld lebhafte publizistische und
politische Abwehrreaktionen hervorrief (Gerber, B 5: 1990,
51–56). Der Aufstieg – und Fall – von Süß Oppenheimer,
der 1738 hingerichtet wurde, lag erst wenige Jahrzehnte zurück, als Lessing seinen *Nathan* schrieb. Gerade diese in
Deutschland wohlbekannte Geschichte gibt den Hintergrund für das Verständnis der Figur Nathan. Sie lässt erkennen, welche Möglichkeiten ein Jude im absolutistischen
Staat hatte und welchen Bedrohungen er ausgesetzt war.

In diesem Spannungsfeld bewegt sich die literarische Figur Nathan. Das Judenthema war im deutschen Theater
dieser Zeit keine große Ausnahme; zwischen den *Juden* von
1754 und *Nathan* von 1778 lassen sich 20 deutsche Origi-

nalstücke mit jüdischen Figuren feststellen (Och, B 8: 1992, 51). Aber kaum eines dürfte die Situation der Juden so erfasst haben, wie es Lessings *Nathan*, wenn auch vielleicht unbewusst und auf jeden Fall nur unterschwellig, vermochte. Die Bedrohung, die in die dramatische Vorgeschichte der »Ringparabel« mit eingegangen ist, darf bei ihrer Ausdeutung jedenfalls nicht vernachlässigt werden. Die postmoderne Literaturtheorie hat unter der Anleitung Foucaults das Erzählen und den Tod enger zusammengebracht, als es gerechtfertigt erscheint (Foucault, B 5: 1994b, 260), aber im Einzelfall ist eine solche Verknüpfung nicht abwegig. Auch wenn die brisante Situation unter spielerischer Rhetorik verborgen bleibt, so erzählt Nathan vielleicht doch, vor diesem historischen Hintergrund des 18. Jahrhunderts, um sein Leben. Die »Ringparabel«, die er dem Sultan statt einer klaren Antwort anbietet, ist zwei Jahrhunderte lang als ein Zeugnis großer Weisheit und überkonfessioneller Toleranz gepriesen worden. In der gegebenen Gesprächssituation aber ist sie zunächst nichts anderes als eine List, mit der sich Nathan aus der Schlinge zieht, die ihm Sittah und der Sultan gelegt haben. Das erklärt das Raffinement ihrer Gestaltung (Fricke/Zymner, B 14: 1991, 262–278). Dass aus der List eine Weisheit wurde, verdankt sich eher der Toleranz des Sultans als dem philosophischen Gehalt der Parabel. Nicht ohne Grund wollte Lessing dem historischen Vorbild seines Sultans in einer ungedruckt gebliebenen Vorrede eine Vernunft bescheinigen, die sich im endgültigen Dramentext nur andeutet: Er verweist darauf, »daß es an Winken bei den Geschichtsschreibern nicht fehlt, ein solcher vernünftiger Mann habe sich nun eben in einem Sultane gefunden« (Gö 2,748; Quellen: Ba 9,1157–75).

Lessing thematisiert im *Nathan* die Frage nach der Toleranz schärfer, als es auf den ersten Blick scheinen mag. Nicht nur in der im Religionsstreit bewährten Skepsis tritt die »Ringparabel« das Erbe des *Fragmenten*-Streites an, sondern mehr noch in der Lösung, die sich hier wie dort an-

deutete. Es geht ihm weniger um Wahrheitsfragen, wie im
*Fragmenten*-Streit, sondern eher um Fragen praktischen
Handelns (Oelmüller, B 12: 1969, 82; Barner [u. a.], B 3:
1987, 325–330). Die Frage nach der Wahrheit einer Religion
ist nicht entscheidbar durch die Berufung auf eine Offenbarung oder auf theologische Argumente – das war für Lessing schon im *Fragmenten*-Streit klar. Entschieden wird sie
vielmehr in einem ganz anderen Bereich – in der Praxis des
Handelns:

> Es strebe von euch jeder um die Wette,
> Die Kraft des Steins in seinem Ring' an Tag
> Zu legen.

> (Gö 2,280)

Diese Tendenz zur Handlung ist das neue Moment im
*Nathan* gegenüber den vorhergehenden Dramen. Lessing
wirft das Problem auf, welche Auswirkungen der Glaube an
eine bestimmte Religion auf die Lebenswirklichkeit der
Menschen hat: Die »Wunderkraft des rechten Glaubens«
muss gestützt werden durch das »rechte, nämlich tugendhafte Verhalten« (Barth, B 13: 1960, 230 f.).

In dieser Hinsicht ist die Botschaft des Dramas ziemlich
eindeutig: Die Parabel selbst soll zum wohltätigen Handeln
anregen; die Frage nach der Wahrheit – oder dem rechten
Ring – tritt demgegenüber in den Hintergrund. Auch andere Textpassagen weisen in diese Richtung. Als Recha sich
von einem »Wunder« gerettet fühlt und die Frage stellt, was
es denn schaden könne, von einem Engel statt einem Menschen gerettet worden zu sein, reagiert Nathan heftig:

> Und was es schadet, fragst du? was es schadet?
> Was hilft es? dürft ich nur hinwieder fragen. –
> Denn dein ›Sich Gott um so viel näher fühlen‹,
> Ist Unsinn oder Gotteslästerung.
> Allein es schadet; ja, es schadet allerdings.

> (Gö 2,216)

– es schadet, weil das Vertrauen auf Wunder dem aktiven
Handeln entgegensteht (Hartung, B 14: 1982, 62 f.). An dieser Stelle »werden die Grenzen der Lessingschen Toleranz«
illustriert (Hillen, B 14: 1986, 195), die dort aufhört, wo die
Möglichkeit humanen Handelns berührt bzw. eingeschränkt wird:

> Begreifst du aber,
> Wie viel andächtig *schwärmen* leichter, als
> Gut *handeln* ist?
>
> (Gö 2,218)

Die Frage nach dem Handeln ist ein Leitmotiv von Lessings Denken, auch wenn es erst sehr spät in den Vordergrund tritt. Aber bereits in seinem kurzen, unveröffentlicht
gebliebenen *Herrnhuter*-Aufsatz von 1750 deutet es sich an.
Der Aufsatz handelt von der Herrenhuterischen Brüderge-
meinde, die ganz in der Nähe von Lessings Geburtsort Kamenz sich angesiedelt hatte und von dort ihre pietistischen
Missionsbestrebungen ausgehen ließ. Sie gibt Lessing Anlass zur Reflexion über Heterodoxie und überhaupt über
das Wesen religiöser Gemeinschaften. In diesem Zusammenhang wird der eigentliche Grundgedanke der »Ringparabel« vorweggenommen: »Der Mensch ward zum Tun
und nicht zum Vernünfteln erschaffen« (Gö 3,683). Den
gleichen Gedanken äußert er in einer Rezension von 1751;
in einer Zeit, da er mehrfach die Verteidigung der Herren-
huter gegen lutherisch-orthodoxe Angriffe zu seiner Sache
machte: »Nicht die Übereinstimmung in den Meinungen,
sondern die Übereinstimmung in tugendhaften Handlungen ist es, welche die Welt ruhig und glücklich macht« (Gö
3,55).

Indem der späte Lessing in der »Ringparabel« dieses Diktum erneut aufgreift und zum Zentrum seines letzten Dramas macht, überwindet er seine eigene Gelehrtenbiographie
ebenso wie das Toleranzproblem des aufgeklärten 18. Jahrhunderts. Das unfruchtbare »Vernünfteln« hatte Lessing in

seinen vielen Streitigkeiten, und zuletzt in der Auseinandersetzung mit Goeze, ausgiebig selbst vorgeführt. Er wird es
als einen Irrweg erkannt haben; und dieser Erkenntnis mag
es zu verdanken sein, dass der *Nathan* trotz der Ankündigung, dass es sich hier nur um einen Szenenwechsel im
*Fragmenten*-Streit handele, so moderat ausgefallen ist. Mit
der Forderung, dass sich die wahre Religion – und es lässt
sich wohl ergänzen: die wahre Geisteshaltung – im Tun beweisen müsse, überwindet Lessing die Positionen des *Fragmenten*-Streites.

Lessing lässt die Toleranzdiskussion und damit ein
Hauptproblem des aufklärerischen Denkens hinter sich –
etwas verfrüht. Denn wenn auf der einen Seite das Problem
der Toleranz unter den Intellektuellen an Interesse verliert,
so gewinnt es in gerade jener Hinsicht, die Lessings Drama
thematisiert, in diesen Jahren an Brisanz. Die Toleranz-
Frage begann im Hinblick auf die Rechtsstellung der Juden
erst in den achtziger Jahren virulent zu werden (Besier/
Schreiner, B 5: 1990, 575 f.). Nachdem Friedrich II. schon
Schritte zur Judenemanzipation eingeleitet hatte, folgte ihm
im katholischen Wien Joseph II. mit einem entschlossenen
»Toleranzpatent«, das ihm eine Lobes-Ode Klopstocks ein-
trug: *An den Kaiser* (Carmely, B 14: 1982, 179).

Dass die Juden Bürger minderen Rechtes waren, wurde
Lessing sehr früh bewusst. Bereits in einer Rezension in der
»Berlinischen privilegierten Zeitung« von 1753 spricht er
das Thema an (Gö 3,175 f.); und nicht nur in seinen beiden
einschlägigen Dramen, sondern auch in seiner vorletzten
veröffentlichten Schrift, den *Freimäurergesprächen*, nimmt
er hierzu flüchtig Stellung (Gö 8,478). In dieser Beziehung
äußert er sich auch klarer als die meisten seiner aufgeklärten
Kollegen – denn die aufklärerischen Intellektuellen von
Friedrich II. über Kant und Herder bis zu Schiller haben
sich schwer getan mit ihrer Toleranz gegenüber den Juden;
ihre Urteile bleiben durchgehend ambivalent (Carmely,
B 14: 1982, 177; 182–187).

An der Vorbereitung dieser langsamen politischen Emanzipation des Judentums in Deutschland hat Lessing allerdings weder praktisch noch geistig nennenswerten Anteil genommen, auch wenn sein letztes Drama so gelesen wurde, wie die frühe Wirkungsgeschichte zeigt: *Nathan* wurde in verschiedenen deutschen Städten und in Österreich nicht zur Inszenierung zugelassen, noch im zweiten Jahrzehnt des 19. Jahrhunderts waren Aufführungen in Wien nur mit starken Änderungen möglich (McCarthy, B 13: 1986, 240 f.; Kopitzsch, B 3: 1975a, 83–88). Für Lessing selbst aber bleibt das Thema der bürgerlichen Gleichheit in seiner historisch-praktischen Dimension marginal – entgegen der Auffassung einer hartnäckigen modernen Lessingrezeption, die ihm in genau diesem Bereich besondere Verdienste zugesprochen hatte.

Der Tendenz nach aber weist *Nathan der Weise* in eine zwar nicht andere, aber doch allgemeinere Richtung. Das Drama ist in erster Linie die Apotheose eines Humanitätsideals, das einige Jahrzehnte später »klassisch« genannt werden wird. Der biographische Zufall, dass *Nathan* das letzte von Lessings Stücken wurde, lässt die Entwicklung seiner Dramen auf diesen Höhepunkt hinstreben. Der Humanitätsgedanke des *Nathan* findet seinen Ausdruck in etlichen Beschwörungen des »Menschen«; und dann vor allem im Schluss: »Unter stummer Wiederholung allerseitiger Umarmungen fällt der Vorhang« (Gö 2,347). Es ist gut möglich, dass Lessing mit diesen »allerseitigen Umarmungen« auf den Umarmungskursus anspielt, der Lenz' 1774 erschienenen *Hofmeister* beschließt. Es kann offen bleiben, ob Lessing direkt darauf anspielen will – den *Hofmeister* hat er wohl gekannt, wie er überhaupt Lenz wegen seiner *Anmerkungen übers Theater* – die Lessing natürlich wenig schätzte – beachtet und als »verirrtes Talent« charakterisiert haben soll (Daunicht, B 3: 1971, 342; 601). Unabhängig von einer unmittelbaren Bezugnahme lässt ein Vergleich der beiden Dramenschlüsse den epochalen Wandel erkennen, der

sich in diesen fünf Jahren vollzogen hat. Lenz' Drama endet
bekanntlich desaströs. Die Figuren, insbesondere Läuffer,
schleppen ihre Beschädigung, die sie in ihrer Biographie
und im Drama erhalten haben, bis zur Schlussversöhnung
und über das Ende des Dramas hinaus mit sich. Es sind im
Wortsinne verstümmelte und deformierte Menschen, die
hier zusammenkommen – und eben nicht in einer allgemeinen, sondern in einer Serie von Einzelumarmungen.

Der vielfach gebrochene Schluss des Lenz'schen Dramas
wird konterkariert und aufgehoben durch die harmonische
Versöhnungsgeste am Schluss des *Nathan*. Zur Harmonie
gehört auch, dass dieser Schluss ohne Affekte auskommt.
Das ist besonders bemerkenswert, da es nicht zu den geringsten Verdiensten Lessings gehört, in seinen beiden
»bürgerlichen Trauerspielen« Ansätze einer neuen Affekt-
dramaturgie entwickelt zu haben. Die Affektlosigkeit des
*Nathan*-Schlusses steht im Gegensatz zum Anfang, denn
das Drama setzt mit einem, allerdings unbegründeten, Af-
fektausbruch Nathans ein, der seine Tochter in einer Gefahr
sieht, der sie längst entronnen ist (Gö 2,207).

Der Schluss des Dramas ist frei von Affekten – wenn
auch nicht frei von Gefühlen. Nicht ohne Überlegung entlastet Lessing seinen Dramenschluss zudem von allen ökonomischen Problemen und Erwägungen, die während des ganzen Stücks im Zentrum gestanden haben: Der Sultan ist am
Ende aller Geldsorgen ledig, da ihn die Ankunft einer Kara-
wane von der Notwendigkeit befreit, Geld von Nathan leihen zu müssen (Gö 2,321 f.; Seeba, B 12: 1973, 81): Damit
eliminiert Lessing natürlich gerade die Probleme, die in der
Gesellschaft seiner Zeit virulent zu werden beginnen und
denen sich die folgende Generation der idealistischen Philosophen nolens volens zusehends stärker stellen musste
(Oelmüller, B 12: 1969, 87 f.).

Mit diesem Schluss propagiert Lessing ein allgemeines
Menschheitspathos, das bald darauf von Schiller in seiner
Ode *An die Freude* aufgegriffen und von Beethoven vertont

Letzter Auftritt. pag. 275.
Saladin. Sie finds! sie sind es, Sittah sie sind es! sind beyde meines......deines Bruders Kinder

*Nathan der Weise,* Fünfter Aufzug, Letzter Auftritt
Kupferstich aus dem *Gothaer Theaterkalender* auf das Jahr 1782

werden wird: »Seid umschlungen, Millionen« heißt es dort ebenso unverbindlich wie im *Nathan*. An Schillers Ode lässt sich der Idealisierungsprozess ablesen, der im *Nathan* seinen Anfang nimmt und von aufklärerisch-politischen Ideen zu humanistischen Idealen führt. Während es in der ersten Fassung bei Schiller noch recht konkret heißt: »Bettler werden Fürstenbrüder«, wird daraus in der späteren Fassung: »Alle Menschen werden Brüder« (B 5: 1973c, 133; 872). Schiller hat übrigens auf amüsante Weise selbst aufgedeckt, was an irdischen Resten noch im idealisierten *Nathan* enthalten war und vom Klassiker als störend empfunden wurde: In seiner Bearbeitung des Stücks für die Aufführung von 1801 am Weimarer Hoftheater glättet er das Drama durchgehend durch Streichung aller nicht hinreichend integrierten Episoden, durch Eliminierung der allzu didaktischen Passagen und, sehr charakteristisch, durch Tilgung jener Textstellen, in denen von Nathans persönlichen Geldangelegenheiten die Rede ist (B 1: 1949; Demetz, B 14: 1984, 215 f.; Albrecht, B 14: 1979, 45–56; Wessels, B 14: 1979, S. 253–268).

*Nathan* ist ein Schwellentext, an dem ablesbar ist, wie der Weg von der Aufklärung zur Klassik verlaufen ist. Die aggressive Wendung ist weitgehend verschwunden. Gewiss finden sich vereinzelte Seitenhiebe, die den alten Lessing verraten, aber dieses Drama ist nicht mehr vom Geist der Kritik geprägt. An ihre Stelle tritt das Bild des potentiell vollkommenen Menschen in einer vollkommenen Menschengesellschaft. Dass *Nathan* damit nicht nur eine Übergangs-, sondern auch eine Außenseiterstellung in der Literaturgeschichte einnimmt, lässt sich an einem merkwürdigen Detail ablesen: Eine der wichtigsten »Sozialgeschichten der deutschen Literatur« weiß mit dem Drama weder in dem Aufklärungs- noch in dem Klassikband etwas anzufangen; im Aufklärungsband wird *Nathan* flüchtig – und sachlich durchaus nicht falsch – unter dem Kapitel »Lehrdichtung« behandelt (Jäger, B 6: 1980, 530 f.), ansonsten kommt der Text hier wie im Folgeband nur in einigen beiläufigen Erwähnungen vor. Die ältere Literaturgeschichtsschreibung hat es noch besser gewusst. Etwas pathetisch vermerkt Korff: Im *Nathan* »herrscht jene allgemeine Stimmung der Versöhnung, des gegenseitigen Verständnisses und der Hochachtung vor dem anderen, die der wahren Humanität entspricht« (Korff, B 5: 1974, 2,147). So alt diese Äußerung ist, so richtig ist sie: Lessings Humanitätspathos reicht bei aller Lehrhaftigkeit über bloße Lehrdichtung hinaus. Denn das aufklärerische Argumentieren, das sich im Medium der Kritik an die Vernunft richtet, hat im *Nathan* kaum noch Platz. Bereits die Ringparabel macht das deutlich: Sie ist ein »Märchen« (Gö 2,275) ohne Argumentation und ohne klare Aussage; weit entfernt von dem, was die frühaufklärerische Poetik der Lehrdichtung abverlangt hatte. Und erst recht zeigt der sprachlose Schluss die Entfernung vom Rationalitätskonzept der Aufklärung (Gustafson, B 14: 1986, 14–16). In *Nathan* waltet eine Vernunft, die sich von partikularen, besonders konfessionellen und ökonomischen, Interessen ebenso befreit hat wie von individuellen Emotionen, wie sie durch Familienbindungen erzeugt werden.

Bei den allseitigen Umarmungen des *Nathan*-Schlusses handelt es sich um eine Familienzusammenführung. Die hochkomplizierten Familienverhältnisse, die in vier Vorgeschichten verborgen sind und die zu rekonstruieren Germanistenfleiß vorbehalten bleiben muss, da ein Leser oder gar Zuschauer sie kaum durchschauen dürfte (Koebner, B 14: 1994, 144–146), werden zu einer harmonischen Homogenität veredelt. Die Wirrnis der historischen Biographien, die in der grauen Vorgeschichte des Dramas sich abgespielt haben, wird in die Klarheit einer allgemeinen Versöhnung übergeführt, die alle historische Zufälligkeit von sich abgestreift hat. Die Versöhnung einer Familie, die im biologischen Sinne keine ist, bedeutet den Endpunkt einer Entwicklung jener Problemstellungen, mit denen sich Lessing in seinen früheren Tragödien befasste. Für die an der Ver-

söhnung beteiligten Figuren muss der »Zufall der Geburt«
aufgehoben werden. Erst wenn die Figuren alle historische
Kontingenz abgelegt haben, die ihnen durch ihre Geburt in
einem bestimmten sozialen, kulturellen und konfessionellen
Milieu auferlegt worden ist, sind sie reif für das, was ihnen
Lessing zumutet: die Verwirklichung reiner Humanität
(Schneider, B 14: 1995, 101–103).

Andererseits ist die Fiktionalität – und das heißt: die Rea-
litätsferne – dieser Lösung schwer zu übersehen. Dass Lessing sein Toleranz-Drama ausgerechnet in der Zeit größter
Intoleranz, der der Kreuzzüge, spielen lässt, verweist auf
die Fiktionalität der Auflösung: Sie ist nur im Drama, nicht
in der Geschichte möglich (Kröger, B 13: 1979, 113–115).
Die historische wie geographische Entfernung in der Wahl
des Schauplatzes bedeutet für Lessing keine Verharmlo-
sung. Er nutzt die Stilisierung vielmehr dazu, die Grundli-
nie des Konflikts zwischen den Religionen umso deutlicher
werden zu lassen. In der Tat: »Die unblutige Lösung im
Nathan nimmt sich wie ein Wunder aus in Anbetracht der
Konflikte, die am Horizont der Handlung sichtbar werden«
(Koebner, B 14: 1994, 201).

Das hat zu kontroversen Deutungen geführt: *Nathan* erscheint den einen als ein »wirklichkeitsferner Weltverbesse-
rungsplan« und als »ein verhängnisvoller Rückschritt für
gesellschaftlich-relevante Dichtung in Deutschland« (Pelters, B 14: 1977, 256). Strohschneider-Kohrs hat den gleichen Sachverhalt etwas freundlicher gedeutet: »Trotz der
von Lessing nicht verschleierten Merkmale theatralischer
Fiktionalität verdanken viele Szenen des Stücks der sinnen-
haften Gegenwärtigkeit der Figuren und ihrer Rede [...]
ihre bewegende Kraft« (B 14: 1984, 291). David Friedrich
Strauß hat den Text im 19. Jahrhundert wieder anders gelesen: als Hinweis, dass dem »ernsten und redlichen Kamp-
fe der endliche Sieg nicht fehlen werde; daß die Menschheit, wenn auch langsam und unter Rückfällen, aus der
Dämmerung dem Lichte, aus der Knechtschaft der Freiheit

entgegenschreite« – mit dieser Hoffnung beschließt er einen Vortrag, der in Heilbronn zum »Besten der deutschen Flotte unter Preußens Führung gehalten« wurde (B 14: 1864, 78 f.; 3).

Das Drama enthält mit seiner Vision einer harmonischen Menschengemeinschaft nicht nur eine – für Lessing neue – utopische Komponente. In idealisierter Form kehren ethische Motive wieder, die schon früher in Lessings Schriften erkennbar waren. Auch wenn das Drama im Verstummen endet, so wird der Weg zu diesem Ende durch Sprechen gewiesen. Damit kommt Lessings Generalthema seiner Dramen auch in diesem zum Zuge: Es geht um Kommunikationsverhältnisse. Wie schon in den früheren Dramen lässt sich im *Nathan* »Lessings Utopie der Verständigung« wiederfinden (Schröder, B 3: 1972, 268). Deutlicher als in den früheren Dramen wird hier, in welchem Maße Sprechen und Handeln zusammenfallen. Im *Fragmenten*-Streit hat Lessing diesen Grundsatz beiläufig schon ausgesprochen: »Worte und Handlungen liegen nicht so weit auseinander, als man insgemein glaubt« (Gö 8,234). Das bestätigt sich im *Nathan*, denn »Nathans Sprechen ist Handeln« (Schröder, B 3: 1972, 257; Wehrli, B 12: 1983, 51 f.). Aber es ist immer weniger das argumentative Sprechen, das im Vordergrund steht. Auch im *Nathan* – und bei Nathan – gibt es die »Sprache des Herzens«, von der in der *Hamburgischen Dramaturgie* die Rede war (Gö 4,321; Schröder, B 3: 1972, 254 f.). Oder, so kann man es auch sagen: »Der Übergang von einem manipulativ-rhetorischen Diskurs der Worte zu einem tätigen gewaltfreien Diskurs auf der Basis elementarer Gefühle antizipiert zentrale Aspekte der modernen Konsenstheorie« (McCarthy, B 9: 1993, 359; Schröder, B 9: 1977, 59 f.).

Die Summe dieser Einzelaspekte, die in der Schlussversöhnung zusammenfließen, ergibt ein neues Menschenideal. Im *Nathan* nimmt Lessing vorweg, was im 19. Jahrhundert zum Leitbild des deutschen Bürgertums und in der zweiten

Hälfte des 20. Jahrhunderts zum Irrlicht des Sozialismus werden sollte: die Idee des »ganzen Menschen«. Sie wurde zehn Jahre nach Lessings Tod von Schiller in seiner *Iphigenie*-Rezension benannt und in der *Bürger*-Rezension ausformuliert (B 5: 1967e, 979 f., 987 f.; B 5: 1967d, 965; Alt, B 12: 1994, 190). Die aufklärerische Idee der Kritik, die Lessing ein ganzes Gelehrtenleben lang begleitet und geleitet hatte, tritt zurück; ihre Stelle nimmt die Vision klassischer Harmonie im Leben des Einzelnen wie im Leben der Menschheit ein.

Die Idealisierung hat die spätere Rezeption erleichtert. Für das Lessing-Bild der folgenden beiden Jahrhunderte ist *Nathan* so prägend geworden wie kein anderes seiner Werke. Selbst im »Dritten Reich« hat die Rezeption des Dramas kaum Probleme bereitet, wie überhaupt Lessing, als ein »Dichter der Deutschen« – so der Reihentitel eines Lessing-Büchleins von Edgar Maass – im nationalsozialistischen Deutschland einiges Ansehen genoss. »Nathan wird entjudet« – das trifft den Kern der Rezeption (Barner [u. a.], B 3: 1987, 417; Eckardt, B 3: 1991, 75). Aus dem Juden Nathan wird bei Maass der »andersgläubige Nathan«; und damit kann dieses Drama Lessings problemlos in eine Reihe gestellt werden mit den »Ideendramen« unserer »großen Dramatiker« Goethe, Schiller und Hebbel (B 3: 1941, 85).

Aber die vollkommene sozialhistorische Entleerung des Dramas durch seine humanistische Idealisierung, die solche Rezeptionen ermöglicht, wird ihm nicht ganz gerecht. Denn so weltfern ist Lessings utopischer Entwurf doch nicht, wie er sich durch den Filter einer durch die Klassik vorgeprägten Interpretationsperspektive ausnimmt. Lessings Grundthema, die »Herstellung sozialer Bindung zwischen mündigen Subjekten« (Schneider, B 14: 1993, 462), kehrt auch in der Schlussszene des *Nathan* wieder, und es verträgt nur bedingt die Idealisierung, die es dort erhält.

*Nathan* steht im unmittelbaren zeitlichen, biographischen und sachlichen Zusammenhang mit Lessings letzten, den geschichtsphilosophischen Schriften: der *Erziehung des Menschengeschlechts* und den *Freimäurergesprächen*. Die im *Nathan* angedeutete Gesellschaftskonzeption wird in reflektierterer, wenn auch nicht zu Ende gedachter, Form weitergeführt in den *Freimäurergesprächen*. Lessing hat im ursprünglichen Freimaurer-Ideal ein »Gegenbild einer Gesellschaft« gesehen, »welche sich von der Praxis des bürgerlichen Lebens zur Spekulation erhöbe« (Gö 8,487; Bohnen, B 14: 1984, 379 f.). Damit ist eine Verschränkung von Ideal und Geschichte anvisiert, wie sie sich in *Nathan*, durchaus nicht bruchlos, angedeutet findet.

# 11

# Geschichtsphilosophische Schriften

Nachdem es im Schlussbild des *Nathan* so ausgesehen hatte, als habe Lessing einen versöhnlichen, wenn auch rein fiktionalen Abschluss aller Probleme von Mensch und Wirklichkeit gefunden, so reißt er in den beiden letzten Prosaschriften die Konflikte wieder auf, die sein gesamtes Werk bewegt haben. *Nathan der Weise* nimmt in Lessings späten Lebensjahren eine eigenartige Stellung ein. Der Sonderstatus des Stücks wird markiert durch einen Optimismus, der nicht zur Verdüsterung von Lessings Leben in den letzten Jahren passt. In seinen letzten Schriften gibt Lessing noch einmal einen Beleg für die Unruhe seines Denkens. Es ist unschwer ersichtlich, dass sich seine Interessen in diesen beiden Schriften, *Ernst und Falk. Freimäurergespräche* und *Die Erziehung des Menschengeschlechts*, geradezu dramatisch gewandelt haben. Weder in seinen theoretischen noch in seinen literarischen Schriften hatten ihn die Probleme von Staat und Geschichte zuvor interessiert; Geschichte war ihm nur als Literatur- oder allenfalls als Geistes-, speziell Theologiegeschichte gegenwärtig. Gewiss greifen die beiden Texte auch Fragen auf, die er zuvor schon angeschnitten hatte: Insbesondere die *Erziehung des Menschengeschlechtes* weist unmittelbar auf die religionsphilosophischen Auseinandersetzungen zurück – die Hälfte des Textes war bereits im Rahmen des *Fragmenten*-Streites von Lessing anonym publiziert worden. Die Erörterung staatstheoretischer Probleme in *Ernst und Falk* wiederum mag aus der Einsicht hervorgegangen sein, dass Lessing mit seinem individualitätszentrierten Denken in eine Sackgasse geraten war, an deren Ende die utopistisch-idealistische Lösung des *Nathan* stand.

Es sind sicher auch biographische Umstände gewesen, die ihn zu seinem Neuansatz bewogen haben. In einer Fülle von Äußerungen aus den siebziger Jahren, brieflich oder im Gespräch, ist Lessings zunehmendes Unbehagen an seiner Wolfenbütteler Situation ablesbar: »Noch immer die alte Leier: Ich bin mißvergnügt, ärgerlich, hypochondrisch, und in so einem Grade, daß mir noch nie das Leben so zuwider gewesen. [...] Ich bin seit vier Monaten so gut, wie gar nicht, aus Wolfenbüttel und aus meinem verwünschten Schlosse gekommen« (Ba 11.2,597; auch 11.2,641 f.). Lessing berichtet in seinen Briefen der letzten Lebensjahre zunehmend häufiger von seinen Erkrankungen, die wiederum seine Anlage zur Depression verstärkten. Es besteht Grund zu der banalen Annahme, dass diese Krankheiten unmittelbar auf seine Bibliothekarstätigkeit zurückzuführen sind. Nach heutigem Wissensstand darf davon ausgegangen werden, dass die seinerzeit übliche Lagerung und Pflege der Bücher zum Auftreten von Krankheitskeimen, Bakterien und Pilzen geführt hat – einige der von Lessing so zahlreich geschilderten Symptome aus den ersten Arbeitsjahren als Bibliothekar weisen darauf hin (Reifenberg, B 3: 1995, 44 f.): »Selbst diesen Brief schreibe ich, wie halb im Traume. Ich habe schlechterdings die ganze Zeit wieder meine Gedanken nicht eine Viertelstunde auf die nemliche Sache fixieren können; und jede Zeile, die ich, auch nicht zum Drucke, schreiben müssen, hat mir Angstschweiß ausgepreßt [...]. Acht Tage habe ich dazu einen Ausschlag über den ganzen Körper gehabt« (Ba 11.2,219; auch 437). Die Klage gegenüber Gleim von 1771 ist wohl nicht nur metaphorisch zu verstehen: »Der Bücherstaub fällt immer mehr und mehr auf meine Nerven« (Ba 11.2,210).

Die Unzufriedenheit mit der beruflichen und intellektuellen Situation in Wolfenbüttel fördert die melancholische Stimmungslage. Der Dienst als Bibliothekar des Herzogs war zwar nicht schwer, aber er bedeutete eine physische Anbindung, die der ruhelose Intellektuelle schwer verkraf-

ten konnte. Die Melancholie passt nicht zum Bild des rühri-
gen, unruhigen und wortgewaltigen Aufklärers, das Lessing
seinen Zeitgenossen geboten und das die Nachwelt tradiert
hat. Aber Lessing ist von melancholischen Anwandlungen
zeit seines Lebens nie frei gewesen, auch wenn es bei ihm
meist mehr die gelbe Galle des Cholerikers als die schwarze
Galle des Melancholikers war, mit der er auf die Lebensumstände reagierte. Hinzugekommen sind die Einengungen in
seiner publizistischen Tätigkeit. Diese Kombination persönlicher wie intellektueller Einschränkung bildet die nach-
gerade klassische Voraussetzung für die Melancholie des Intellektuellen.

Lessings *Freimäurergespräche* können als eine unmittelbare Reaktion auf diese Situation gedeutet werden (Barner
[u. a.], B 3: 1987, 334 f.); denn genau die beiden Momente,
die den handlungsgehemmten Melancholiker charakterisie-
ren, werden thematisiert: die Isolation des Einzelnen und
die Möglichkeit praktischer Tätigkeit. Die Freimaurerschrift
steht im Kontext von Lessings eigener Mitgliedschaft in einer Freimaurerloge, die allerdings unter irregulären Umständen begonnen wurde und nur formaler Art blieb. Lessing hat nach seinem Eintritt in die Hamburger Loge im
Oktober 1771 diese wohl nie wieder betreten (Oehlke, B 3:
[1929], 2,436 f.; Dziergwa, B 15: 1992, 99–110). In dieser
Zeit dürften sich die Pläne für die *Freimäurergespräche*
konkretisiert haben, wie der Brief eines Berliner Ordens-
meisters zeigt, der Lessing davor warnt, über Ordensge-
heimnisse zu publizieren (Ba 11.2,251 f.).

Das Freimaurerwesen hatte im Deutschland des ausgehenden Jahrhunderts eine große Anziehungskraft auf die
deutschen Intellektuellen. Herder, Wieland, Nicolai, Goethe und viele andere gehörten Freimaurerlogen an. Allerdings ist fraglich, ob es sich hierbei um mehr als um eine
formelle Mitgliedschaft gehandelt hat. Bei Lessing jedenfalls
ist die Affinität zur organisierten Freimaurertätigkeit nicht
sehr groß gewesen. Ein führendes Freimaurer-Mitglied,

Lessings alter Freund und Geschäftspartner Johann Joachim Bode, hatte ihm um 1766 bereits dringend von einem Eintritt abgeraten. Bode hat wohl zu Recht gesehen, dass die eigensinnige Individualität Lessings im strengen Reglement einer Loge keine Entfaltungsmöglichkeit finden und nur Unfriede stiften würde: «Ich wüßte keinen Mann, den ich lieber zum Bruder hätte, als Sie: aber ich muß es Ihnen *deßwegen* platterdings abrathen, sich aufnehmen zu lassen, weil die Fortschritte in unserem Systeme zu langsam für Ihr Alter und für Ihren feurigen Charakter sind» (Daunicht, B 3: 1971, 219; Schneider, B 15: 1950, 167 f.).

Der erste Teil von *Ernst und Falk. Gespräche für Freimäurer* erscheint im September 1778 in Göttingen, mit der falschen Ortsangabe Wolfenbüttel. Diese Publikation führt zu einer weiteren Verstimmung des Herzogs, da Lessing ihm den Text entgegen allen Konventionen ohne vorherige Anfrage gewidmet hat – es ist übrigens die einzige Widmung, die er je hat drucken lassen. Offensichtlich handelt es sich um eine taktische Maßnahme, da die Aufhebung der Zensurfreiheit erst wenige Wochen zurückliegt: »Man ist sich keiner bösen Sache bewußt, wenn man vor solchen Augen damit zu erscheinen waget« – gezeichnet: »Ewr. Durchlaucht untertänigster Knecht Lessing« (Ba 12,199). Der Herzog, selbst Freimaurer, ist darüber, wie über den Druck überhaupt, verärgert, macht aber letzten Endes gute Miene zum bösen Spiel (Ba 12,201 f.).

Die Publikation der zweiten Sequenz der *Freimäurergespräche* ist neuerlich von einem Verwirrspiel begleitet. Nachdem die Veröffentlichung der ersten drei Gespräche auch nach Lessings eigenem Verständnis offensichtlich hart an der Grenze dessen war, was er seinem Herzog zumuten konnte, hatte er halbherzig die Zusage angedeutet, weiteres über dieses Thema nicht zu publizieren. Geschrieben hatte er es dennoch und im Bekanntenkreis zirkulieren lassen. Die ersten Gespräche dieses zweiten Teils erschienen 1780 mit dem fingierten Druckort Regensburg – der richtige Ort

Herzog Karl I. von Braunschweig
Zeitgenössisches Porträt

war Frankfurt –, der weit genug von Wolfenbüttel entfernt war. Lessing hat beharrlich versichert, dass diese Publikation vollständig ohne sein Zutun und ohne sein Wissen erfolgt sei. Wahrscheinlich ist dies auch die Wahrheit. Die beiden *Gespräche* sind mit einer eigenen Vorrede versehen worden (Gö 8,472), von der nach zweihundert Jahren endgültig der philologische Nachweis erbracht werden konnte, dass sie nicht aus Lessings Feder stammt. Sie dürfte von Adolph Freiherr von Knigge verfasst worden sein, der auf allerlei Umwegen den Text in die Hand bekommen zu haben scheint und ihn ohne Wissen Lessings oder eines seiner näheren Bekannten publizierte, wie er in einem Schreiben an Adam Weishaupt erklärt (Fenner, B 15: 1994, 481 f.). Auch wenn Lessing allenfalls insoweit an dieser Publikation mitbeteiligt war, als er den Text unvorsichtig kursieren ließ, so bringt ihn dieser Vorgang wiederum in eine schiefe Stellung gegenüber dem Herzog – zum dritten Mal nach dem erzwungenen Ende des Streites mit Goeze und der Widmung im ersten Teil der *Freimäurergespräche*.

In den fünf Gesprächen, deren Publikationsdaten die Veröffentlichung des *Nathan* einrahmen, stellt sich der Freimaurer Falk den Fragen des interessierten Außenstehenden Ernst. Lessing kommt hier zum Kern der aufklärerischen Diskussion dieser Zeit: Ihm wie manchem anderen Aufklärer der siebziger und achtziger Jahre geht es um die Frage, wie das Denken praktisch werden kann. Es wird diskutiert, worin die soziale Wirkung der Aufklärer bestehen solle, und Ernst führt einige der freimaurerischen Aktivitäten an: Sie kümmern sich um die Bildung und um die Armen und tragen so zur bürgerlichen Wohlfahrt bei. Falk hingegen fordert stattdessen Grundlegenderes: »die wahren Taten der Freimäurer zielen dahin, um größten Teils alles, was man gemeiniglich gute Taten zu nennen pflegt, entbehrlich zu machen« (Gö 8,457; Michelsen, B 15: 1990, 159). Der Sinn der dunklen Formel lässt sich einigermaßen erschließen: Lessing will wohl andeuten, dass eine allgemeine Beförde-

rung der Humanität von sich aus zu einer Verbesserung der
Lebensbedingungen beitragen würde, so dass konkrete und
immer nur punktuelle soziale Taten und Einrichtungen
überflüssig würden.

Ernst knüpft mit diesen Fragen unmittelbar an die Staats-
diskussion seiner Zeit an. Wie für alles, so hatte die frühaufklärerische Philosophie auch für den Staat ein klares Konzept. Ihm wurde die Aufgabe zugewiesen, im Rahmen einer
rational konstruierten Ordnung für die Wohlfahrt der Bürger – in der Terminologie der Frühaufklärung hieß dies die
»Glückseligkeit« – zu sorgen. Für die Frühaufklärung war
die Wohlfahrt der Bürger eine handfeste Angelegenheit: Sie
wurde realisiert in Schulen, Arbeits- und Waisenhäusern,
und die frühaufklärerische Philosophie lieferte ein theoretisches Fundament. Mit dem Niedergang des Rationalismus
hatte diese pragmatische Auffassung von Aufklärung in
Deutschland an Boden verloren. Auch Lessing interessierten die staatlichen Initiativen und die »Policey« offensichtlich nicht (Möller, B 5: 1974, 36 f.; Martens, B 10: 1977,
240 f.). Dieses Desinteresse markiert seinen Bruch gegenüber den Freunden der Berliner Zeit. Zu Nicolai, der unangefochten bis zum Tod im Jahre 1811 die Fahne der Aufklärung hochgehalten hat, kühlt das Verhältnis in den letzten
Jahren sichtlich ab. Auch Mendelssohn begreift die Aufklärung in ihren sozialen Zusammenhängen – deutlich unterschieden von Lessing sieht er sie nicht als intellektuelle
Selbstaufklärung der Individuen, sondern als Moment ge-
sellschaftlicher Praxis (Schneiders, B 5: 1974, 55 f.; 44).

Die Intellektuellen der späteren Aufklärung setzten immer stärker auf die Bildung als ein Mittel zur Durchsetzung
allgemeiner Humanität, wobei sie sich selbst eine zentrale
Rolle zuschrieben. Charakteristisch für diese Auffassung ist
Wielands Aufsatz *Das Geheimniß des Kosmopolitenordens*,
der 1788, zehn Jahre nach Lessings *Freimäurergesprächen*
und ein Jahr vor der Französischen Revolution, erschien
(Nisbet, B 15: 1986, 302 f.). Wieland entwickelt die Idee,

dass das eigentliche Geheimnis der Aufklärung die Arbeit der Intellektuellen sei, die zum Besten der Menschheit wirken müssten. Das dahinter stehende Ideal einer »Gelehrtenrepublik« hat humanistische Ursprünge, in der französischen Aufklärung ist es seit Bayles »Nouvelles« verbreitet (Schalk, B 5: 1977e, 350 f.) – in seinem *Catius*-Artikel des *Dictionnaire* verwendet Bayle den Begriff »republique des lettres« (B 5: 581) –; und entsprechende Bestrebungen finden sich in Deutschland von Leibniz bis zur Romantik (Schalk, B 5: 1977a, 156–163). In den *Abderiten* hatte Wieland diesem Gedanken literarischen Ausdruck verliehen: Die »Kosmopoliten« Demokrit, Euripides, Hippokrates stehen der dumpfen Masse der Abderiten gegenüber, die am Ende selbst ins Unglück rennen.

Lessing steht diesen Gedankengängen nicht fern. Bereits 1758 hatte er sich als einen »Weltbürger« bezeichnet (Ba 11.1,305), und dieser Gedanke kehrt in den *Freimäurergesprächen* wieder. Die banale Realität der tatsächlich existierenden Freimaurergesellschaften ist für Lessing inakzeptabel. Sein eigener Entwurf zielt darauf, eine Art von intellektueller Gemeinschaft zu begründen, die sich allen äußeren Reglementierungen entzieht: Die Freimaurerei, so lässt er im letzten Gespräch seinen Falk erläutern, ruht »nicht auf *äußerlichen Verbindungen*, die so leicht in *bürgerliche Anordnungen* ausarten, sondern auf dem gemeinschaftlichen Gefühl sympathisierender Geister« (Gö 8,481; Schneider, B 15: 1996, 1678 f.; Fink, B 15: 1980, 52 f.). Das hat durchaus praktische Konsequenzen: Als Lessing sich über die Bibliotheksvorschrift hinwegsetzt, Bücher nicht über die Landesgrenzen hinweg auszuleihen, findet er das gute Argument, »daß Gelehrte, die einander dienen wollen, alle in einem Lande leben« (Ba 11.2,125 f.). Die Selbstbezeichnung als »Weltbürger« bildet einen Fluchtpunkt der praktisch-politischen Überlegungen in den *Freimäurergesprächen*. Die Humanitätsidee Lessings ist vage; das liegt in der Natur der Sache. Aber mit ihr tritt er das Erbe der Aufklärung an – sie

ist aus dem Geist eines Bayle heraus formuliert und nicht
zuletzt aus dem Geist des wenig geschätzten Voltaire (Gay,
B 5: 1977, 1,335). Gewiss ist es Lessing nicht gelungen, zu
greifbaren philosophischen Ergebnissen zu kommen. Er
geht in seinen Überlegungen eigene, autodidaktische Wege;
die staatstheoretische Diskussion der Neuzeit scheint ihm
kaum vertraut zu sein.

Ein Kernproblem dieser Tradition steht aber auch im
Zentrum seines Denkens: das Verhältnis von Individuum
und Gesellschaft. Lessings Ungenügen an den staatstheoretischen Grundlagen der Frühaufklärung ist gerade in diesem Punkt unübersehbar. Im zweiten *Freimäurergespräch*
wendet sich Lessing dezidiert gegen deren Auffassung. Gegen die Überordnung des Staates über das Individuum formuliert er die Rechte des Individuums. Diese Einsicht hat
Lessing nicht immer vertreten; in einer beiläufigen brieflichen Bemerkung von 1756 äußert er noch die Standardauffassung der Frühaufklärung: »Das Beste einer einzelnen
Person muß dem allgemeinen Besten jederzeit nachgesetzt
werden« (Ba 11.1,110). Der Staat, so argumentiert er, vereinigt die Menschen, um sie glücklich zu machen, und er
trennt sie durch Religions-, Staats- und Standeszugehörig-
keit – eine unlösbare Antinomie (Bahr, B 15: 1977, 301). Er
denkt den Staat vom Individuum her; insofern steht seine
Staatstheorie in einer Linie mit seiner Dramentheorie und
-praxis. Es ist wohl eher ein Zufall, dass dieser Bezugspunkt
in seinen staatstheoretischen Überlegungen mit den Entwicklungen der neuesten Staatsphilosophie koinzidiert –
gesucht hat Lessing diese Übereinstimmung sicherlich nicht,
soweit er überhaupt die staatstheoretischen Diskussionen
zur Kenntnis genommen hat. Für seine Staatsskepsis dürfte
allerdings der frühe Rousseau Pate gestanden haben (Fink,
B 15: 1980, 37 f.). Ernst formuliert im zweiten Gespräch
Lessings Auffassung kurz und bündig, in Formulierungen,
die fast schon an Kants Ethik gemahnen: »FALK: Glaubst
du, daß die Menschen für die Staaten erschaffen werden?

Oder daß die Staaten für die Menschen sind? – ERNST: Jenes scheinen einige behaupten zu wollen. Dieses aber mag wohl das Wahrere sein« (Gö 8,459). Der Staat ist nicht der Zweck des Menschen, sondern nur Mittel zu seinem Wohlbefinden. Der alte, etatistisch fundierte Glückseligkeitsgedanke der Frühaufklärung wird endgültig überwunden.

Die Auffassung, dass der Staat und sein Herrscher per se wüssten, was dem Bürger gut tue, wird von Lessing gänzlich verabschiedet; überhaupt gibt er keine materiellen Bestimmungen dessen, was das Ziel der menschlichen Existenz sei. Dem Staat wird nur die Aufgabe zugewiesen, die äußeren Rahmenbedingungen für das Leben der Bürger zu sichern, von denen jeder einzelne sich in diesem Rahmen nach seiner eigenen Fasson solle entfalten können. Mit diesen Überlegungen begibt sich Lessing in die Nähe der aktuellsten Diskussion. Es sind die ersten Züge einer liberalen Staatsauffassung, die er hier entwirft. 1792 wird Wilhelm von Humboldt in einer Jugendschrift diese Vorstellungen systematischer formulieren – seine *Ideen zu einem Versuch die Gränzen der Wirksamkeit des Staats zu bestimmen* werden zu einer Programmschrift liberalen Staatsdenkens.

Lessing verdeutlicht seine Auffassung mit dem Verweis auf einen Ameisenhaufen – neben dem Bienenstock eines der klassischen Bilder, mit denen die Neuzeit ihre Staatstheorie bildlich gefasst hatte. Die Ameisen, so argumentiert Ernst, sind den Bienen überlegen, weil sie ohne König auskommen. Falk zieht die Schlussfolgerung: »Ordnung muß also doch auch ohne Regierung bestehen können« (Gö 8,458). Das ist dann das Thema des dritten Gesprächs. Es behandelt eine der großen Fiktionen der Freimaurer: Zu ihren konstituierenden Prinzipien gehörte Egalität durch Aufhebung von Ständeschranken und Privilegien (van Dülmen, B 15: 1986, 65). Dieser »aufgeklärte Bruderkult« ist ein Nachklang pietistischer »Bruderphraseologie« und ein Vorklang der *fraternité* der Französischen Revolution; und es ist verständlich, dass er auf Lessing einigen Reiz ausgeübt hat (Schieder, B 15: 1972, 564). De facto war es mit der Standesgleichheit freilich nicht weit her. Denn in der internen Hierarchie der Logen spiegelte sich in der Regel die externe Hierarchie der Gesellschaft. Mit Sarkasmus lässt Lessing Ernst die tatsächlichen Verhältnisse in den Logen kommentieren. Er kann feststellen, dass die Logen eine exklusive Angelegenheit des Adels und des gehobenen Bürgertums waren – der »guten Gesellschaft« also: »Aber in der Tat sind doch alle nur von Einem Stande, und der ist leider – – –« (Gö 8,478). Mit seinen Bemerkungen über den Ausschluss der Handwerker und der Juden aus dem Egalitätsgedanken der aufklärerischen Freimaurer löckt Lessing wider den Stachel der Aufklärung; denn in den Logen waren Handwerker – und Frauen – fast überhaupt nicht vertreten (van Dülmen, B 15: 1986, 58), von Juden ganz zu schweigen; die »sogenannte Judenfrage« war ein viel diskutiertes und in der Regel negativ beantwortetes Problem in der Freimaurerbewegung (Dziergwa, B 15: 1992, 47–50). Denn auch für die Aufklärung war es nicht leicht, den Gedanken zu denken, dass tatsächlich alle Menschen, und nicht nur die Bürger und Adligen, gleich sein sollten. Lessing geht über diese Denkhemmung hinaus, allerdings bleibt er wie so oft bei der bloßen Provokation stehen. Der Gedanke wird nicht weiter entwickelt und in seinen Konsequenzen entfaltet, sondern gleich wieder, auch graphisch sinnfällig, abgebrochen. Überhaupt bleibt die konkrete Thematisierung politischer Probleme auch in den *Freimäurergesprächen* sehr unscharf; nur mit Mühe lassen sich Beziehungen herstellen zu den politischen Aussagen des *Samuel Henzi* oder der *Emilia Galotti* (Durzak, B 15: 1974, 546–569 f.). Lessings Eifer bleibt am Ende doch auf die »Gelehrtenrepublik« beschränkt (Martens, B 10: 1977, 243).

Diese im dritten *Freimäurergespräch* aufgeworfene Thematik der Gleichstellung weist zurück auf den fiktionalen Handlungsrahmen, in dem Lessing diese Gespräche situiert hat. Er lässt sie in Bad Pyrmont in der Nähe Hannovers stattfinden – einem Ort, zu dem er selbst seit langem eine biographische Beziehung gehabt hat. Lessing war bereits 1765 nach Pyrmont gereist; später, 1771, macht er zur Heilung seiner durch unerklärliche Anfälle stark angegriffenen Gesundheit nochmals eine Brunnenkur (Oehlke, B 3: [1929], 2,236). Das Pyrmonter Brunnenwasser scheint für ihn wenig heilsam gewesen zu sein; wichtiger aber ist der soziale Aspekt, den Gleim andeutet, als er 1766 auf Lessings Aufforderung anwortet, nach Pyrmont zu kommen: »vor Johanni findet man zu Pyrmont zu wenig Gesellschaft, hernach ist es sehr angenehm daselbst« (Ba 11.1,446). Darum geht es: Neben der heilsamen Wirkung des Brunnenwassers macht die Gesellschaft den Reiz aus. Im Deutschland der Aufklärung hatten die Kurbäder eine eigenartige soziale Funktion (Kuhnert, B 5: 1984, 226–233): Es ist vielfach bezeugt, dass die aufklärerischen Intellektuellen – Nicolai, Mendelssohn, Herder, Goethe und viele andere haben Pyrmont besucht – ihre Badereisen nutzten, um sich teils nach Verabredung, teils zufällig zum unreglementierten Meinungsaustausch zu treffen (Alfter, B 5: 1994, 29 f.). In Bad Pyrmont als einem der exklusiven Kurorte der damaligen Zeit wurde etwas von dem verwirklicht, worüber in den *Freimäurergesprächen* diskutiert wird. Diese Form unreglementierter Kommunikation wird Lessing als Gegenbild zur rigide reglementierten Freimaurergesellschaft vorgeschwebt haben. Es kam hinzu, dass die Badeorte auch Stätten sozialer Exterritorialität waren. Einerseits waren das gehobene Bürgertum und der Adel unter sich, andererseits verblassten die sozialen Unterschiede zwischen diesen beiden Ständen im gemeinsamen Umgang.

Lessing hat sich mit der fiktionalen Einkleidung der *Freimäurergespräche* nicht allzu viel Mühe gegeben – wie überhaupt Subtilität in derlei Angelegenheiten seine Sache nicht war –, aber die drei Rahmenreferenzen, die sich in den ersten drei Gesprächen finden – der Schmetterling, der Ameisenhaufen und das Bad Pyrmont – lassen sich doch als eine getreue Spiegelung, wenn auch kaum als Erweiterung, dessen lesen, was in den Gesprächen selbst thematisiert wird. Lessing hat seine Aussagen bewusst unscharf gehalten, wie überhaupt die *Freimäurergespräche* Mystifikationen provozieren. Neuere Interpretationen interessieren sich deshalb nur in zweiter Linie für die unmittelbaren politischen Aussagen der Gespräche; denn wie fast immer bei Lessing lassen sich auch die *Freimäurergespräche* auf die ihrem Autor wichtige Sprachproblematik rückbeziehen. Schon Michelsen hatte die Frage aufgeworfen, ob nicht die »Form dieser Freundesgespräche« ihren eigentlichen »Inhalt« darstelle (B 15: 1990, 315). Helmut J. Schneider hat diese Frage ausgearbeitet, bejahend beantwortet und gezeigt, dass die »Diskursebene selbst zum Gegenstand der Darstellung wird« (B 15: 1996, 1689).

Die beiden letzten Gespräche fallen auf den ersten Blick in der Substanz und Brisanz deutlich ab. Lessing verrennt sich in eine fixe Idee. Er wirft die alte und schon oft diskutierte Frage nach den Ursprüngen des Freimaurerwesens auf. Auf der Basis philologischer Überlegungen kommt er zu dem Schluss, dass das Wort »Freimaurer«, abgeleitet aus dem englischen *freemasonry*, auf eine Fehllesung oder -überlieferung zurückgeht. Hier verwendet er wieder das philologische Verfahren, das er bereits in den *Antiquarischen Briefen* in einer Bemerkung verteidigt und programmatisch erläutert hatte: »Ich bekenne Ihnen meine Schwäche: mir ist es selten genug, daß ich ein Ding kenne, und weiß, wie dieses Ding heißt; ich möchte sehr oft auch gern wissen, warum dieses Ding so und nicht anders heißt. Kurz, ich bin einer von den entschlossensten Wortgrüblern; und so lächerlich als vielen das etymologische Wortstudium vorkömmt, so geringfügig mir es selbst, mit dem Studio der Dinge verglichen, erscheinet, so erpicht bin ich gleichwohl darauf« (Gö 6,351).

Lessing streicht – willkürlich – das *r* aus dem englischen Wort und fügt ein *s* und ein *e* hinzu, so dass das Wort *mas-*

*soney* entsteht, was so viel wie ›Tischgesellschaft‹ bedeutet
(Gö 8,484). Auf der Grundlage dieses philologischen wie
etymologischen Gewaltaktes zieht Lessing die Folgerung,
dass die Ursprünge des Freimaurertums in alten Zeiten,
nämlich in der Tafelrunde des Königs Artus, zu suchen
seien – diese Überlegungen dürften im Übrigen auf Pyrmonter Gespräche mit Justus Möser aus dem Jahre 1766 zurückgehen (Dziergwa, B 15: 1992, 127). Auch die Tempelrit-
ter kommen auf diese Weise als Ahnherren der Freimaurer
ins Spiel. Die Substanz dieser philologischen Überlegungen
ist schon früh, vor der Publikation des Textes, widerlegt
worden. Lessings alter Freund Nicolai hat klare Argumente
gegen diese Deutung angeführt (Möller, B 5: 1974, 409 f.;
412 f.). Hinter Lessings etymologischen Überlegungen versteckt sich ein politisches Motiv. Lessing entwirft das Bild
des lebendigen und unreglementierten Gespräches – das da-
hinterstehende Ideal ließe sich als früher Vorläufertypus des
»herrschaftsfreien Diskurses« kennzeichnen, der so oft in
der Lessingforschung zur Charakterisierung seiner Dramen
herangezogen wurde (Willems, B 15: 1993, 550 f.).

Nur auf den ersten Blick mag es so scheinen, als habe sich
Lessing mit seinen *Freimäurergesprächen* auf eine historisch
abseitige Materie kapriziert. Gewiss sind diese Texte von
seinem Eigensinn geprägt. Er sucht nicht die Teilnahme am
Hauptstrom des Denkens der europäischen Aufklärung,
sondern er bahnt sich eigene Wege – die manchmal eher ver-
schlungenen Pfaden ins Nichts gleichen; seit langem wird
deshalb in der Forschung die Frage nach Lessings Position
innerhalb der Aufklärung kontrovers diskutiert (Schilson,
B 4: 1979, 400 f.).

Hinter Lessings Überlegungen verbergen sich einige Zen-
tralprobleme der späten Aufklärung überhaupt. Die Freimaurer stehen bei Lessing pars pro toto für eine generellere
Problematik der Aufklärung: An ihrem Beispiel wirft er die
Frage nach den praktischen Wirkungsmöglichkeiten des Intellektuellen auf. Diese Frage bewegte die auf Praxis drän-

gende Aufklärung am Vorabend der Französischen Revolution zunehmend stärker. Die alten Institutionen aufklärerischer Selbstverständigung – das Kaffeehaus, der Lesezirkel,
die literarischen Gesellschaften und die »Moralischen Wochenschriften« – hatten längst an Durchschlagskraft verloren (van Dülmen, B 15: 1986, 53 f.). Den praxiswilligen
Intellektuellen stellte sich die Aufgabe, neue Formen zu
entwickeln, die gleichermaßen als Medien bürgerlicher
Selbstverständigung wie als Instrumente der politischen
Praxis wirksam werden konnten. In diesem Zusammenhang
kommt den Freimaurerorden in Deutschland einige Bedeutung zu. In den Logen und ähnlichen Geheimgesellschaften
werden in interner Diskussion regulative bürgerliche Moralvorstellungen herausgebildet, die nach langwieriger Prüfung und Konsolidierung schließlich nach außen treten.
Kant hat in seiner Schrift *Zum ewigen Frieden* das Resümee
dieser Überlegungen gezogen: »Die wahre Politik kann also
keinen Schritt tun, ohne vorher der Moral gehuldigt zu haben« (B 5: 1970, 243). Dieses idealtypische Modell des historischen Verlaufs der Aufklärung im 18. Jahrhundert
wurde unter den Stichwörtern »Kritik und Krise« von
Reinhart Koselleck entwickelt. Es ist zu »einem der populärsten Paradigmen der Literaturgeschichte des 18. Jahrhunderts« geworden. Die in jüngerer Zeit häufiger daran geübte
historisch-empirische Kritik hat sich dagegen kaum Gehör
verschaffen können (Dziergwa, B 15: 1992, 53; 266; Willems, B 15: 1993, 542; 547). Die historische Wirklichkeit
folgt der Konstruktion des Historikers nur mit Einschränkung. Kosellecks These trifft für weite Teile des aufklärerischen Selbstverständnisses in Deutschland nicht zu. Nicolai
– selbst ein Freimaurer – und andere bedeutende deutsche
Aufklärer haben dieses Verfahren, Politik über eine in ge-
heimen Gesellschaften entwickelte Moral zu definieren, keineswegs akzeptiert (Möller, B 5: 1974, 240 f.; 315).

Im Blick auf die Lessing-Interpretation kann dahingestellt bleiben, ob Kosellecks These historisch zutrifft: Es ist

ziemlich eindeutig, dass sie Lessings Selbstverständnis recht genau beschreibt – nicht von ungefähr, denn *Ernst und Falk* spielt in Kosellecks Argumentation eine wichtige Rolle (B 5: 1973, 68–81). Die *Freimäurergespräche* stehen zweifelos im Kontext jener Entwicklung, die Koselleck beschreiben wollte: Sie diskutieren das Verhältnis von Politik und Moral mit der Perspektive, Moral in Politik umzusetzen. Lessings Freimaurerschrift reagiert auf neue Entwicklungen in der Aufklärung. Am Ende der siebziger Jahre, nach dem abrupten Ende des *Fragmenten*-Streites, musste er sich das Scheitern seines Projektes eingestehen, als einzelner Intellektueller nur mit der Kraft seiner Feder und mit Hilfe der konventionellen publizistischen Medien die Aufklärung voranzutreiben. In seiner unveröffentlicht gebliebenen Schrift *Über eine zeitige Aufgabe*, die 1776 entstanden sein dürfte, heißt es noch: »Ich denke nur zu meiner eigenen Belehrung« (Gö 8,549). Die Unfruchtbarkeit – und Unzeitgemäßheit – dieser solipsistischen Position erkennt Lessing offensichtlich in diesen Jahren; und es sieht so aus, als wolle er mit seinen beiden letzten Prosaschriften einen Ausweg und Neuanfang skizzieren. Diese andere Selbstauffassung der Aufklärung, die sich vom rationalistischen Solipsismus der Frühaufklärung absetzt, hat wiederum Kant griffig formuliert. 1786 schreibt er in seinem Aufsatz *Was heißt sich im Denken orientieren?*: »Allein, wie viel und mit welcher Richtigkeit würden wir wohl *denken*, wenn wir nicht gleichsam in Gemeinschaft mit andern, denen wir unsere und die uns ihre Gedanken *mitteilen*, dächten!« (B 5: 1968, 280)

Mit der Frage des politischen Handelns tut Lessing sich nach wie vor schwer. Die Revolution wird als Option deutlich abgelehnt. Der in den *Freimäurergesprächen* am Rande auftretende Anhänger der »Amerikaner« – die amerikanische Unabhängigkeitserklärung war zwei Jahre vor dem Erscheinen der ersten *Freimäurergespräche* formuliert worden – wird abschätzig als »Schwätzer« bezeichnet; und lapidar heißt es darauf mit dem Zitat Benjamin Franklins: »Was Blut kostet, ist gewiß kein Blut wert« (Gö 8,480; Schneider, B 15: 1950, 189 f.). Dass Lessing wenigstens diesseits einer Revolution auf Gesellschaftsveränderung hingearbeitet habe, wie allgemein angenommen wird (Bahr, B 15: 1977, 303), ist schwer zu belegen. Entsprechende Äußerungen sind nur gesprächsweise-anekdotisch überliefert und haben einen zweifelhaften Wahrheitsgehalt. Nach seinem Eintritt in die Hamburger Loge soll er gefragt worden sein, ob er hier etwas gegen den Staat, die Religion oder die guten Sitten gefunden habe. Seine Antwort ist in zwei Versionen mit unterschiedlicher Deutlichkeit überliefert. Die klarste, von Bode berichtete, lautet: »*Ha! ich wollte, ich hätte dergleichen gefunden*« (Daunicht, B 3: 1971, 313). Die politische Schärfe dieser Bemerkung ist aber eher zweifelhaft, zumal sie allzu deutlich an die andere Feststellung über das fehlende »Geheimnis« der Freimaurer anklingt.

Entgegen einem weit verbreiteten Missverständnis war Lessing an politischen Fragen, die über seinen Interessenhorizont als Schriftsteller hinausgingen, kaum interessiert. Außer seinen vereinzelten Bemerkungen über die Judenemanzipation lassen sich wohl nur zwei Äußerungen anführen, die auf einen emanzipatorischen Lessing im politischen Sinne hinweisen: Im 13. der *Briefe* aus den *Schriften* von 1753 heißt es, scheinbar programmatisch und rousseauistisch: »Die Natur weiß nichts von dem verhaßten Unterschied, den die Menschen unter sich fest gesetzt haben« (Gö 3,296); aber auch hier handelt es sich eher um eine durch Lektüre inspirierte Gelegenheitsäußerung als um ein politisches Programm. Deutlicher scheint seine vielzitierte Äußerung gegenüber Nicolai zu sein, dass Preußen das »sklavischste Land von Europa« sei (Ba 11.1,623; vgl. auch 458). Diese Bemerkung hat jedoch einen biographischen Hintergrund: Lessing spielt hier das katholisch-habsburgische Wien gegen Berlin aus, in einer Zeit, da er sich Hoffnungen auf eine Berufung nach Wien machen konnte (Ba

11.1,941 f.). Nicolai hat Berlin mit wohlüberlegten Argumenten verteidigt (Ba 11.1,625) und sich dafür die Rüge des DDR-Lessing-Biographen Rilla eingehandelt, der Nicolai vorhält, »mit der ganzen Arroganz seiner Beschränktheit« auf Lessing geantwortet zu haben (B 3: 1958, 144). Es ist dagegen in aller Eindringlichkeit an die unbeachtet gebliebene, weil unspektakuläre Feststellung Rudolf Vierhaus' zu erinnern: »Lessing kannte Wien« – das er gegenüber Berlin gepriesen hatte – »selber nicht; er kannte überhaupt wenig von Deutschland und Europa aus eigener Anschauung und interessierte sich nur bedingt für die konkreten Fragen der politischen Welt« (B 5: 1968, 24). Jedenfalls ist – nicht nur deshalb – die Aktualisierung Lessings für den politischen Tagesgebrauch verfehlt.

Die *Freimäurergespräche* lassen sich in dieser unentschiedenen Situation als experimentelles Sondieren einer Alternative verstehen. Das Modell, das Lessing vorschwebt, lässt sich in wenigen Strichen herausarbeiten: Er sucht einen dritten Weg zwischen den Geheimgesellschaften mit ihren Kommunikationsreglementierungen auf der einen Seite und dem freischwebenden, zu Wirkungslosigkeit verurteilten Intellektuellen andererseits. Dabei greift er zunächst ein Problem auf, das ihn selbst und die Aufklärung allgemein oft beschäftigt hat: die Frage nach der Legitimität der Mittel, mit denen sich bestimmte Ziele erreichen lassen. Konkret geht es um die alte Frage, wie viel Wahrheit den Zwecken der allgemeinen Wohlfahrt zuträglich ist. Lessing hat sich verschiedentlich mit dieser Frage beschäftigt und die alte Formel einer Unterscheidung zwischen »exoterischer« und »esoterischer« Darstellung aufgegriffen – zwischen einer Wahrheit also für die Eingeweihten und einer Wahrheit für das Volk, ohne sich jedoch klar zu entscheiden (Gö 7,180 f.; Koselleck, B 5: 1973, 72).

Lessings Bruder Karl hat das Thema in seiner Biographie behandelt. Er verweist auf eine Frage, die nach seinem Bericht von einer »gelehrten Akademie« gestellt worden war:

»ob man das Volk zu seinem Besten täuschen könne?« Karl
Lessing gibt die Antwort, die seiner Ansicht nach sein Bruder gegeben haben würde: »Ein ehrlicher Mann wird es be-
lehren, aber nie täuschen. Es ist nur Scheingut, was aus
Täuschung entsteht. Lessing war von ganzem Herzen wider
eine solche Beförderung des menschlichen Wohls, sie möge auf Zwang oder Täuschung hinauslaufen« (B 3: 1793,
1,446). Die *Freimäurergespräche* geben nicht so klare Auskunft wie der Bruder:

> FALK. Weißt du, Freund, daß du schon ein halber Frei-
> mäurer bist?
> ERNST. Ich?
> FALK. Du. Denn du erkennst ja schon Wahrheiten, die
> man besser verschweigt.
> ERNST. Aber doch sagen *könnte.*
> FALK. Der Weise *kann* nicht sagen, was er besser ver-
> schweigt.
>
> (Gö 8,459)

Über die politische Perspektive war sich Lessing in den
*Freimäurergesprächen* keinesfalls im Klaren. Lessings ohnehin geringe Hoffnungen auf den Freimaurerorden wurden
offensichtlich enttäuscht. Er bleibt äußerst skeptisch gegenüber dem maurerischen »Geheimnis« – bereits einer seiner
frühen Texte, das Gedicht *Das Geheimnis*, spricht aus, was
in den *Freimäurergesprächen* kaum anders gesehen und in
den bekannten Gesprächsäußerungen Lessings wiederholt
wird: »Wer kein Geheimnis hat, kann leicht den Mund ver-
schließen«, heißt es dort unter direkter Bezugnahme auf die
»Freimäurer« (Gö 1,218). Lessing hat das Gedicht allerdings in der Gesamtausgabe von 1771 nicht mehr abge-
druckt, da er inzwischen selbst Freimaurer geworden war.
Die politischen Spekulationen in den *Freimäurergesprächen*
kommen über unscharfe Andeutungen nicht hinaus; denn
die Gespräche enden im Schweigen – wie *Nathan.* Das am
Schluss angedeutete sechste Gespräch wird nicht erscheinen,

denn es »ist nicht so nachzubilden« (Gö 8,488). Dieses Verstummen lässt sich modern deuten: Als Ausdruck einer
»Nichtaussagbarkeit seiner Utopie« (Schneider, B 15: 1996,
1694; Gustafson, B 14: 1986, 4 f.; 15 f.; Dziergwa, B 15:
1992, 150 f.).

Ein Zentralthema von Lessings *Freimäurergesprächen* ist
sicher das Verhältnis von Politik und Moral; ein anderes,
und vielleicht gewichtigeres, ist das Verhältnis von Individuum und Gesellschaft. Gewichtiger ist es deshalb, weil
es für Lessing biographisch relevant ist und sein eigenes
Selbstverständnis existenziell berührt. Mit den *Freimäurergesprächen* gelingt Lessing nicht der Ausbruch aus der Isolation – und das war sicher bereits die Hauptabsicht bei seinen früheren Bestrebungen, Mitglied des Ordens zu werden
(Schneider, B 15: 1950, 173). Die *Gespräche* bleiben das
Zeugnis eines einzelgängerischen Denkers. Auch wenn sie
vage auf die neueren Entwicklungen im aufklärerischen
Denken reagieren, so finden sie doch nicht den Anschluss
an sie. Dazu sind sie zu sehr von Lessings Argumentations-
struktur geprägt. Seine Neigung, sich im Detail zu verlieren
und Grundlagenprobleme mit sophistischer Dialektik mehr
zu verschleiern als zu klären, verhindert seine Integration in
den Hauptstrom aufklärerischen Denkens, die er freilich
auch nicht gesucht hat. Seine Denktechnik der »Wortgrübe-
lei« trägt nicht immer zur Klärung von Positionen bei. Dahinter verbirgt sich ein tieferer Skeptizismus als bloß der,
dass die Wahrheit letztlich unauffindbar sei.

Auch das letzte zu seinen Lebzeiten erschienene Werk,
*Die Erziehung des Menschengeschlechts*, ändert daran
nichts, obwohl es eines seiner berühmtesten werden sollte.
Der Text erschien teilweise 1777 und dann vollständig 1780.
Stärker als die *Freimäurergespräche* steht dieser Text in Beziehung zu Lessings früheren Arbeiten, und dies auch in
philologischer Hinsicht: Die ersten 53 der hundert Paragra-
phen hatte Lessing bereits im Zusammenhang mit dem

*Fragmenten*-Streit unter Verleugnung seiner eigenen Verfasserschaft vorab gedruckt. Einerseits kehrt er mit diesem Text wieder zu den alten Problemen und Positionen zurück, die er mit dem *Nathan* hinter sich gelassen zu haben schien. Andererseits dient dieser Rückgriff als Sprungbrett für sehr viel weiter ausgreifende Überlegungen. Er formt die Religionspolemik einerseits in Theologie und andererseits in Geschichtsphilosophie um. Lessing greift zunächst das klassische Aufklärungsthema von »Vernunft« und »Offenbarung« auf. Im Gegensatz zur radikaleren französischen Aufklärung ist Lessing um eine Versöhnung der beiden scheinbar widerstreitenden Momente bemüht. Dazu entwickelt er einen eigenartigen Gedankengang, für den es im Denken der Aufklärung keinen Vorläufer gibt: Die biblische Offenbarung, die nur einem, dem jüdischen Volk zuteil wurde, ist ihm die Vorwegnahme von Entwicklungen, die die Menschheit auf dem Wege der Vernunft auch ohne Offenbarung erreichen könnte. Gott habe sich mit den Juden das roheste und ungebildetste Volk ausgesucht, um die Leistungsfähigkeit seiner Offenbarung zu demonstrieren. Die Übernahme der christlichen Offenbarung durch andere Völker schließlich habe zur Beschleunigung des Fortschritts beigetragen, sei aber nicht unbedingt nötig gewesen: »die Ausbildung geoffenbarter Wahrheiten in Vernunftswahrheiten ist schlechterdings notwendig, wenn dem menschlichen Geschlechte damit geholfen sein soll« (Gö 8,506).

Mit diesen Überlegungen unterstellt Lessing stillschweigend und wie selbstverständlich die Geschichtsphilosophie der Aufklärung. Seit dem Ende des 17. Jahrhunderts hat sich der Gedanke durchgesetzt, dass der Gang der Geschichte durch das Prinzip des Fortschritts bestimmt sei und auf das Ziel einer Vervollkommnung der Menschheit hinauslaufe. In der deutschen Aufklärung wird diese Idee zunächst kaum aufgegriffen. Auch wenn die gängige Behauptung von der Geschichtslosigkeit der Aufklärung eine Legende ist, wie Cassirer gezeigt hat (B 5: 1973, 288–312), so lässt sich doch feststellen, dass Ansätze zum historischen Denken bis weit in die zweite Jahrhundertwende hinein vom Hang zur statischen philosophischen Systematik überlagert werden. Lessing zeigt erst in seinem letzten Lebensjahrzehnt seine Neigung zu geschichtsphilosophischen Fragestellungen. In der *Ankündigung* der *Berengar*-Schrift finden sich erste Anklänge dazu (Ritzel, B 3: 1966, 223–228). In den *Freimäurergesprächen* lässt er Ernst dann emphatisch exklamieren: »O Geschichte! O Geschichte! Was bist du?« (Gö 8,483)

Die *Erziehung des Menschengeschlechts* versucht eine Antwort auf diese Frage. Wenn Lessing zuvor historisch argumentiert hatte, dann blieb er in den Bahnen der Philologie- und der Literaturgeschichte. Mit der *Erziehung des Menschengeschlechts* betritt er eine neue Ebene. Er begibt sich in eine Diskussion über den Begriff der »Vervollkommnung«, der von Rousseau als *perfectibilité* eingeführt worden war und der bald im »Fortschritts«-Begriff aufgehen wird. Dass in diesen Begriff antikes humanitäres Erbe eingeht, versteht sich. Bemerkenswerter ist jedoch Lessings Argumentation – sie steht im Zentrum der *Erziehung des Menschengeschlechts* –, dass auch das Erbe der christlichen Offenbarung und der jüdisch-christlichen Eschatologie in den aufklärerischen Vervollkommnungsbegriff eingegangen ist (Pelters, B 14: 1977, 253). Die *Erziehung des Menschengeschlechts* lässt sich also als ein letzter Versuch verstehen, die »eigene Gegenwart in ihrer Differenz und in ihrer Kontinuität mit der jüdisch-christlichen Überlieferung verstehbar zu machen« (Oelmüller, B 13: 1969, 78).

Die Frage nach der Vervollkommnung ist von Lessing zuvor immer skeptisch beantwortet worden: Bereits in der jugendlichen *Glückwünschungsrede* aus St. Afra, dann im Gedicht *An den Herrn Marpurg* und schließlich im *Trauerspielbriefwechsel* mit Nicolai und Mendelssohn ist der Fortschrittsgedanke aus dem Vervollkommnungsbegriff

ausgeklammert. Lessing denkt eher an einen gleich bleibenden Bestand der Dinge entsprechend dem ihnen individuell
zugemessenen Maß als an eine Verbesserung über den aktuellen Stand hinaus (Pons, B 15: 1977, 198). Ob Lessing sich
wirklich auf die Seite der *modernes* schlägt, ist schwer entscheidbar; wahrscheinlich ist seine Stellung ähnlich ambivalent wie die Bayles (Schalk, B 5: 1977b, 284–291). In einer
seiner wenigen Bezugnahmen auf den Initiator der *Querelle
des anciens et des modernes*, Charles Perrault, distanziert er
sich ausdrücklich – wenn auch nur in Bezug auf ein Detail
– von dessen Strategie einer »Verkleinerung der Alten« (Gö
6,213 f.).

*Nathan der Weise*, *Die Erziehung des Menschengeschlechts* und die *Freimäurergespräche* lassen sich lesen als
Beiträge zu jenem »Anti-Candide«, als den Mendelssohn
*Nathan* verstanden hat (Daunicht, B 3: 1971, 583 f.). Vielleicht entgegen seiner eigenen Überzeugung hat sich Lessing am Ende entschieden, »sich mit einem optimistischen
Geschichtsbild von dieser Welt zu verabschieden« (Pons,
B 15: 1977, 208). Die *Erziehung des Menschengeschlechts*
fasst die Vervollkommnung in doppelter Hinsicht: Sie betrifft gleichermaßen das Individuum wie die Gattung des
Menschengeschlechtes – das ist eine der nur ihm eigentüm-
lichen Ideen, mit der er die vorgegebenen Bahnen aufklärerischen Denkens verlässt. Der einzelne Mensch und das
Menschengeschlecht sind erziehungsbedürftig und erzie-
hungsfähig; was für das Individuum die individuelle Erziehung ist, das ist für die Menschheit die christliche Offenbarung; sie wird überflüssig, wenn das Kindheitsalter
überwunden ist. Lessing denkt an einen Endzustand der
Menschheitsgeschichte, in dem Individuum und Menschengeschlecht versöhnt sind und ohne die Krücken der Religion vernünftigen Moralgesetzen entsprechend leben. Mit
diesen sehr unausgereiften und unzusammenhängenden
Überlegungen begibt sich Lessing auf eine Bahn, die in der
deutschen Klassik münden wird.

Gegenüber dieser Rezeptionslinie von Lessings Geschichtsphilosophie ist ein zweiter, brisanterer Gedanke der *Erziehung des Menschengeschlechts* wirkungsgeschichtlich gesehen unbeachtet geblieben. Als Ziel der Menschheitsgeschichte fasst Lessing utopische Visionen ins Auge, die noch über die vorigen Überlegungen hinausgehen. Die Art, wie er das künftige Zeitalter vorstellt, erinnert an das eschatologische Pathos der Ketzerbewegungen des ausgehenden Mittelalters. Der Messianismus eines Joachim di Fiore ist im Hintergrund undeutlich erkennbar. Lessing hat, wie so vieles, auch diese Tradition gekannt, sich aber hier erstmals und andeutungsweise selbst in sie hineingestellt: »Vielleicht, daß selbst gewisse Schwärmer des dreizehnten und vierzehnten Jahrhunderts einen Strahl dieses neuen ewigen Evangeliums aufgefangen hatten; und nur darin irrten, daß sie den Ausbruch desselben so nahe verkündigten« (Gö 8,508). Wie ernst Lessing diese Überlegungen selbst genommen hat, muss dahingestellt bleiben. Falsch ist jedenfalls die Behauptung, Lessing habe in dieser Schrift »eine rationalere und gewaltfreie Ordnung des menschlichen Zusammenlebens« im Auge gehabt (Hofmann, B 5: 1999, 158). Wenn das Wort »rational« mehr als eine Floskel sein soll, dann trifft es auf Lessings ausgesprochen irrational konnotierte Zukunftsvision hier sicher nicht zu. Der Gedanke hat einiges für sich, dass auch dies nur ein spekulatives Gedankenexperiment und keine ernst zu nehmende philosophische oder gar religiöses Glaubensbekenntnis gewesen ist (Oelmüller, B 13: 1969, 70). Ähnlich lassen sich die angedeuteten politischen Spekulationen in den *Freimäurergesprächen* verstehen.

Das Ideal der *Erziehung des Menschengeschlechts* ist eine »Humanitätsreligion«, in der jeder das Gute um seiner selbst willen tut. Das sittliche Handeln bedarf keiner Gründe; der Mensch wird in einen Zustand kommen, so glaubt Lessing, »da er das Gute tun wird, weil es das Gute ist, nicht weil willkürliche Belohnungen darauf gesetzt sind« (Gö 8,508). Kants kategorischer Imperativ, der zehn Jahre später formuliert werden wird, deutet sich an. Die Vernunft gibt die Anweisungen für das Handeln, sie allein entscheidet über den sittlichen Wert einer Tat. Der Mensch und die Menschen müssen die äußeren Fesseln der Religion und des staatlichen Sanktionssystems abstreifen und allein der Vernunft folgen.

Die *Erziehung des Menschengeschlechts* endet mit einer eigenartigen Wendung. Lessing stellt sehr zögernd die Frage nach der Möglichkeit einer Seelenwanderung: »Aber warum könnte jeder einzelne Mensch auch nicht mehr als einmal auf dieser Welt vorhanden gewesen sein?« (Gö 8,510) Das hat schon Anstoß bei den Zeitgenossen erregt, die in dieser Wendung den alten Aufklärer Lessing nicht wiedererkennen mochten. Es ist versucht worden, Lessings Überlegung so zu rationalisieren, dass sie weiterhin in einer Systematik aufklärerischer Erziehungs- und Geschichtsphilosophie ihren Platz behalten kann. Lessing muss, so wurde argumentiert, die Seelenwanderung ins Spiel bringen, wenn er die Parallelität zwischen Menschheits- und Individualgeschichte aufrechterhalten will. Ansonsten wäre dem Individuum nicht vergönnt, was der Menschheit als Gattung in Aussicht gestellt wurde: die Vollendung. Die Lebensbahn eines jeden Individuums bricht ab, bevor sie zur Vervollkommnung geführt hat. Deshalb habe Lessing an die Möglichkeit einer Wiedergeburt geglaubt, da nur so das Individuum parallel zur Menschheitsgeschichte sich immer weiter entwickeln könne (Altmann, B 15: 1976, 15 f.). Ob Lessing tatsächlich so weit und in dieser Richtung gedacht hat, muss und kann dahingestellt bleiben. Dass er mit seiner Seelenwanderungslehre, deren Ursprünge sich bis auf die Vorsokratik zurückverfolgen lassen, die Grenzen der bloßen Vernunft überschreitet, ist offensichtlich. Es kann jedenfalls nicht ausgeschlossen werden, dass Lessing hier mit einigem Bewusstsein die Bahnen der rationalistischen Aufklärung hinter sich gelassen hat.

Er hat noch in einem anderem Text aus dieser Zeit seinem Hang zur Spekulation nachgegeben. Der kleine Aufsatz über die Frage, *Daß mehr als fünf Sinne für den Menschen sein können*, weist ebenfalls über die Schranken der Aufklärung hinaus; auch hier reflektiert er wieder über das »älteste aller philosophischen Systeme«: das »System von der Seelenpräexistenz und Metempsychose« (Gö 8,560). Hegel hat schon Recht gehabt: »Lessing, längst gleichgültig gegen das Berliner Treiben, lebte in Tiefen der Gelehrsamkeit wie in ganz anderen Tiefen des Geistes, als seine Freunde, die vertraut mit ihm zu sein meinten, ahnten« (B 3: 1970, 279).

Lessing ist bald nach der Veröffentlichung der *Erziehung des Menschengeschlechts* verstorben. Aber die erste Kontroverse, die sich bald nach seinem Tode an ihm entzündet hat – der Spinoza-Streit –, folgt genau dieser Bruchlinie, die sich in seinem Denken am Ende seines Lebens angekündigt hatte: der Bruchlinie zwischen Rationalität und Irrationalismus. Mit seinen letzten Schriften hat Lessing der Nachaufklärung ein zwiespältiges Vermächtnis hinterlassen. Sie widmen sich der Frage nach den Möglichkeiten und Grenzen der Aufklärung. In den *Freimäurergesprächen* hatte er die Frage aufgeworfen und recht skeptisch beantwortet, welche Handlungsmöglichkeiten dem aufgeklärten Intellektuellen bleiben. Im *Nathan* wird auf diese Frage eine Antwort gegeben, die nicht von dieser Welt ist. Sie gehört in die Welt der Bühne und ins Reich der Ästhetik. In diesem Horizont ist möglicherweise auch Lessings Eintritt in den Freimaurerorden zu deuten; denn dieser Institution haftet ein Moment der »theatralischen Selbstinszenierung« an; hier ging es weniger um die Inhalte als um eine Selbstreflexion dieser neuen Form von Geselligkeit (Schneider, B 15: 1996, 1672). So weit entfernt von der ästhetischen Selbstinszenierung neuer bürgerlicher Menschlichkeit, wie sie Lessing im *Nathan* entwirft, ist der ideale Typus des Freimaurertums jedenfalls nicht; denn eine gewisse »Affinität der Freimaurer zum ästhetischen Bereich« kann aufgrund ihrer ritua-

lisierten Geselligkeitsformen durchaus gesehen werden
(Schneider, B 15: 1996, 1675).

Bis über seinen Tod hinaus bleibt Lessings Denken
schwer greifbar. Was alle seine Schriften auszeichnete, gilt
auch für seine letzte: eine Sprunghaftigkeit des kritischen
Denkens, die keine Behauptung ungeprüft und keinen Gedanken unversucht lässt. Neben der kritischen Gewalt seines Denkens ist die produktive sehr viel weniger ausgeprägt. Die Uneindeutigkeit seines Denkens, die in seinen
letzten Schriften noch weiter um sich griff, macht es schwer,
Lessing in den Prozess der Aufklärung einzuordnen. Fast
alles, was über ihn Eindeutiges gesagt werden konnte, sind
stilisierende Urteile der Nachwelt, die vieles von dem weg-
lassen, was auch zum Bild Lessings und seines Werks gehört. Dass Lessing die Entwicklung der deutschen Literatur
und ihrer Theorie maßgeblich beschleunigt hat, muss unbestritten bleiben. Dass Lessing aber auch Ambitionen gehabt
hätte, die über das Reich der Literatur und Gelehrsamkeit
hinaus Wirkungen hätten erzielen wollen, ist eher zweifelhaft. Er ist bald nach seinem Tod Gegenstand von unabläs-
sigen »ideologischen Vereinnahmungen« geworden, die in
neuerer Zeit vor allem seine »Progressivität« beweisen
wollten (Durzak, B 12: 1977, 279).

Die Problematik des »politischen Lessing« wurde in einer
Krisenzeit der deutschen Geschichte besonders manifest.
Als 1929 die Feiern zum zweihundertsten Geburtstag an-
standen, wurde Lessing in der krisengeschüttelten Weimarer Republik beliebig von den politischen Strömungen ver-
einnahmt. Der längst zum Republikaner mutierte Thomas
Mann geißelt den Irrationalismus der nationalen Rechten
und nimmt als Gegenposition den Rationalisten Lessing in
Anspruch; sein Bruder Heinrich Mann sieht 1932, zum
150. Todestag, in Lessing den Vorkämpfer der Geistesfrei-
heit. Aber auf der anderen Seite stehen Julius Petersen und
viele andere, die Lessing zum nationalen »Führer« des Volkes erheben (Barner, B 3: 1983, 446–451). Dass der »kriti-

sche und emanzipatorische Lessing« dann in der Rezeption des ausgehenden 20. Jahrhunderts eine so große Rolle gespielt hat, ist zum großen Teil einem Faktum zu verdanken: Nach 1968 wurde das Lessing-Missverständnis, dass er nämlich sich »demokratisch‹, wider die historische Situation, um Herstellung kritischer Öffentlichkeit bemüht« habe, in den Lehrplänen kodifiziert (Grimm, B 3: 1974, 43).

Die Modernität Lessings zu behaupten ist jedenfalls problematisch. Ein derartiges Unternehmen begibt sich in merkwürdige Gesellschaft: Rilla hatte seinerzeit Lessings Modernität – vor dem Schisma des Kommunismus – dadurch beschworen, dass er ihn entscheidende Gedanken Mao Tse-tungs über »das Volk« vorausahnen ließ (B 3: 1958, 313 f.). Vielleicht sollten solche Fehlgriffe dazu raten, Lessing dort zu lassen, wo er hingehört: in das 18. Jahrhundert der deutschen Aufklärung.

Entgegen allen Vorurteilen ist Lessing kein politischer Denker. Vielleicht war er, wie Hannah Arendt deutlich macht, ein »politischer Mensch«, der keine politischen Positionen – und seien es auch die der Aufklärung und des Fortschritts – vertritt, sondern der offen war für das Gespräch über die Wahrheit (B 3: 1960, S. 50 f.). Die wenigen politischen Aussagen sind nur einige von vielen Fassetten seines Werkes, und es sind solche, die er selbst nicht in den Vordergrund gestellt hat. Er war ein kritischer, kein produktiver Aufklärer. Mit seiner unerbittlichen Befragung von Traditionsbeständen und zeitgenössischen Autoritäten hat er der Entwicklung des deutschen Geistes wichtige Impulse gegeben. Lessing gehörte neben dem ganz ähnlich denkenden, aber ganz anders agierenden Wieland zu jenen Autoren in Deutschland, die viel zur Aufklärung der Aufklärung über sich selbst beigetragen haben.

Das ist Verdienst genug.

# Bibliographie

Lessings Werke werden zitiert nach der Ausgabe von Herbert G. Göpfert im Hanser-Verlag (Gö); soweit erforderlich, wird die Ausgabe von Wilfried Barner im Deutschen Klassiker Verlag (Ba) und die Ausgabe von Lachmann/Muncker (LM) herangezogen.

Die Briefe werden nach der Edition Helmuth Kiesels im Rahmen der Ausgabe Barners – Ba 11.1 (1987), Ba 11.2 (1988), Ba 12 (1994) – zitiert.

Die Kommentare von Göpfert und Barner wurden durchgehend herangezogen.

Im Text wird auf die nachfolgend verzeichneten Titel der Bibliographie (B) jeweils in Klammern mit dem Verfassernamen, der Nummer des bibliographischen Abschnitts, dem Publikationsjahr und der Seitenzahl verwiesen (z. B. Münch, B 5: 1990, 176 f.).

## 1. Ausgaben

### a) Werkausgaben

LM  Sämtliche Schriften. Hrsg. von Karl Lachmann. 3., auf's neue durchges. und verm. Aufl., bes. durch Franz Muncker. 22 Bde.; Bd 23: Register; Bd. 24: Nachträge. Bde. 1–11: Stuttgart (ab Bd. 12: Leipzig; ab Bd. 22: Berlin/Leipzig): Göschen, 1886–1924. Reprogr. Nachdr. Berlin 1968.

Werke. Vollständige Ausgabe in 25 Teilen. Hrsg. von Julius Petersen und Waldemar von Olshausen. Tle. 1–20, 3 Anm.- und 2 Reg.-Bde. Berlin/Leipzig (Wien/Stuttgart): Bong, 1925–35. Reprogr. Nachdr. Hildesheim 1970.

Gesammelte Werke. Hrsg. von Paul Rilla. Bd. 1–10. Berlin/Weimar: Aufbau Verlag, 1954–58. [Bd. 10: Paul Rilla: Lessing und sein Zeitalter (B 3).]

Gö  Werke. In Zsarb. mit Karl Eibl, Helmut Göbel, Karl S. Guthke,

Gerd Hillen, Albert von Schirnding und Jörg Schönert hrsg. von Herbert G. Göpfert. Bd. 1–8. München: Hanser, 1970–1979.

Ba    Werke und Briefe in zwölf Bänden. Hrsg. von Wilfried Barner zs. mit Klaus Bohnen, Gunter E. Grimm, Helmuth Kiesel, Arno Schilson, Jürgen Stenzel und Conrad Wiedemann. Frankfurt a. M.: Deutscher Klassiker Verlag, 1985 ff. (Bibliothek deutscher Klassiker.) [Bd. 10 erscheint 2001; Bd. 3 i. Vorb.)

b) Einzelausgaben

Lessing, Gotthold Ephraim: Sämtliche Gedichte. Hrsg. von Gunter E. Grimm. Stuttgart: Reclam, 1987.
– Philotas. Ein Trauerspiel. Studienausgabe mit Lessings *Kleonnis*, Gleims *Philotas*, Bodmers *Polytimet* und Texten zur Theorie, Entstehung und Aufnahme. Hrsg. von Wilhelm Grosse. Stuttgart: Reclam, 1979.
– / Mendelssohn, Moses / Nicolai, Friedrich: Briefwechsel über das Trauerspiel. Hrsg. und komm. von Jochen Schulte-Sasse. München: Winkler, 1972.
– Briefe, die neueste Literatur betreffend. Hrsg. und komm. von Wolfgang Bender. Stuttgart: Reclam, 1979.
Lessings Faustdichtung. Mit erläuternden Beigaben. Hrsg. von Robert Petsch. Heidelberg: Winter, 1911. (Germanistische Bibliothek. 4.)
Lessing, Gotthold Ephraim: Minna von Barnhelm oder: Die Kosten des Glücks. Mit einem Dossier über Wirte als Spitzel, preußische Disziplin, Lessing im Kriege und das begeisterte Publikum von Joachim Dyck. Berlin: Wagenbach, 1981.
Lessings Nathan. Der Autor, der Text, seine Umwelt, seine Folgen. Hrsg. von Helmut Göbel. Berlin: Wagenbach, 1993.
[Schiller] Nathan der Weise. Ein dramatisches Gedicht in fünf Aufzügen von Gotthold Ephraim Lessing. Für die Bühne eingerichtet von Friedrich Schiller. In: F. S.: Werke. Nationalausgabe. Hrsg. von Julius Petersen und Hermann Schneider. Bd 13: Bühnenbearbeitungen. Tl. 1. Hrsg. von Hans Heinrich Borchardt. Weimar: Böhlau, 1949. S. 163–287. (B 1)
Lessing, Gotthold Ephraim: Ausgewählte Texte zur Pädagogik. Hrsg. von Dieter-Jürgen Löwisch. Paderborn: Schöningh, 1969.

## 2. Sammelbände

Albrecht, Wolfgang: Streitbarkeit und Menschlichkeit. Studien zur literarischen Aufklärung Lessings. Stuttgart 1993. (Stuttgarter Arbeiten zur Germanistik. 277.)

Aufklärung. Ein literaturwissenschaftliches Studienbuch. Hrsg. von Hans-Friedrich Wessels. Königstein (Ts.) 1984.

Aufklärungsforschung in Deutschland. Hrsg. von Holger Dainat und Wilhelm Voßkamp. Heidelberg 1999.

Beiträge zur Lessing-Konferenz von 1979. Hrsg. von Günter Hartung. Halle a. d. S. 1979.

Bürgerlichkeit im Umbruch. Studien zum deutschsprachigen Drama 1750–1800. Mit einer Bibliographie der Dramen der Oettingen-Wallersteinschen Bibliothek zwischen 1750 und 1800. Hrsg. von Helmut Koopmann. Tübingen 1993.

Das 18. Jahrhundert. Aufklärung. Hrsg. von Paul Geyer. Regensburg 1995. (Eichstätter Kolloquium. 3.)

Das Bild Lessings in der Geschichte. Hrsg. von Herbert G. Göpfert. Heidelberg 1981. (Wolfenbütteler Studien zur Aufklärung. 9.)

Deutsche Literatur. Eine Sozialgeschichte. Hrsg. von Horst Albert Glaser. Bd. 4: Zwischen Absolutismus und Aufklärung. Rationalismus, Empfindsamkeit, Sturm und Drang. 1740–1786. Hrsg. von Ralph-Rainer Wuthenow. Reinbek 1980.

Dichtungstheorien der deutschen Frühaufklärung. Hrsg. von Theodor Verweyen in Zsarb. mit Hans-Jochim Kertscher. Tübingen 1995.

Durzak, Manfred: Poesie und Ratio. Vier Lessing-Studien. Bad Homburg 1970. (Schriften zur Literatur. 14.)

Eine Reise der Aufklärung. Lessing in Italien 1775. Hrsg. von Lea Santini Ritter. 2 Bde. Berlin 1993. (Ausstellungskataloge der Herzog August Bibliothek. 70.)

Gestalten der Kirchengeschichte. Bd. 8: Die Aufklärung. Hrsg. von Martin Greschat. Stuttgart [u. a.] 1983.

Gotthold Ephraim Lessing. Hrsg. von Gerhard Bauer und Sibylle Bauer. Darmstadt 1968. (Wege der Forschung. 211.)

Hansers Sozialgeschichte der deutschen Literatur vom 16. Jahrhundert bis zur Gegenwart. Hrsg. von Rolf Grimminger. Bd. 3: Deutsche Aufklärung bis zur Französischen Revolution. 1680–1789. Hrsg. von R. G. München/Wien 1980.

Humanität und Dialog: Lessing und Mendelssohn in neuer Sicht. Beiträge zum Internationalen Lessing-Mendelssohn-Symposium anläßlich des 250. Geburtstages von Lessing und Mendelssohn, veranstaltet im November 1979 in Los Angeles, Kalifornien. Beiheft zum Lessing Yearbook. Hrsg. von Ehrhard Bahr, Edward P. Hams und Laurence G. Lyon. Detroit/München 1982.

Interpretationen. Lessings Dramen. Stuttgart 1994.

Jens, Walter: In Sachen Lessing. Vorträge und Essays. Stuttgart 1983.

Johann Melchior Goeze 1717–1786. Abhandlungen und Vorträge. Hrsg. von Heimo Reinitzer. Hamburg 1987. (Vestigia Bibliae. 8.)

Lessing – Ein unpoetischer Dichter. Dokumente aus drei Jahrhunderten zur Wirkungsgeschichte Lessings in Deutschland. Hrsg., eingel. und komm. von Horst Steinmetz. Frankfurt a. M. / Bonn 1969. (Wirkung der Literatur. 1.)

Lessing heute. Beiträge zur Wirkungsgeschichte. Hrsg. von Edward Dvoretzky. Stuttgart 1984. (Stuttgarter Arbeiten zur Germanistik. 87.) S. 146–194.

Lessing in heutiger Sicht. Beiträge zur Internationalen Lessing-Konferenz Cincinnati, Ohio 1976. Hrsg. von Edward P. Harris und Richard E. Schade. Bremen/Wolfenbüttel 1977.

Lessing und die Toleranz. Beiträge zur vierten internationalen Konferenz der Lessing Society in Hamburg vom 27. bis 29. Juni 1985. Sonderband zum Lessing Yearbook. Hrsg. von Peter Freimark, Franklin Kopitzsch und Helga Slessarev. Detroit/München 1986.

Lessing und die Zeit der Aufklärung. Vorträge gehalten auf der Tagung der Joachim-Jungius-Gesellschaft der Wissenschaften Hamburg am 10. und 11. Oktober 1967. Göttingen 1968.

Lessings Nathan der Weise. Hrsg. von Klaus Bohnen. Darmstadt 1984. (Wege der Forschung. 587.)

Michelsen, Peter: Der unruhige Bürger. Studien zu Lessing und zur Literatur des 18. Jahrhunderts. Würzburg 1990.

Moses Mendelssohn und die Kreise seiner Wirksamkeit. Hrsg. von Michael Albrecht, Eva J. Engel und Norbert Hinske. Tübingen 1994. (Wolfenbütteler Studien zur Aufklärung. 19.)

Nation und Gelehrtenrepublik. Lessing im europäischen Zusammenhang. Beiträge zur Internationalen Tagung der Lessing Society in der Werner-Reimers-Stiftung Bad Homburg v. d. H. 11.–13. Juli 1983. Hrsg. von Wilfried Barner und Albert M. Reh. Detroit/München 1984. (Lessing Yearbook. Sonderband.)

Neues zur Lessing-Forschung. Ingrid Strohschneider-Kohrs zu Ehren am 26. August 1997. Hrsg. von Eva J. Engel und Claus Ritterhoff. Tübingen 1998.

»Öffentlichkeit« im 18. Jahrhundert. Hrsg. von Hans-Wolf Jäger. Göttingen 1997. (Das achtzehnte Jahrhundert. Supplementa. 4.)

Schalk, Fritz: Studien zur französischen Aufklärung. 2., verb. und erw. Aufl. Frankfurt a. M. 1977. (Das Abendland. NF 8.)

Schneider, Heinrich: Lessing. Zwölf biographische Studien. Bern 1950.

Streitkultur. Strategien des Überzeugens im Werk Lessings. Referate der Internationalen Lessing-Tagung der Albert-Ludwigs-Universität Freiburg und der Lessing Society an der University of Cincinnatti, Ohio, USA, vom 22. bis 24. Mai 1991 in Freiburg im Breisgau. Hrsg. von Wolfram Mauser und Günter Saße. Tübingen 1993.

Lessing contra Goeze. Text + Kritik. H. 26/27. April 1970.

Verspätete Orthodoxie. Über D. Johann Melchior Goeze. Hrsg. von Heimo Reinitzer und Walter Sparn. Wiesbaden 1989. (Wolfenbütteler Studien zur Aufklärung. 45.)

Wolfenbütteler Studien zur Aufklärung. Im Auftrage der Lessing-Akademie hrsg. von Günter Schulz. Bd. 2. Bremen/Wolfenbüttel 1975.

Wolfenbütteler Studien zur Aufklärung. Im Auftrage der Lessing-Akademie hrsg. von Günter Schulz. Bd. 3. Bremen/Wolfenbüttel 1976.

Zentren der Aufklärung I: Halle. Aufklärung und Pietismus. Hrsg. von Norbert Hinske. Heidelberg 1989. (Wolfenbütteler Studien zur Aufklärung. 15.)

Zentren der Aufklärung III: Leipzig. Aufklärung und Bürgerlichkeit. Hrsg. von Wolfgang Martens. Heidelberg 1990. (Wolfenbütteler Studien zur Aufklärung. 17.)

## 3. Monographien, Lebenszeugnisse, Wirkungsgeschichte

Lessing Yearbook. Detroit 1969 ff. [Mit Rezensionen.]

Erbepflege in Kamenz. Schriftenreihe des Lessing-Museums. Kamenz 1981 ff.

\*\*\*

Albrecht, Paul: Leßing's Plagiate. 5 Bde. Hamburg/Leipzig 1888–1891.

Albrecht, Wolfgang: Gotthold Ephraim Lessing. Stuttgart/Weimar 1997. (Sammlung Metzler. 297.)

Altenhofer, Norbert: Gotthold Ephraim Lessing. In: Deutsche Dichter. Bd. 3: Aufklärung und Empfindsamkeit. Hrsg. von Gunter E. Grimm und Frank Rainer Max. Stuttgart 1988. S. 184–232.

Arendt, Hannah: Von der Menschlichkeit in finsteren Zeiten. Rede über Lessing. München 1960.

Barner, Wilfried: Lessing 1929. Momentaufnahme eines Klassikers vor dem Ende der Weimarer Republik. In: Literatur in der Demokratie. Für Walter Jens zum 60. Geburtstag. Hrsg. von W. B. [u. a.]. München 1983. S. 439–456.

– / Grimm, Gunter E. / Kiesel, Helmuth / Kramer, Martin: Lessing. Epoche – Werk – Wirkung. 5., neubearb. Aufl. München 1987.

Batley, Edward M.: Catalyst of Enlightenment. Gotthold Ephraim Lessing. Productive Criticism of Eighteenth Century Germany. Bern [u. a.] 1990.

Bödeker, Hans Erich: Lessings Briefwechsel. In: Über den Prozeß der Aufklärung in Deutschland des 18. Jahrhunderts. Personen, Institutionen, Medien. Hrsg. von Hans Erich Bödeker und Ulrich Herrmann. Göttingen 1987. S. 113–138.

[Braun] Lessing im Urtheile seiner Zeitgenossen. Zeitungskritiken, Berichte und Notizen, Lessing und seine Werke betreffend, aus den Jahren 1747–1781. Hrsg. von Julius W. Braun. 3 Bde. Berlin 1884–97.

Briegleb, Klaus: Lessings Anfänge 1742–1746. Zur Grundlegung kritischer Sprachdemokratie. Frankfurt a. M. 1971.

Cassirer, Ernst: Lessings Denkstil. In: Gotthold Ephraim Lessing, 1968 (B 2), S. 54–73. (Zuerst 1917.)

Danzel, Theodor Wilhelm / Guhrauer, Gottschalk Eduard: Gotthold Ephraim Lessing. Sein Leben und seine Werke. 2 Bde. Hrsg. von Wendelin von Maltzahn und Robert Boxberger. 2., ber. und verm. Aufl. Berlin 1880–81.

Daunicht, Richard: Gotthold Ephraim Lessing. In: Die Großen der Weltgeschichte. Hrsg. von Kurt Fassmann. Bd. 6: Spinoza bis Laplace. Zürich 1975. S. 691–715.

– (Hrsg.): Lessing im Gespräch. Berichte und Urteile von Freunden und Zeitgenossen. München 1971.

Dilthey, Wilhelm: Gotthold Ephraim Lessing. In: W. D.: Das Erlebnis und die Dichtung. Lessing, Goethe, Novalis, Hölderlin. 2., durchges. Aufl. Leipzig 1991. S. 20–146. (Zuerst 1867.)

Döring, Detlef: Die Fürstenschule in Meißen zur Zeit des jungen Lessing. In: Neues zur Lessing-Forschung, 1998 (B 2), S. 1–30.

Drews, Wolfgang: Gotthold Ephraim Lessing mit Selbstzeugnissen und Bilddokumenten. Reinbek 1962.

Ebstein, Erich: Beitrag zu Gotthold Ephraim Lessings Krankengeschichte. Zu seinem 200. Geburtstag am 22. Januar 1929. In: Die medizinische Welt. 19. Januar 1929. S. 107–111.

Eckardt, Jo-Jacqueline: Das Lessingbild im Dritten Reich. In: Lessing Yearbook 23 (1991) S. 68–79.

Fratzke, Dieter: Lessings Lebensweg in musealen Bildern. Ausstellungskatalog. Hrsg. von Wolfgang Albrecht. Kamenz 1994. (Sonderhefte der Schriftenreihe Erbepflege in Kamenz. 4.)

Grimm, Gunter E.: Lessing oder Die Freiheit eines unfreien Schriftstellers. In: Metamorphosen des Dichters. Das Rollenverständnis deutscher Schriftsteller vom Barock bis zur Gegenwart. Hrsg. von G. E. G. Frankfurt a. M. 1992. S. 50–66.

– Lessing im Schullektüre-Kanon. In: Germanisch-romanische Monatsschrift NF 24 (1974) S. 13–43.

Guthke, Karl S.: Der Glücksspieler als Autor. Überlegungen zur »Gestalt« Lessings im Sinne der inneren Biographie. In: Euphorion 71 (1977) S. 353–382.

– Gotthold Ephraim Lessing. 3., erw. und überarb. Aufl. Stuttgart 1979. (Sammlung Metzler. 65.)

Harth, Dietrich: Gotthold Ephraim Lessing. Oder die Paradoxien der Selbsterkenntnis. München 1993.

Hegel, Georg Wilhelm Friedrich: [Rezension zu:] Hamanns Schriften. In: G. W. F. H.: Werke. Bd. 11: Berliner Schriften 1818–1831. Frankfurt a. M. 1970. S. 275–352. (Zuerst 1828.)

Herder, Johann Gottfried: Gotthold Ephraim Leßing. Gebohren 1729, gestorben 1781. In: J. G. H.: Sämtliche Werke. Hrsg. von Bernhard Suphan. Bd. 15. Hildesheim / New York 1978. (Zuerst 1888.) S. 486–512.

Hildebrandt, Dieter: Lessing. Biographie einer Emanzipation. Gütersloh [1982]. (Zuerst München/Wien 1979.)

Hillesheim, Jürgen: Eine Station der Aufklärung. Gotthold Ephraim Lessings Wolfenbüttler [sic] Bibliothekariat. In: Bibliothek und Wissenschaft 24 (1990) S. 76–89.

Hofmannsthal, Hugo von: Gotthold Ephraim Lessing. Zum 22. Januar 1929. In: H. v. H.: Reden und Aufsätze III. 1925–1929. Buch der Freunde. Aufzeichnungen. 1889–1929. Hrsg. von Bernd Schoeller und Ingeborg Beyer-Ahlert. Frankfurt a. M. 1980. S. 138–142.

Jacobs, Jürgen: Lessing. Eine Einführung. München/Zürich 1986. (Artemis Einführungen. 27.)

Kappstein, Theodor: Der kriegerische Lessing. In: Lessing – ein unpoetischer Dichter, 1969 (B 2), S. 440–443. (Zuerst 1915.)

Kopitzsch, Franklin: Lessing und Hamburg, Aspekte und Aufgaben der Forschung. In: Wolfenbütteler Studien zur Aufklärung II, 1975a (B 2), S. 47–120.

– Lessing und Hamburg, Aspekte und Aufgaben der Forschung. In: Wolfenbütteler Studien zur Aufklärung III, 1976 (B 2), S. 273–325.

Kraft, Werner: Lessing in seinen Briefen. In: Lessing heute, 1984 (B 2), S. 146–194.

Leisegang, Hans: Lessings Weltanschauung. Leipzig 1931.

Lessing, Karl Gotthelf: Gotthold Ephraim Lessings Leben, nebst seinem noch übrigen litterarischen Nachlasse. Tl. 1. Berlin 1793. Tl. 2. Ebd. 1795. Tl. 3: G. E. Lessings Nachlaß zur Deutschen Sprache, alten Literatur, Gelehrten- und Kunst-Geschichte. Geordnet von Georg Gustav Fülleborn. Ebd. 1795.

Lessings Leben und Werk in Daten und Bildern. Hrsg. von Kurt Wölfel. Frankfurt a. M. 1967.

Maass, Edgar: Lessing. Stuttgart ²1941. (Zuerst 1938.)

Mann, Thomas: Zu Lessings Gedächtnis. In: T. M.: Das essayistische Werk. Taschenbuchausgabe in acht Bänden. Hrsg. von Hans Bürgin. Bd. 1: Schriften und Reden zur Literatur, Kunst und Philosophie I. Frankfurt a. M. 1968. S. 350–355. (Zuerst 1929.)

– Rede über Lessing. In: Ebd. S. 355–367. (Zuerst 1929.) [Zit. als: Mann, 1968b.]

Mehring, Franz: Die Lessing-Legende. Gesammelte Schriften. Bd. 9. Berlin 1963. (Als Buch zuerst 1893.)

Milde, Wolfgang: Einige Bemerkungen über Lessings gelehrten Nachlaß. In: Lessing in heutiger Sicht, 1977 (B 2), S. 211–220.

Nietzsche, Friedrich: Unzeitgemässe Betrachtungen. Erstes Stück: David Strauss der Bekenner und Schriftsteller. In: F. N.: Sämtliche Werke. Kritische Studienausgabe. Hrsg. von Giorgio Colli und

Mazzino Montinari. Bd. 1. München / Berlin / New York 1980. S. 157–242. (Zuerst 1873.)

Oehlke, Waldemar: Lessing und seine Zeit. 2 Bde. 2., unveränd. Aufl. München [1929]. (Zuerst 1919.)

Peter, Hermann: Das Urkundliche über G. E. Lessings Aufenthalt auf der Landesschule St. Afra 1741–1746. Zur Erinnerung an seinen hundertjährigen Todestag zusammengestellt. In: Archiv für Litteraturgeschichte 10 (1881/82) S. 285–308.

Raabe, Paul: Spaziergänge durch Lessings Wolfenbüttel. Zürich/ Hamburg 1997.

Reifenberg, Bernd: Lessing und die Bibliothek. Wiesbaden 1995. (Wolfenbütteler Schriften zur Geschichte des Buchwesens. 23.)

Rilla, Paul: Lessing und sein Zeitalter. In: Gotthold Ephraim Lessing: Gesammelte Werke. Hrsg. von Paul Rilla. Bd. 10. Berlin 1958. S. 9–454. [Postum, nicht fertiggestellt.]

Ritzel, Wolfgang: Gotthold Ephraim Lessing. Stuttgart [u. a.] 1966.

Rudloff-Hille, Gertrud: Die authentischen Bildnisse Gotthold Ephraim Lessings. Zusammenfassende Darstellung der bis heute bekannt gewordenen Lessing-Porträts. Kamenz 1983. ²1991.

Schlegel, Friedrich: Über Lessing. In: Kritische Friedrich-Schlegel-Ausgabe. Hrsg. von Ernst Behler. Abt. 1. Bd. 2: Charakteristiken und Kritiken I. Hrsg. und eingel. von Hans Eichner. München [u. a.] / Zürich 1967. S. 101–125.

– Lessings Gedanken und Meinungen. In: Kritische Friedrich-Schlegel-Ausgabe. Hrsg. von Ernst Behler. Abt. 1. Bd. 3: Charakteristiken und Kritiken II. Hrsg. und eingel. von Hans Eichner. München [u. a.] / Zürich 1975. S. 46–102.

Schmidt, Erich: Lessing. Geschichte seines Lebens und seiner Schriften. 2 Bde. 2., veränd. Aufl. Berlin 1899.

Schneider, Heinrich: Vorwort. In: H. S.: Lessing, 1950 (B 2), S. 5–11.

Schröder, Jürgen: Gotthold Ephraim Lessing. Sprache und Drama. München 1972.

– Lessing (1729–1781). In: Klassiker der Literaturtheorie. Von Boileau bis Barthes. Hrsg. von Horst Turk. München 1979. S. 62–77.

– Der Kämpfer Lessing. Zur Geschichte einer Metapher im 19. Jahrhundert. In: Das Bild Lessings in der Geschichte, 1981 (B 2), S. 93–114.

Steinmetz, Horst: Gotthold Ephraim Lessing. In: Deutsche Dichter des 18. Jahrhunderts. Ihr Leben und Werk. Hrsg. von Benno von Wiese. Berlin 1977. S. 210–248. [Zit. als. Steinmetz, 1977a.]

Steinmetz, Horst: Gotthold Ephraim Lessing. Über die Aktualität eines umstrittenen Klassikers. In: Lessing in heutiger Sicht, 1977 (B 2), S. 11–36.

Stockum, Theodorus C. van: Lessing absconditus. In: T. C. v. S.: Von Friedrich Nicolai bis Thomas Mann. Aufsätze zur deutschen und vergleichenden Literaturgeschichte. Groningen 1962. S. 39–56. (Zuerst als Vortrag 1929.)

Ungern-Sternberg, Wolfgang von: G. E. Lessing: »Leben und leben lassen«. Ein Projekt für Schriftsteller und Buchhändler. Datierungsproblem, buchhandelsgeschichtlicher Kontext, Interpretation. In: Buchhandel und Literatur. Festschrift für Herbert G. Göpfert zum 75. Geburtstag am 22. September 1982. Hrsg. von Reinhard Wittmann und Bertold Hack. Wiesbaden 1982. S. 55–128.

Werner, Richard Maria: Nicolais Exemplar von »Lessings Leben«. In: Archiv für Litteraturgeschichte 12 (1884) S. 532–543.

Wiedemann, Conrad: Lessings italienische Reise. In: Nation und Gelehrtenrepublik, 1984 (B 2), S. 151–162.

Zweig, Arnold: Versuch über Lessing. In: A. Z.: Lessing. Kleist. Büchner. Drei Versuche. Berlin 1925. S. 13–59.

## 4. Bibliographien und Forschungsberichte

Albrecht, Wolfgang: Lessing-Forschung 1984–1988. Ein Literaturbericht auf der Grundlage ausgewählter Buchpublikationen. In: Weimarer Beiträge 36 (1990) S. 1164–80.

Gesamtverzeichnis der Lessing-Handschriften. Bd. 1. Bearb. von Wolfgang Milde. Heidelberg 1982.

Goedeke, Karl: Grundriß zu der Geschichte der deutschen Dichtung aus den Quellen. Bd. 4.1: Vom siebenjährigen bis zum Weltkriege. 6. Buch, 1. Abt., 1. Tl. Dresden 1916.

Guthke, Karl S.: Der Stand der Lessing-Forschung. Ein Bericht über die Literatur von 1932–1962. Stuttgart 1965. (Auch in: Deutsche Vierteljahrsschrift für Literaturwissenschaft und Geistesgeschichte 38, 1964, Sonderheft. S. 68–169.)

– Grundlagen der Lessing-Forschung. Neuere Ergebnisse, Probleme, Aufgaben. In: Wolfenbütteler Studien zur Aufklärung II, 1975 (B 2), S. 10–46.

Guthke, Karl S.: Aufgaben der Lessingforschung heute. Unvorgreifliche Folgerungen aus neueren Interessenrichtungen. In: Das Bild Lessings in der Geschichte, 1981 (B 2), S. 131–160.

Kuhles, Doris: Lessing-Bibliographie 1971–1985. Unter Mitarb. von Erdmann von Wilamowitz-Moellendorff. Berlin/Weimar 1988.

Schilson, Arno: Lessing und die Aufklärung. Notizen zur Forschung. In: Theologie und Philosophie 54 (1979) S. 379–405.

Seifert, Siegfried: Lessing-Bibliographie. Berlin/Weimar 1973.

Vollhardt, Friedrich: Das theologiekritische Spätwerk Lessings. Hinweise zu neueren Forschungen. In: The German Quarterly 64 (1991) S. 220–224.

## 5. Epochendarstellungen

### a) Quellen

Bayle, Pierre: Catius. In: P. B.: Dictionnaire historique et critique. Nouvelle Edition. Paris 1820–24. Bd. 4. Repr. Nachdr. Genf 1969. S. 581–587.

– Pensées diverses sur la comète. Edition critique avec une introduction et des notes. Publiée par A. Prat. Nouv. édition mise à jour, avec un avertissement et des notes complémentaires, prép. par Pierre Rétat. 2 Bde. Paris 1984.

Bodmer, Johann Jakob: Polytimet. Ein Trauerspiel. Durch Lessings Philotas, oder ungerathenen Helden veranlasset. In: Gotthold Ephraim Lessing: Philotas, 1979 (B 1), S. 63–79.

Breitinger, Johann Jacob: Critische Dichtkunst. Zürich 1740. Reprogr. Nachdr. Stuttgart 1966.

[Chodowiecki] Daniel Chodowiecki. 1726–1801. Zeichnungen und Druckgraphik. Bürgerliches Leben im 18. Jahrhundert. Städelsches Kunstinstitut und Städtische Galerie. Ausstellung und Katalog: Peter Märker. Frankfurt a. M. 8. Juni – 20. August 1978. Frankfurt a. M. 1978.

Cramer, Johannes Andreas: Die Ehre. In: Die bürgerliche Gemeinschaftskultur der vierziger Jahre. Hrsg. von Fritz Brüggemann unter Mitw. von Helmut Paustian. Leipzig 1935. (Deutsche Literatur. Sammlung literarischer Kunst- und Kulturdenkmäler in Entwicklungsreihen. Reihe Aufklärung. 5.) Reprogr. Nachdr. Darmstadt 1965. S. 92 f.

Die Hauptschriften zum Pantheismusstreit zwischen Jacobi und Mendelssohn. Hrsg. und mit einer historisch-kritischen Einl. vers. von Heinrich Scholz. Berlin 1916. (Neudrucke seltener philosophischer Werke. 6.)

Gellert, Christian Fürchtegott: Fabeln und Erzählungen. In: C. F. G.: Werke. Hrsg. von Gottfried Honnefelder. Bd. 2. Frankfurt a. M.: Insel 1979. S. 27–214. (Zuerst 1746–48.)

– Geistliche Oden und Lieder. In: Ebd. S. 215–307. (Zuerst 1757.)

Gleim, Johann Ludwig: Philotas. Ein Trauerspiel. Von dem Verfasser der preussischen Kriegeslieder vercificirt. In: Gotthold Ephraim Lessing: Philotas 1979 (B 1), S. 43–61.

Goethe, Johann Wolfgang: Aus meinem Leben. Dichtung und Wahrheit. In: J. W. G.: Poetische Werke. Bd. 13: Autobiographische Schriften I. Berlin/Weimar ⁴1976. [Zit. als: Goethe, 1976a.]

[Goethe] Johann Peter Eckermann: Gespräche mit Goethe in den letzten Jahren seines Lebens. Mit einer Einf. hrsg. von Ernst Beutler. München 1976. [Zit. als: Goethe, 1976b.]

Gottsched, Johann Christoph: Versuch einer Critischen Dichtkunst. 4., verm. Aufl. Leipzig 1751. Reprogr. Nachdr. Darmstadt ⁵1962.

Hegel, Georg Wilhelm Friedrich: Vorlesungen über die Ästhetik. I–III. In: G. W. F. H.: Werke. Bd. 13–15. Frankfurt a. M. 1970.

Heine, Heinrich: Zur Geschichte der Religion und Philosophie in Deutschland. In: H. H.: Sämtliche Schriften in zwölf Bänden. Hrsg. von Klaus Briegleb. Bd 5: 1831–1837. München/Wien 1976. S. 505–641.

Herder, Johann Gottfried: Ueber die neuere Deutsche Litteratur. Fragmente, Stücke der umgearbeiteten zweiten Sammlung. Aus der Handschrift. In: J. G. H.: Sämtliche Werke. Hrsg. von Bernhard Suphan. Bd. 2. Berlin 1877. Reprogr. Nachdr. Hildesheim / New York 1978. S. 111–200.

– Briefe zu Beförderung der Humanität, 3. Sammlung [zuerst Riga 1794]. In: Ebd. Bd. 17. Berlin 1881. Reprogr. Nachdr. Hildesheim / New York 1978. S. 133–196. [Zit. als: Herder, 1978b.]

Holberg, Ludvig: Erasmus Montanus oder Rasmus Berg. In: Holbergs Komödien. Aus dem Dän. von Robert Prutz. Bd. 2. Leipzig/Wien [o. J.]. S. 289–348.

Justi, Johann Heinrich Gottlob von: [Brief an Friedrich II., König von Preußen, 10. März 1761.] In: Gotthold Ephraim Lessing: Briefe, die neueste Literatur betreffend, 1979 (B 1), S. 344–350.

Kant, Immanuel: Was heißt: sich im Denken orientieren? In: I. K.: Werke in zehn Bänden. Hrsg. von Wilhelm Weischedel. Bd. 5. Darmstadt ³1968. S. 265–283. (Zuerst 1786.)

– Zum ewigen Frieden. Ein philosophischer Entwurf. In: Ebd. Bd. 9. Darmstadt ³1970. S. 191–251. (Zuerst 1795.)

Kierkegaard, Sören: Abschließende unwissenschaftliche Nachschrift zu den Philosophischen Brocken. Mimisch-pathetisch-dialektische Sammelschrift. Existenzielle Einsprache. In: S. K.: Gesammelte Werke. Abt 16. Bd. 1. Düsseldorf/Köln 1957. (Zuerst 1846.)

Lafontaine, Jean de: Un fou et un sage. In: J. d. L.: Œuvres complètes. Bd. 1: Fables, contes et nouvelles. Hrsg. von René Groos und Jacques Schiffrin. Paris 1975. (Bibliothèque de la Pléiade. 10.) S. 311 f.

Mendelssohn, Moses: Sendschreiben an den Herrn Magister Lessing in Leipzig. In: M. M.: Gesammelte Schriften. Jubiläumsausgabe. Bd. 2. Schriften zur Philosophie und Ästhetik II. Bearb. von Fritz Bamberger und Leo Strauss. Berlin 1931. Reprogr. Nachdr. Stuttgart-Bad Cannstatt 1972. S. 81–109.

– Morgenstunden oder Vorlesungen über das Daseyn Gottes. In: Ebd. Bd. 3.2: Schriften zur Philosophie und Ästhetik. Bearb. von Leo Strauss. Stuttgart-Bad Cannstatt 1974.

– Gesammelte Schriften. Jubiläumsausgabe. Bd. 13: Briefwechsel. Bd. III. Bearb. von Alexander Altmann. Stuttgart-Bad Cannstatt 1977.

Montesquieu (Charles de Secondat, Baron de la Brède et de M.): De l'Esprit des Lois. Hrsg. von Gonzague Truc. 2 Bde. Paris 1961.

Pfeffel, Gottlieb Conrad: Das Schwein. In: Die deutsche Literatur vom Mittelalter bis zum 20. Jahrhundert. Hrsg. von Walther Killy. Bd. 4: Das 18. Jahrhundert. Texte und Zeugnisse. In Verb. mit Christoph Perels hrsg. von Walther Killy. München 1993. S. 105. (Zuerst 1789.)

[Ramler] Briefwechsel zwischen Gleim und Ramler. Hrsg. und erl. von Carl Schüddekopf. Bd. 2. Tübingen 1907.

Reimarus, Hermann Samuel: Apologie oder Schutzschrift für die vernünftigen Verehrer Gottes. Im Auftrag der Joachim-Jungius-Gesellschaft der Wissenschaften hrsg. von Gerhard Alexander. 2 Bde. Frankfurt a. M. 1972.

Schiller, Friedrich: Die schlimmen Monarchen. In: F. S.: Sämtliche Werke. Hrsg. von Gerhard Fricke und Herbert G. Göpfert. Bd. 1. München ⁵1973. S. 104–108. (Zuerst 1782.) [Zit. als: Schiller, 1973a.]

– Brief eines reisenden Dänen. In: Ebd. Bd. 5. 4., durchges. Aufl. München 1967. S. 879–884. (Zuerst 1785.) [Zit. als: Schiller, 1967b.]

– An die Freude. In: Ebd. Bd. 1. 5., durchges. Aufl. München 1973. S. 133–136. (Zuerst 1786.) [Zit. als: Schiller, 1973c.]

– Über die Iphigenie auf Tauris. In: Ebd. Bd. 5. 4., durchges. Aufl. München 1967. S. 942–970. (Zuerst 1789.) [Zit. als: Schiller, 1967d.]

– Über Bürgers Gedichte / Verteidigung des Rezensenten gegen obige Antikritik. In: Ebd. Bd. 5. 4., durchges. Aufl. München 1967. S. 970–991. (Zuerst 1791.) [Zit. als: Schiller, 1967e.]

– Über naive und sentimentalische Dichtung. In: Ebd. Bd. 5. 4., durchges. Aufl. München 1967. S. 694–780. (Zuerst 1795/96; 1800.) [Zit. als: Schiller, 1967 f.]

Staël, Anne Louise Germain, Baronne de S.-Holstein: De l'Allemagne. Hrsg. von Jean de Pange. 2 Bde. Paris 1958–60. (Zuerst 1810.)

Wieland, Christoph Martin: Die Natur der Dinge. In: C. M. W.: Sämmtliche Werke. Bd. 25. Leipzig 1856. S. 9–137. (Zuerst 1752.)

– Was ist Wahrheit? In: Ebd. Bd. 29. Leipzig 1857. S. 139–149. (Zuerst 1778.) [Zit. als: Wieland, 1857a.]

– Das Geheimniß des Kosmopolitenordens. In: Ebd. Bd. 30. Leipzig 1857. S. 395–429. (Zuerst 1788.)

– Briefwechsel. Hrsg. von der Akademie der Wissenschaften der DDR, Zentralinstitut für Literaturgeschichte durch Hans Werner Seiffert. Bd. 3: Briefe der Biberacher Amtsjahre (6. Juni 1760 – 20. Mai 1769). Bearb. von Renate Petermann und Hans Werner Seiffert. Berlin 1975.

Winckelmann, Johann Joachim: Abhandlung von der Fähigkeit der Empfindung des Schönen in der Kunst, und dem Unterrichte in derselben. In: J. J. W.: Sämtliche Werke. Hrsg. von Joseph Eiselein. Bd. 1. Osnabrück 1825. S. 235–273. (Zuerst 1763.) [Zit. als: Winckelmann, 1825a.]

– Gedanken über die Nachahmung der griechischen Werke in der Malerei und Bildhauerkunst. In: Ebd. Bd. 1. Osnabrück 1825. S. 3–58. (Zuerst 1755.) [Zit. als: Winckelmann, 1825b.]

Wolff, Christian: Philosophia practica universalis, methodo scientifica pertractata. Pars posterior. Frankfurt a. M. / Leipzig 1739.


b) Forschung

Adler, Hans Günther: Die Juden in Deutschland. Von der Aufklärung bis zum Nationalsozialismus. München 1960.

Alfter, Dieter: Die Pyrmonter Badegesellschaft. Berühmte Badegäste des 18. Jahrhunderts. In: Badegäste der Aufklärungszeit in Pyrmont. Beiträge zur Sonderausstellung »›... bis wir uns in Pyrmont sehen‹. Justus Mösers Badeaufenthalte 1746–1793« im Museum im Schloß Bad Pyrmont vom 14. April bis 29. Mai 1994. Hrsg. von D. A. Bad Pyrmont 1994. (Schriftenreihe des Museums im Schloß Bad Pyrmont. 25.) S. 18–33.

Alt, Peter-André: Aufklärung. Lehrbuch Germanistik. Stuttgart/Weimar 1996.

Arendt, Hannah: Über die Revolution. München/Zürich [3]1986. (Zuerst engl. 1963.)

Auerbach, Erich: Mimesis. Dargestellte Wirklichkeit in der abendländischen Literatur. Bern/München [5]1971. (Zuerst 1946.)

Bartels, Adolf: Geschichte der deutschen Literatur. Kleine Ausgabe. Braunschweig/Berlin/Hamburg [15]1936.

Bender, Wolfgang: Johann Jakob Bodmer und Johann Jakob Breitinger. Stuttgart 1973. (Sammlung Metzler. 113.)

Besier, Gerhard / Schreiner, Klaus: Toleranz. In: Geschichtliche Grundbegriffe. Bd. 6. Stuttgart 1990. S. 445–605.

Besterman, Theodore: Voltaire. Aus dem Engl. übers. von Siegfried Schmitz. München 1971.

Betz, Louis-Paul: Pierre Bayle und die »Nouvelles de la Republique des Lettres«. (Erste populärwissenschaftliche Zeitschrift) (1684–1687). Zürich 1896.

Blumenberg, Hans: Das Lachen der Thrakerin. Eine Urgeschichte der Theorie. Frankfurt a. M. 1987.

Bovenschen, Silvia: Die imaginierte Weiblichkeit. Exemplarische Untersuchungen zu kulturgeschichtlichen und literarischen Präsentationsformen des Weiblichen. Frankfurt a. M. 1979.

Böckmann, Paul: Formgeschichte der deutschen Dichtung. Bd. 1: Von der Sinnbildsprache zur Ausdruckssprache. Der Wandel der literarischen Formensprache vom Mittelalter zur Neuzeit. Hamburg 1949.

Brauneck, Manfred: Die Welt als Bühne. Geschichte des europäischen Theaters. Bd. 2: Zwischen Renaissance und Aufklärung – 18. Jahrhundert – Von der Romantik bis zum Beginn des Realismus. Stuttgart/Weimar 1996.

Brenner, Peter J.: Die Krise der Selbstbehauptung. Subjekt und Wirklichkeit im Roman der Aufklärung. Tübingen 1981. (Studien zur deutschen Literatur. 69.)

– Neue deutsche Literaturgeschichte. Vom »Ackermann« zu Günter Grass. Tübingen 1996.

– Das Problem der Interpretation. Eine Einführung in die Grundlagen der Literaturwissenschaft. Tübingen 1998. (Konzepte der Sprach- und Literaturwissenschaft. 58.)

– Das Drama. In: Die deutsche Literatur des 17. Jahrhunderts. Hrsg. von Albert Meier. München/Wien 1999. (Hansers Sozialgeschichte der Literatur. Bd. 2.) S. 539–574.

Cassirer, Ernst: Das Erkenntnisproblem in der Philosophie und Wissenschaft der neueren Zeit. Bd. 1. Darmstadt 1974. (Zuerst 1906; reprogr. Nachdr. der 3. Aufl. 1922.)

– Die Philosophie der Aufklärung. 3. Aufl. (unveränd. Nachdr. der 2. Aufl.; zuerst 1932) Tübingen 1973.

Dilthey, Wilhelm: Weltanschauung und Analyse des Menschen seit Renaissance und Reformation. Göttingen ⁹1970.

Dülmen, Richard van: Kultur und Alltag in der Frühen Neuzeit. Bd. 3: Religion, Magie, Aufklärung 16.–18. Jahrhundert. München 1994.

Erismann, Oskar: Die Tabakpfeife in der deutschen Dichtung. Ein literarischer Essay. Bern 1917.

Epstein, Klaus: Die Ursprünge des Konservatismus in Deutschland. Der Ausgangspunkt: Die Herausforderung durch die Französische Revolution 1770–1806. Frankfurt a. M. / Berlin / Wien 1973.

Fischer-Lichte, Erika: Kurze Geschichte des deutschen Theaters. Tübingen/Basel 1993.

Foucault, Michel: Nietzsche, la généalogie, l'histoire. In: M. F.: Dits et écrits 1954–1988. Bd. 2: 1970–1975. Hrsg. von Daniel Defert und François Ewald unter Mitw. von Jacques Lagrange. Paris 1994. S. 136–156. (Zuerst 1971.)

– Le langage à l'infini. In: M. F.: Ebd. Bd. 1: 1954–1969. Hrsg. von Daniel Defert und François Ewald unter Mitw. von Jacques Lagrange. Paris 1994. S. 250–261. (Zuerst 1963.) [Zit. als: Foucault, 1994b.]

Gay, Peter: The Enlightenment. An Interpretation. Bd. 1: The Rise of Modern Paganism. Bd. 2: The Science of Freedom. New York / London 1977.

Gerber, Barbara: Jud Süß. Aufstieg und Fall im frühen 18. Jahrhundert. Ein Beitrag zur Historischen Antisemitismus- und Rezeptionsforschung. Hamburg 1990.

Gervinus, Georg Gottfried: Geschichte der Deutschen Dichtung. 5 Bde. Leipzig ⁵1871–74.

Grimm, Gunter E.: Literatur und Gelehrtentum in Deutschland. Untersuchungen zum Wandel ihres Verhältnisses vom Humanismus bis zur Frühaufklärung. Tübingen 1983. (Studien zur deutschen Literatur. 75.)

– Letternkultur. Wissenschaftskritik und antigelehrtes Dichten in Deutschland von der Renaissance bis zum Sturm und Drang. Tübingen 1998. (Studien und Texte zur Sozialgeschichte der Literatur. 60.)

Gundolf, Friedrich: Shakespeare und der deutsche Geist. München/ Düsseldorf ¹¹1959. (Zuerst 1911.)

Guthke, Karl S.: Literarisches Leben im achtzehnten Jahrhundert in Deutschland und der Schweiz. Bern/München 1975.

Habermas, Jürgen: Strukturwandel der Öffentlichkeit. Untersuchungen zu einer Kategorie der bürgerlichen Gesellschaft. Neuwied/Berlin ⁴1969. (Politica. 4.)

Hazard, Paul: Die Krise des europäischen Geistes 1680–1715. Hamburg ²1939.

– Die Herrschaft der Vernunft. Das europäische Denken im 18. Jahrhundert. Hamburg 1949.

Hofmann, Michael: Aufklärung. Tendenzen – Autoren – Texte. Stuttgart 1999.

Holzboog, Günther: Moses Mendelssohn und die Situation von Autor und Verleger im 18. Jahrhundert. In: Moses Mendelssohn und die Kreise seiner Wirksamkeit, 1994 (B 2), S. 215–248.

Jörgensen, Sven Aage / Bohnen, Klaus / Ohrgaard, Per: Aufklärung, Sturm und Drang, frühe Klassik (1740–89). München 1990. (Geschichte der deutschen Literatur von den Anfängen bis zur Gegenwart. Begr. von Helmut de Boor und Richard Newald. Bd. 4.)

Kiesel, Helmuth / Münch, Paul: Gesellschaft und Literatur im 18. Jahrhundert. Voraussetzungen und Entstehung des literarischen Marktes in Deutschland. München 1977.

Korff, Hermann August: Geist der Goethezeit. Versuch einer ideellen Entwicklung der klassisch-romantischen Literaturgeschichte. Bd. 2: Klassik. Darmstadt ⁹1974. (Zuerst 1930.)

Koselleck, Reinhart: Kritik und Krise. Eine Studie zur Pathogenese der bürgerlichen Welt. Frankfurt a. M. 1973. (Zuerst 1959.)

Krauss, Werner: Über die Konstellation der deutschen Aufklärung. In: W. K.: Studien zur deutschen und französischen Aufklärung. Berlin 1963. (Neue Beiträge zur Literaturwissenschaft. 16.) S. 309–399.

Kuhnert, Reinhold P.: Urbanität auf dem Lande. Badereisen nach Pyrmont im 18. Jahrhundert. Göttingen 1984. (Veröffentlichungen des Max-Planck-Instituts für Geschichte. 77.)

Kunisch, Johannes: Kommentar. In: Aufklärung und Kriegserfahrung. Klassische Zeitzeugen zum Siebenjährigen Krieg. Hrsg. von J. K. Frankfurt a. M. 1996. (Bibliothek der Geschichte und Politik. 9.) S. 971–1008.

Labrousse, Elisabeth: Pierre Bayle. Bd. 1: Du pays de foix à la cité d'Erasme. 2., erg. Aufl. Dordrecht 1985. – Bd. 2: Hétérodoxie et rigorisme. Den Haag 1964.

Lepenies, Wolf: Melancholie und Gesellschaft. Frankfurt a. M. 1972.

Löwith, Karl: Weltgeschichte und Heilsgeschehen. Die theologischen Voraussetzungen der Geschichtsphilosophie. Stuttgart [u. a.] ⁷1979.

Maier, Hans: »Teutsche Libertät« und deutsche Freiheit. In: H. M.: Eine Kultur oder viele? Politische Essays. Stuttgart 1995. S. 120–166.

Martens, Wolfgang: Die Botschaft der Tugend. Die Aufklärung im Spiegel der deutschen Moralischen Wochenschriften. Stuttgart 1971.

Mortier, Roland: Diderot en Allemagne (1750–1850). Stuttgart 1972.

Möller, Helmut: Altdeutsch. Ideologie, Stereotyp, Verhalten. In: Hessische Blätter für Volkskunde 57 (1966) S. 9–30.

Möller, Horst: Aufklärung in Preußen. Der Verleger, Publizist und Geschichtsschreiber Friedrich Nicolai. Berlin 1974. (Einzelveröffentlichungen der Historischen Kommission zu Berlin. 15.)

– Vernunft und Kritik. Deutsche Aufklärung im 17. und 18. Jahrhundert. Frankfurt a. M. 1986.

Münz, Rudolf: Theater im Leipzig der Aufklärung. In: Zentren der Aufklärung III, 1990 (B 2), S. 169–178.

Promies, Wolfgang: Die Bürger und der Narr oder das Risiko der Phantasie. Sechs Kapitel über das Irrationale in der Literatur des Rationalismus. München 1966.

Pütz, Peter: Die deutsche Aufklärung. 4., überarb. und erw. Aufl. Darmstadt 1991. (Erträge der Forschung. 81.)

Röttgers, Kurt: Kritik. In: Geschichtliche Grundbegriffe. Bd. 3. Stuttgart 1982. S. 651–675.

Schalk, Fritz: Von Erasmus' Res publica litteraria zur Gelehrtenrepublik der Aufklärung. In: F. S.: Studien zur französischen Aufklärung, 1977 (B 2), S. 143–163.

– Bayle und die Querelle des anciens et du modernes. In: Ebd. S. 280–291. [Zit. als: Schalk, 1977b.]

– Eine neue Bayledeutung. In: Ebd. S. 292–305. [Zit. als: Schalk, 1977d.]

– Lessing und die französische Aufklärung. In: Ebd. S. 340–361. [Zit. als: Schalk, 1977e.]

Scherer, Wilhelm: Geschichte der Deutschen Litteratur. Berlin ⁴1885.

Schieder, Theodor: Friedrich der Große. Ein Königtum der Widersprüche. Frankfurt a. M. / Berlin / Wien 1983.

Schivelbusch, Wolfgang: Das Paradies, der Geschmack und die Vernunft. Eine Geschichte der Genußmittel. München/Wien 1980.

Schlüter, G. / Grötker, R.: Toleranz. In: Historisches Wörterbuch der Philosophie. Bd. 10. Darmstadt 1998, Sp. 1251–62.

Schmidt, Jochen: Geschichte des Genie-Gedankens in der deutschen Literatur, Philosophie und Politik 1750–1945. Bd. 1: Von der Aufklärung bis zum Idealismus. Darmstadt 1985.

Schmitt, Carl: Der Begriff des Politischen. Text von 1932 mit einem Vorwort und drei Corollarien. Berlin ⁶1996.

Schneiders, Werner: Das Zeitalter der Aufklärung. München 1997.

– Die wahre Aufklärung. Zum Selbstverständnis der deutschen Aufklärung. Freiburg i. Br. / München 1974.

– Hoffnung auf Vernunft. Aufklärungsphilosophie in Deutschland. Hamburg 1990.

Schulte-Sasse, Jochen: Drama. In: Hansers Sozialgeschichte der deutschen Literatur vom 16. Jahrhundert bis zur Gegenwart III, 1980 (B 2), S. 423–499.

Selbmann, Rolf: Dichterdenkmäler in Deutschland. Literaturgeschichte in Erz und Stein. Stuttgart 1988.

Slessarev, Helga: »Doppelte Moral« in der Sozialisation der Töchter bei Joachim Heinrich Campe und Gotthold Ephraim Lessing. In: Lessing und die Toleranz, 1985 (B 2), S. 347–356.

Steinmetz, Horst: Das deutsche Drama von Gottsched bis Lessing. Ein historischer Überblick. Stuttgart 1987.

Vierhaus, Rudolf: Deutschland im 18. Jahrhundert: soziales Gefüge, politische Verfassung, geistige Bewegung. In: Lessing und die Zeit der Aufklärung, 1968 (B 2), S. 12–29.

Wilke, Jürgen: Literarische Zeitschriften des 18. Jahrhunderts (1688–1789). 2 Bde. Stuttgart 1978. (Sammlung Metzler. 174.175.)

Wundt, Max: Die deutsche Schulphilosophie im Zeitalter der Aufklärung. Tübingen 1945. Reprogr. Nachdr. Hildesheim 1964. (Heidelberger Abhandlungen zur Philosophie und ihrer Geschichte. 32.)

## 6. Gedichte und Epigramme

Albertsen, L. L.: Das Lehrgedicht – eine Geschichte der antikisierenden Sachepik in der neueren deutschen Literatur mit einem unbekannten Gedicht Albrecht von Hallers. Aarhus 1967.

Becker, Hans Dieter: Untersuchungen zum Epigramm Lessings. Phil. Diss. Düsseldorf 1973.

Fabian, Bernhard: Das Lehrgedicht als Problem der Poetik. In: Die nicht mehr schönen Künste. Grenzphänomene des Ästhetischen. Hrsg. von Hans Robert Jauß. München 1968. (Ästhetik und Hermeneutik. 3.) S. 67–89.

Grimm, Gunter: Nachwort. In: Gotthold Ephraim Lessing: Sämtliche Gedichte. Stuttgart 1987. S. 385–440.

Jäger, Hans-Wolf: Zur Poetik der Lehrdichtung in Deutschland. In kritischen Zusätzen zu L. L. Albertsens Buch »Das Lehrgedicht«. In: Deutsche Vierteljahrsschrift für Literaturwissenschaft und Geistesgeschichte 44 (1970) S. 544–576.

– Lehrdichtung. In: Hansers Sozialgeschichte der deutschen Literatur vom 16. Jahrhundert bis zur Gegenwart III, 1980 (B 2), S. 500–544.

Kemper, Hans-Georg: Deutsche Lyrik der frühen Neuzeit. Bd. 5.2: Frühaufklärung. Tübingen 1991.

Kimmich, Dorothee: Inszenierungen des geglückten Tages – Zur impliziten Poetik bei Johann Peter Uz und Johann Wilhelm Ludwig Gleim. In: Dichtungstheorien der deutschen Frühaufklärung, 1995 (B 2), S. 158–175.

Koschorke, Albrecht: Die Verschriftlichung der Liebe und ihre empfindsamen Folgen. Zu Modellen erotischer Autorschaft bei Gleim, Lessing und Klopstock. In: Lesen und Schreiben im 17. und 18. Jahrhundert. Studien zu ihrer Bewertung in Deutschland, England und Frankreich. Hrsg. von Paul Goetsch. Tübingen 1994. (ScriptOralia. 65.) S. 251–264.

Martens, Wolfgang: Über die Tabakspfeife und andere erbauliche Materialien. Zum Verfall geistlicher Allegorese im frühen 18. Jahrhundert. In: W. M.: Literatur und Frömmigkeit in der Zeit der frühen Aufklärung. Tübingen 1989. (Studien und Texte zur Sozialgeschichte der deutschen Literatur. 25.) S. 214–238.

Pelters, Wilm: Zu Lessings Liedern. In: Wahrheit und Sprache. Festschrift für Bert Nagel zum 65. Geburtstag am 27. August 1972. Unter Mitw. von Karl Menges Hrsg. von Wilm Pelters und Paul Schimmelpfennig. Göppingen 1972. (Göppinger Arbeiten zur Germanistik. 60.) S. 105–112.

Proß, Wolfgang: Lyrik in der ersten Hälfte des 18. Jahrhunderts. In: Hansers Sozialgeschichte der deutschen Literatur vom 16. Jahrhundert bis zur Gegenwart III, 1980 (B 2), S. 545–568.

Schlaffer, Heinz: Musa iocosa. Gattungspoetik und Gattungsgeschichte der erotischen Dichtung in Deutschland. Stuttgart 1971. (Germanistische Abhandlungen. 37.)

Siegrist, Christoph: Das Lehrgedicht der Aufklärung. Stuttgart 1974. (Germanistische Abhandlungen. 43.)

Verweyen, Theodor: »Halle, die Hochburg des Pietismus, die Wiege der Anakreontik«. Über das Konfliktpotential der anakreontischen Poesie als Kunst der »sinnlichen Erkenntnis«. In: Zentren der Aufklärung I, 1989 (B 2), S. 209–238.

Zeman, Herbert: Die deutsche anakreontische Dichtung. Ein Versuch zur Erfassung ihrer ästhetischen und literarhistorischen Erscheinungsformen in 18. Jahrhundert. Stuttgart 1972.

## 7. Fabeln

Albrecht, Wolfgang: Aufklärung und Gegenaufklärung durch Fabeln und Parabeln. Formen, Tendenzen, Wandlungen im deutschsprachigen Raum zwischen frühem 18. und 19. Jahrhundert. In: Erbepflege in Kamenz. Hrsg. im Auftrag des Lessing-Museums Kamenz von Dieter Fratzke und Wolfgang Albrecht. 14./15. Jahresheft: 31. bis 34. Kamenzer Lessing-Tage 1992–1995. 1995. S. 171–224.

Bauer, Gerhard: Materialismus und Ideologiekritik in der deutschen Aufklärung (anhand von Lessings Fabeln). In: Literatur der bürgerlichen Emanzipation im 18. Jahrhundert. Ansätze materialistischer Literaturwissenschaft. Hrsg. von Gert Mattenklott und Klaus R. Scherpe. Kronberg (Ts.) 1973. (Literatur im historischen Prozeß. 1.) S. 1–42. [Zit. als: Bauer, 1973a.]

– Der Bürger als Schaf und als Scherer. Sozialkritik, politisches Bewußtsein und ökonomische Lage in Lessings Fabeln. In: Euphorion 67 (1973b) S. 24–51. [Zit. als: Bauer, 1973b.]

Dithmar, Reinhard: Die Fabel. Geschichte, Struktur, Didaktik. Paderborn ³1974.

Doderer, Klaus: Fabeln. Formen, Figuren, Lehren. Zürich 1970.

Eichner, Siglinde: Die Prosafabel Lessings in seiner Theorie und Dichtung. Ein Beitrag zur Ästhetik des 18. Jahrhunderts. Bonn 1974. (Bonner Arbeiten zur deutschen Literatur. 25.)

Gebhard, Walter: Zum Mißverhältnis zwischen der Fabel und ihrer Theorie. In: Deutsche Vierteljahrsschrift für Literaturwissenschaft und Geistesgeschichte 48 (1974) S. 122–153.

Grimm, Jürgen: La Fontaines Fabeln. Darmstadt 1976. (Erträge der Forschung. 57.)

Herder, Johann Gottfried: Ueber Bild, Dichtung und Fabel. In: J. G. H.: Sämtliche Werke. Hrsg. von Bernhard Suphan. Bd. 15. Berlin 1888. Reprogr. Nachdr. Hildesheim / New York 1978. S. 523–568. (Zuerst 1787.)

Kayser, Wolfgang: Die Grundlagen der deutschen Fabeldichtung des 16. und 18. Jahrhunderts. In: Herrig's Archiv für das Studium der Neueren Sprachen. Bd. 160. 86. Jg. (1931) S. 19–33.

Leibfried, Erwin / Werle, Josef M.: Texte zur Theorie der Fabel. Stuttgart 1978. (Sammlung Metzler. 169.)

Löwisch, Dieter-Jürgen: Lessings Beitrag zur Pädagogik. Eine Hypothese. In: Gotthold Ephraim Lessing: Ausgewählte Texte zur Pädagogik, 1969 (B 1), S. 153–166.

Ott, Karl August: Lessing und La Fontaine. Von dem Gebrauche der Tiere in der Fabel. In: Germanisch-romanische Monatsschrift N. F. 9 (1959) S. 235–266.

Schrader, Monika: Sprache und Lebenswelt. Fabeltheorien des 18. Jahrhunderts. Hildesheim / Zürich / New York 1991. (Germanistische Texte und Studien. 38.)

Siegrist, Christoph: Fabel und Satire. In: Aufklärung, 1984 (B 2), S. 245–266.

Sternberger, Dolf: Über eine Fabel von Lessing. In: Gotthold Ephraim Lessing, 1968 (B 2), S. 245–259. (Zuerst 1950.)

Stierle, Karlheinz: Die Poesie des Unpoetischen. Über La Fontaines Umgang mit der Fabel. In: Poetica 1 (1967) S. 508–533.

## 8. Frühe Lustspiele

Barner, Wilfried: Lessings *Die Juden* im Zusammenhang seines Frühwerks. In: Humanität und Dialog, 1982 (B 2), S. 189–209.

– Vorurteil, Empirie, Rettung. Der junge Lessing und die Juden. In: Juden und Judentum in der Literatur. Hrsg. von Herbert A. Strauss und Christhard Hoffmann. München 1985. S. 52–77.

Blankenburg, M.: Physiognomik, Physiognomie. In: Historisches Wörterbuch der Philosophie. Bd. 8. Darmstadt 1989. Sp. 955–963.

Durzak, Manfred: Von der Typenkomödie zum ernsten Lustspiel. Zur Interpretation des »Jungen Gelehrten«. In: M. D.: Poesie und Ratio, 1970 (B 2), S. 9–43.

Greiner, Bernhard: Die Komödie. Eine theatralische Sendung: Grundlagen und Interpretationen. Tübingen 1992.

Guthke, Karl S.: Lessings Problemkomödie »Die Juden«. In: Wissen aus Erfahrungen. Werkbegriff und Interpretation heute. Festschrift für Herman Meyer zum 65. Geburtstag. Hrsg. von Alexander von Bormann. Tübingen 1976. S. 122–134.

Hinck, Walter: Das deutsche Lustspiel des 17. und 18. Jahrhunderts und die italienische Komödie. Commedia dell'arte und Théâtre italien. Stuttgart 1965. (Germanistische Abhandlungen. 8.)

Holl, Karl: Geschichte des deutschen Lustspiels. Leipzig 1923. Reprogr. Nachdr. Darmstadt 1964.

Jörgensen, Sven-Aage: Versuch über die *Jungen Gelehrten* um 1750. In: Neues zur Lessing-Forschung, 1998 (B 2), S. 31–41.

Lappert, Hans-Ulrich: G. E. Lessings Jugendlustspiele und die Komödientheorie der frühen Aufklärung. Phil. Diss. Zürich 1968.

Martens, Wolfgang: Nachwort. In: Luise Adelgunde Victorie Gottsched: Die Pietisterey im Fischbein-Rocke. Komödie. Hrsg. von W. M. 2., durchges. und bibliogr. erg. Aufl. Stuttgart 1979. S. 151–167.

– Von Thomasius bis Lichtenberg: Zur Gelehrtensatire der Aufklärung. In: Lessing Yearbook 10 (1978) S. 7–34.

Och, Gunnar: Lessings Lustspiel *Die Juden* im 18. Jahrhundert – Rezeption und Reproduktion. In: Theatralia Judaica. Emanzipation und Antisemitismus als Momente der Theatergeschichte. Von der Lessing-Zeit bis zur Shoah. Hrsg. von Hans-Peter Bayerdörfer. Tübingen 1992. (Theatron. 7.) S. 42–63.

Ohage, August: Von Lessings »Wust« zu einer Wissenschaftsgeschichte der Physiognomik im 18. Jahrhundert. In: Lessing Yearbook 21 (1989) S. 55–87.

Schulz, Ursula: Lessing auf der Bühne. Chronik der Theateraufführungen 1748–1789. Bremen/Wolfenbüttel 1977. (Repertorien zur Erforschung der frühen Neuzeit. 2.)

Steinmetz, Horst: Die Komödie der Aufklärung. 3., bearb. Aufl. Stuttgart 1978. (Sammlung Metzler. 47.)

Wiedemann, Conrad: Polyhistors Glück und Ende. Von Daniel Georg Morhof zum jungen Lessing. In: Festschrift Gottfried Weber. Zu seinem 70. Geburtstag überreicht von Frankfurter Kollegen und Schülern. Hrsg. von Heinz Otto Burger und Klaus von See. Bad Homburg v. d. H. / Berlin / Zürich 1967. (Frankfurter Beiträge zur Germanistik. 1.) S. 215–235.

## 9. *Minna von Barnhelm*

Benjamin, Walter: Schicksal und Charakter. In: W. B.: Gesammelte Schriften. Bd. 2. Frankfurt a. M. 1977. S. 171–179.

Dombrowski, Stefan: Geschichte und Zeitkritik in Lessings *Minna von Barnhelm*. Aachen 1997.

Dyck, Joachim: Über Wirte als Spitzel, preußische Disziplin, Lessing im Kriege und das begeisterte Publikum. In: Gotthold Ephraim Lessing: *Minna von Barnhelm*, 1981 (B 1), S. 7–112.

Gaier, Ulrich: Das Lachen des Aufklärers. Über Lessings *Minna von Barnhelm*. In: Der Deutschunterricht 43 (1991) H. 6, S. 42–56.

Geißler, Rolf: Spiel um das Glück. Lessing: *Minna von Barnhelm*. In: Deutsche Komödien. Vom Barock bis zur Gegenwart. Hrsg. von Winfried Freund. München 1988. S. 32–42.

Giese, Peter-Christian: Riccaut und das Spiel mit Fortuna in Lessings *Minna von Barnhelm*. In: Jahrbuch der Deutschen Schillergesellschaft 28 (1984) S. 104–116.

Göbel, Helmut: Minna von Barnhelm oder Das Soldatenglück. Theater nach dem Siebenjährigen Krieg. In: Interpretationen, 1994 (B 2), S. 45–86.

Labus, Lotte: *Minna von Barnhelm* auf der deutschen Bühne. Phil. Diss. Berlin 1936.

Mann, Otto: Lessing: *Minna von Barnhelm*. In: Das deutsche Drama. Vom Barock bis zur Gegenwart. Interpretationen. Hrsg. von Benno von Wiese. Bd. 1. Düsseldorf ²1975. S. 80–101; 487.

Martini, Fritz: Riccaut, die Sprache und das Spiel in Lessings Lustspiel *Minna von Barnhelm*. In: Gotthold Ephraim Lessing, 1968 (B 2), S. 376–426 (zuerst 1964).

McCarthy, John A.: »So viele Worte, so viele Lügen«. Überzeugungsstrategien in *Emilia Galotti* und *Nathan der Weise*. In: Streitkultur, 1993 (B 2), S. 349–362.

Meuthen, Erich: Von den »Schranken der Ehre und des Glückes« – oder: Wie es Tellheim die Sprache verschlägt. In: Euphorion 81 (1987) S. 355–375.

Michelsen, Peter: Die Verbergung der Kunst. Über die Exposition von Lessings *Minna von Barnhelm*. In: P. M.: Der unruhige Bürger, 1990 (B 2), S. 221–280.

Roche, Mark W.: Apel und Lessing – oder: Kommunikationsethik und Komödie. In: Streitkultur, 1993 (B 2), S. 436–443.

Sanna, Simonetta: Streitkultur in Lessings *Minna von Barnhelm*. Minnas Fähigkeit vs. Franziskas Unfähigkeit zum Streiten als Movens von Handlungsentwicklung und Konfliktlösung. In: Streitkultur, 1993 (B 2), S. 444–456.

– Lessings *Minna von Barnhelm* im Gegenlicht. Glück und Unglück der Soldaten. Bern [u. a.] 1994. (Ricerche di cultura europea. 7.)

Saße, Günter: Liebe und Ehe. Oder: Wie sich die Spontaneität des Herzens zu den Normen der Gesellschaft verhält. Lessings *Minna von Barnhelm*. Tübingen 1993. (Studien und Texte zur Sozialgeschichte der Literatur. 40.)

Schröder, Jürgen: Gotthold Ephraim Lessing: *Minna von Barnhelm*. In: Die deutsche Komödie. Vom Mittelalter bis zur Gegenwart. Hrsg. von Walter Hinck. Düsseldorf 1977. S. 49–65; 368–370.

Staiger, Emil: Lessing: *Minna von Barnhelm*. In: E. S.: Die Kunst der Interpretation. Studien zur deutschen Literaturgeschichte. München ²1972. S. 63–82.

Steinmetz, Horst: *Minna von Barnhelm* oder die Schwierigkeit, ein Lustspiel zu verstehen. In: Wissen aus Erfahrungen. Werkbegriff und Interpretation heute. Festschrift für Herman Meyer zum 65. Geburtstag. Hrsg. von Alexander von Bormann. Tübingen 1976. S. 135–153.

– Einleitung. In: Gotthold Ephraim Lessings *Minna von Barnhelm*. Dokumente zur Rezeptions- und Interpretationsgeschichte. Hrsg. von H. S. Königstein (Ts.) 1979. (Texte der deutschen Literatur in wirkungsgeschichtlichen Zeugnissen. 2.) S. XI–XXVII.

Weinrich, Harald: Mythologie der Ehre. In: Terror und Spiel. Probleme der Mythenrezeption. Hrsg. von Manfred Fuhrmann. München 1971. (Poetik und Hermeneutik. 4.) S. 341–356.

## 10. Literaturkritik

Albrecht, Wolfgang: Zwiespältigkeiten Lessingscher Streitkultur. Über die Auseinandersetzungen mit Wieland in den *Briefen, die neueste Literatur betreffend*. In: Streitkultur, 1993 (B 2), S. 103–112.

Angress, Ruth K.: Reflections on Lessing's Style and Manner as a Critic. In: Lessing in heutiger Sicht, 1977 (B 2), S. 223–227.

Baasner, Rainer: Lessings frühe Rezensionen. Die *Berlinische Privilegierte Zeitung* im Differenzierungsprozeß der Gelehrtenrepublik. In: Streitkultur, 1993 (B 2), S. 129–139.

Barner, Wilfried: Lessing und sein Publikum in den frühen kritischen Schriften. In: Lessing in heutiger Sicht, 1977 (B 2), S. 323–343.

Baumann, Adolf: Studien zu Lessings Literaturkritik. Phil. Diss. Zürich 1951.

Bender, Wolfgang: »Abgrenzen und Klarstellen« – zu Lessings *Literaturbriefen*. In: Lessing in heutiger Sicht, 1977 (B 2), S. 229–236.

– Nachwort. In: Gotthold Ephraim Lessing: Briefe, die neueste Literatur betreffend. Hrsg. und komm. von W. B. Stuttgart 1979. S. 483–494.

Berghahn, Klaus L.: Zur Dialektik von Lessings polemischer Literaturkritik. In: Streitkultur, 1993 (B 2), S. 176–183.

Birke, Joachim: Der junge Lessing als Kritiker Gottscheds. In: Euphorion 62 (1968) S. 392–404.

Böckmann, Paul: Das Formprinzip des Witzes bei Lessing. In: Gotthold Ephraim Lessing, 1968 (B 2), S. 176–195. (Zuerst 1932/1933.)

Bohnen, Klaus: Geist und Buchstabe. Zum Prinzip des kritischen Verfahrens in Lessings literarästhetischen und theologischen Schriften. Köln/Wien 1974. (Kölner germanistische Arbeiten. 10.)

Consentius, Ernst: Lessing und die Vossische Zeitung. Leipzig 1902.

Feinäugle, Norbert W.: Lessings Streitschriften. Überlegungen zu Wesen und Methode der literarischen Polemik. In: Lessing Yearbook 1 (1969) S. 126–149.

Guthke, Karl S.: Lessings Rezensionen. Besuch in einem Kartenhaus. In: Jahrbuch des Freien deutschen Hochstifts (1993) S. 1–59.

Heitner, Robert R.: A Gottschedian Reply to Lessing's Seventeenth *Literaturbrief*. In: Studies in Germanic Languages and Literatures. In Memory of Fred O. Nolte. A Collection of Essays Written by his Colleagues and his Former Students. Hrsg. von Erich Hofacker und Liselotte Dieckmann. St. Louis 1963. S. 43–58.

Jens, Walter: Feldzüge eines Redners: Gotthold Ephraim Lessing. In: W. J.: Von deutscher Rede. München 1969. S. 46–70.

Krätzer, Jürgen: Vermischte Schriften des Hrn. Christlob Mylius, gesammelt von Gotthold Ephraim Lessing. Nachbemerkungen zu einer Vorrede. In: Zeitschrift für deutsche Philologie 114 (1995) S. 499–521.

Kronauer, Ulrich: Der kühne Weltweise. Lessing als Leser Rousseaus. In: Rousseau in Deutschland. Neue Beiträge zur Erforschung seiner Rezeption. Hrsg. von Herbert Jaumann. Berlin / New York 1995. S. 23–45.

Martens, Wolfgang: Zu Lessings Kritik an den Moralischen Wochenschriften. In: Lessing in heutiger Sicht, 1977 (B 2), S. 237–248.

Michelsen, Peter: Der Kritiker des Details. Lessing in den *Briefen die Neueste Litteratur betreffend*. In: P. M.: Der unruhige Bürger, 1990 (B 2), S. 70–103.

Muncker, Franz: Vorrede. In: LM 4 (1889), S. V–XVI.

– Vorrede. In: LM 7 (1891), S. V–VIII.

Neumann, Erwin: »Meinen Faust holt der Teufel, aber ich will Goethe's seinen holen.« – Lessings *17. Literaturbrief* und seine *Faust*-Pläne. Zur Doppelstrategie seiner Polemik gegen Gottsched und Goethe in epistularischer und dramatischer Form. In: Streitkultur, 1993 (B 2), S. 401–409.

Nisbet, Hugh B.: Lessing and Pierre Bayle. In: Tradition and Creation. Essays in Honour of Elizabeth Mary Wilkinson. Ed. by C. B. Magill, Brian A. Rowley and Christopher J. Smith. Leeds 1978. S. 13–29.

Nivelle, Armand: Lessing im Kontext der europäischen Literaturkritik. In: Lessing in heutiger Sicht, 1977 (B 2), S. 89–112.

Perels, Christoph: Gotthold Ephraim Lessing und die »Jenaischen gelehrten Zeitungen« von 1749 und 1750. In: Jahrbuch der Raabe-Gesellschaft (1971) S. 7–20.

Raabe, Paul: Lessing und die Gelehrsamkeit. Bemerkungen zu einem Forschungsthema. In: Lessing in heutiger Sicht, 1977 (B 2), S. 65–88.

Reich-Ranicki, Marcel: Gotthold Ephraim Lessing. Der Vater der deutschen Kritik. In: M. R.-R.: Die Anwälte der Literatur. 23 Kritiker-Porträts von Lessing bis Martin Walser. Stuttgart 1998. S. 11–31.

Seiffert, Hans Werner: Neues über Lessings Literaturbriefe. In: Festschrift zur 250. Wiederkehr der Geburtstage von Johann Wilhelm Ludwig Gleim und Magnus Gottfried Lichtwer. Beiträge zur deutschen Literatur des 18. Jahrhunderts. Hrsg. vom Gleim-Haus. Halberstadt 1969. S. 65–79.

## 11. Dramentheorie und Ästhetik

Buch, Hans Christoph: Ut Pictura Poesis. Die Beschreibungsliteratur und ihre Kritiker von Lessing bis Lukács. München 1972.

Friedrich, Wolf-Hartmut: Sophokles, Aristoteles und Lessing. In: Euphorion 57 (1963) S. 4–24.

Fuhrmann, Manfred: Einführung in die antike Dichtungstheorie. Darmstadt 1973.

Geffcken, J.: Der Streit über die Sittlichkeit des Schauspiels im Jahre 1769. (Goeze, Schlosser, Nölting.) In: Zeitschrift des Vereins für Hamburgische Geschichte 3 (1851) S. 56–77.

George, David E. R: Deutsche Tragödientheorien vom Mittelalter bis zu Lessing. Texte und Kommentare. München 1972.

Graf, Ruedi: Das Theater im Literaturstaat. Literarisches Theater auf dem Weg zur Bildungsmacht. Tübingen 1992. (Studien zur deutschen Literatur. 117.)

Mattenklott, Gert: Lessings Grenzen. Anmerkungen zum *Tagebuch der Italienischen Reise*. In: Germanisch-romanische Monatsschrift N. F. 47 (1997) S. 227–235.

Meyer, Reinhart: Das französische Theater in Deutschland. In: Aufklärungen. Frankreich und Deutschland im 18. Jahrhundert. Bd. 1. Hrsg. von Gerhard Sauder und Jochen Schlobach. Heidelberg 1985. S. 145–166.

Nivelle, Armand: Kunst- und Dichtungstheorien zwischen Aufklärung und Klassik. 2., durchges. und erg. Aufl. Berlin / New York 1971.

Pizer, John: Lessing's Reception of Charles Batteux. In: Lessing Yearbook 21 (1989) S. 29–43.

Robertson, J. G.: Lessing's Dramatic Theory. Being an Introduction to and Commentary on his *Hamburgische Dramaturgie*. Cambridge [u. a.] 1939.

Schadewaldt, Wolfgang: Furcht und Mitleid? Zu Lessings Deutung des Aristotelischen Tragödiensatzes. In: Hermes. Zeitschrift für klassische Philologie 83 (1955) H 2. S. 129–181.

– Furcht und Mitleid? Zu Lessings Deutung des Aristotelischen Tragödiensatzes. In: Gotthold Ephraim Lessing, 1968 (B 2), S. 336–342. (Zuerst 1956.) [Kurzfassung des gleichnamigen Aufsatzes von 1955.]

Schings, Hans-Jürgen: Der mitleidigste Mensch ist der beste

   Mensch. Poetik des Mitleids von Lessing bis Büchner. München
   1980.
Sennett, Richard: Der flexible Mensch. Die Kultur des neuen Kapitalismus. Aus dem Engl. übers. von Martin Richter. Berlin 1999.
Vogg, Elena: Die bürgerliche Familie zwischen Tradition und Aufklärung. Perspektiven des »bürgerlichen Trauerspiels« von 1755
   bis 1800. In: Bürgerlichkeit im Umbruch, 1993 (B 2), S. 53–92.
Wellbery, David E.: Lessing's *Laocoon*. Semiotics and Aesthetics in
   the Age of Reason. Cambridge [u. a.] 1984.
Wölfel, Kurt: Moralische Anstalt. Zur Dramaturgie von Gottsched
   bis Lessing. In: Deutsche Dramentheorien. Beiträge zu einer historischen Poetik des Dramas in Deutschland. Hrsg. und eingel.
   von Reinhold Grimm. Bd. 1. Frankfurt a. M. 1971. S. 45–122.

## 12. Trauerspiele

Alt, Peter-André: Tragödie der Aufklärung. Eine Einführung. Tü-
   bingen/Basel 1994.
Barner, Wilfried: »Zu viel Thränen – nur Keime von Thränen«.
   Über *Miß Sara Sampson* und *Emilia Galotti* beim zeitgenössi-
   schen Publikum. In: Das weinende Saeculum. Colloquium der
   Arbeitsstelle 18. Jahrhundert. Gesamthochschule Wuppertal.
   Universität Münster. Schloß Dyck vom 7.–9. Oktober 1981. Hei-
   delberg 1983. S. 89–105.
– Lessing als Dramatiker. In: Handbuch des deutschen Dramas.
   Hrsg. von Walter Hinck. Düsseldorf 1980. S. 106–119.
Bohnen, Klaus: »Was ist ein Held ohne Menschenliebe!« (*Philotas*,
   7. Auftritt) Zur literarischen Kriegsbewältigung in der deutschen
   Aufklärung. In: Lessing und die Toleranz, 1986 (B 2), S. 23–38.
Börne, Ludwig: Emilia Galotti. Von Lessing. In: L. B.: Sämtliche
   Schriften. Hrsg. von Inge und Peter Rippmann. Bd. 1. Dreieich
   1977. S. 366–372.
Brüggemann, Fritz: Lessings Bürgerdramen und der Subjektivismus
   als Problem. Psychogenetische Untersuchung. In: Gotthold
   Ephraim Lessing, 1968 (B 2), S. 83–126. (Zuerst 1926.)
Denton, Eric: Selbstüberzeugung in Lessings *Philotas*. In: Streitkul-
   tur, 1993 (B 2), S. 214–222.

Dreßler, Thomas: Dramaturgie der Menschheit – Lessing. Stuttgart/ Weimar 1996.

Durzak, Manfred: Lessing und Büchner: Zur Kategorie des Politischen. In: Lessing in heutiger Sicht, 1977 (B 2), S. 279–298.

Ehrich-Haefeli, Verena: *Philotas*: Streiten nach außen – Streiten nach innen. In: Streitkultur, 1993 (B 2), S. 222–237.

– Rousseaus Sophie und ihre deutschen Schwestern. Zur Entstehung der bürgerlichen Geschlechterideologie. In: Rousseau in Deutschland. Neue Beiträge zur Erforschung seiner Rezeption. Hrsg. von Herbert Jaumann. Berlin / New York 1995. S. 115–162.

Eibl, Karl: Identitätskrise und Diskurs. Zur thematischen Kontinuität von Lessings Dramatik. In: Jahrbuch der Deutschen Schillergesellschaft 21 (1977) S. 138–191.

Gädeke Schmidt, Jutta: Lessings *Philotas*. Ästhetisches Experiment mit satirischer Wirkungsabsicht. New York / Bern 1988.

Grimm, Gunter: Die zeitgenössische Rezeption von Lessings *Emilia Galotti*. Mißverständnisse um einen Text. In: Rezeptionsgeschichte. Grundlegung einer Theorie. Mit Analysen und Bibliographie. Hrsg. von G. G. München 1977. S. 162–183.

Große, Wilhelm: Nachwort. In: Lessing, Gotthold Ephraim: Philotas, 1979 (B 1), S. 108–126.

Guthke, Karl S.: Das deutsche bürgerliche Trauerspiel. 5., durchges. und erw. Aufl. Stuttgart/Weimar 1994. (Sammlung Metzler. 116.)

Hillen, Gerd: »Die Halsstarrigkeit der Tugend«. Bemerkungen zu Lessings Trauerspielen. In: Lessing Yearbook 2 (1970) S. 115–139.

– Ideologie und Humanität in Lessings Dramen. In: Lessing Yearbook 1 (1969) S. 150–161.

Janz, Rolf-Peter: »Sie ist die Schande ihres Geschlechts«. Die Figur der femme fatale bei Lessing. In: Jahrbuch der Deutschen Schillergesellschaft 23 (1979) S. 207–221.

Kafitz, Dieter: Grundzüge einer Geschichte des deutschen Dramas von Lessing bis zum Naturalismus. Bd. 1. Königstein (Ts.) 1982.

Kuttenkeuler, Wolfgang: *Miß Sara Sampson* (1755). »... nichts als ›Fermenta cognitionis‹«. In: Interpretationen, 1994 (B 2), S. 7–44.

Lützeler, Paul Michael: Gotthold Ephraim Lessing: *Emilia Galotti* (1772). In: P. M. L.: Geschichte in der Literatur. Studien zu Werken von Lessing bis Hebbel. München/Zürich 1987. S. 15–39. (Zuerst 1979.)

Mattenklott, Gert: Drama – Gottsched bis Lessing. In: Deutsche Literatur. Eine Sozialgeschichte IV, 1980 (B 2), S. 277–298.

Maurer-Schmock, Sibylle: Deutsches Theater im 18. Jahrhundert. Tübingen 1982. (Studien zur deutschen Literatur. 71.)
– Lessing und die Bühne seiner Zeit. Diss. (masch.) Tübingen 1980. [Breitere Quellendokumentation gegenüber der Druckfassung.]
Meier, Albert: Dramaturgie der Bewunderung. Untersuchungen zur politisch-klassizistischen Tragödie des 18. Jahrhunderts. Frankfurt a. M. 1993. (Das Abendland N. F. 23.) [Zit. als: Meier, 1993a.]
– Die Interessantheit der Könige. Der Streit um *Emilia Galotti* zwischen Anton von Klein, Johann Friedrich Schink und Cornelius Hermann von Ayrenhoff. In: Streitkultur, 1993 (B 2), S. 363–372. [Zit. als: Meier, 1993b.]
Michailow, Alexander: »Er hat sterben wollen«: Vorüberlegungen zu *Philotas*. In: Streitkultur, 1993 (B 2), S. 373–378.
Mönch, Cornelia: Abschrecken oder Mitleiden. Das deutsche bürgerliche Trauerspiel im 18. Jahrhundert. Versuch einer Typologie. Tübingen 1993. (Studia Augustana. 5.)
Neumann, Peter Horst: Der Preis der Mündigkeit. Über Lessings Dramen. Anhang: Über Fanny Hill. Stuttgart 1977.
Prutti, Brigitte: Bild und Körper. Weibliche Präsenz und Geschlechterbeziehungen in Lessings Dramen: *Emilia Galotti* und *Minna von Barnhelm*. Würzburg 1996. (Epistemata. 175.)
Pütz, Peter: Die Leistung der Form. Lessings Dramen. Frankfurt a. M. 1986.
Rochow, Christian Erich: Das bürgerliche Trauerspiel. Stuttgart 1999.
Rüskamp, Wulf: Dramaturgie ohne Publikum. Lessings Dramentheorie und die zeitgenössische Rezeption von *Minna von Barnhelm* und *Emilia Galotti*. Ein Beitrag zur Geschichte des deutschen Theaters und seines Publikums. Köln/Berlin/Wien 1984. (Kölner germanistische Studien. 18.)
Schneider, Helmut J.: Aufklärung der Tragödie. Lessings *Philotas*. In: Horizonte. Festschrift für Herbert Lehnert. Hrsg. von Hannelore Mundt, Egon Schwarz und William J. Lillyman. Tübingen 1990. S. 10–39.
Schulz, Georg-Michael: Tugend, Gewalt und Tod. Das Trauerspiel der Aufklärung und die Dramaturgie des Pathetischen und des Erhabenen. Tübingen 1988. (Theatron. 1.)
Seeba, Hinrich C.: Die Liebe zur Sache. Öffentliches und privates Interesse in Lessings Dramen. Tübingen 1973. (Untersuchungen zur deutschen Literaturgeschichte. 9.)

Seeba, Hinrich C.: Das Bild der Familie bei Lessing. Zur sozialen Integration im bürgerlichen Trauerspiel. In: Lessing in heutiger Sicht, 1977 (B 2), S. 307–321.

Sennett, Richard: Verfall und Ende des öffentlichen Lebens. Die Tyrannei der Intimität. Aus dem Engl. übers. von Reinhard Kaiser. Frankfurt a. M. 1986.

Sörensen, Bengt Algot: Herrschaft und Zärtlichkeit. Der Patriarchalismus und das Drama im 18. Jahrhundert. München 1984.

Steinhagen, Harald: »Wer über gewisse Dinge den Verstand nicht verliere [...]«. Tragödientheorie und aufklärerische Weltauffassung bei Lessing. In: Streitkultur, 1993 (B 2), S. 472–483.

Steinmetz, Horst: *Emilia Galotti.* In: Interpretationen, 1994 (B 2), S. 87–137.

– Emotionalität versus Rationalität: Gegensätze zwischen Theorie und Praxis des Dramas bei Lessing. In: Lessing in heutiger Sicht, 1977 (B 2), S. 165–168.

Ter-Nedden, Gisbert: Lessings Trauerspiele. Der Ursprung des modernen Dramas aus dem Geist der Kritik. Stuttgart 1986. (Germanistische Abhandlungen. 57.)

Ulmer, Bernhard: Lessing's *Philotas.* In: Studies in Germanic Languages and Literatures. In Memory of Fred O. Nolte. A Collection of Essays Written by his Colleagues and his Former Students. Hrsg. von Erich Hofacker und Liselotte Dieckmann. St. Louis 1963. S. 35–42.

Wehrli, Beatrice: Kommunikative Wahrheitsfindung. Zur Funktion der Sprache in Lessings Drama. Tübingen 1983. (Hermaea N. F. 46.)

Wiedemann, Conrad: Ein schönes Ungeheuer. Zur Deutung von Lessings Einakter *Philotas.* In: Germanisch-romanische Monatsschrift N. F. 17 (1967) S. 381–397.

Wierlacher, Alois: Das Haus der Freude oder Warum stirbt Emilia Galotti? In: Lessing Yearbook 5 (1973) S. 147–162.

## 13. Religionspolemik

Alexander, Gerhard: Einleitung. In: Hermann Samuel Reimarus: Apologie oder Schutzschrift für die vernünftigen Verehrer Gottes. Im Auftrag der Joachim-Jungius-Gesellschaft der Wissenschaften hrsg. von G. A. 2 Bde. Frankfurt a. M. 1972. S. 9–38.

Allert, Beate: About a Burning Building in Eco and Lessing. In: Lessing Yearbook 29 (1997) S. 57–86.

Aner, Karl: Die Theologie der Lessingzeit. Halle a. d. S. 1929. Reprogr. Nachdr. Hildesheim 1964.

Barth, Karl: Die protestantische Theologie im 19. Jahrhundert. Ihre Vorgeschichte und ihre Geschichte. Zürich ³1960.

Bödeker, Hans Erich: Raisonnement, Zensur und Selbstzensur. Zu den institutionellen und mentalen Voraussetzungen aufklärerischer Kommunikation. In: Streitkultur, 1993 (B 2), S. 184–193.

Boehart, William: Zur Öffentlichkeitsstruktur des Streites um die Wolfenbütteler Fragmente. In: Lessing und die Toleranz, 1986 (B 2), S. 146–157.

– Politik und Religion. Studien zum Fragmentenstreit (Reimarus, Goeze, Lessing). Schwarzenbek 1988.

Cassirer, Ernst: Die Idee der Religion bei Lessing und Mendelssohn. In: Festgabe zum zehnjährigen Bestehen der Akademie für die Wissenschaft des Judentums. 1919–1929. Berlin 1929. S. 22–41.

Desch, Joachim: Vernünfteln wider die Vernunft. Zu Lessings Begriff eines konsequenten Rationalismus. In: Humanität und Dialog, 1982 (B 2), S. 133–141.

– Taktische und praktische Toleranz. In: Lessing und die Toleranz, 1986 (B 2), S. 158–173.

Faulwasser, Julius: Die St. Katharinen-Kirche in Hamburg. Hamburg 1896.

Gawlick, Günter: Hermann Samuel Reimarus. In: Gestalten der Kirchengeschichte VIII, 1983 (B 2), S. 299–311.

Greschat, Martin: Aufklärung. In: Gestalten der Kirchengeschichte VIII, 1983 (B 2), S. 7–41.

Heidsieck, Arnold: Lessing, Locke und die anglikanische Theologie. In: Lessing und die Toleranz, 1986 (B 2), S. 71–79.

Höhne, Hans: Johann Melchior Goeze im Urteil seiner Zeitgenossen und der Literatur bis heute. In: Verspätete Orthodoxie, 1989 (B 2), S. 27–62.

Kröger, Wolfgang: Das Publikum als Richter. Lessing und die »kleineren Respondenten« im Fragmentenstreit. Nendeln 1979. (Wolfenbütteler Forschungen. 5.)

Kuschel, Karl-Josef: Vom Streit zum Wettstreit der Religionen. Lessing und die Herausforderung des Islam. Düsseldorf 1998. (Weltreligionen und Weltliteratur. 1.)

Matuschek, Stefan: Undogmatische Anschauung. Diderots Tempel- und Lessings Palast-Parabel. In: Lessing Yearbook 29 (1997) S. 31–40.

Mauser, Wolfram: Toleranz und Frechheit. Zur Strategie von Lessings Streitschriften. In: Lessing und die Toleranz, 1986 (B 2), S. 276–290.

McCarthy, John A.: »Das sicherste Kennzeichen einer gesunden, nervösen Staatsverfassung«: Lessing und die Pressefreiheit. In: Lessing und die Toleranz, 1986 (B 2), S. 225–244.

Michelsen, Peter: Der Streit um die christliche Wahrheit. Lessing, mit den Augen Goezes gesehen. In: Lessing Yearbook 24 (1992) S. 1–24.

Oelmüller, Willi: Die unbefriedigte Aufklärung. Beiträge zu einer Theorie der Moderne von Lessing, Kant und Hegel. Frankfurt a. M. 1969.

Pons, Georges: Gotthold Ephraim Lessing et le christianisme. Paris 1964. (Germanica. 5.)

Sauerland, Karol: Lessings Palast-Parabel – ein literarisches Kleinod, das über das Streitobjekt hinauswuchs. In: Streitkultur, 1993 (B 2), S. 457–461.

Schilson, Arno: »... auf meiner alten Kanzel, dem Theater«. Über Religion und Theater bei Gotthold Ephraim Lessing. Wolfenbüttel/Göttingen 1997. (Kleine Schriften der Aufklärung. 9.)

Schmiedt, Helmut: Angebundene und freie Poesie. Zur Rhetorik im Goeze-Lessing-Streit. In: Lessing Yearbook 23 (1991) S. 97–110.

Scholz, Heinrich: Einleitung. In: Die Hauptschriften zum Pantheismusstreit zwischen Jacobi und Mendelssohn, 1916 (B 5), S. XI–CXXVIII.

Schultze, Harald: Lessings Auseinandersetzung mit Theologen und Deisten um die »innere Wahrheit«. In: Lessing in heutiger Sicht, 1977 (B 2), S. 179–185. [Mit Diskussionsbericht.]

Smend, Rudolf: Lessing. In: Gestalten der Kirchengeschichte VIII, 1983 (B 2), S. 281–297.

Sparn, Walter: Auf dem Weg zur theologischen Aufklärung in

Halle: Von Johann Franz Budde zu Siegmund Jakob Baumgarten. In: Zentren der Aufklärung I, 1989 (B 2), S. 71–90.

Specht, Rolf: Die Rhetorik in Lessings *Anti-Goeze*. Ein Beitrag zur Phänomenologie der Polemik. Bern / Frankfurt a. M. / New York 1986. (Europäische Hochschulschriften. I/937.)

Steiger, Lothar: Goezes Schwächen. In: Verspätete Orthodoxie, 1989 (B 2), S. 63–86.

Stolt, Peter: Warum immer Streit um die Wahrheit? Goezes Verantwortung am Beginn der Moderne. In: Johann Melchior Goeze 1717–1786, 1987 (B 2), S. 22–39.

Strohschneider-Kohrs, Ingrid: Lessing und Mendelssohn in ihrer Spätzeit. In: Moses Mendelssohn und die Kreise seiner Wirksamkeit, 1994 (B 2), S. 269–290.

Thielicke, Helmut: Lessing und Goeze. In: Lessing contra Goeze, 1970 (B 2), S. 39–52.

Wessel, Jr., Leonard P.: Das widersprüchliche Wesen der Lessingschen Auffassung von Theologie. In: Lessing in heutiger Sicht, 1977 (B 2), S. 187–195.

Zscharnack, Leopold: Lessing und Semler. Ein Beitrag zur Entstehungsgeschichte des Rationalismus und der kritischen Theologie. Gießen 1905.

## 14. *Nathan der Weise*

Albrecht, Wolfgang: Schillers Bühnenbearbeitung von *Nathan der Weise*. In: Beiträge zur Lessing-Konferenz von 1979, 1979 (B 2), S. 32–60.

Bohnen, Klaus: *Nathan der Weise*. Über das »Gegenbild einer Gesellschaft« bei Lessing. In: Lessings *Nathan der Weise*, 1984 (B 2), S. 374–401. (Zuerst 1979.)

Carmely, Klara: Wie »aufgeklärt« waren die Aufklärer im Bezug auf die Juden? In: Humanität und Dialog, 1982 (B 2), S. 177–188.

Demetz, Peter: Lessings *Nathan der Weise*: Wirklichkeiten und Wirklichkeit. In: Lessings *Nathan der Weise*, 1984 (B 2), S. 168–218. (Zuerst 1966.)

Eibl, Karl: Gotthold Ephraim Lessing: *Nathan der Weise*. In: Deutsche Dramen. Interpretationen zu Werken von der Aufklärung bis zur Gegenwart. Bd. 1: Von Lessing bis Grillparzer. Hrsg. von Harro Müller-Michaelis. Königstein (Ts.) ²1985. S. 3–30.

Fontane, Theodor: [Rezension von:] Gotthold Ephraim Lessing: *Nathan der Weise*. In: Lessing – ein unpoetischer Dichter, 1969 (B 2), S. 382. (Auszug; zuerst 1880.) [Aufführung am 14. Februar 1880 am Berliner Hoftheater.]

Fricke, Harald / Zymner, Rüdiger: Einübung in die Literaturwissenschaft: Parodieren geht über Studieren. Paderborn [u. a.] 1991.

[Göbel] Lessings Nathan. Der Autor, der Text, seine Umwelt, seine Folgen. Hrsg. von Helmut Göbel. Berlin 1993.

Gustafson, Susan E.: »Der Zustand des stummen Staunens«: Language Skepticism in *Nathan der Weise* and *Ernst und Falk*. In: Lessing Yearbook 18 (1986) S. 1–19.

Hartung, Günter: *Nathan der Weise*, 1. Aufzug, 2. Auftritt. In: Lessing und Spinoza. Hrsg. von Thomas Höhle. Halle a. d. Saale 1982. (Martin-Luther-Universität Halle-Wittenberg. Wissenschaftliche Beiträge. 1982/1 (F 35).) S. 53–63.

Hernadi, Paul: Nathan der Bürger: Lessings Mythos vom aufgeklärten Kaufmann. In: Lessings *Nathan der Weise*, 1984 (B 2), S. 341–349. (Zuerst 1971.)

Hillen, Gerd: Toleranz und Wahrheit. Absicht und Grenzen der Toleranz Lessings. In: Lessing und die Toleranz, 1986 (B 2), S. 186–197.

Koebner, Thomas: *Nathan der Weise*. Ein polemisches Stück? In: Interpretationen, 1994 (B 2), S. 138–207.

König, Dominik von: *Nathan der Weise* in der Schule. Ein Beitrag zur Wirkungsgeschichte Lessings. In: Lessings *Nathan der Weise*, 1984 (B 2), S. 426–458 (zuerst 1974).

Pelters, Wilm: Anti-Candide oder die Apotheose der Vorsehung. In: Lessing in heutiger Sicht, 1977 (B 2), S. 251–258.

Rohrmoser, Günter: Lessing. *Nathan der Weise*. In: Das deutsche Drama vom Barock bis zur Gegenwart. Interpretationen. Hrsg. von Benno von Wiese. Bd. 1. Düsseldorf 1958, S. 113–126.

Schneider, Helmut J.: Schenken und Tauschen. Bemerkungen zu einer Grundfigur der Lessingschen Dramatik. In: Streitkultur, 1993 (B 2), S. 462–471.

– Der Zufall der Geburt. Lessings *Nathan der Weise* und der imaginäre Körper der Geschichtsphilosophie. In: Körper/Kultur. Kalifornische Studien zur deutschen Moderne. Hrsg. von Thomas W. Kniesche. Würzburg 1995. S. 100–124.

Schweitzer, Christoph E.: Die Erziehung Nathans. In: Monatshefte
    für deutschen Unterricht, deutsche Sprache und Literatur 53
    (1961) S. 277–284.
Strauß, David Friedrich: Lessing's *Nathan der Weise*. Ein Vortrag.
    Berlin 1864.
Strohschneider-Kohrs, Ingrid: Lessings Nathan-Dichtung als eine
    ›Art von Anti-Candide‹. In: Nation und Gelehrtenrepublik, 1984
    (B 2), S. 270–302.
Weidmann, Heiner: Ökonomie der ›Großmuth‹. Geldwirtschaft in
    Lessings *Minna von Barnhelm* und *Nathan dem Weisen*. In:
    Deutsche Vierteljahrsschrift für Literaturwissenschaft und Gei-
    stesgeschichte 68 (1994) 447–461.
Wessels, Hans-Friedrich: Lessings *Nathan der Weise*. Seine Wir-
    kungsgeschichte bis zum Ende der Goethezeit. Königstein (Ts.)
    1979.
Zymner, Rüdiger: »Der Stein war ein Opal ...«: Eine versteckte
    Kunst-Apotheose in Lessings morgenländischer ›Ringparabel‹?
    In: Lessing Yearbook 24 (1992) S. 77–96.

## 15. Geschichtsphilosophische Schriften

Altmann, Alexander: Lessings Glaube an die Seelenwanderung. In:
    Lessing Yearbook 8 (1976) S. 7–41.
Bahr, Ehrhard: Lessing: Ein konservativer Revolutionär? Zu *Ernst
    und Falk: Gespräche für Freimäurer*. In: Lessing in heutiger Sicht,
    1977 (B 2), S. 299–306.
Drescher-Ochoa, Heidrun: Kultur der Freiheit: Ein Beitrag zu Les-
    sings Kulturkritik und -philosophie. Frankfurt a. M. [u. a.] 1998.
    (Europäische Hochschulschriften 1/1670.)
Durzak, Manfred: Gesellschaftsreflektion und Gesellschaftsdarstel-
    lung bei Lessing. In: Zeitschrift für deutsche Philologie 93 (1974)
    S. 546–560.
Dülmen, Richard van: Die Gesellschaft der Aufklärer. Zur bürger-
    lichen Emanzipation und aufklärerischen Kultur in Deutschland.
    Frankfurt a. M. 1986.
Dziergwa, Roman: Lessing und die Freimaurerei. Untersuchungen
    zur Rezeption von G. E. Lessings Spätwerk *Ernst und Falk. Ge-*

spräche für Freymäurer in den freimaurerischen und antifreimau-
rerischen Schriften des 19. und 20. Jahrhunderts (bis 1933).
Frankfurt a. M. [u. a.] 1992. (Europäische Hochschulschriften. I/
1332.)

Fenner, Wolfgang: »Lessing wäre auch ein Mann für uns«. Neuigkeiten über Knigge und Lessing. In: Euphorion 88 (1994) 478–
483.

Fink, Gonthier-Louis: Lessings *Ernst und Falk*. Das moralische
Glaubensbekenntnis eines kosmopolitischen Individualisten. In:
Recherches Germaniques 10 (1980) S. 18–64.

Michelsen, Peter: Die »wahren Taten« der Freimaurer. Lessings
*Ernst und Falk*. In: P. M.: Der unruhige Bürger, 1990 (B 2),
S. 137–159.

Nisbet, Hugh B.: Zur Funktion des Geheimnisses in Lessings *Ernst
und Falk*. In: Lessing und die Toleranz, 1986 (B 2), S. 291–309.

Pons, Georges: Lessings Vorsehungs- und Fortschrittsglaube. In:
Lessing in heutiger Sicht, 1977 (B 2), S. 197–209.

Schieder, Wolfgang: Brüderlichkeit, Bruderschaft, Brüderschaft,
Verbrüderung, Bruderliebe. In: Geschichtliche Grundbegriffe.
Bd. 1. Stuttgart 1972. S. 552–581.

Schneider, Heinrich: Lessing und die Freimaurer. In: H. S.: Lessing,
1950 (B 2), S. 166–197.

Schneider, Helmut J.: Institution und Intimität. Zur Vergeistigung
des Sozietätsgedankens in Lessings *Freimaurergesprächen*. In:
Europäische Sozietätsbewegung und demokratische Tradition.
Die europäischen Akademien der Frühen Neuzeit zwischen
Frührenaissance und Spätaufklärung. Bd. 2. Hrsg. von Klaus
Garber und Heinz Wiesmann, unter Mitw. von Winfried Siebers.
Tübingen 1996. S. 1669–96.

Strohschneider-Kohrs, Ingrid: Vernunft als Weisheit. Studien zum
späten Lessing. Tübingen 1991. (Hermaea. 65.)

Willems, Marianne: Der »herrschaftsfreie Diskurs« als »opus supe-
rerogatum«. Überlegungen zum Interaktionsethos des ›bloß
Menschlichen‹. In: Streitkultur, 1993 (B 2), S. 540–551.

# Titelregister

# Namenregister

## Zum Autor

Peter J. Brenner, geboren 1953. Studium der Philosophie, Germanistik, Komparatistik und Erziehungswissenschaft an der Universität Bonn. 1979 Promotion mit einer Arbeit über den Roman der Aufklärung, ab 1980 Akademischer Rat a. Z. an der Universität Regensburg. Habilitation in Regensburg 1986 mit einer Arbeit über Reiseberichte des 19. Jahrhunderts. 1990 Heisenberg-Stipendiat in Bayreuth; seit 1991 Professor für Neuere deutsche Literaturgeschichte an der Universität zu Köln. Gastprofessuren an der University of North Carolina at Chapel Hill und an der Leopold-Franzens-Universität Innsbruck. – Seit 1999 auch Leiter des »Instituts für Medienevaluation, Schulentwicklung und Wissenschaftsberatung« in Bayreuth. – Zahlreiche Bücher und Aufsätze zur deutschen Literatur- und Kulturgeschichte der Neuzeit.

# Literaturstudium

Die neue Reihe bietet Autorenmonographien,
Epochendarstellungen, Gattungsmonographien
und Einführungen in viele Bereiche der Literatur-
und Sprachwissenschaft.

**Thomas Bein**
**Walther von der Vogelweide**
299 Seiten. Mit 15 Abbildungen. UB 17601

**Peter J. Brenner**
**Gotthold Ephraim Lessing**
389 Seiten. Mit 10 Abbildungen. UB 17622

**Norbert Otto Eke**
**Heiner Müller**
325 Seiten. Mit 10 Abbildungen. UB 17615

**Winfried Freund**
**Novelle**
348 Seiten. UB 17607

**Hiltrud Gnüg**
**Utopie und utopischer Roman**
271 Seiten. UB 17613

**Michael Hofmann**
**Aufklärung**
Tendenzen – Autoren – Texte
278 Seiten. Mit 27 Abbildungen. UB 17616

Christian Erich Rochow
**Das bürgerliche Trauerspiel**
247 Seiten. Mit 14 Abbildungen. UB 17617

Hartwig Schultz
**Clemens Brentano**
224 Seiten. Mit 20 Abbildungen. UB 17614

Ursula Schulze
**Das Nibelungenlied**
336 Seiten. Mit 11 Abbildungen. UB 17604

Hartmut Steinecke
**E. T. A. Hoffmann**
259 Seiten. Mit 31 Abbildungen. UB 17605

Werner Suerbaum
**Vergils »Aeneis«**
Epos zwischen Geschichte und Gegenwart
427 Seiten. Mit 15 Abbildungen. UB 17618

Herbert Uerlings
**Novalis**
248 Seiten. Mit 14 Abbildungen. UB 17612

Philipp Reclam jun. Stuttgart